Eike Geisel
Die Gleichschaltung der Erinnerung

Eike Geisel, am 1. Juni 1945 in Stuttgart geboren, lebte als freier Autor, Kurator, Filmemacher und Übersetzer in Berlin. Er starb am 6. August 1997.

Edition
TIAMAT
Deutsche Erstveröffentlichung
1. Auflage: Berlin 2019

www.edition-tiamat.de
Druck: cpi books
Buchcovergestaltung: Felder Kölnberlin Grafikdesign
Titelfoto: Wolfgang Pohrt, ca. 1985
ISBN: 978-3-89320-248-5

Eike Geisel

Die Gleichschaltung der Erinnerung

Kommentare zur Zeit

Herausgegeben und mit einem Nachwort versehen von Klaus Bittermann

Critica Diabolis 271

Edition TIAMAT

Foto: Wolgang Pohrt

INHALT

Jenseits des Vorurteils

Rückblick

»Tout comprendre c'est tout pardonner«
(altes Sprichwort)
»Wenn ein Deutscher nicht versteht,
verzeiht er das einem Ausländer nie.«
(revidierte Fassung)

I.

Der gängige Begriff des Vorurteils ist selbst eines. 1961 schrieb Horkheimer: »Seit dem Ende des Krieges war in Deutschland viel vom Vorurteil die Rede. In anderen Ländern lange vorher. Wenn die Herabsetzung der Menschen wegen ihrer nationalen Herkunft, der Religion oder Hautfarbe erforscht und angegangen wurde, geschah es unter dem Titel des Vorurteils auch dann, wenn nicht bloß Apathie und soziale Benachteiligung, sondern der auf schwächere Gruppen gerichtete Haß, die organisierte Verfolgung, entfesselte Mordlust das Thema war. Der Euphemismus, der Gebrauch des harmlosen Wortes verdankt sich der Scheu, das Furchtbare zu nennen, ähnlich wie man gewaltsame Tötung durch gesellschaftliche Ordnungskräfte gleichsam beschwichtigend als Hinrichtung bezeichnet. Schließlich meint ein so gebrauchtes Wort nichts anderes mehr als die krasse Wirklichkeit, deren Bild es mildern sollte. Die unheimliche Bedeutung schlägt auf es zurück.«

Horkheimers Bemerkungen »Über das Vorurteil« erschien damals in der *FAZ* (vom 20. Mai 1961) wenige Tage vor der endgültigen Rehabilitierung des ehemaligen Nazi-Beamten und nachmaligen bundesrepublikanischen Staatssekretärs Globke und wenige Tage bevor der Bundestag mit einer einzigen Gegenstimme ein Gesetz verabschiedete, wonach Richtern und Staatsanwälten der Umstand verziehen wurde, daß sie bis 1945 Mitglieder einer kriminellen Vereinigung gewesen waren, wenn sie sich auf eigenen Wunsch zum Pensionär befördern ließen.

Gut zwei Jahrzehnte später waren sich die Bürger der Bundesrepublik dann untereinander als Deutsche so nahegekommen, daß das Projekt der umfassenden Ehrenrettung der eigenen Vergangenheit in Angriff genommen werden konnte, ein Unternehmen, welches schließlich mit der in Bitburg und Belsen offiziell beglaubigten Lüge von der Austauschbarkeit der Opfer mit den Tätern seinen logischen Abschluß fand. Dieser innenpolitische Wandel durch Annäherung, dessen Geburtsstunde mit dem Selbstmord des politischen Protests und einigen wirklichen Toten zusammenfiel, wird gegenwärtig zwar täppisch, aber um nichts weniger erfolgreich fortgesetzt als unter dem früheren Kanzler, dem die Kritiker des jetzigen nachtrauern wie manche Alte dem Führer.

Die Wiederkehr des Kollektivbewußtseins waren jedoch Grenzen gesetzt; nach außen unüberwindbar standen ihm die Resultate seiner früheren Veranstaltungen entgegen, und so mußte es sich ersatzweise mit der Wiedervereinigung mit der deutschen Geschichte begnügen. Im Verlauf dieser wechselseitigen Annäherung fand gewissermaßen eine bundesweite Familienzusammenführung statt, welche wiederum den einzelnen Angehörigen neuen Lebensmut einflößte. Wo vordem die Generationen zutiefst entzweit waren, da verstanden nun die Jungen die Alten; wo sich der Geschlechterkampf unter der Parole »Frau sein, das ist das Grundrisiko« mühsam dahinschleppte, da wurde mit der Entdeckung eines geschlechtsübergreifenden Grundrisikos, nämlich deutsch zu sein, die Frauenbewegung noch einmal gerettet, und vom Tarifpartner zum Gefolgschaftsmitglied war es ohnehin nur ein kleiner Schritt. Selbst die Friedensbewegung drohte wie die Alternativszene an innerer Auszehrung und an zänkischen Querelen einzugehen, als schließlich ein staatliches Sanierungsprogramm in Gestalt von zahlreichen gemeinschaftsstiftenden Gedenktagen dem darniederliegenden Patienten wieder auf die Beine half. Als erfolgreichster Arzt am Krankenbett der Volksgemeinschaft hat sich in jüngster Zeit der Bundespräsident erwiesen, dessen Reden über das neue Nationalgefühl Kinder wie Greise, Männer wie Frauen, Linke wie Rechte in eine gedämpfte Entzückung geraten lassen, wie man sie aus der Gruppentherapie kennt. Nach der Rede Weizsäckers zum 8. Mai gab es in der Bundesrepublik weder die alten Parteien, noch die neuen Betroffenen, sondern nur noch die ganz neuen Ergriffenen. Sogar die DKP war davon hingerissen, daß der Bundespräsident neben den Soldaten der deutschen Armee auch die umgebrachten Kommunisten unter die Opfer rechnete, und schickte Weizsäcker ein Glückwunschtelegramm. Und Habermas, der es einmal besser wußte, bescheinigte der Ansprache des Bundespräsidenten, in der nicht von der Wahrheit, sondern von der Wahrhaftigkeit die Rede war, sie sei eine »der wenigen politischen Äußerungen ..., die der Herausforderung zwölf plus vierzig Jahren« gerecht geworden sei. Weil die Botschaft manches brachte, wurde vielen etwas gebracht: den Mitläufern, daß sie damals in gutem Glauben und mit den besten Absichten auf eine verbrecherische Clique hereingefallen seien, in deren

Händen die Ausführung der Verbrechen gelegen habe, daß also der Völkermord nicht auch ein mordendes Volk zur Voraussetzung gehabt habe; den Friedensfreunden und den Heimatbewegten, daß Friedenssehnsucht und Heimatliebe identisch und damit der Pazifismus eine nationale, der Revanchismus andererseits eine philanthropische Sache sei; den Frauen, sie hätten durch »ihr Leiden, ihre Entsagung und ihre stille Kraft in den dunkelsten Jahren das Licht der Humanität vor dem Erlöschen bewahrt«. Diese nachträgliche Verleihung des Mutterkreuzes an alle deutsche Frauen hatte Kohl schon Jahre zuvor besorgt, ohne diese Geste mit verhunztem Rilke zu erläutern: »Meine Hochachtung unseren Müttern, die ein Leben lang ihre Pflicht getan haben, ohne zu protestieren«, sagte er 1982 in einem Interview mit *Bild der Frau*. Nach Weizsäckers Rede zur 40-jährigen Wiederkehr des Kriegsendes wurden in Anlehnung an Tucholskys Diktum, daß Satire eine Grenze nach oben habe, daß sich ihr beispielsweise Buddha entzöge, die Höhenlinien der politischen Satire neu gezogen. Eine Kabarettistin bekannte im Fernsehen gerührt, in jene Regionen sei der Bundespräsident nun aufgestiegen.

Nicht als Buddha, sondern als eine Art Baghwan wurde Wochen später der Bundespräsident von den Teilnehmern des evangelischen Kirchentags umjubelt, nachdem er erklärt hatte, als Bürger dieses Landes sei man zuerst Deutscher und dann ein Mensch. Bei dieser Eucharistiefeier des neuen Nationalismus fanden die politischen Bewegungsformen der letzten Jahre ihren vollendeten Ausdruck: die dort ihr neues Idol feierten waren nicht die fanatisierten Anhänger irgendeiner Bewegung oder himmelten einen grimassierenden Führer an, sondern sie bildeten eine gedopte Gemeinschaft; sie bedurften keines Agitators, sondern eines hypnotischen Weichmachers.

Als Evangelist des Nationalgefühls fügte Weizsäcker den Zehn Geboten noch ein deutsches hinzu: »Mein Deutschsein ist also kein unentrinnbares Schicksal, sondern eine Aufgabe«.

Worin diese Aufgabe besteht, das machte der Hinweis des Bundespräsidenten auf den »naturgegebenen Sachverhalt, deutsch zu sein«, deutlich: wie zu jeder historischen Einigungsbewegung in Deutschland gehört auch zur neuen deutschen Identitätsfindung die Abgrenzung, die Einheit aufgrund des bestimmten Unterschieds, der ein naturgegebener sein soll. Folgt man dieser Logik, dann unterschieden sich beispielsweise Deutsche und Franzosen wie Affen und Känguruhs. Da aber jeder weiß, daß die Franzosen keine Känguruhs, sondern Menschen sind, ist offenbar der einzige naturgegebene Unterschied der zwischen einem Deutschen und einem Menschen. Jeder Patriotismus in Deutschland wäre ohne diese Unterscheidung vollkommen bedeutungslos geblieben, doch genau aus ihr bezog er seine barbarischen Qualitäten. Und deshalb hatten die Deutschen, die sich als solche fühlten, auch nie etwas davon, sondern die anderen hatten nur immer darunter zu leiden.

Vom Resultat her betrachtet hatte die große Sehnsucht nach Frieden, sauberer Luft und einem gesunden Körper nur den einen Zweck, sich zum neuen Nationalismus das rechte Gewissen zu machen. Die Bombe ist nicht weg, aber dafür ist die Einheit da; die Bevölkerung nimmt ab, aber dafür wird das Volk wiedergeboren; die Abgase fressen weiter am Wald, doch der Bürger wittert Morgenluft. Im Arsenal des diffusen Schreckens hat er neben der Bombe, der Vergiftung und der Verseuchung eine höchst konkrete Bedrohung ausgemacht: die Ausländer. In keiner Frage sind sich daher auch die Deutschen so einig wie in der Frage: »Zu viele Türken?«

Bereits vor fünf Jahren war offenkundig, daß diese Frage, mit welcher ein Leitartikel der *FAZ* überschrieben war, keinen Zweifel, sondern eine Feststellung ausdrückte, in der die Aufforderung »Türken raus« schon mitklang. Jener Leitartikel brachte stellvertretend einige Argumente des wiederkehrenden Fremdenhasses vor und las sich wie ins Deutsch eines Regierungssprechers übersetzte rechtsradikale Propaganda: »Auch eine noch so dynamisch eingestellte Gesellschaft erreicht eines Tages die Grenzen ihrer Integrationsfähigkeit. In Deutschland sind in den letzten Jahren Inseln fremder Lebensart, fremder Kulturen entstanden. Keiner weiß, was sie (die Türken) wirklich denken, fühlen und wollen. Für ein Land gibt es nicht nur Grenzen der Integrationsfähigkeit, es gibt auch Grenzen der Toleranz. Liberalität muß da ihre Grenzen haben, wo das Zusammenleben der Gesellschaft in Frage gestellt wird. Der Bogen wird überspannt, wenn in unserer Mitte immer mehr Menschen leben, die wir nicht verstehen, die uns nicht verstehen und die mit uns nicht wirklich zusammenleben wollen – oder können.«

So sähe, wenn es derartiges gäbe, das knapp skizzierte Selbstportrait des deutschen Volkscharakters aus. Man braucht keine Türken zum Beweis heranzuziehen für den Umstand beispielsweise, daß man in Deutschland noch immer besser monatelang tot in seiner Wohnung verschimmelt, als lebendig begraben zu sein inmitten einer Nachbarschaft von potentiellen Blockwarten. Genausowenig bedarf es in Deutschland der Türken, um sich die Grenzen des Verstehens, will heißen die eigene Borniertheit, vor Augen zu führen. Dem Hohn über das gebrochene Deutsch der Ausländer, dem sich die Einheimischen so unschwer assimilieren, korrespondiert die Wut über die eigene Artikulationsunfähigkeit, die in der neuen

Vorliebe für die Mundart und im antiintellektuellen Ressentiment sogar als Verdienst erscheint.

Als Kohl vor Jahren seinen mentalen Offenbarungseid ablegte mit der Erfolgsmeldung: »Ich war schon immer gut in Hölderlin«, da wurde er zu Recht Gegenstand der Verachtung, doch mit dem falschen Unterton, als käme es auf Kultur an, nicht nur um Kanzler zu werden, sondern überhaupt; als käme es auf Bildung an und nicht auf Versiertheit, auf Reflexion und nicht auf Bescheidwissen. Kohls sprachliche Visitenkarte ist jedoch nur ein repräsentatives Beispiel für die gesellschaftlich produzierte durchschnittliche Beschränktheit. Diese wiederum kennt keine Schranke außer der, welche sie zwischen sich und den Ausländern errichtet: zu sagen hat niemand etwas, aber alle reden. Je weniger man begreift, desto mehr kommuniziert man. Und wenn keiner etwas versteht, dann versteht man sich untereinander, dann gibt es den Dialog zwischen den Generationen: vom Verstand über die Verständigung zum Verständnis. Beginn und Verlauf dieser Entwicklung in der Bundesrepublik decken sich mit der Zunahme der fremdenfeindlichen Propaganda.

In Berlin beispielsweise muß man nicht Türke sein, um die Kehrseite jenes von Ausländern faszinierten Hochgefühls der Szene kennenzulernen. Bei einer Diskussionsveranstaltung mit Hausbesetzern wurde der eingeladene Referent, der die Hausbesetzerbewegung als eine Mischung aus Rebellion und Heimwerkelei beschrieb,* mit dem in Deutschland schon immer beliebten Vorwurf bedacht, er sei ein Intellektueller. Wie um diesen Schimpf noch zu steigern fügte jemand hinzu, er solle doch besser

* Gemeint ist Wolfgang Pohrt, der am 5. November 1982 in einem besetzten Haus in der Berliner Blumenthalstraße den Vortrag »Die Rebellion der Heinzelmännchen« hielt. (A.d.H.)

wieder nach Westdeutschland an seinen Schreibtisch zurückkehren, hier habe er nichts zu suchen. In André Hellers »heimlicher Hauptstadt der Phantasie« hat nun offenbar auch die Subkultur jenen wachen Instinkt entwickelt, den der Mob dort schon immer besessen hatte: nämlich Kritiker als intellektuelle Ausländer zu identifizieren. Irgendwo hat Adorno einmal geschrieben, daß sich die sture Begeisterung für Neger ohne weiteres mit der Entrüstung über die Unangepaßten vertrage.

Von heute her gesehen war die Verwandlung des Internationalismus der Protestbewegung in den Exotismus der Alternativbewegung, in die Vorliebe für Hopi und Hokuspokus, nur die auswendige Vorbereitung der inwendigen Rückkehr zur Heimat. Dem Rückzug in die Gruppe mit den notwendigerweise kümmerlichen Beutestücken des Imperialismus, wie Drogen, Mythen oder Musik, entsprach der Aufbruch zur Gemeinschaft, aus der kleinen Sekte entsprang die große Gefolgschaft.

Am fernen angeblich ursprünglichen Gemeinwesen sollte das deutsche genesen, und dementsprechend ist auch die neue nationale Identität beschaffen. Mit der Rückverwandlung der deutschen Bevölkerung ins deutsche Volk war der Umweg über die exotischen Regionen der Welt überflüssig geworden und die Angehörigen des neu formierten Kollektivs konnten auf hausgemachte Stammesrituale wie Fackelzüge und Mahnwachen, Thingversammlung und Feldgottesdienst zurückgreifen. Mit anderen Worten: die Begeisterung für ferne Länder und Folklore ging einher mit der Wiedergeburt der Volksgemeinschaft; in der Idolatrie war das künftige Feindbild schon vorweggenommen. In diesem Prozeß wurden die verschiedenen Gruppen dem Bild, das sie von den ganz Anderen hatten, immer ähnlicher, und die regressive Entdifferenzierung der Welt endete mit der Wiederbelebung rassistischer und chauvinistischer Ideologien.

Daß Fremdenhaß und Antisemitismus keine kontingenten Erscheinungen, sondern konstitutiv für die Wiederkehr des nationalen Kollektivbewußtseins in Deutschland sind, schrieb Adorno 1962 in einer Passage, die wie auf die achtziger Jahre gemünzt klingt: »Im Augenblick nährt noch eine besondere Situation antisemitische Regungen. Ich meine den antiamerikanischen Affekt (...) Wirksame Abwehr des Antisemitismus ist von einer Abwehr des Nationalismus in jeglicher Gestalt unabtrennbar.« Damals gab es noch keine Friedensbewegung, kaum ausländische Arbeiter in der Bundesrepublik, und Israel war zwar für das internationale Ansehen der BRD interessant, aber noch nicht für die Rehabilitierung der eigenen Vergangenheit.

Wie der Antisemitismus der realen Erfahrung mit Juden entraten kann, so ist auch die neue Xenophobie nicht abhängig von der Anwesenheit der Ausländer. Deshalb waren Feststellungen wie etwa die Bemerkung Margarete Mitscherlichs, der Antisemitismus sei in Deutschland nicht ausgestorben, obwohl es kaum noch Juden hier gebe, eine implizite Konzession ans antisemitische Ressentiment, wie andererseits die Bestimmung der »Toleranzgrenze« durch den ehemaligen Ministerpräsidenten von Nordrhein-Westfalen dem Ausländerhaß eine sogar quantitativ bestimmbare Berechtigung zusprach.

Der Sozialdemokrat Kühn erklärte: »Übersteigt der Ausländeranteil die Zehnprozentgrenze, wird jedes Volk rebellisch.« Es bedarf nicht erst der Friedhofsschändungen oder der Brandstiftung in Ausländerunterkünften, also der manifesten Äußerungen von Antisemitismus und Fremdenhaß, sondern es liegt in der Logik des Kollektivbewußtseins beschlossen, daß die gleichgeschaltete Gemeinschaft andere nur als ihr eigenes verzerrtes Spiegelbild wahrnehmen kann. Wenn heute ein Deutscher als Deutscher auftritt, dann wartet er auf eine Gelegenheit.

Die Begeisterung für die Ausländer und deren Lebensgewohnheiten reflektiert bloß die tribalistische Regression der Begeisterten. Daß die Türken dabei, wie es ein Sponti mal salopp formulierte, »rausfallen«, folgert notwendig aus dieser Vergötzung, die umgekehrt die Entwicklung zum neuen Stammesverband bekräftigt. Wenn der Bundestagspräsident erklärte, »daß der Verfassungsbegriff ›deutsches Volk‹ letztlich ethnisch bezogen ist«, dann resümierte er damit zwar die Verwandlung der Bürger in Hammel, aber diese Auskunft hat immerhin den Vorzug, daß sie offen eingesteht, was sich hinter dem propagandistischen Urschrei – hinter Kulturnation und kultureller Identität – verbirgt, wenn es um die Türken geht: Rassismus.

An den Türken wird die Betonung der Differenz, von welcher die kollektive Identitätsfindung zehrt, zum absoluten Unterschied gemacht, der in der Praxis schließlich abgeschafft werden soll: die Türken müssen raus, weil sie draußen sind. Darauf verweisen die im Schwange befindlichen Witzeleien über Türken, denen etwa soviel Esprit innewohnt wie einem Schlagstock. Als dumpfe umgangssprachliche Aufforderung zur Vernichtung stellen sie gewissermaßen einen Ersatz dar für die heute fehlende behördliche Anordnung. Sie strotzen vor hygienischen Metaphern, in ihrer koprophilen Ausdrucksweise lebt der verpönte Trieb fort, der, auf die Türken projiziert, Lustgewinn und Feineinstellung besorgt. Darin drückt sich kein irrationales Festhalten an alten Vorurteilen aus, sondern es sucht sich die abstrakte Wut der Massen über die Erkenntnis, daß es auf keinen von ihnen ankommt, ein konkretes Objekt. In einer sprachlichen

Sonderbehandlung sollen diesem die letzten menschlichen Bestimmungen ausgetrieben werden. Zum Ding, zum Tier, zu Dreck und Gestank gemacht, wovon nicht allein die grassierenden Witzeleien Zeugnis ablegen, erscheinen die Türken als Objekt einer notwendigen und legitimen Säuberung der Gesellschaft. Dem antitürkischen Witz kommt dabei die Funktion zu, den angeblich gefährlichen Feind in schwache, verfolgte Opfer zu verwandeln. Die Nichtswürdigkeit der Opfer steht symbolisch für den jämmerlichen Protest, den die Witzbolde gegen ihre eigene Nichtigkeit erheben. Im antitürkischen Vernichtungshumor, der auf augenfällige Weise die Antiquiertheit des Begriffs vom Vorurteil demonstriert, ist deshalb Auschwitz immer präsent. Er ist durchweg nach dem Muster des Graffiti gewirkt, das die wachsende Bedeutung der öffentlichen Toiletten als seelische Bedürfnisanstalten dokumentiert: »Was die Juden hinter sich haben, das haben die Türken vor sich.« Die Witzbolde wollen schnell zur Sache kommen, doch der blutige Ernst, den die vernichtungsbereiten Paranoiker mit standardisiertem Haß beschwören, läßt auf sich warten. Und darum lebt das angedrehte Gelächter der versagenden Gegenwart auch von der Erinnerung an eine erfüllte Vergangenheit.

II.

Marx bemerkt in seiner Einleitung »Zur Kritik der Hegelschen Rechtsphilosophie«, die Deutschen hätten in ihrer Geschichte immer nur die Restauration der anderen Völker geteilt, nie aber deren Revolutionen. Dieses Resümee war, wie man heute sieht, leider auch eine futurologische Prognose. Das Neue war das Immergleiche, es gab keine

Revolutionen, stattdessen Reprisen. Bei diesem immerwährenden Dakapo erwiesen sich Antisemitismus und Fremdenfeindlichkeit als monotone und besonders zählebige Grundströmung: sie sind das Ostinato der neueren deutschen Geschichte.

Staatliche Gratifikationen für die Massen, wie etwa die Sozialreformen Ende des letzten Jahrhunderts, oder schließlich die Integration der organisierten Arbeiterbewegung in das Regelsystem der Macht, waren ein allzu dürftiger Ersatz für das versprochene Paradies auf Erden. Deshalb sollte es im Diesseits wenigstens eine richtige Hölle geben – für die Juden, die Fremden, die Ausländer, an denen sich die Abgerichteten wieder aufrichten konnten. Nur endete dieser Vertrag der sozialen Wut mit der Macht regelmäßig in einem Fiasko: die Opfer, an denen man sich schadlos halten wollte, wuchsen zu Leichenbergen an, doch die Massen hatten nichts davon. Weil sie wußten, daß ihre eigene Niederlage schon im voraus beschlossen war, sollte es vor ihnen noch die anderen erwischen. Die Volksgemeinschaft brüllte diese Erkenntnis schließlich in die ganze Welt hinaus: »Wir werden weiter marschieren, wenn alles in Scherben fällt...«

Heute müssen sich die Deutschen mit einer Notlösung begnügen: der Haß auf die Ermordeten hat diese überlebt, je nach Konjunkturlage geht er gegen die Toten, gegen Amerika, gegen Israel; und weil die Siegermächte einen dritten deutschen Weltkrieg für immer vereitelt haben, muß sich der fortdauernde Groll gegen das Ausland mit den Ausländern behelfen.

Unter diesem Blickwinkel betrachtet eignet der jüngeren deutschen Geschichte eine eigentümliche Resistenz gegen jede Niederlage. Die Folgen rehabilitierten jeweils die Voraussetzungen, niemals gab es einen Neuanfang, sondern immer nur den Wiederaufbau. Dieser bezog seine Dynamik nicht aus dem radikalen Bruch mit dem Alten, sondern aus der Nähe zu ihm: seit es kein Propagandaministerium gibt, wetteifern die Massenmedien mit den Regierungssprechern; nach der Abschaffung einer alles durchdringenden Geheimpolizei ist nach dem Muster der beliebten TV-Sendung »Aktenzeichen XY ungelöst« allmählich ein freiwilliger kollektiver Spitzel entstanden; an der Nahtstelle von Masse und Macht befindet sich heute kein Blockwart, sondern der als Kontaktbereichsbeamte sehr viel präziser bezeichnete Funktionsträger bürgernaher Herrschaft.

Mit den Ideologien verhält es sich nicht anders. Die Deutschen sind heute nicht etwa trotz, sondern wegen Auschwitz Antisemiten. Wegen Auschwitz halten sie sich für das neue auserwählte Volk, für die Juden unter den Nationen der Welt, denen als Volk der atomare Holocaust drohe. Nicht zufällig kehren die paranoiden Verschwörungsprojektionen wieder bei den Versuchen, die deutsche Geschichte wiedergutzumachen, einem Unternehmen, bei dem sich die literarischen Konkursverwalter der Protestbewegung besonders hervorgetan haben.

Ein Beispiel von vielen ist der unter dem Namen Gerd Bergfleth wiederauferstandene Eugen Dühring, der bereits vor Jahren eine feuilletonistische Umwälzung der Wissenschaft vorlegte, die zu einer Neufassung des – schon immer falschen – Diktums von Bebel zwingt, der Antisemitismus sei der »Sozialismus des dummen Kerls«. Bergfleth schreibt: »Den entscheidenden Faktor der Linkswende (in der neuen Aufklärung nach dem Kriege) aber bildete die zurückgekehrte deutsch-jüdische Intelligenz, die eine letzte Chance erhielt, Deutschland nach ihren weltbürgerlichen Maßstäben umzumodeln – ein Prozeß, der so vollständig gelang, daß für zwei Jahrzehnte von einem eigenständigen deutschen Geist nicht mehr die Rede war.« Der eigenständige deutsche Geist hat, wie Bergfleths »Kritik der palavernden Aufklärung« demonstriert, nicht nur Kriegsniederlage und Reeducation überlebt, sondern genau daraus seine ihm eigenen Qualitäten bezogen: »Es ist auffällig, daß das aufklärerische Judentum in der Regel keinen besonderen Sinn für das besitzt, was deutsche Eigenart ist, etwa die romantische Sehnsucht, die Verbundenheit mit der Natur oder die nicht auszurottende Erinnerung an eine heidnisch-germanische Vergangenheit.«

Das ist der alte Frontbericht vom Kampf der deutschen Eigenart gegen die palavernde, das heißt mauschelnde Aufklärung, die pikanterweise als – vergebliche – Bemühung bezeichnet wird, das germanisch Unbewußte auszurotten – ein Gedanke, der im neo-patriotischen Kulturkampf gegen die »Kolonialisierung der Köpfe« seinen Platz hat. Insofern muß Bebels Definition revidiert werden: der Antisemitismus heute ist der Antiimperialismus des Paranoikers.

Die antijüdischen Begleiterscheinungen bei der Rehabilitierung der deutschen Wehrmacht in Bitburg waren nur das vorerst letzte Beispiel für die Fortzeugung dieser Haltung, die ein israelischer Publizist auf die folgende Formel gebracht hat: »Auschwitz werden uns die Deutschen niemals verzeihen.«

Den von Grillparzer formulierten Dreischritt: »Von der Humanität über die Nationalität zur Bestialität« haben die Deutschen längst hinter sich, die Alternative »Sozialismus oder Barbarei« ist entschieden. Seither gibt es nur noch Remakes, die den Strophen im Endloslied vom Mops, der in die Küche schleicht, gleichen. Dies macht auch die zeitliche Fixierung und die soziale Lokalisierung von rassistischen Äußerungen so schwierig für den Fall, daß man einmal vergißt, deren Quelle exakt zu notieren.

Sie sind meist so austauschbar, daß für einen völlig Außenstehenden der erste literarische Kontakt mit der neueren deutschen Geschichte verwirrend sein muß: warnte Wilhelm II. vor der Islamisierung Deutschlands und der CDU-Fraktionsvorsitzender Dregger vor der »gelben Gefahr«?

Alle Grenzen verwischen sich angesichts der Ausländer, und man begreift allenfalls, daß die Geschichte der Humanität in Deutschland die Geschichte des Aufstiegs von Gustav Noske zu Heinrich Lummer ist. Vom Sozialdemokraten Noske ist der geflügelte Ausspruch der Konterrevolution: »Einer muß der Bluthund sein« überliefert, mit dem er 1919 den Auftrag gab, die Revolutionäre niederzukartätschen. Vom Christdemokraten Lummer wurde eine analoge Sentenz nicht berichtet, als in der Silvesternacht 1983 sechs Ausländer unter der Aufsicht des Wachpersonals in einem Abschiebegefängnis verbrannten. Lummer war weniger lakonisch: »Da es leider keine Möglichkeit gibt, mit drastischen rechtlichen Mitteln vorzugehen, müssen wir eine Reihe von anderen Maßnahmen überlegen.« Mangels revolutionärer Umtriebe muß sich der ehemalige Westberliner Innensenator damit zufrieden geben, in einem anderen Fach den Noske zu geben: in der Fremdenfeindlichkeit.

Noske war auf diesem Gebiet schon vor dem ersten Weltkrieg zu einem Experten herangereift. In einer Reichstagsdebatte 1909 wandte er sich als Sozialdemokrat gegen die Beschäftigung von Schwarzen und Chinesen auf Schiffen des Norddeutschen Lloyd: »So weit geht unsere Solidarität nicht, daß wir den Chinesen alles Gute wünschen, während unsere eigenen Arbeiter auf der Straße liegen bleiben; wir erklären, daß uns natürlich das Hemd näher ist als der Rock, daß in erster Linie dafür zu sorgen ist, daß der deutsche Arbeiter unter annehmbaren

Existenzbedingungen zu leben hat, und wenn das erreicht ist, wollen wir allerdings den Chinesen gern dazu helfen, zu einer höheren Kulturstufe zu gelangen.« Das ist der zeitlose Brustton des deutschen Gewerkschaftsfunktionärs, in welchem der Gedanke des Sozialismus die Massen erreicht, damals aus dem Reichstag, heute vom Bildschirm. Solidarität ist ihm zufolge Kumpanei auf »einer höheren Kulturstufe«. Damit ist auch das Zauberwort gefallen, mit welchem seit jenen Tagen jede Schandtat in eine Wohltat verwandelt wurde: Kultur. »Kolonialpolitik zu treiben, kann unter Umständen eine Kulturtat sein«, verkündete 1907 ein prominenter Sozialdemokrat auf dem Sozialistenkongreß in Stuttgart. Sieben Jahre später stimmten alle »die Bebels, die borniertesten Verteidiger der repressiven Kultur« (Adorno) den Kriegskrediten zu, um eine Kulturmission zu erfüllen.

Mit dem Ausbruch des ersten Weltkriegs eröffnete sich für die Deutschen nicht nur ein weites Feld solchermaßen verstandener Kulturpolitik, sondern es ergaben sich auch exzellente Bedingungen, die sukzessive erworbenen Ausdrucksformen von Antisemitismus und Fremdenfeindlichkeit gewissermaßen unter Laborbedingungen anzuwenden. Als Testperson griff man sich die Juden in den von der Armee okkupierten Gebieten Osteuropas, und nach dem Rotationsprinzip durfte in der Folgezeit jeder am Experiment teilnehmen: Radau-Antisemiten und akademische Judenhasser, Lebensreformer und Naturschützer, völkische und christliche Antisemiten, Deutschnationale und gelegentlich auch Kommunisten.

Unter Berufung auf einen überstaatlichen Kulturbegriff, der heute wieder im Schwange ist, empfahlen damals jüdische Vereinigungen im Deutschen Reich den Politikern eine Art Wiedervereinigung mit den osteuropäischen Juden, den »Pionieren des Deutschtums im Osten«, die dort angeblich »einen festen Damm gegen das Vorrücken östlicher Unkultur und Barbarei bildeten, doch der völkische Unvereinbarkeitsbeschluß der Behörden und Militärs konnte durch diese Offerte nicht erschüttert werden: wenig später ließ man die jüdischen Kriegsteilnehmer auszählen, um schon vor Kriegsende den Schuldigen an der Niederlage zu ermitteln. Zwar erklärte der deutsche Generalstab in einer Proklamation »An die Juden in Polen«, die deutsche Armee sei eigentlich keine, sondern ein revolutionäres Kommando, das der Freiheit und Gerechtigkeit zum Durchbruch verhelfe, doch dieses einzigartige Dokument deutscher Freiheitsliebe und Revolutionsbereitschaft, das in über hunderttausend Exemplaren verteilt wurde, war nur ein taktisch geplantes und mit Erfolg produziertes Mißverständnis: Tausende von polnischen Juden nahmen es für bare Münze – schließlich kam Ludendorff aus dem Land Heines und Goethes – und wurden zur Zwangsarbeit nach Deutschland befreit oder von der gegnerischen Seite als Kollaborateure massakriert. Zehntausende flohen gegen Kriegsende vor den in Osteuropa beginnenden Pogromen über die deutsche Grenze, ein Flüchtlingsstrom, der nach 1918 noch anschwellen sollte, und bildeten – vor allem in Berlin – nun die leicht identifizierbare Inkarnation einer völkischen Wunschvorstellung: die leibhaftige Einheit von Jude und fremdem, schwarz gekleidetem Ausländer – sozusagen jüdische Neger.

Wer als Flüchtling kam, mußte anrüchig sein, denn er hatte in den Augen der Eingesessenen die Loyalität zu seinem Heimatland aufgekündigt, er war ein Landesverräter. Deshalb sollte er auch keine Heimstatt finden und, weil er hilflos war, keine Hilfe. Schon damals wurden die Neuankömmlinge nach einer letztlich unerheblichen Unterscheidung in politische und Wirtschaftsflüchtlinge eingeteilt. In den Augen aller waren sie zuerst einmal Störenfriede, unfähig zur Gefolgschaft und – wie es heute heißt – nicht integrierbar. Die allgemeine Angst vor dem Chaos hatte selbst diejenigen erfaßt, die um das Wohl der Flüchtlinge besorgt waren: »Der eigentliche Feind des polnischen Juden ist nämlich die übertrieben individualistische Einstellung seines Innern«, hieß es in einem Bericht der *Sozialistischen Monatshefte* über »Ostjüdische Arbeiter in Deutschland«. Dieses implizite Lob für die Deutschen hat sich bis in die neuesten Charakterisierungen von Fremden erhalten und taucht beispielsweise 1980 in einer Passage des Verfassungsschutzberichtes auf, in welcher den Türken ein »heftiger, schwer disziplinierbarer Volkscharakter« attestiert wird.

Die Ostjuden kämen der liberalen Wirtschaftsordnung wegen in Scharen nach Deutschland und schleppten die Symptome der Krise und der Asozialität ein, übertönten die Antisemiten die den Massen dämmernde Erkenntnis, daß diese Ordnung sie selbst tendenziell zu überflüssigen Menschen machte. Die Ostjuden ihrerseits mußten bald nach der Ankunft in Deutschland die Illusion begraben, es gäbe noch andere als ökonomische Gründe für die Wahl des Zufluchtsorts. In der ersten seiner gedruckt vorliegenden Reden beschrieb Hitler stilbildend für den gegenwärtigen veröffentlichten Fremdenhaß nicht nur, mit welchem Erfolg die Ausländer den Deutschen die Arbeitsplätze wegnähmen, sondern auch, daß im Begriff des Wirtschaftsflüchtlings die Rechtlosigkeit der Person oder, antisemitisch ausgedrückt, deren Ausgrenzung als Fremdkörper vorausgesetzt ist: »Vergleichen Sie die 1 Million Arbeiter in Berlin vom Jahre 1914 mit dem, was sie heute sind: Arbeiter wie damals. Was hat sich an ihnen geändert? Sie sind arm geworden. Und nun suchen Sie nach jenen 100.000 Ostjuden, die in den ersten

Kriegsjahren einwanderten. Sie finden sie heute überhaupt nicht mehr. Der größte Teil von ihnen hat sich ›gemacht‹ und sitzt bereits im Auto. Nicht weil sie gescheiter sind (...), sondern aus dem einfachen Grunde, weil diese 100.000 von vornherein niemals bereit waren, redlich mitzuarbeiten in einem gesunden Volkskörper zu gemeinsamem Gedeihen, sondern im vornherein den gesamten Volkskörper als nichts weiter ansehen denn als Mistbeet für sich selber.«

Einen ersten Erfolg konnte die kollektive Überfremdungsangst 1918 mit dem vorübergehenden Grenzschluß verbuchen, der für die östlichen Grenzen des Deutschen Reichs mit dem ausdrücklichen Hinweis auf eine von den Flüchtlingen drohende Verseuchungsgefahr angeordnet wurde. 1920 machte sich der sozialdemokratische Polizeipräsident von Berlin, Ernst, genau die Sorgen, von denen seine Nachfolger heute wieder gequält werden: »Die Ostjudenplage wird, da es sich hier nicht nur um lästige, sondern höchst gefährliche Ausländer handelt, in ihrer jetzigen Duldung und wohlwollenden Behandlung künftighin politisch, wirtschaftlich und gesundheitlich die furchtbarsten Gefahren zeitigen.« Deshalb legte er als Behördenchef nicht nur eine besondere Einsatzfreude bei den legalen Pogromen, den Razzien, an den Tag, sondern empfahl auch, was rund sechzig Jahre später unter die »Reihe von anderen Maßnahmen« fiel: das Sammellager, die Abschiebehaft. Beide sind Einrichtungen einer modernen Entdeckung: der Heimat. Wem nicht zwangsweise wieder zu einer solchen verholfen werden konnte, indem man ihn meist in den sicheren Tod repatriierte, dem blieb als einzige Heimat das Lager.

Unter welchem bis ins Detail reichenden Wiederholungszwang die Gegenwart steht, beleuchtet der folgende Zeitungsbericht über eines der 1921 außerhalb Berlins errichteten Internierungslager: »Vor einigen Tagen ist im Lager Stargard eine mit 80 Mann belegte Baracke abgebrannt. Da absolut keine Löschmittel zur Verfügung standen, die Wachmannschaften offenbar, entgegen ihrer Pflicht, nicht rechtzeitig einsprangen, brannte die ganze Baracke nieder. Da die Baracke verschlossen war, sprangen die Internierten zum Fenster heraus. Sie wurden daraufhin von den Wachmannschaften beschimpft und zum Teil mit Kolbenschlägen mißhandelt. Am folgenden Tage beim Appell wurde den Internierten angedroht, daß sie, falls nochmals eine Baracke in Brand geraten würde, nicht mehr herausspringen dürften, sie sollten ruhig verbrennen.«

Im November 1923 wurde die Frage des sozialdemokratischen Abgeordneten Davidsohn »Wann findet – wenn das so weiter geht – zu Berlin oder sonstwo in Deutschland der erste fidele Judenpogrom statt?« beantwortet: der Mob zog prügelnd und plündernd durch das Berliner Scheunenviertel. »Der Nazismus stieß seinen ersten Schrei aus«, schrieb Döblin. Hier wurde geprobt, was später, als alle mitmachen durften, Programm wurde. Die Sozialdemokraten taten nichts, was den Ehrentitel »Judenschutztruppe«, den ihr die Nazis verliehen, hätte rechtfertigen können, und die Kommunisten waren gerade dabei, die Faschisten als Hilfstruppen der Revolution zu gewinnen. Nie war der Antisemitismus und der Ausländerhaß später wütender als in den Jahren zwischen 1919 und 1923, in denen die Ostjuden als Objekt der Einübung auf Kommendes dienten. Die Rücksichten, die noch deutschen Juden galten, fielen weg. Nach 1933 wurde der Mob an die Kandare genommen und der Antisemitismus in staatliche Regie. Die wilden Pogrome von 1923 waren also das Vorspiel zu dem ein Jahrzehnt später bürokratisch exekutierten »Antisemitismus der Vernunft«

(Hitler), der schließlich die industrielle Massenvernichtung vorbereitete.

Die ostjüdischen Flüchtlinge nach 1918 waren die Verkörperung einer unerlaubten Schande: sie hatten nicht einmal den Krieg verloren. Sie waren einfach da. Sie waren zwischen den Fronten gewesen, das beleidigte die Soldaten; sie kamen aus den Zwischenräumen der Gesellschaft, das provozierte die Deklassierten, und sie waren die Parias der Geschichte, das verziehen ihnen die besiegten Deutschen, die sich als Proletarier unter den Völkern fühlten, nicht. Von der Propaganda des nationalen Befreiungskampfes gegen die Siegermächte, dessen Parolen oft bis aufs Wort identisch sind mit den patriotischen Bekenntnissen der Friedensbewegung, führte ein direkter Weg zum Pogrom: weil die »auswärtigen Fronvögte« – wie es damals hieß – nicht greifbar waren, hielten sich die »Unterlinge« – wie es heute (bei Hochhut) heißt – an die Ostjuden, von denen das »besetzte Land« ersatzweise befreit werden sollte; und 1938 konnte man über das Berliner Scheunenviertel, das mittlerweile »befreites Gebiet« war, in der bebilderten Rückschau einer Nazibroschüre lesen: »In dem von Ostjuden besetzten Gebiet Berlins mußte sich der Deutsche wie im Feindesland fühlen. Er wurde beobachtet, umlungert, verfolgt.«

Dem Haß auf die Ostjuden korrespondierte aber auch ein bis zur Hochstimmung gesteigertes Interesse an ostjüdischer Kultur. Von der Euphorie, mit welcher ostjüdische Tradition von einem – sehr kleinen und meist aus Intellektuellen bestehenden – Teil der deutschen Juden rezipiert und spöttisch nach einem ihrer Hauptergriffenen Bubertät genannt wurde, soll hier nicht die Rede sein, sondern von der Faszination, die sie auf die nichtjüdischen Deutschen ausübte. Auf die Ostjuden wurde dabei projiziert, was die Deutschen sich anschickten herzustellen: die Volksgemeinschaft. Aus der Vorstellung des wandernden Juden wurden die Veranstaltungen des marschierenden Deutschen, aus dem Bild der völkischen Reinheit und der Vermehrungsfreudigkeit, an dem beispielsweise auch Bebel Gefallen gefunden hatte, wurden die Nürnberger Gesetze und die Nazistiftung für Mutter und Kind, der Lebensborn.

In einer Eloge auf den Maler Hermann Struck, den er während des Ersten Weltkriegs in Wilna kennengelernt hatte, schrieb ein begeisterter Deutscher: »Ich erlebte an ihm und an der Umwelt die Kraftquelle des Judentums, die es über die Diaspora der Jahrtausende erhalten hat: die Einheit von Volkstum und Religion, Nationalität und Glauben und erlebte zugleich die dichte, völlig unzersetzte Atmosphäre, die hier noch um Gottesdienst und religiöses Handeln, um Kult und liturgische Bräuche waren. Die Stärke des Ostens gegenüber dem vielfach zerfallenen Westen wurde hier im jüdischen Bereich fühlbar.«

Ganz ähnliche Motive liegen der modischen nostalgischen Beschäftigung mit der Geschichte der Ostjuden heute zugrunde. Dieses Interesse ergänzt das jahrelang offiziell gehegte Stereotyp von den deutschen Juden als allesamt nobelpreisverdächtig durch ein analoges Klischee: aus Einstein wird Tewje, der Milchmann. Man trifft in jeder nächstbesten Wohngemeinschaft auf die verklärenden melancholischen Photographien von Vishniac als Poster und muß sich die neueste Platte mit jiddischen Liedern anhören mit dem Hinweis, sie sei von einer deutschen Gruppe, die aus der »Liedermacherbewegung« komme, produziert. Dieser Zusammenhang ist nicht zufällig: die mörderische Vergangenheit wird als Kulturgeschichte begriffen. Daß Menschen dabei umgebracht worden sind, spielt allenfalls am Rande eine Rolle, wie das Wort vom »Ethnozid« oder vom »kulturellen Holocaust« verrät. Da die ostjüdische Kultur hierdurch außerdem grenzüberschreitend mit der deutschen wiedervereinigt und regermanisiert wird als Teil einer untergegangenen Kulturvielfalt – im Unterschied zur beklagten Kolonialisierung durch die Coca-Cola-Kultur –, sind die Opfer eigentlich die Deutschen, denen man etwas getan hat, als die Juden umgebracht wurden. So werden aus sinnlos Ermordeten sinnstiftende Tote, die das Lebensgefühl der deutschen Selbstfindung stärken.

III.

Vierzig Jahre nach Kriegsende befinden sich die Deutschen nach den Worten ihres Bundespräsidenten an der Schwelle zum gelobten Land: »Vierzig Jahre sollte Israel in der Wüste bleiben, bevor der neue Abschnitt mit dem Einzug ins verheißene Land begann. Vierzig Jahre waren notwendig für einen vollständigen Wechsel der damals verantwortlichen Vätergeneration.« Diese ausgeborgte Verheißung hatten die Deutschen nach der internationalen Blamage ihrer Versöhnungsfeiern 1985 bitter nötig, denn Bitburg und Belsen stehen nicht für ein vierzigjähriges Pariadasein der Bundesrepublik, das nun zu Ende ging, sondern dort wurde der Bankrott der deutschen Nachkriegspolitik offenkundig. Vierzig Jahre nach der militärischen Kapitulation des deutschen Reichs legte die Republik ihren moralischen Offenbarungseid ab; wozu es damals der alliierten Armeen und besserer Waffen bedurft hatte, das wurde 1985 von einer der gleichgeschalteten Meinung in der Bundesrepublik unbekannten Wunderwaffe erzwungen: der Waffe der Kritik und einer funktionierenden Öffentlichkeit im demokratischen Ausland, welche die Selbstdarstellung des »neuen Deutschland« als Propagandalüge entlarvten.

Dem religiös verbrämten optimistischen Schwindel, die deutsche Nachkriegsgeschichte sei eine zweite jüdische Heilsgeschichte, korrespondiert die antiimperialistische Paranoia, die Deutschen seien das auserwählte Volk einer Verschwörung der Supermächte. Wie um Hitler ein zweites Mal recht zu geben, daß sich das Schicksal Deutschlands an der Judenfrage entscheide, kaprizierten sich die Deutschen in einer absurden Verwechslungskomödie auf die Rolle des eingebildeten Juden.

Die neuerdings auf Traditionen, Mythen und Symbole versessene Gesellschaft braucht derlei Mutationen, um dem trivialen Geheimnis ihrer Herkunft nicht auf die Spur zu kommen. Die Deutschen hätten den Brand in der Westberliner Abschiebehaftanstalt nicht nur als pädagogische Maßnahme präsentieren dürfen, um potentielle Asylsuchende in aller Welt abzuschrecken, sondern auch als Jubiläumsveranstaltung für die hundertjährige Geschichte des Rassismus in Deutschland. Über eine andere Berliner Silvesternacht ungefähr 100 Jahre zuvor, berichtete Eduard Bernstein in seiner »Geschichte der Berliner Arbeiterbewegung«: »Organisierte Banden zogen in der Friedrichsstadt vor die besuchteren Cafés, brüllten, nachdem allerhand Schimpfreden gehalten worden waren, tatkräftig immer wieder ›Juden raus‹, verwehrten Juden oder jüdisch aussehenden Leuten den Zutritt und provozierten auf diese Weise Prügelszenen, Zertrümmerung von Fensterscheiben und ähnliche Wüsteneien mehr.«

Immerhin gab es damals noch eine spontane Protestversammlung der Berliner Arbeiterklasse, welcher der Gedanke des »Kommunistischen Manifests«, die Arbeiter hätten kein Vaterland, noch nicht ausgetrieben oder in sein Gegenteil, die Aufforderung zum glühenden Patriotismus, verkehrt worden war.

Der historische Pogrom und der aktuelle Brand, die damalige handgreifliche Bürgerinitiative und der tödliche Verwaltungsvollzug von heute, markieren nicht nur die Entwicklung der Instrumente, die zum Arsenal des völkischen Ressentiments gehören, sondern sie reflektieren auch die zwei Seiten eines gesellschaftlichen Bündnisses, das ungebrochen fortbesteht: das Bündnis von Mob und Elite, der Vertrag zwischen Antisemitismus, Fremdenhaß und Macht. Diese Übereinkunft schließt eine Arbeitsteilung ein, die sich auch nach der Demokratisierung von Mob und Elite erhalten hat. Während die Rollkommandos gewissermaßen empirische Sozialforschung treiben, um durch teilnehmende Beobachtung herauszufinden, ob sich etwa einer rührt, ist man in den Büros mit der Auswertung beschäftigt; dort formalisieren und normieren Wissenschaftler, Verwaltungsexperten und Politiker die rechtsetzende Praxis jener gewalttätigen Demoskopie. Über die Bedeutung des Unterschieds zwischen unkontrollierten Ausbrüchen des Hasses und behördlich kalkulierter Diskriminierung sind sich die modernen Machthaber einig. Hitler empfahl schon in seinen ersten politischen Erklärungen, den Antisemitismus aus »rein gefühlsmäßigen Gründen« durch einen »Antisemitismus der Vernunft«, d.h. durch systematisch entrechtende Verwaltungsakte zu ersetzen, und wie man weiß, waren blutrünstige Sadisten bei der industriellen Massenvernichtung nicht erwünscht, sondern korrekte Beamte.

Wenn heute Politiker in der Bundesrepublik vor Ausländerfeindlichkeit warnen, dann ist diese Warnung in der Regel ein Symptom der Krankheit, die sie diagnostizieren. Wenn ein Kommentator der liberalen *Frankfurter Rundschau* das rassistische Manifest einiger Treitschkes von heute, die öffentlich die Ausweisung der Ausländer fordern, für eine »überwiegend vernünftig formulierte Diskussionsgrundlage« hält und meint, »daß das Ausländerproblem in der Bundesrepublik öffentlich mit kühler und humaner Vernunft angepackt werden kann«, dann hört sich das wie eine Drohung an. Sie kommt der Vorstellung vom Krieg ohne Haß ganz nahe, deren Verwirklichung Adorno als vollendete Inhumanität bezeichnet hat und stellt eine Neuauflage des Traums dar vom noblen Antisemitismus, den Hans Blüher, einer der Wortführer der deutschen Jugendbewegung nach dem ersten Weltkrieg, träumte: »Darum ist reiner Antisemit nur der, der ohne Haß gegen die Juden ist.«

Kein Träumer hingegen ist der gegenwärtige Bundeskanzler. Es mag noch so tollpatschig aussehen, wenn er sich auf der politischen Bühne bewegt und noch so debil klingen, wenn er den Mund aufmacht – er verkörpert die ungebrochene Fortdauer politischer Herrschaft, die im Deutschland des 20. Jahrhunderts schon ganz andere Gestalten sich ausgesucht hat. Als nach der Demokratisierung der Elite austauschbarer Repräsentant aller Unmündigen kann er nur nach einer Devise verfahren, die schon Bismarck als Geheimnis moderner Herrschaft ausgeplaudert hat: »Ich bin ihr Führer«, sagte er, »also muß ich ihnen folgen.«

Wenige Tage nach seinem Amtsantritt kündigte Kohl im Fernsehen an, seine Regierung werde sich mit der »Ausländerfrage« beschäftigen, denn er gäbe eine »zu große Zahl türkischer Mitbürger«. Für deren Rückführung wolle er sich einsetzen, doch solle dies »menschlich anständig« geschehen. Mit diesem aktuellen Ausdruck des Bündnisses zwischen Volksempfinden und Verwaltung gelang dem Kanzler auch eine unvermeidliche Reprise: in einer Rede vor SS-Führern in Posen hatte

Himmler 1943 den gestreßten Gehilfen des Massenmords bescheinigt, daß sie »abgesehen von Ausnahmen menschlicher Schwächen, anständig geblieben« seien. Abgesehen von einem kleinen Silvesterumtrunk waren auch die Wachleute des Berliner Abschiebegefängnisses anständig geblieben. 1984 wurde das Ermittlungsverfahren gegen sie mit der Begründung eingestellt, es habe sich »kein pflichtwidriges Verhalten der vier Beamten erkennen lassen.«

Die allgemeine Enttäuschung darüber, daß man die Ausländer nicht so einfach anzünden kann wie vordem die Juden, weil es sich zumeist um Bürger mit dem Paß eines Nato-Mitgliedstaats handelt, entlädt sich periodisch in Brandstiftungen an Ausländerunterkünften und treibt die bürokratische Phantasie der Behörden an. Diese überbieten sich wechselseitig bei ihrem Bemühen, den Asylsuchenden wieder abschiebefähig zu machen, und in der Praxis ist das Recht auf Asyl nur noch eine von der Willkür gewährte Gnade geworden. Wem sie als Ausländer nicht zuteil wird, der darf sich damit trösten, nicht nur psychologisch, sondern realpolitisch zur deutschen Wiedervereinigung sein Scherflein beigetragen zu haben, denn die für Flüchtlinge aus Südostasien durch eine Vereinbarung der beiden deutschen Regierungen gesperrte Grenze zwischen den zwei Staaten hat sich darüber in ein einigendes Band verwandelt.

Die beabsichtigte verfassungsmäßige Annullierung des Asylrechts wäre identisch mit der formellen Proklamation der Volksgemeinschaft. Dann bliebe nur noch, auf die friedliche Lösung zu hoffen, die alle befürchten: daß die Deutschen wirklich aussterben.

1985

Über den Bergen-Belsen-Prozeß

Kommentierte Auszüge aus der Berichterstattung der *Lüneburger Post* (Nachrichtenblatt der Alliierten Militärregierung) über den Bergen-Belsen-Prozeß (Mitte September bis Mitte November 1945)

> »Alle sechsundvierzig Angeklagten werden zusammen vor Gericht erscheinen, eine Anklagebank wird für die männlichen Angeklagten bereitgestellt, eine zweite für die neunzehn Frauen. (Nr. 11, 11.9.45) … Die Beweisaufnahme ergab, dass Zoddel das Durcheinander bei der Befreiung des Lagers dazu benutzte, um eine Gefangene, ein junges polnisches Mädchen, um den Haufen (sic!) zu schießen. (ibidem) Am ersten Tage der Verhandlung gegen Kramer und Genossen erklären sich alle Angeklagten nicht schuldig.«

Die Prinzipien angelsächsischer Strafjustiz, auf denen auch das Procedere der Militärgerichtsbarkeit fußt, dokumentieren die Unangemessenheit klassischer Rechtsbegriffe angesichts der Massenvernichtung. Umso entschiedener insistiert die Anklage auf der genauen Einhaltung bürgerlicher Rechtsbegriffe, wie zum Beispiel der individuellen Verantwortlichkeit, der Schuldzumessung. So zeigt sich auch in der Justiz, dass die Theorie ihren Gegenstand nicht mehr unter angenommenen Bestimmungen der Vernunft fassen kann – als einigermaßen hilfloser Ausweg aus diesem Dilemma blieb, nicht nur im Belsen-Prozeß, die bescheidene Hartnäckigkeit, mit der Sieger und Überlebende an den vom Faschismus vernichteten Grundsätzen festhielten. Daher oft auch die in gewisser Weise »altertümelnde« Sprechweise, das feierliche Pathos:

»Die Angeklagten werden beschuldigt, zwischen 1. Oktober 1942 und 30. April 1945 im KZ Bergen-Belsen als Mitglieder seiner Verwaltung und verantwortlich für das Wohl der dort Untergebrachten, die Gesetze des Rechts wie des Krieges verletzt zu haben, sich zusammengetan zu haben, alle Insassen übel zu behandeln. Dadurch haben sie den Tod eines britischen Staatsbürgers, zweier Ungarn, eines Franzosen, eines Holländers, eines Belgiers, eines Italieners, eines Staatsangehörigen von Honduras, die alle namentlich genannt wurden, darüber hinaus den weiteren Staatsangehörigen Alliierter Länder unbekannten Namens verursacht. Ferner werden die Angeklagten der Misshandlung namentlich genannter und namenloser Angehöriger alliierter Länder beschuldigt. (Nr. 13, 18.9.45)«

Bis zur Befreiung durch die Engländer kamen im KZ Bergen-Belsen ungefähr 13.000 Menschen um, an den Folgen starben in den ersten Monaten nach der Befreiung ungefähr noch einmal so viele.

»UNBESCHREIBLICHE REVUE DES ABGRUNDES (Titel Nr. 14, 21.9. 45) … Die Totengruben von Belsen im Film … Man sah den SS-Wachen, von denen eine ganze Reihe auf der Anklagebank den Film zusahen, an, daß sie diesen Dienst nicht gerne verrichteten. [D.h. unter der Aufsicht der Engländer die zahllosen Leichen in einem Massengrab zu transportieren.] Sie schienen sich ein wenig entwürdigt zu fühlen, die namenlosen Leichen in die Grube tragen zu müssen, sie schleppten sie wie lästige Säcke, warfen sie achtlos zu den Haufen der anderen.«

Der Titel, nicht nur an dieser Stelle, und weitere Passagen – vgl. erstes und unten folgende Zitate – der Berichterstattung illustrieren trefflich Blochs Überlegungen im Essay »Der Nazi und das Unsägliche«: wie jeder Vergleich zur Geschmacklosigkeit gerät. Unbeholfen rettet sich die beschädigte Sprache in vermeintlich nicht kompromittierte literarische Analogien, und so liest man oft den Vergleich mit Dantes Hölle. Dieses gebildete quid pro quo, erstens das den Begriff suchende Stammeln nach dem bloß äußerlichen Abklingen des Schocks, verkennt den Charakter des Nationalsozialismus völlig.

Das geschichtliche Denken, gewohnt, auch noch in den größten Verbrechen der Vorgeschichte einen zumindest unvermeidlichen Tribut an den weltgeschichtlichen Auftrag einer zu vernünftigen Verhältnissen emporstrebenden Menschheit zu sehen, oder – wie die abendländische Literatur in ihren klassischen Tragödien von Sophokles bis Goethe es an herausragenden Einzelschicksalen dargestellt hat – als Tribut des Lasters an die Tugend. Noch in seiner grausamsten Gestalt erschien das Verbrechen verständlich, und auf der Folie großer Gedanken gewann selbst der gräßlichste Übeltäter eine eigentümliche moralische Größe.

Doch nichts von alledem im Nationalsozialismus, gegen welchen Dantes Inferno nur das Versagen traditioneller Begriffe und Vorstellungen enthüllt. Denn einem

Eisenbahnbeamten, der fahrplanmäßig die Züge in ein Vernichtungslager abfertigt, eignet nichts Diabolisches; die Herstellung von Zyklon B erfordert keinen Schurken, wie man ihn vom Theater kennt, sondern einen Facharbeiter mit Feierabendhobby. Für den Nationalsozialismus ist charakteristisch nicht ein Übermaß von blindem Schicksal, gegen das menschliche Anstrengung sich aufrichtet im Eingedenken an eine vielleicht bessere Welt, wo noch im Scheitern die Wahrheit des davon verschiedenen Besseren auszumachen wäre. Im Nationalsozialismus fallen Quantität und Qualität des Verbrechens unterschiedlos und ohne Begrenzung zusammen, eigentlich gibt es nur noch Henker und Opfer – und auch diese Differenz hat bloß fließende Grenzen, wie eine bezeichnende Bemerkung verrät: »Daß einer Gegner des nationalsozialistischen Regimes gewesen war, hat man meistens erst dann gemerkt, als man ihn hingerichtet hat.« (Zitiert bei Brentano/Furth). So trivial wie diese Bestimmungen sind auch ihre Protagonisten. Jeder Versuch, den deutschen Faschismus mit den erwähnten literarischen Mitteln zu schildern, muss an dieser Trivialität scheitern. So schreibt Hannah Arendt in einer Kritik über den Charlie-Chaplin-Film »Der Diktator«, der ihr als Beispiel für dieses Misslingen gilt, dass der Film nur beweise, wie jeder Schmierenkomödiant, einen solchen mimt Chaplin in der Rolle eines Friseurs, heute Politiker werden könne. Nicht Schillers »Verbrecher aus verlorener Ehre« betritt im Kollektiv die Bühne der Geschichte, noch weniger die barbarischen Horden der Vorzeit, eher das Rohmaterial der modernen Sozialwissenschaften, welche darum deutlicher auch den angemessenen literarischen Ausdruck der Epoche bilden.

Weder Teufel noch Dämon, weder Nero noch Philipp von Spanien, nicht Hades noch Hölle, nicht Athen und nicht Venedig, nicht Hamam und nicht Dschinghis Khan,* sondern die namenlose, gesichtslose, konturlose und gedächtnislose Monade aus dem zeitgenössischen Ensemble von Bahnbeamten, abgebrochenen Volksschullehrern, Tierliebhabern und Feldwebeln, Sekretärinnen und Turnerriegen, Tabellenfachleuten, Wochenendausflüglern, Besserwissern, Familienvätern, Eintopfexperten – solcherart ist die Anthropologie des modernen Durchschnittshelden, der zu Höherem sich berufen fühlt, ein von seiner eigenen Trivialität nicht mehr verschiedenes Wesen und deshalb zuallerletzt ein Gegenstand der Kunst. (»Auch ist ein Mensch, der ganz Bosheit ist« – oder nur noch banal, wie man Schiller heute korrigieren müßte – »schlechterdings kein Gegenstand der Kunst ... Man würde umblättern, wenn er redet.«)**

So beliebig und nichts der Einzelne, der sich folgerichtig auch abgewöhnt hat, Ich zu sagen, so einerlei und banal auch die Schauplätze: jede Familie eine kriminelle Vereinigung, jedes Büro ein geeignetes Schlachthaus, jeder Stempel ein potenzieller Mord, jeder Anruf ein beiläufiges Verbrechen.

»Die Reihe der Angeklagten folgte den Ausführungen der ersten drei Zeugen ... zum größten Teil mit verkniffenen Mienen, ohne ein Zeichen besonderer Rührung

* »Jedem, auch dem Lasterhaften ist gewissermaßen der Stempel des göttlichen Ebenbildes aufgedrückt, und vielleicht hat der große Bösewicht keinen so weiten Weg zum großen Rechtschaffenen, als der kleine.« (Schiller in der Vorrede zum Drama »Die Räuber«, Werke, Ffm. 1966, Bd. I., S. 9. Diese Vorrede gewinnt – aus einem anderen Grunde – eine die Kontinuität des deutschen Intellektuellenkotaus beleuchtende Aktualität. Nach ihrem Muster sind die zur Zeit gängigen Distanzierungserklärungen gestrickt, grob, versteht sich.

** Ibidem.

… das stimmt überein mit dem Bild, das die Zeugen von ihm [gemeint ist Kramer – EG] entworfen haben, als sie ihn in seinem Büro in Belsen vernahmen. Er hatte nicht das mindeste Empfinden von Schuld, eine absolute Gleichgültigkeit gegenüber dem Schicksal der Häftlinge, die er alle als Berufsverbrecher, Schwerverbrecher und Homosexuelle bezeichnet hatte, zeichnete ihn aus. (Nr. 14, 21.9. 45)«

Genauso unschuldig wie die Opfer fühlen sich die Henker. Hannah Arendt führt in ihrem Essay über Sozialwissenschaften und Konzentrationslager* die Bedingungen dieser makaberen Assimilation weiter aus: die völlige Gleichgültigkeit gegenüber der tödlichen Realität auf Seiten der Opfer, und die kalte Indifferenz, welche das Lagerpersonal ausgezeichnet (auch noch vor Gericht, obwohl sie doch mit einer Geste der Selbstanklage besser vor den Tribunalen dran gewesen wären), leitet sie her von der auf verschiedenen Stufen verlaufenden Desintegration der Persönlichkeit im Laboratorium KZ.

»›Muselmänner‹ wurden die armen Teufel in der Lagersprache genannt, die sich um den Abfall aus Küchen, auf dem Misthaufen selbst, noch rissen, die mager und abgezehrt zu keiner Arbeit, selbst nicht zum Tragen der Toten mehr fähig waren. Erstaunlich nur, dass jemand diese Tiefen der Entwürdigung und Vertierung überlebt hat. (Nr. 15, 25.9. 45)«

Günter Anders berichtet in seinem Tagebuch »An die Wand geschrieben«, wie, entsprechend dem heimlichen

* »Die vollendete Sinnlosigkeit«: in Hannah Arendt, »Nach Auschwitz«, Tiamat, Berlin 1989. (A.d.H.)

Wunsch, der aus diesen Zeilen spricht, in Polen einige der Überlebenden genau mit dem Vorwurf, daß sie überlebt haben, erschlagen worden seien. Ähnliches erzählt Marian Rogowski in seinem dokumentarischen Roman »Gewonnen gegen Hitler«. Schon die Nazis hatten peinlich genau darauf geachtet, das keiner davonkommen sollte, aber auch, das keine Zeugnisse der Vernichtung und keine Berichte nach draußen dringen sollten. Vergeblich auch die verzweifelte Hoffnung der Lagerinsassen, die Welt möchte zur Besinnung kommen, wenn sie davon erführe. Dass man einige nachträglich noch erschlagen hat, ist nunmehr offen gewalttätiger Ausdruck der Fortsetzung nationalsozialistischer Politik: der Politik der verbrannten Erde folgt die Politik des verbrannten Gedächtnisses. Zur erwähnen wäre, daß sich vice versa die Opfer, die überlebt haben, mit Schuldvorwürfen quälen, weil sie vom Preis des Davongekommenseins bis ins Innerste zernichtet sind.

> »Durch die Gaskammern von Auschwitz, eingerichtet wie Baderäume mit Brausen, nur ohne Wasserabfluß am Boden, sind ungefähr 4 Millionen Juden gegangen. Hatte das Gas seine Wirkung getan, so wurden Klappen im Boden geöffnet, die Leichen vielen in Loren und rollten ins Krematorium. (ibidem)«

»Hatte das Gas seine Wirkung getan« – noch in der Berichterstattung über das Morden bedient sich die kapitulierende Sprache der nazistischen Sprachregelung. Aber es handelt sich nicht bloß um eine Verdinglichung, in welcher eine von Menschen begangene Handlung als Tätigkeit eines Dinges erscheint (dies ist nur der extreme Ausdruck dem Faschismus vorausgegangener objektiver Momente, die in der Warenproduktion wurzeln und subjektiver Formen, die sich bis weit zurück in die Anfänge protestantischer Doppelmoral verfolgen lassen, etwa bei Luther – also zur Trennung von Personal und Praxis), sondern man muß auch das Moment von Wahrheit zur Kenntnis nehmen, das in dieser Sprache widergespiegelt wird: Ohne diesen kostspieligen Maschinenpark wäre das alles gar nicht möglich gewesen. Die Gaskammern, einmal etabliert, machten die Zufuhr von menschlichem Rohstoff zur Herstellung von Leichen zu einer absoluten Notwendigkeit. Dieser Logik folgt, wie wir wissen, die gesamte Kriegsindustrie seit dem zweiten Weltkrieg.

Vergleicht man die heutige Lokalzeitung mit den Ausgaben von damals – ein Viertel Jahr nach dem Sieg der Alliierten – so fällt zu allererst ins Auge die erschreckende Ähnlichkeit in Aufmachung und Inhalt. Als wäre die Nummer von vorgestern, lese ich (auf S. 4 von Nr. 15, 25.9.45) folgende Artikelüberschriften: Umgangsverbot aufgehoben / Energieversorgung im Rheinland / Riesendefizit im Berliner Haushaltsplan / Rektor in Marburg ernannt / Respektloses Verhalten strafbar / Vieh schwarzgeschlachtet / Dr. Eckener wird Verleger / Strafen für Verkehrssünder / Monotonie des Grauens, Fortsetzung von Seite 1 / Sport vom Sonntag usw. Eine beliebige Seite, mit vielleicht einem kleinen Unterschied: in den Familienanzeigen, welche fast die Hälfte der Seite einnehmen: Geboren / Vermählt / Gestorben / G e f a l l e n. Eine beliebige Anzeige herausgegriffen:

> »WILHELM MOHRMANN, Soldat. In den schweren Kämpfen für sein Vaterland starb den Heldentod unser heißgeliebter, guter, hoffnungsvoller ältester Sohn, Bruder, Großsohn, Neffe und Vetter im blühenden Alter von 18 Jahren. In tiefer Trauer etc. pp«

Solche Überschriften und solche Anzeigen noch im September 1945.

> »Heute vormittag traf Josef Kramer in eigener Sache als Zeuge auf. Er wurde auf die Bibel vereidigt und erklärte, in seinem Gewissen daran gebunden zu sein … ›Wollen sie als Zeugen unter Eid aussagen?‹ fragte der Richter. Alle Angeklagten erklärten: ›Ja!‹. Kramer rief ein lautes ›Jawoll!‹ (Nr. 19, 9.10. 45)«

Jetzt, wo der Führer und Himmler tot sind, braucht der kleine Mann wieder seinen Herrgott, denn »ein Christenmensch ist ein dienstbarer Knecht aller Dinge und Jedermann untertan« (Luther). Kramer gibt zu Protokoll, daß er deshalb die Vernichtung in den Gaskammern in Auschwitz bestritten habe, weil er »ehrenwörtlich« verpflichtet gewesen sei, darüber zu schweigen. Erst als er im Gefängnis von Celle gehört habe, »Hitler und Himmler seien nicht mehr vorhanden«, fühlte er sich von seiner Schweigepflicht entbunden. »Ob das richtig war und ob derjenige, der ursprünglich alles angeordnet hat, es verantworten kann, weiß ich nicht« (ibidem). Sollten die sich bei Gott verantworten, er hat seiner Christenpflicht genügt. Marx schreibt an irgendeiner Stelle über die moderne Religiosität, daß an die Stelle der Knechtschaft aus Devotion, die Knechtschaft aus Überzeugung getreten sei.

> »Auch über das Lager Neuengamme, das in der Luftlinie nur dreißig Kilometer von Lüneburg entfernt liegt, ist uns ein umfassender Bericht zugänglich gemacht worden. Bekanntlich war es dieses Lager, das bisher wenig in der Öffentlichkeit genannt wurde, aus dem die Häftlingstransporte nach Belsen und Sandbostel gin-

gen. Häftlinge aus Neuengamme haben vor anderthalb Jahren Deckungsgräben in Lüneburg ausgehoben. Ihre Zebra-Uniformen wurden damals viel erörtert. (Nr. 19, 9.10.45)

›Muselmänner‹ – Dieser Ausdruck ist in allen deutschen Konzentrationslagern verbreitet gewesen. Er ist entstanden durch einen Zufall. Irgend jemand nannte einen stark abgemagerten Kameraden in Erinnerung an Bilder von Arabern, einen Muselmann. Damit begann dieser Begriff, der sogar in die Amtssprache der Lager überging, seinen Lauf. Er bezeichnete später präzise nicht mehr voll arbeitsfähige, abgezehrte, abgehetzte Menschen. Es gab besondere Arbeitskommandos für Muselmänner. Muselmann konnte auch ein Hohnwort sein. Jedenfalls, war jemand erst einmal zum Muselmann geworden im Lager, so war in den meisten Fällen das Tor zur Freiheit ewig gesperrt. Für den Muselmann gab es nur noch den Ausweg ›durch den Schornstein‹ (ibidem).«

Abgezehrt waren sie, bis auf ganz wenige Ausnahmen, alle, und das Tor, über dem der preußische Wahlspruch stand »Suum cuique«, oder »Arbeit macht frei«, wurde erst durch den Sieg der Alliierten zum Tor einer doch für immer beschädigten Freiheit. Die Beobachtungen Bettelheims im KZ Buchenwald geben genauer Auskunft über den Abrichtungserfolg totalitärer Herrschaft, wobei mit dem der Kolonialromantik entlehnten Begriff »Muselmann« jener psycho-physische Habitus der Häftlinge bezeichnet wird, der als oberstes Ziel des KZ-Experiments gilt: die wandelnde Leiche oder die allseitig reduzierte Persönlichkeit. Sie sollten nur noch existieren, ehe man ihnen die Existenz nahm. So waren sich die Nazis sicher, keine Menschen mehr umzubringen. In vielen Fällen vollendete sich dieser aufgezwungene Verfall ganz automatisch, mechanisch – außerhalb jedes Zusammenhanges verloschen sie einfach, ihr Tod nur Verenden.

Bettelheims präzise Beobachtung dieses Zerfallsprozesses unter Bedingungen des Lagerterrors gewinnt eine erschreckende Aktualität, wenn man die reale Kontinuität seiner habituellen Typologien fortwährend im Alltag erfährt. Von der Ausnahmesituation ist der Muselmann aufgestiegen zum Durchschnittsexemplar. Gerade der Wegfall der grausamen Bedingungen, z.B. Hunger, beweist (obwohl u.a. durch ihn diese Zerstörung bewirkt wurde), daß es den Nazis auf mehr ankam, als die Menschen leiden zu lassen unter kreatürlichen Bedürfnissen, nämlich auf die Verwandlung von Individuen in willenlose Objekte anonymer Herrschaft. Das terroristisch erzwungene Einverständnis mit der Ohnmacht wie mit der Macht findet in der universellen Kälte einer Welt, die das in Kauf genommen hat und weiter nimmt, ihre zeitgemäße und wohlgenährte Entsprechung. Ihr Ideal: der scheintote Überlebensexperte, der sich »durch nichts aus der Ruhe bringen läßt«, die Fliege im »Netz der sozialen Sicherung« (Helmut Schmidt). Aber nicht, daß damit bloß abstrakt die Fortexistenz »muselmannischen« Verhaltens behauptet wäre. Der moderne Autismus liefert dafür eine ganze Reihe von konkreten Beispielen – am deutlichsten an den Habitus des Muselmann gemahnen die Verhaltensweisen von drop-outs, den wie die Häftlinge in zweifachen Sinn Aufgegebenen; oder die Protagonisten lebensreformerischer Varianten der »Verweigerung«, Freaks, Flippis usw., die nahezu alle Symptome, vom apathischen Gang bis zum blinden Gesicht, aufweisen, die auch Bettelheim beschreibt. Aber wichtiger ist der Beitrag des KZ-Experiments zu einer allgemeineren anthropologischen Bestimmung der nachfaschistischen

Gesellschaft, die in der oben bezeichneten smarten scheintoten Mittelstandsmonade Gestalt angenommen hat: war das unter menschlichen Bestimmungen gefaßte Dasein immer ein Protest gegen seine bloß natürlichen Bestimmungen, mithin (und vor allem!) gegen den Tod gewesen, so macht die Nachkriegsgeschichte aus dem ersten Entsetzen des Denkens in der Geschichte eine letzte triviale Wahrheit: Leben heißt stückweise sterben.

Die moderne Sozialwissenschaft hat diesem Sachverhalt durch die Eliminierung der Begriffe Kindheit, Jugend etc. Rechnung getragen und sie durch biologisierende, subjektive Bezeichnungen wie Säugling, Kleinkind, Schulreife, Geschlechtsreife, Teenager, Twen, etc. ersetzt oder die Gesellschaft mit Begriffen aus dem Handelsregister in zwei Teile geschieden, Junioren und Senioren; Reduktion des Lebens auf's bloße Älterwerden. Er lebt so vor sich hin – er stirbt so vor sich hin, der zeitgenössische Muselmann.

> »Der überwiegende Eindruck ist der, daß es mit dem Recht außerordentlich ernst und genau genommen wird … Wahrscheinlich ist dies auch einer der Gründe, weshalb die Angeklagten in den ersten Wochen gar nicht recht zu begreifen schienen, daß es in diesem Verfahren um ihren Hals ging. (Nr. 19, 9.10.45)«

Hannah Arendt berichtet vom Eichmann-Prozeß Ähnliches. Der Beobachtung, daß Kommunisten und Kriminelle, oder Katholiken und Zeugen Jehovas der Identitätsstörung im KZ noch am ehesten und längsten widerstehen konnten, weil sie wegen Taten und Meinungen im Lager saßen, also von Nazis als für bestimmte Vergehen verantwortliche Personen betrachtet wurden, korrespondiert, daß sich die Täter (eher wie die unschuldigen und völlig harmlosen Opfer) als für nichts verantwortlich fühlen und die Bedrohung mit dem Tode (durch den Richterspruch) eher gelassen oder gar nicht zur Kenntnis nehmen, als für die begangenen Verbrechen einzustehen. Von Eichmann wird berichtet, daß er dem Vernehmungspersonal übereifrig geholfen habe, sich selber die Wahrheit über seine verbrecherische Tätigkeit zu erzählen.

> »Als Ärztin kam die Zeugin auch nach Belsen. [Gemeint ist Dr. Ada Bimko, die von Auschwitz nach Bergen-Belsen kam. – EG] Als Kramer im Januar 1945 nach Belsen kam, so erklärte die Zeugin weiter, hatten sich die Verhältnisse in Belsen so verschlimmert, daß unter den Insassen gesagt wurde: ›Jetzt wird Belsen ein neues Auschwitz.‹ (Nr. 19, 9.10.45)
>
> Wegen geringfügiger Gesetzesübertretungen (!!) wurden auf dem Hof des gleichen Blockes täglich viele Menschen erhängt ... Beim Ein- und Ausmarsch spielte jedesmal die Häftlingskapelle. Es kam vor, daß man auf die Melodie ›So leben wir, so leben wir, so leben wir alle Tage‹ die armen Toten ins Lager zurücktrug. (ibidem) (Zeugenbericht über Auschwitz)
>
> ... sie haben geschlagen und sind, wie Kramer, heute noch entrüstet, daß die armen Teufel, die krumm vor Schmerzen, Schwäche und Hoffnungslosigkeit waren, sich nicht ordnungsgemäß in Fünferreiehen aufstellen konnten. (23.10.45)
>
> Die Leutchen, die vor einigen Tagen den Angeklagten auf den Wagen Grüße zuwinkten, scheinen den tödlichen Ernst dieser Dinge für die Deutschen noch nicht begriffen zu haben. (ibidem)«

Als wären diese justizpädagogischen Drohungen ein Mittel, das eine Mentalität zur Besinnung zwingen könnte, die noch kurz zuvor mit der jauchzenden Untergangsphilosophie »… und wenn alles in Scherben fällt« mit der Vernichtung anderer den eigenen Untergang diskontiert hatte.

»›Sie wußten ganz genau, daß es ein Verbrechen war, was sie begingen.‹ – ›Nein.‹ – ›Haben Sie überhaupt jemals nachgedacht?‹ – ›Ich weiß es nicht, ich mußte den Befehl ausführen.‹ – ›Haben Sie selbst diese Leute in die Gaskammern hineingezwungen?‹ – ›Ja.‹ – ›Haben Sie selbst das Gas einströmen lassen?‹ – ›Ja.‹ … ›All dies ist geschehen, während Sie der Kommandant des Lagers Birkenau waren. Haben Sie niemals dagegen protestiert, dass Ihr Lager für diese Dinge benutzt wurde?‹ Kramer antwortete, er hätte sich einmal beim Obersturmbannführer Höß darüber beschwert, daß er nach Auschwitz geholt worden sei, er sei hier nichts weiter als ein Lagerführer für das Männer- und Frauenlager, und dazu hätte man ihn nicht nach Auschwitz holen brauchen. ›Ich habe Sie nicht gefragt‹, fiel Colonel Backhouse [Vertreter der Anklage. – EG] ein, ›ob Sie dagegen protestiert haben, daß man Sie in Ihrer Würde als Lagerkommandant beeinträchtigt hat, indem man Sie zum Lagerführer machte, sondern ob Sie dagegen protestiert haben, daß in Ihrem Lager Tausende von Menschen umgebracht wurden.‹ – ›Wenn ich das getan hätte‹, antwortete Kramer, ›so wäre ich verhaftet und selbst hinter Draht gesetzt worden.‹ (23.10.45)«

Was damals Recht war, kann heute nicht Unrecht sein. Auch wenn der KZ-Kommandant im Unterschied zu Filbinger nicht nachgedacht hat, worauf der heutige Ministerpräsident von Baden-Württemberg immer wieder hinweist und jeden Schritt als wohltaktierte Widerstandshandlung ausgeben möchte, so kommen doch beide zu denselben Äußerungen: konfrontiert mit ihren Verbrechen fällt ihnen immer gleich ihre Karriere ein. Filbinger klagt, daß er durch die Nazis »erhebliche Nachteile in meinem eigenen Fortkommen seit der Studienzeit erfahren« habe (*Spiegel*, 29.5.78) (und wie ich das eben schreibe, vernehme ich aus den Nachrichten, daß Filbinger auch nach dem Bekanntwerden weiterer Todesurteile, an denen er als Marinestabsrichter beteiligt gewesen war, keinen Grund sehe, von seinem Amt zurückzutreten. Dabei hätten alle, denen die so offen zutage getretenen Kontinuität deutscher Geschichte peinlich gewesen war, nun einen guten Anlaß gehabt, Filbinger wegen einer bloßen Lüge abzuhalftern und alles andere unter den Tisch zu wischen, aber sie erneuern, wie es aus dem Radio tönt, ihre Ehrenerklärungen für ihn. Fast hat es den Anschein, daß sie ihn eben deshalb für einen Ehrenmann halten), und Kramer denkt bei der Ermordung von Hunderttausenden an seine persönliche Not, die darin besteht, daß sein sog. laufbahnmäßiger Besitzstand angetastet und er zum Lagerführer rückgestuft wird.

»Habt ihr das gewußt?

›Das hat der Führer nicht gewollt!‹ Natürlich sind es die ›kleinen Hitler‹ gewesen, die sich Übergriffe erlaubten in den KZ-Lagern, denn Hitler war selbst viel zu ›gut‹, viel zu ›edel‹ dazu!

Wir stellen fest: Der deutsche General Dittmar, Pressechef des Oberkommandos der Wehrmacht, der Ende April 1945 in einem Ruderboot mit seinem Sohn die Elbe überquerte, um sich den Alliierten zu ergeben, hat in einer Radio-Ansprache erklärt: Heinrich Himmler habe 1944 im Frühjahr vor einer Generalstabsversammlung in einer Rede ausgeführt, der Befehl zur Erschießung der Juden sei der härteste Befehl gewesen, den er je auszuführen gehabt habe.

Himmler aber hatte nur einen einzigen Vorgesetzten. Daher muß dieser ›härteste Befehl‹ ihm von Hitler selbst erteilt worden sein.

Laßt euch nichts von alten Tanten und Naziagenten erzählen: Der größte Schurke war Hitler selbst. Er war der kaltblütige Mörder von Millionen von Menschen. So schlecht die ›kleinen Hitlers‹ auch gewesen sind – hundertmal schlimmer war der ›große‹ Hitler, groß im Verbrechen. (23.10.45)«

Nach diesem frühen Schema sind die gängigen Erklärungsmuster und Rechtfertigungen der Nachkriegszeit hergestellt: Hitler als Oberschurke, verantwortlich für »Übergriffe« (wobei übrigens die Formulierung »sich Übergriffe erlauben in den KZ-Lagern« deutlich nationalsozialistischer Provenienz ist. Die SS hat die Lager nicht als Auswuchs betrachtet, sondern als feste Institutionen des Systems. Sie waren die extreme Normalität totalitärer Herrschaft. Mit betriebswirtschaftlichem Denken wurde die Herstellung von Leichnamen betrieben, bürokratisch, organisiert, etc. Was vom gemeinen Verstand als sadistische Verhaltensweise angesehen wird, war in der Regel von der SS nicht geduldet. Deshalb argumentieren viele BRD-Gerichte in NS-Prozessen, wie das RSHA: für sie ist das KZ der Normalzustand.

Der deutsche Beitrag zur Emanzipation der Frau:

»Sie stemmte die Arme in die Hüften und rief Colonel Backhouse, der ihr hartnäckiges Leugnen vorwarf, zu: ›Sie können sich denken was Sie wollen.‹ … ›Was für eine Frisur trugen Sie früher?‹, fragte er die Greese. ›Einen deutschen Knoten‹, sagte sie. … Verteidiger

Cranfield: ›War die Peitsche leicht?‹ – ›Ganz leicht.‹ – ›Tat es weh, wenn sie zuschlugen?‹ – ›Oh ja.‹ – ›Sonst hätte es ja wohl auch keinen Zweck gehabt?‹ – ›Na eben.‹ … ›Ich habe dann Befehl gegeben, ihnen auf frischer Tat [z.B. Essensdiebstahl – EG] gleich den Hintern zu versohlen … Ich habe nie jemanden blutig oder bewußtlos geschlagen. Ich habe nie einen am Boden Liegenden getreten. In Belsen habe ich nur mit der Hand geschlagen. Die Leute waren dort so schmutzig und krank, daß ich mich vor ihnen ekelte.‹ [Zuvor hatte sie schon gesagt – EG]: ›Zuerst benahmen sie sich ganz anständig, aber als es immer mehr wurden, konnte ich ihrer nicht Herr werden. Sie waren wie Tiere.‹ (Okt. 45 – 23.10.)«

In »Trial of Josef Kramer and forty-four others – The Belsen Trial«, S. 250 ist aus dem Kreuzverhör von Irma Greese noch folgender Satz wiedergegeben: »Der Zustand der Häftlinge war so schlecht, daß sie einem fast Angst und Schrecken einflößten (That one had almost a horror of them).« Nachdem die Nazis die Häftlinge schließlich nach ihrer Vorstellung von ihnen zu Untermenschen und Tieren gemacht hatten – und ein Großteil der Häftlinge erinnerte durch nichts mehr an menschliche Wesen –, konnten auf Seiten der Nazis wiederum ganz animalische Ängste aktiviert werden. Eingekleidet in hygienische Programme und mit den technischen Mitteln einer hochentwickelten Industrie wurden die »Säuberungsaktionen« exekutiert. In der Regel haben aus eben dieser Angst (Ansteckungsgefahr, Insektenfurcht usw.) die Aufseher der Herrenrasse es strikt vermieden, sich unter den Häftlingen zu bewegen; dafür hatten sie die Häftlingskapos. Das Medium der Beziehung zum Häftling war, wenn – wie die moderne Psychologie sagen würde – eine Kontaktaufnahme stattfand, immer ein Gegenstand: Peitsche, Gürtel, Stock, Pistole, Spritze. Von diesem aseptischen Wahn, einen zu Ungeziefer entmenschten Feind säuberlich aus der Distanz auszurotten, haben wir Nachgeborenen während des US-Krieges in Vietnam einen umfassenden Eindruck erhalten.

»In Belsen hätte sie einmal ein von der Arbeit zurückkommendes Küchenkommando eine halbe Stunde lang zur Strafe Sport machen lassen, weil zwei Pfund Fleisch gestohlen worden worden waren und sich der Täter nicht gleich meldete... (Okt. 45)

Im Prozeßbericht S. 252 erläutert sie die Bestrafung der Häftlinge in jenem naßforschen Kasinoton, der bis heute Polizisten, Krankenschwestern, Pädagogen, Familienvätern usw. eigen ist, wenn sie jemanden quälen wollen; sie reden ihre Opfer immer im pluralis collectivae an, etwa derart: Was machen wir denn nun? So die SS-Aufseherin Geese: ›Sie schwiegen alle, und da habe ich gesagt: Nun gut, dann müssen wir eben Sport machen, bis sich die Person bei uns meldet, welche die Pakete weggeworfen hat.‹ Und weiter nach *Lüneburger Post*: ›Erstens‹, erklärte sie, ›haben die Häftlinge den Sport sehr gut gemacht ...‹ (ibidem)«

Vor den vorrückenden Truppen der Roten Armee im Osten versuchten die Nazis, nach Möglichkeit die KZ zu evakuieren und die Vernichtungsstätten dem Erdboden gleichzumachen. Viele dieser Evakuierungstransporte gingen nach Bergen-Belsen. Einer dieser Transporte, vom Buchenwald-Außenlager Dora, einem KZ bei Nordhausen, nach Bergen-Belsen war Gegenstand des Lüneburger Prozesses.

»›Ist es wahr, daß bei dem sechstägigen Bahntransport der 5039 fast verdursteten Häftlingen in der ersten Aprilwoche 1945 von Nordhausen nach Belsen zweiundvierzig Menschen tatsächlich am Durst gestorben sind?‹ Auf diese Frage der Anklagevertretung hatte … der ehemalige SS-Obersturmbannführer Kulessa zu antworten, weil er diesen Transport als Zweithöchster im Dienstrang mitgemacht hatte. ›Wir hatten eine Portion Tote‹, antwortete er, ›aber mich ging es nichts an. Ich war nicht der Dienstälteste. Das war der SS-Oberscharführer Hartwig. Der war Transportführer, und der ist aus Belsen getürmt, als die Engländer kamen.‹ – ›Es ist überhaupt nicht zu verstehen, daß Sie die Gefangenen verdursten ließen! Zwischen Nordhausen und Belsen gibt es viele Bäche und Flüsse. Sie konnten doch den Zug halten und Wasser holen lassen.‹ – ›Ich meine, das geht ja nicht, daß jeder über einen Zug bestimmen kann, wie er will. Es ist doch so, daß der Zugführer seinen bestimmten Plan hatte, nach dem er fahren musste.‹ Aufgefordert, mehr über den Transport zu sagen, erklärte Kulessa: ›Die Gefangenen hatten es auf dem Transport ganz gemütlich. Je hundert Stück Häftlinge saßen auf einem Waggon.‹«

Ähnliches ist dem ehemaligen CDU-Familienminister Heck nach einem Besuch des zum KZ umfunktionierten Nationalstadions von Santiago de Chile eingefallen: die Häftlinge hätten es in der warmen Sonne ganz gut gehabt.

»›Warum haben Sie auf den Bahnhöfen kein Wasser für die Gefangenen geholt?‹ – ›Diese Bahnhöfe, dieses Wasser …‹, stammelte der Angeklagte, ›es gibt Bestimmungen, das ist nur für die Lokomotive da. Auch hatte ich ja gar nicht das Kommando.‹ (Okt. 45)«

Aus der Vernehmung des gleichfalls des Mordes beschuldigten Elektrikers des Lagers Bergen-Belsen, Otto Walter:

»›Das Lager war zuletzt doch in einem Zustand, nicht wahr?‹ – ›Zu dieser Zeit hatte ich auf der Hauptstraße des Lagers mit elektrischen Arbeiten zu tun, und die Hauptstraße war in Ordnung.‹ – ›Aber Sie mußten doch durch den Drahtverhau rechts und links von der Straße die dreizehntausend Leichen sehen.‹ – ›Der Drahtzaun war nicht elektrisch geladen und ging mich ja nichts an.‹ – ›Was muß das dann für Sie eine Überraschung gewesen sein, als die britischen Truppen Ihnen das Lager zeigten!‹ (ibidem)«

Überschrift zu drei Fotos über eine Gedenkfeier:

»EHRE DEM UNBEKANNTEN KONZENTRATIONÄR (9.11.45)«

Respekt vor den Toten setzte immer voraus, daß Sterben einen Sinn hatte, sei es die Beschwörung des unbegriffenen Schicksals, die dem Tod einen Ort im Mythos zuweist, sei es die christliche Verneinung vor dem Willen Gottes, welche die Toten seiner Gnade empfiehlt. Nicht Preis des Fortschritts, vor dem die beschämten Zeitgenossen die Augen senkten, nicht unvermeidbare Opfer eines notwendigen Kampfes.

Schon gar nicht das sogenannte Feld der Ehre die Schädelstätte derer, die mit dem obszönen Neologismus »Konzentrationäre« eher als Aktienbesitzer jenes Unternehmens gelten könnten, für das sie doch bloß den Rohstoff gestellt haben. Insofern als die Opfer die faux frais objektiver Unvernunft verkörperten oder auf das Konto wie auch immer gearteter menschlicher Leidenschaften verbucht werden konnten, wohnte dem Tod immer noch ein spekulatives oder – für letzteres – äußerst irdisches Moment von Versöhnung bei. Diese Versöhnung mit dem Opfer, nicht mit dem Tod überhaupt, wurde gestiftet im allgemeinsten Sinn von der Religion und der Philosophie, in der Regelung des gesellschaftlichen Verkehrs von Recht und Gesetz und für das Individuum nicht zuletzt im Verlangen nach Rache.

An ihnen gab es nichts mehr zu ehren, gestorben umsonst, für niemand und nichts. Und nicht sinnloser Trauer, sondern des rächenden Hasses als des durch die instrumentelle Vernunft am wenigsten in zivilisatorische Schranken gezwängten Triebes hätte die sogenannte Befreiung bedurft, die doch bloß eine halbe war ohne ihn. Gerade der Aufstieg vom verheizten sogenannten »unbekannten Soldaten« (der doch immerhin sein Gewehr noch nach hinten richten konnte) zum vergasten unbekannten Häftling zeugt von der fortschreitenden Barbarei in der Zivilisation, die mit der Reduktion der lebendigen Voraussetzungen von Geschichte auf tote Dinge das Ende jeglicher Geschichte markiert.

Leben wird nurmehr zur besonderen Daseinsform des Sterbens.

Den legendären unbekannten Soldaten, dem in jeder größeren Hauptstadt der Welt steinerne Ehre zuteil wird, ereilte der gewaltsame Tod zwar schon in Gestalt der modernen Massenvernichtungsmittel, aber doch auch noch mit einem gewissen Rest von Zufälligkeit. So man davongekommen war, dankte man Gott.

Im unbekannten Häftling findet sich keiner wieder, weil keiner davonkommen sollte, und Deutschland ist immer noch das Land der Krieger- und Heldendenkmäler. Im unbekannten Häftling erkennt man die logische Fortsetzung jenes unbekannten Opfers des Schlachtfeldes in der entscheidenden Differenz: Jeder ein Unbekannter*, für den Zufall kein Raum.

Einige Wenige haben es überstanden, aber überlebt hat keiner.

Juni 1978

* Filbinger spricht mit dem zu seiner Entlastung geprägten Begriff: »Phantomurteil« nur aus, was Kernstück nationalsozialistischer Ausrottungspolitik war: das Opfer war niemand.

Das KZ Bergen-Belsen

Hanna Lévy-Hass wurde im Sommer 1944 nach Bergen-Belsen deportiert, zu einem Zeitpunkt, als sich der Charakter dieses Lagers entscheidend verändert hatte: aus dem sogenannten »Vorzugslager«, wie es – so auch das KZ Theresienstadt – in SS-Kreisen bezeichnet wurde, hatte sich ein Konzentrationslager mit ständig steigender Häftlingszahl entwickelt.

Anfang 1943 hatte das Auswärtige Amt der SS vorgeschlagen, Juden mit Pässen oder Konsulatsbescheinigungen der »Feindstaaten« zum Austausch mit internierten Deutschen zur Verfügung zu stellen und sie vorläufig nicht in die Vernichtungslager im Osten zu deportieren. Die SS ordnete im April an, in Bergen-Belsen ein Sammellager für 10000 »Austauschjuden« zu schaffen und erließ Richtlinien für die »Bestimmung des jüdischen Personenkreises«, der dort festgesetzt werden sollte: »Juden mit verwandtschaftlichen oder sonstigen Beziehungen zu einflußreichen Personen im feindlichen Ausland... Juden, die als Geiseln und als politische oder wirtschaftliche Druckmittel brauchbar sein könnten; jüdische Spitzenfunktionäre«. Für das »Aufenthaltslager« übernahm die SS einen Teil eines bereits bestehenden Kriegsgefangenenlagers, wo 1941/42 Tausende von russischen Soldaten durch Hunger, Erschöpfung, Ruhr und Fleckfieber umgekommen waren. Aus durchsichtigen Gründen erhielt Bergen-Belsen nicht den Status eines Zivilinternierungslagers.

In einem Rundschreiben des SS-Wirtschafts-Verwaltungshauptamts vom Juni 1943 heißt es: »Wie der Chef der Sicherheitspolizei und des SD mitteilt, muß aus taktischen Gründen an Stelle der Bezeichnung ›Zivilinterniertenlager Bergen-Belsen‹ die Bezeichnung ›Aufenthaltslager Bergen-Belsen‹ treten. Diese Änderung ist erforderlich, da Zivilinterniertenlager gemäß der Genfer Konvention internationalen Kommissionen zur Besichtigung zugänglich sein müssen.« So wurde das »Aufenthaltslager« von Anfang an in die Konzentrationslagerverwaltung der SS eingegliedert.

Zwischen Mitte 1943 und Herbst 1944 wurden ungefähr 5000, vornehmlich holländische Juden nach Bergen-Belsen gebracht. Sie waren im »Sternlager«, so genannt, weil die Häftlinge den »Judenstern« auf ihrer Kleidung tragen mußten, die stärkste Gruppe neben Juden aus Saloniki, jugoslawischen, albanischen, nordafrikanischen und französischen Juden. Sowohl an der ursprünglich geplanten Anzahl von 10000 wie an den zum vorgeblichen Austausch nach Bergen-Belsen geschafften und an den nur 357 tatsächlich ausgetauschten Juden mag man ersehen, wie bedeutungslos das »Austauschprogramm« gewesen ist. Es beeinträchtigte die zur selben Zeit fahrplanmäßig abgehenden Vernichtungstransporte ebenso wenig, wie das ökonomische Interessen oder die Erfordernisse der Kriegslage taten.

Der auf einer »Fahrplankonferenz« im Mai 1944 in Wien aufgestellte Zeitplan, der den täglichen Umfang der Mordtransporte von ungarischen Juden auf 12000 festlegte (über 300000 ungarische Juden wurden nach Auschwitz verschleppt), wurde minutiös eingehalten, obwohl zu diesem Zeitpunkt jeder Eisenbahnzug gebraucht worden wäre, um die Front mit Nachschub zu versorgen. Jüdische KZ-Häftlinge wurden von der SS nur nach Maßgabe des Programms der »Endlösung« an industrielle Unternehmen »ausgeliehen«. Dazu heißt es in einem Rundschreiben Himmlers vom 9.10.1942: »Gegen alle diejenigen jedoch, die glauben, hier mit angeblichen Rüstungsinteressen entgegentreten zu müssen, die in Wirklichkeit lediglich die Juden und ihre Geschäfte unterstützen wollen, habe ich Anweisung gegeben, unnachsichtlich vorzugehen.« Für die unter dem Vorwand eines eventuellen Austauschs verschleppten Juden, die sich das »Privileg«, nicht sofort zum »Arbeitseinsatz nach Osten«, das hieß zur Vernichtung deportiert zu werden, mitunter teuer erkauft hatten, war die Vorspiegelung der möglichen Befreiung bloß eine besonders infame und immer wieder ergiebige Quelle für Illusionen.

Ab März 1944 schickte die SS auch KZ-Häftlinge nach Bergen-Belsen, die durch den Einsatz in Rüstungsbetrieben so geschwächt waren, daß sie durch andere ersetzt werden mußten. Der erste Krankentransport, 1000 meist tuberkulöse Häftlinge, kam aus dem Lager Dora, einem unterirdischen Außenkommando des KZ Buchenwald, wo die Häftlinge unter viehischen Bedingungen bei der Produktion von V-Waffen eingesetzt waren. Die stetig wachsende Gruppe von »nicht mehr Arbeitsfähigen« wurde im äußersten Teil des »Austauschlagers« abgetrennt zusammengepfercht, im sogenannten »Häftlingslager«, das für ein »Baukommando« von 500 aus verschiedenen KZ nach Bergen-Belsen geschafften Häftlingen angelegt worden war. Die von der SS in anderen Konzentrationslagern pedantisch durchgeführte Kategorisierung und Hierarchisierung der Häftlinge wurde in Bergen-Belsen um eine räumliche Dimension erweitert, jede Kategorie wurde im Lager durch hohe Drahtzäune von der anderen getrennt, so daß es mehrere »Binnenlager« im »Aufenthaltslager« gab:

das schon erwähnte *Sternlager*, in das man die Verfasserin des Tagebuchs [Hanna Lévy-Hass] verschleppt hatte und in dem mörderischer Arbeitszwang bestand. Selbst Greise wurden in die Arbeitskommandos zum »Stubbengraben« (d.h. Ausgraben und Zerkleinern von Baumstümpfen und Wurzeln in den Heidewäldern) gezwungen;

das *Häftlingslager*, das von Anfang an wie ein »normales« KZ verwaltet wurde: Sträflingskleidung, Sklavenarbeit, Kapo-Regime, Mißhandlungen, mangelnde medizinische Betreuung. Sofort nach dem Eintreffen des oben erwähnten Transports aus Dora stieg die Sterbequote sprunghaft an;

das *Neutralenlager*, in dem mehrere hundert Juden neutraler Staaten (Spanien, Portugal, Argentinien, Türkei) ohne Arbeitszwang unter bis März 1945 vergleichbar »erträglichen« Bedingungen inhaftiert waren;

das *Zeltlager*, ein Komplex hinter dem »Sternlager«, der ab Herbst 1944 mit Tausenden von Frauen aus dem Konzentrationslager Auschwitz belegt wurde;

schließlich das *Ungarnlager*, errichtet im Juli 1944, wo ähnliche Bedingungen herrschten wie im »Neutralenlager«. Die ungarischen Juden trugen Zivilkleidung mit dem »Judenstern« (über ihren Austausch verhandelte Himmler über Mittelsmänner mit jüdischen Organisationen). 1685 ungarische Juden wurden nach langwierigen Kopfgeldverhandlungen zwischen der SS und jüdischen Hilfsorganisationen im Dezember 1944 mit einem Zug in die Schweiz gebracht. Zu dieser Zeit waren bereits mehrere Hunderttausend ungarische Juden in Auschwitz ermordet worden.

Im »Sternlager« entwickelten sich selbst noch unter den chaotischen Zerfallserscheinungen der totalitären Herrschaft die Formen der »Zwangsgemeinschaft«, die für das Konzentrationslagersystem charakteristisch waren und die H.G. Adler detailliert für das KZ Theresienstadt beschrieben hat und denen in Bergen-Belsen vor allem die Beobachtungen und Reflexionen von Hanna Levy-Hass gelten. Ein ausgefeiltes System der Häftlingshierarchie, vom Lagerältesten bis zum Vorarbeiter, hielt jeden einzelnen Häftling ununterbrochen im Netz des Terrors gefangen, so daß in Bergen-Belsen bei immer steigender Häftlingszahl einige Dutzend SS-Leute, die zudem angesichts der um sich greifenden Epidemien immer weniger in Erscheinung traten, die Massen der Häftlinge dem sicheren Tod durch Hunger, Krankheit und Erschöpfung aussetzen konnten.

Ähnlich wie im KZ Theresienstadt waren im »Sternlager« Männer und Frauen, ganze Familien inhaftiert, und die Illusion einer bevorzugten Behandlung trug wesentlich zur Zerrüttung der psychischen Verfassung der Insassen bei. Denn Gerüchte über einen angeblich bevorstehenden Austausch, über mögliche Maßnahmen der SS-Lagerverwaltung oder über die Frontlage spielten im »Sternlager« eine eminente Rolle. Sie zirkulierten als Meldungen einer fiktiven Agentur, der »JPA«, was Jüdische Presseagentur bedeutete und als Kürzel synonym für Gerücht galt.

Als im Winter 1944 die alliierten Armeen immer weiter vordrangen, verschleppte die SS die noch überlebenden Häftlinge frontnaher KZ ins Innere Deutschlands. Oft wochenlang waren diese Transporte unterwegs, auf »Todesmärschen« oder in offenen Güterwaggons bei eisiger Kälte und ohne Verpflegung. Durch die Massentransporte von entkräfteten Zwangsarbeitern, die zur »Erholung« nach Bergen-Belsen gebracht wurden, und infolge der Evakuierungstransporte aus Auschwitz und seinen Nebenlagern, aus den KZ Ravensbrück, Groß-Rosen, Mauthausen u.a. (vor allem Frauen) stieg die Häftlingszahl in Bergen-Belsen rapide an: Ende November 1944 etwa 15000 Häftlinge, Ende Januar 1945 ungefähr 22000, Ende Februar 41000 und zur Zeit der Befreiung des Lagers Mitte April etwa 60000.

Mit dem neuen Lagerkommandanten Josef Kramer, einem erfahrenen KZ-Fachmann, der es vorher bis zum Adjutanten des Auschwitz-Kommandanten Höß und zum Kommandanten des Lagers Auschwitz II (Birkenau) gebracht hatte, mit der systematischen Überfüllung, dem organisierten Hunger, den umfassenden Epidemien und Krankheiten, schließlich mit den ununterbrochenen Mißhandlungen war die Umwandlung von Bergen-Belsen in ein »regelrechtes« KZ und Vernichtungslager abgeschlossen. Wenige Tage vor der Übergabe des Lagers an die Engländer wurden die »Austauschjuden« in drei Zügen abtransportiert, und so wurde auch formal dokumentiert, daß das »Aufenthaltslager Bergen-Belsen« seit einigen Monaten – ohne daß die »Austauschjuden« eine bessere Behandlung als die anderen Insassen erfahren hätten – als Sammelstelle für die Evakuierungstransporte diente: als gigantischer Ablagerungsplatz für menschliches Rohmaterial, das nach dem Ausfall der Verwertungsanlagen nurmehr als Abfall betrachtet und behandelt wurde. Und wie eine Müllkippe fanden die Engländer das Lager vor: Tausende zu Leichenbergen aufgeschichtete tote Körper, Fäulnis, Verwesung, Gestank.

Bergen-Belsen zeigt im Unterschied etwa zu Auschwitz und dem bürokratisch kalkulierten Mord der Gaskammern, wie wenig dem vorherrschenden Perfektionismus der industriellen Massenvernichtung die historischen Mittel der Massenverbrechen fremd sind. Denn planmäßiger Hunger und gewollte Seuchen waren die Hauptursachen des Massensterbens im KZ Bergen-Belsen. Verglichen damit wurde kaum eine große Zahl von Häftlingen Opfer unmittelbarer persönlicher Gewaltanwendung von seiten des SS-Wachpersonals, durch Erschießungen oder Mißhandlungen.

Allein im März 1945 starben in Bergen-Belsen über 18000 Menschen oder kamen bereits tot mit den eintreffenden Transporten an; bis zur Befreiung des Lagers erhöhte sich die Zahl der durch Hunger und Fieberepidemien vernichteten Menschen auf 35000. Und nach der Befreiung starben weitere 13000 an den Folgen der Erkrankungen und Entbehrungen, trotz der medizinischen Hilfe der Engländer, die in den Arsenalen der Lagerverwaltung riesige Mengen zurückgehaltener Lebensmittel und Medikamente entdeckten.

Vom 17. September bis zum 16. November 1945 fand in Lüneburg vor einem britischen Militärgericht der Bergen-Belsen-Prozeß statt. Angeklagt waren 33 SS-Leute und 11 Häftlinge mit Aufsichtsbefugnissen, sogenannte Kapos. Ein großer Teil des SS-Wachpersonals blieb vollkommen unbehelligt, da die Engländer nur jene anklagten, die sie bei der Übernahme des Lagers vorgefunden hatten. Der Prozeß wurde auf der Grundlage der britischen Militärgerichtsbarkeit geführt, was heißt, daß die deutschen Angeklagten prozessual wie englische Soldaten behandelt wurden und ihnen individuelles Verschulden nachgewiesen werden mußte. 11 SS-Angehörige wurden zum Tod verurteilt, 11 weitere Angehörige des SS-Wachpersonals und 8 Kapos zu Freiheitsstrafen, 14 Angeklagte wurden freigesprochen.

Über den Bergen-Belsen-Prozeß findet man in den Lüneburger Bibliotheken kein einziges Buch. Eine Anfrage im Stadtarchiv nach Unterlagen über den Prozeß oder anderem zeitgeschichtlichen Material wurde knapp beantwortet: nach den Archivierungsvorschriften fallen das

Konzentrationslager Bergen-Belsen und der Prozeß nicht unter Angelegenheiten, welche die Stadt Lüneburg betreffen.

In Bremke, einem kleinen Dorf in Südniedersachsen, in der Nähe von Göttingen, findet man an der Stelle der niedergebrannten Synagoge heute einen deutschen Vorgarten: Immergrün und Gartenzwerge. Mit liebevoller Gründlichkeit ist hier die Vergangenheit »aufgearbeitet« worden. In Lüneburg die kleinstädtische Variante der Politik des verbauten Gedächtnisses, die auf die Politik der verbrannten Erde folgt: noch die Erinnerung an die Erinnerung wurde getilgt. An der Stelle des 1976 abgerissenen Prozeßgebäudes, der alten Städtischen Turnhalle, befindet sich heute ein Parkplatz.

Nachtrag: Die einzige detaillierte Studie über das KZ Bergen-Belsen, das 1962 in Hannover erschienene Buch von Eberhard Kolb (»Bergen-Belsen«), ist längst vergriffen und wird – nach Auskunft des Verlags – in absehbarer Zeit nicht wieder aufgelegt. Eine gedrängte Zusammenfassung der Monographie von Kolb findet man in den »Studien zur Geschichte der Konzentrationslager«, Stuttgart 1970 (Schriftenreihe der Vierteljahrshefte für Zeitgeschichte, Nummer 21, S. 130-153).

Einige wichtige Publikationen über den Nationalsozialismus waren ebenfalls über viele Jahre hinweg nicht mehr im Buchhandel erhältlich. Zu einer Zeit, in der den Deutschen die von ihnen begangenen Verbrechen unter dem Markenzeichen HOLOCAUST so griffig und geläufig werden wie NIVEA und nach dem Muster eines beliebten TV-Spiels jedermann zur Mitwirkung an einer inszenierten Betroffenheit aufgefordert ist, zu einer Zeit, in der ein Hitler-Fest-Film und ein Hitler-Fest-Buch bestimmt nicht das Andenken eines Verstorbenen verunglimpfen, von dem Adorno gesagt hat, man wisse nicht genau, ob er tot oder entkommen sei, ist es angebracht, auf einige Wiederauflagen längst vergriffener Titel hinzuweisen:

Hannah Arendt, »Eichmann in Jerusalem«, Rowohlt-Taschenbuch 1978.
Eugen Kogon, »Der SS-Staat«, Heyne-Taschenbuch 1977.
Jean Améry, »Jenseits von Schuld und Sühne«, Klett 1977.
Rudolf Höss, »Kommandant in Auschwitz«, dtv 1978.
Gerhard Schönberner, »Der gelbe Stern«, Bertelsmann 1978.

Abgesehen von Ausnahmen menschlicher Schwäche*

I.

Einmal im Amt, besteht die Würde des deutschen Berufspolitikers vor allem in unbeugsamem Durchhaltevermögen. Jeder Mißgriff eine Verpflichtung zum Weitermachen, jede Blamage eine Aufforderung zur nächsten, jede Verletzung der politischen Moral ein Beweis der eigenen Unversehrbarkeit.

Anders als in Ländern, in denen der Tatsache, daß jemand Minister oder Senator wurde, immer noch wenigstens der Schein persönlicher Tüchtigkeit und individuellen Erfolgs anhaftete – Prädikate, derer man im politischen Geschäft ebenso rasch verlustig gehen konnte, wie man sie im wirklichen Geschäftsleben errungen hatte –, anders als in diesen Ländern sind Politiker in Deutschland schon immer staatliche Einrichtungen gewesen. Ihr

* Der Titel bezieht sich auf eine Ansprache Himmlers, die dieser am 4.10.1943 vor der SS in Posen gehalten hat. Die Passage, der die Formulierung entnommen ist, lautet wörtlich: »Von euch werden die meisten wissen, was es heißt, wenn hundert Leichen beisammen liegen, wenn fünfhundert daliegen, oder wenn tausend daliegen. Dies durchgehalten zu haben, und dabei abgesehen von Ausnahmen menschlicher Schwäche, anständig geblieben zu sein, daß hat uns hart gemacht. Dies ist ein niemals geschriebenes und niemals zu schreibendes Ruhmesblatt unserer Geschichte.« (zit. nach Robert W. Kempner, »Eichmann und Komplizen«, 1961).

Profil gewannen sie am Schwungrad des etatistischen Räderwerks, ihre Physiognomie war identisch mit der ihnen zugedachten Aufgabe: Als Scharnier der Staatsmaschinerie hatten sie vor allem zu funktionieren.

Bis heute sind die deutschen Politiker, von unglücklichen Ausnahmen abgesehen, nur die Anhängsel einer Sache, mit der sich die Sozialwissenschaften seit über hundert Jahren abmühen: Sie sind Funktionäre eines mittlerweile überdimensionalen Apparats. Nie der gewandte und wortgewaltige Repräsentant einer gesellschaftlichen Klasse, der es verstünde, noch das partikularste Interesse als große politische Idee feilzubieten, kennt der deutsche Politiker nur eine Tugend, welche er mit dem Sprachungetüm »Treuepflicht« auch gleich zur Richtschnur öffentlichen Handelns erhoben hat: Ein jeder Krise, jedem politischem Wolkensturm die Stirn bietendes Beharrungsvermögen, gleichgültig gegen jeden Inhalt, robust und zählebig. Politiker haben in der Regel eine hohe Lebenserwartung; wie meist der General den Gefreiten, so überlebt der Minister seinen Chauffeur. Weltläufigkeit, Eleganz, Bildung und Geschmack, savoir vivre wie dégoût für die Banalitäten des politischen Kleinkrams waren in Deutschland nie die einer politischen Karriere förderlichen Attribute; im Gegenteil: Der von jenen Zutaten gereinigte, aber dadurch um nichts weniger gesellschaftliche Stoff, aus welchem die Politiker der letzten Jahrzehnte ihre eigentümliche Immunität und Resistenz bezogen haben, dieser Stoff ist das Gleitmittel moderner Herrschaft. Er ist ein Amalgam aus Knechtsmentalität und dem ziellosen Hunger nach entleerter Macht. Wird er, wofür eine ausgeklügelte Laufbahnordnung sorgt, in der richtigen Dosierung verabreicht, so wird aus dem kleinen Befehlsempfänger, der nur im Bett von den Schalthebeln der Macht träumen kann, nach einer strapaziösen Bewährungsfrist ein Stadtdirektor, ein Ministerialbeamter, ein Staatssekretär, ein Minister und manchmal auch ein Kanzler oder ein Bundespräsident. Ihre Lebensläufe gleichen einander wie künstliche Wasserstraßen, und wer es auf diesen vertikalen Kanälen nicht frühzeitig zum Kapitänspatent bringt, bleibt sein Leben lang der von den Erfolgreichen abschätzig belächelte Kanalarbeiter. Kaum eine steile Karriere, selten ein großer Intrigant, kaum eine Persönlichkeit, nie ein Hasardeur, manchmal ein Überzeugungstäter, aber nie ein Staatsmann.

Friedrich der Große, von dem der ominöse Glaubensartikel des verstaatlichten Politikers formuliert wurde: »Ich bin der erste Diener meines Staates«, besaß gleichwohl die absolutistische Arroganz, zwischen sich als ersten Diener und den Staat noch ein besitzanzeigendes Fürwort einzufügen, außerdem besaß er beträchtliche philosophische Kenntnisse und eine mit eigenen Kompositionen angereicherte Soiree genoß er mit gleichem Kunstverstand wie mit Sachverstand eine einfallsreiche Schlachtordnung. Von der Bildung ist übriggeblieben das Hobby, und Kenntnisreichtum macht keinen Politiker mehr, was ihn auszeichnet ist Versiertheit.

Der bestallten Dummheit sieht man einiges nach, denn im Ritual der öffentlichen Blamage enthüllt die Demokratie unter Bedingungen des Spätkapitalismus ihr Wesen: ein Dummkopf ist potentiell jeder – wer ihn angreift, der kriegt es mit allen zu tun. Im augenzwinkernden Einverständnis mit den Repräsentanten des Gemeinwesens kommen die Massen nicht zu ihrem Recht, wohl aber auf ihre Kosten. Nach dem Muster modischer Therapiezirkel fungiert der öffentliche Fauxpas als Selbstdarstellung der applaudierenden Zuschauer. Indem sich derart unanfechtbar eine hohlköpfige Koalition der Gefolgschaft koalierter Hohlköpfigkeit versichert, scheint sich unwiderruflich jene letzte, »schließliche Form« bürgerlicher Herrschaft etabliert zu haben, von der Marx im »18. Brumaire« im Zusammenhang mit – einem heute allerdings überflüssigen – Napoleon gesprochen hat.

Was im Staatsmann noch eine Einheit bildet, im deutschen Berufspolitiker zerfällt es: Er ist der auswechselbare Staatsdiener mit Freizeitbereich. Büro und abends Familie. Er ist den Nichtpolitikern so unterschiedslos ähnlich, daß diese jenen zu Recht nicht einmal kennen. Jede Umfrage beweist es aufs Neue: Wer weiß denn tatsächlich, daß es einen Minister für Forschung und Technologie gibt und wie dieser heißt? Der niedersächsische Ministerpräsident veranstaltet häusliches Chorsingen und hält sich Schafe, soweit die Füße ihn trugen hat der Bundespräsident die Republik durchwandert, usw. – eine endlose Reihe von Biedermännern mit Job und Weekend, eine Galerie mit Gesichtern von der Stange. Je mehr sie »unser Staat« sagen, desto weniger haben sie davon; und eigentlich meinen sie auch, wie jeder Büroangestellte, damit nur ihre Bezüge. Weil sie zu einer kümmerlichen Existenz verurteilt sind, sprechen sie vom »sozialen Besitzstand«, worin sie, wie jeder Gewerkschaftsfunktionär, die Verkörperung der sittlichen Vernunft erblicken. Der unbedeutende Unterschied des Politikers zum Nichtpolitiker besteht alleine noch in dem Umstand, daß jener auf der Kommandobrücke eines Schiffes Platz genommen hat, worin dieser einen Ausflug zum Malstrom gebucht hat. Und damit sitzen sie wirklich alle im sprichwörtlich einen Boot.

Für den Verlust an Format, dem chronischen Leiden deutscher Politiker, rächen diese sich auf ihre Weise. Weil sie der Möglichkeit nach nichts sind, wollen sie in Wirklichkeit alles sein; weil sie im Leben niemand ernst nehmen würde, wollen sie andere den Ernst des Lebens spüren lassen. Wo jeder alles und jeden versteht, herrscht an Verzeihung kein Mangel: Es mag ein Politiker noch die ausgemachteste Schandtat aushecken, er wird sich nicht einmal dadurch unsterblich blamieren, daß er in flagranti beim Verfassungsbruch oder in der Halbwelt erwischt wird, im Gegenteil: Solche Blamage macht unsterblich.

Die politischen Tugenden des citoyen haben hier ihr spirituelles Leben ausgehaucht und sind ersetzt worden durch ein Arsenal regressiver Reflexe: Im Land des Berechtigungswesens und des Bewährungsaufstiegs muß man vor allem gut sitzen können; es zählen Eigenschaften, wie man sie im Höhlenzeitalter kannte und nach der Neutronenbombe braucht – Hartnäckigkeit, Durchhaltevermögen, Zähigkeit, Robustheit und Überlebenswillen.

Wenn Politik keine von sich verschiedenen Zwecke mehr intendiert, wenn sie identisch wird mit ihren Methoden, dann ist sie nichts und wiederum auch alles. Und damit schlägt die Stunde des Kleinbürgers, den Politik als Selbstzweck fasziniert. Hannah Arendt bezeichnet diesen Typus, der im 20. Jahrhundert Geschichte machen kann als »Spießer«. Nachdem die Menschen Gott nicht mehr zu fürchten haben und ihnen ihr Gewissen durch den Funktionscharakter ihrer Handlungen abgenommen ist, fühlen sie sich höchstens noch ihrer Familie gegenüber verantwortlich. Aus dem an öffentlichen Angelegenheiten interessierten Mitglied der bürgerlichen Gesellschaft, das sich seiner Verantwortung für das Gemeinwesen bewußt war, ist der an seinem privaten Dasein klebende Spießer geworden. Und in den kleinen menschlichen Schwächen der Großen findet sich der kleine Mann immer wieder. Öffentliche Tugenden kennt er nicht, und wenn in dem ihm ähnlichen Versager Herrschaft und

Knechtschaft eine lächerliche, doch eben darum lebensgefährliche Symbiose eingehen, dann erkennt er zufrieden sein eigenes Spiegelbild: Auch einer von uns, ein Anstreicher. Hauptsache Durchschnitt – nach dieser Devise wurden deutsche Politiker gemodelt. Friedrich Ebert, der biedere Charakter mit Sitzfleisch stand Modell, nicht Walter Rathenau, der den Haß der Abgerichteten auf sich zog.

Gerade weil sie so austauschbar sind, kleben sie an ihren Stühlen; weil man im politischen Geschäft keine Adlerschwingen mehr benötigt, tapsen sie die Hühnerleiter hinauf bis zum Ruhestand. Es geht ihnen – gemäß dem olympischen Spruch: »Dabei sein ist alles« – wie ihrer Gefolgschaft: Wer nicht mitmacht, ist schon draußen. Weil dabei weder Gesinnung noch Verantwortung jene Rolle mehr spielen, die Max Weber an der Wende zur verwalteten Welt als die ethische Paradoxie der Politik bezeichnet hat, sondern durch unspezifische Ausdauer ersetzt sind, beschäftigt sich die politische Soziologie heute mit den Härtetests von Laufbahnpolitikern. Mit dem Topos »Zirkulation der Eliten« hat die moderne Sozialwissenschaft den Sachverhalt beschrieben, daß die gerade nicht regierende Partei in gepolsterten Sesseln wie in einem Startloch kauert und bei gewonnenem Rennen nur die Plätze getauscht werden. Keine strittige Sache bezeichnet der Begriff der Elite mehr, sondern einen Naturvorgang: Ein System von kommunizierenden Röhren, worin die Geister im umgekehrten Verhältnis zu ihrem spezifischen Gewicht in die Höhe steigen. »Geist habilitiert sich nicht«, beschied deshalb ein Frankfurter Ordinarius das Habilitationsbegehren von Walter Benjamin, der damals begreifen mußte, daß Intelligenz nicht zu den Voraussetzungen gehört, um in Deutschland Professor zu werden.

Daß einer freiwillig seinen Platz räumt in einem System, das nur nach oben offen ist, gehört zu den unerklärlichen Wundern der Zeitgeschichte. Wo wegen eines Mißerfolgs oder einer diskreditierenden Affäre ein Politiker in früheren Zeiten zurückgetreten ist und dies anderwärts heute noch selbstverständlich ist, da nimmt in Deutschland keiner seinen Hut. Um ihr Gesicht nicht zu verlieren, treten andere mit gebührendem Anstand zurück; da deutsche Politiker das eine nie besessen haben und deshalb das andere nie erwerben konnten, harren sie anstandslos mit der ernstesten Miene aus. Und geht wirklich einmal einer vorzeitig, was dann?

II.

Einen Monat nach der Wahl des ehemaligen NSDAP-Mitglieds Carstens zum neuen Bundespräsidenten – Mitte 1979 – und eine Woche vor der damaligen Nominierung von Strauß zum Kanzlerkandidaten der CDU/CSU trat der Sozialdemokrat Hans Seifriz, 52 Jahre alt und seit zehn Jahren Senator der Hansestadt Bremen, von seinem Amt zurück. Zwischen zwei normalen Ereignissen der deutschen Nachkriegsgeschichte vielleicht eine Kehrtwende? Neunundneunzig Sünder und ein Gerechter?

Eine der CDU nahestehende Wochenzeitung hatte einen für politische Karrieren in der Bundesrepublik nicht untypischen Befähigungsnachweis von Seifriz in die Hände bekommen und schadenfroh veröffentlicht. Als angehender Journalist hatte Seifriz unter anderem folgende Talentprobe veröffentlicht: »Eine in fast allen Völkern lebende gottverfluchte Rasse war es, die immer wieder die Völker unterwühlte, ihr Eigenleben störte und Kriege anzettelte ... Der Jude ist der erbittertste Feind jedes völkischen Eigenlebens ... Wenn wir an die zum Teil himmelschreienden Verhältnisse denken, dann müssen wir dem Führer aus tiefstem Herzen dankbar sein, daß durch die nationalsozialistische Staatsform die Geburt von gesunden Kindern garantiert wird; denn nur dadurch kann sich ein Volk lebenskräftig erhalten.« (zit. nach *Frankfurter Rundschau* vom 25.6.1979).

Wäre der Senator, der als Jugendsünde gewertet wissen wollte, was doch angesichts der Zeit, in der er seine ersten öffentlichen Sporen sich verdient hat, nämlich Ende 1944, eher als Einübung in eine der politischen Karriere förderlichen Tugend gelten kann, in die Tugend, konsequent, d.h. wider besseres Wissen bis zum eigenen Untergang zu handeln – wäre dieser Senator schweigend und in betreten schweigender Stimmung zurückgetreten, dann hätte man, wenn auch mit falscher Hoffnung, vielleicht ein wenig aufatmen können: Gut, einer weniger. Einer von wievielen?

Wir wissen es nicht, und die Umstände des Rücktritts bewiesen auch, daß wir es auch gar nicht so genau zu wissen brauchen. Denn dieser Einzelfall komplettiert nur das Bild. Nicht trotz des Nationalsozialismus hat es einer zu einem öffentlichen Amt gebracht, sondern eben deshalb. Von den Unionsparteien war bekannt, daß sie sozusagen als Überleitungsgesellschaft ehemaligen Nazis die nötige freiheitlich-demokratische Stromlinie verpaßt und manchen damit sogar bis zum Kanzler und Bundespräsidenten gebracht haben. Nach dem Rücktritt des Bremer Senators muß man sich mit der Vorstellung vertraut machen, daß auch die Sozialdemokraten zu jenem bislang von anderen Parteien verkörperten Phänomen rechnet, dem die Soziologie Sockelqualifikation mit Transferleistungen bescheinigen würde. Ehrenmänner die sie sind, bedanken sie sich, indem sie kompromittierten Figuren wie Seifriz (oder dem schon längst wieder vergessenen Präsidenten des Frankfurter Landesarbeitsgerichts Joachim) »eine Chance gegeben haben« für den Umstand, daß der Nationalsozialismus auch willigen Sozialdemokraten eine Chance eingeräumt hatte. Nimmt man die damaligen Äußerungen einiger Sozialdemokraten und Gewerkschaftsfunktionäre ernst – an ihnen lag es nicht, daß diese Chancen nicht genutzt werden konnten.

Als wäre Politik Strafvollzug und ein öffentliches Amt die vom Bewährungshelfer verordnete Resozialisierungsmaßnahme, sprachen der Betroffene und der Bremer Regierungschef Koschnik von »Jugendsünden« und von »verblendeten Menschen, denen man die Chance gegeben habe, nicht abseits zu stehen, sondern neu anzufangen«.

Seifriz ist zurückgetreten mit der Erklärung, er habe sich zu diesem Schritt entschlossen, um die Partei nicht zu schädigen. Doch der Schaden besteht gerade darin, daß er durch sie etwas geworden ist. Jean Améry hat auf die Rechtfertigungsversuche wie auf die wortreiche Reue der ehemaligen Schreibtischtäter mit einem kategorischen: »Sie sollen der Mund halten« reagiert; nur wenn diese schwiegen, seien die Toten, die Würde der Opfer einigermaßen sicher.

Die hier von verzeihlichen Jugendsünden redeten, halten ansonsten schon die Tatsache, daß ein Schüler, der auf eine kommunistische Zeitung abboniert ist, schon für gravierend genug, daß sie ihn deshalb nicht einmal Friedhofsgärtner werden lassen wollen. Seifriz hat seine Nazi-Artikel in einem Alter geschrieben, in dem man heute nicht nur den Führerschein machen, sondern als Polizist anderen Menschen den »finalen Rettungsschuß« verpassen darf. Und neidvoll werden sicher viele Eltern und Großeltern den gestammelten Unsinn ihrer eigenen 18jährigen mit dem elaborierten, flotten Henkersdeutsch jenes aufstrebenden jungen Mannes von damals vergleichen.

Wie Weimar und Hitler sich als Kreuzung in der deutschen Politik nach 1945 fortzeugen, so auch in der deutschen Presse. Als ein Beispiel unter vielen mag hier der meinungsstiftende Kommentar eines stellvertretenden Chefredakteurs gelten, dessen Ausführungen »Feiges Nachgeben« überschrieben sind.* Für die Tatsache, daß ein junger angehender Journalist mit widerlichen Veröffentlichungen reüssieren konnte, hat am ehesten Verständnis, wer selbst mit zusammengebissenen Zähnen als stellvertretender Chefredakteur seinen Job verrichtet und unnachgiebig ausharrt. Als »dumme Hetzartikel«, als hämischer Streich eines Hitlerjungen erscheint, was die Ermordung von Millionen Menschen mit zu verantworten hat. Im Kommentar zum Fall Seifriz ist die Rede vom »Sündenfall einer Pimpfengeneration«, als sei der Nationalsozialismus der Einbruch des Unglaubens in die Zivilisation gewesen, aus welcher er in Wahrheit doch hervorgegangen ist.

Die noch naiven ersten Menschen wurden für ihren Sündenfall zunächst einmal aus dem Paradies verjagt, das unterschlägt jene als »Vergangenheitsbewältigung« so beliebte exkulpierende Konstruktion, die im Nationalsozialismus Verbrechen und Strafe zugleich sieht. Für Adam und Eva hörte das Honiglecken auf; dem Verbre-

* Aus dem Leitartikel von Bernd Nellessen zum Fall Seifriz in der *Hannoverschen Allgemeinen Zeitung* vom 26.6.1979: »Was er damals über die ›gottverfluchte Rasse‹ geschrieben hat, ist in der Tat schlimm wie vieles, was dieser Pimpfengeneration beigebracht und auch in Abituraufsätzen gut benotet worden ist. Bei Seifriz ist verzeihlich, was er getan hat, weil er es als Schüler getan und weil er sich nachher offen dazu bekannt hat. Zu warnen ist in alle politischen Richtungen unseres Staates hinein vor der würdelosen Hatz auf die politischen Irrtümer der Vergangenheit ...«

chen folgte die Sühne, dem Sündenfall die Vertreibung; im Schweiße ihres Angesichts mußten sie ihr Leben fristen ohne Hoffnung auf ein öffentliches Amt jenseits von Eden.

Ob man versteht, daß ein Jugendlicher in Nazideutschland mit großer Wahrscheinlichkeit eher ein Nazi als keiner war, ob man diese Wahrscheinlichkeit in Rechnung stellt oder nicht: Seifriz hat, wie tausende seiner später ebenfalls aufgestiegenen Zeitgenossen, direkt von der Schulbank weg als Schreibtischtäter seinen Beitrag zum Völkermord geleistet.

Weil alles an ihm so verständlich und er, von Ausnahmen menschlicher Schwäche abgesehen, anständig geblieben sei, hält heute ein stellvertretender Chefredakteur die frühen Fleißarbeiten von Seifriz für »verzeihlich«. Für verzeihliche Flecken auf dem Bildnis des Senators als junger Mann. Wie Himmler das Erbrechen seiner Schergen bei den Massenerschießungen.

Der Sozialdemokrat Seifriz war das Ziel eines kleinlichen Racheakts; in diesem Gewand kommt die Gerechtigkeit unter die Deutschen. So beschämend der Gedanke auch ist, daß die ehemaligen Nazis in der Bundesrepublik nur durch das Schattenboxen der Parteien ans Licht gebracht werden nach der Parole »Aug um Aug, Nazi um Nazi«, so tröstet er doch ein klein wenig über ein ausgelassenes Kapitel deutscher Geschichte hinweg. In den zänkischen Querelen würde sich ein winziges Quantum unterbliebener Rache erfüllen.

Doch vorerst steht alles zum Besten. Kein jüngstes Gericht kündigt sich an, kein Racheengel, nicht einmal eine zweite Klarsfeld im Bundespräsidialamt. Was heraufzieht ist die Aura einer überparteilichen Altherrenrunde, ein zeitgenössisches remake der »Feuerzangenbowle«: Bei einer Cocktailparty geraten ältere Herren und Damen in nostalgisches Schwärmen und lächeln jovial über ihre Jugendsünden – langweilig, einfallslos, eine Geschichte ist wie die andere –, bis plötzlich einer den Vorschlag macht, Wiedergutmachung zu beantragen.

1979

Notizen

Schuld – Es gibt keine Zuschauer mehr. Manche Theater äffen den Ernst dieses Befundes nach und fordern das Publikum – Gottseidank noch meist vergeblich – zum Mitspielen auf. Dann gibt es nur noch Kreative, und die Kritik verstummt.

Reale gesellschaftliche Gestalt gewann die Auslöschung dieser Differenz erstmals im Nationalsozialismus. Die Effizienz totaler Herrschaft bestand darin, tendenziell jeden ins Konzentrationslager zu bringen. Unschuldig war man nur auf Zeit, solange man noch draußen war. (Umgekehrt gingen die Alliierten, wie Hannah Arendt in »Organisierte Schuld« schreibt, zu Recht davon aus, daß jeder, dem die Nazis nichts angetan hatten, schuldig sei). Wußten politische Häftlinge noch, warum man sie eingesperrt hatte, so begriffen doch diejenigen, die sich für im Sinne des Systems unschuldig hielten, ihre Verhaftung und Deportation überhaupt nicht. Aber genau an diesem Punkt begann erst die eigentliche Domäne nationalsozialistischer Herrschaft.

Wie etwa gegenwärtig bei den rechtsstiftenden Versuchen der Polizei, die das Demonstrationsrecht zu novellieren forciert, indem sie durch Massenverhaftungen den Tatbestand der Teilnahme schafft, so galt auch bei den Nazis als tatverdächtig, nicht wer gegen die herrschende Ordnung verstoßen, sondern wer nicht positiv Partei für sie ergriffen hatte.

Die Unbeteiligten versuchten sich herauszureden, es

müsse ein Irrtum vorliegen, wenn man sie verhaftet hatte, und sie protestierten – immer ergebnislos – dagegen, wie »gemeine Verbrecher behandelt zu werden«. Doch diese irritierten Klagen verliehen der dezisionistischen Willkür nur das nötige Salz.

Daß die Kategorie des Unbeteiligten liquidiert wurde, war die Rache am Liberalismus und dessen zusammengebrochener Vorstellung von Öffentlichkeit. Keiner sollte allein sein, höchstens der Führer.

Die begründete Differenz von privat und öffentlich wurde vernichtet, in dem die Karikatur der jeweiligen Extreme ritualisiert und zur Institution erhoben wurde: Parteitage und Massenaufmärsche im Hollywood-Format versus Familienidylle mit Hausmusik bei den KZ-Schergen.

Endsieg – Grenzübertritte vom europäischen Ausland in die Bundesrepublik führen manchmal auch bei weniger sensiblen Naturen zu einem erstarrenden Entsetzen, für welches sich der Begriff »Kulturschock« eingebürgert hat, jenes lähmende Erschrecken, das einen bei Wiedereintritt in die Barbarei befällt.

Fast ein Jahr nach Mogadishu, als sei die Tendenzwende sich selbst noch nicht ganz gewiss und der Bekräftigung durchs Ritual bedürftig, empfängt Rückkehrenden aus allen Kanälen und Redaktionen die triumphale Vollzugsmeldung: Mit der Erschießung von Willy Peter Stoll sei der Polizei ein entscheidender Schlag gegen den Terrorismus geglückt. In einem China-Restaurant sei er durch vier gezielte Revolverschüsse in den Oberkörper getötet worden. Aus allernächster Nähe.

Das nennt man in Deutschland ein zügiges Verfahren, keine Prozeßverschleppung, kein Personalaufwand, geringe Kosten. Die Kritiker, die an Stammheim weniger den architektonischen Ausdruck einer Gesinnung als den Steueraufwand bemängelten, sie werden zufriedengestellt.

Er soll gerade Hummersuppe gegessen haben, war in *Bild* zu lesen, und ein Kommentator in Hannover neidete ihm das angeblich teure Restaurant; wer nicht so dürftig an der Imbißstube Nahrung zu sich führt, sondern speist, soll auch nicht selig werden.

Richtig zurückgekehrt sieht man am Abend in einer live-Sendung des Fernsehens, wie die flexibel eingeschobene Hinrichtungsmeldung von zahlreichen Studiogästen beklatscht und vom Moderator bewitzelt wird: er empfinde eine klammheimliche Freude.

Unausweichlich zuhause findet man in den folgenden Tagen in allen Zeitungen das tote Gesicht mit der Brille.

Sie hatten ihn schon oft getötet als er noch lebte, und jetzt war er ihnen noch nicht tot genug.

Einigen wenigen ist es peinlich, sie fürchten um ihre europäische Reputation und meinen, sie könnten als Regisseure dieser Inszenierung, die gar keiner bedarf, im Ausland gelten und wiegeln deshalb vorsichtig ab; man sollte es nicht allzu toll treiben.

Im Konzentrationslager wie in den okkupierten Gebieten ließ man die von der SS und den Einsatzkommandos Erhängten noch tagelang am Baum oder am Galgen baumeln, damit jeder sehen konnte, wie im sicheren Zweifelsfall auch mit ihm verfahren würde. Doch die allgemeine Drohung, wie sie den tagelang gezeigten Bildern in Zeitungen und Magazinen anhaftet, ist bloß sekundär, traditionelle Abschreckung.

Was die Zurschaustellung der Opfer der Nazis mit der mediengerechten Aufbereitung der getöteten RAF-Mitgliedern verbindet ist der grenzenlose Zynismus. Die

Toten müssen ein Stück Dreck sein, ehe sie zu Erde werden dürfen.

Hitler hat, entgegen anderslautenden Behauptungen, den Krieg doch gewonnen.

Apokalypse Now – »Abschied für immer von einer Stätte des Grauens« lautete die Überschrift in der als linksliberal eingestuften *Tageszeitung*. Was wurde angezeigt? Eine Rezension über die Befreiung von Buchenwald? Ein Bericht über kambodschanisches Flüchtlingselend? Ein Report über die Rückkehr der wenigen Überlebenden der Kommune von Jonestown? Knapp gefehlt: Unter diesem Titel berichtete der *Sportinformationsdienst* über ein Fußballspiel zwischen der Bundesrepublik und Malta im maltekischen Stadion von La Valetta. »Die deutschen Fußballer«, heißt es dort, »verließen das Gzira-Stadion von La Valetta auf Malta mit dem Gesichtsausdruck von Männern, die soeben einem Verhängnis entronnen sind.« Der Boden sei holprig dort gewesen, habe ein flüssiges Spiel der deutschen Mannschaft verhindert.

Die apokalyptischen Wendungen des Reporters, welche ein Stadionrund in den Neunten Kreis der Hölle verwandeln, kommen nicht von ungefähr. In ihnen teilt sich die Ahnung mit, dass nicht nur der Rasen wunschgemäß gestutzt werden muss, damit es zur Katastrophe kommt. Eine schlecht gespülte Tasse oder ein ungebügeltes Hemd haben heute alle Eigenschaften, die früher den Göttern zukamen: sie werden zum Auslöser einer Tragödie. Wenn man daran denkt, dass ein paranoider Präsident Nixon nur schlecht geschlafen haben musste, um anderntags Wahnsinnsbefehle an seine – Gottseidank bloß von instrumenteller Vernunft besessenen – Generäle durchzugeben, so ist man wiederum froh, dass die Deutschen durch alliierte Vorbehalte nicht schon wieder in der Lage sind, bloß weil sie ein Fußballfeld, das ein Fußballfeld ist, juckt, deshalb gleich die halbe Welt in die Luft zu jagen. Denn damit würde wirklich jeder löchrige Boden von La Valetta zu einer Stätte des Grauens, von der ein Abschied für immer ausginge.

Seelenwanderung – In Goethes »Belagerung von Mainz« ist in der Eintragung vom 25. Juli 1793 nachzulesen, wie er einen verkleideten, aber trotzdem entdeckten Jakobiner der Wut der Volksmassen entriss, weil er »lieber eine Ungerechtigkeit begehen als Unordnung ertragen« wollte.

Fast 180 Jahre später liefert ein gewerkschaftlich organisierter Goethekenner, also ein Deutschlehrer, eine verkleidete, aber trotzdem als Ulrike Meinhof erkannte Frau der Polizei aus, weil die Ordnung nicht zu ertragen eine Gerechtigkeit begehen hieße.

Verlustanzeige – Nach einigen Tagen ging er zum zuständigen Polizeirevier und meldete sich als vermisst. Dem Beamten, der die Anzeige aufnahm, gab er eine genau Beschreibung seiner Person, Alter, Größe, Gewicht, Haar- und Augenfarbe und auch der Kleider, die er am Leibe trug.

Der Polizeibeamte notierte alles sorgfältig und versprach, ihn zu benachrichtigen, sobald man eine Spur gefunden habe. Wenig später erhielt er die telefonische Mitteilung, der Vermißte sei hilflos aufgefunden und unverzüglich ins nahegelegene Spital gebracht worden, wo er ihn, nach Rücksprache mit dem verantwortlichen

Stationsarzt jederzeit besuchen könne. Im Geschwindschritt machte er sich auf den Weg zum Krankenhaus, erklärte dem Pförtner sein Begehren und wurde ohne Umschweife zu dem Patienten vorgelassen. Als er sich im Bett da vor sich liegen sah, schüttelte er den Kopf, dankte der Schwester und wandte sich zum Gehen. Es ist ein Irrtum, dachte er, es ist der Falsche.

Traumjob – Herr K. traf unterwegs einen alten Bekannten. »Wie geht es Ihnen denn?«, erkundigte sich Herr K. »Wunderbar«, entgegnete der Bekannte, »ich habe endlich den Beruf meines Lebens gefunden.«

»Sie Unglücklicher«, sagte Herr K. erbleichend und ging eilends weiter.

Arbeit macht frei – Das Foto zeigt eine Gruppe demonstrierender Arbeiter, die ein Plakat vor sich hertragen mit der Aufschrift: Wer aussperrt, soll eingesperrt werden.

Dass die Aussperrung der Arbeiter untersagt werden soll, wie durch einen Artikel der hessischen Landesverfassung etwa, das fordern die Gewerkschaften. Sie halten dieses Mittel in den Händen der Unternehmer für eine einseitige und unzulässige Verschiebung eines Zustandes, den sie als Tarif- oder Sozialpartnerschaft bezeichnen.

Sie haben vollkommen recht. In der Regel wird eine Aussperrung dadurch beendet, dass die Arbeiter wieder eingesperrt werden. Das Verbot der Aussperrung und das Recht auf Arbeit als Verfassungsartikel würde endlich beide, Unternehmer und Gewerkschaften, zu gleichberechtigten Aufsehern von Häftlingen machen, die längst ihre eigenen Wärter geworden sind.

Paradise lost – Offensichtlich war, dass es Oben nichts zu holen gab. Die Geschichte des deutschen Bürgertums: eine lückenlose Chronik der Selbstentmündigung.

In der Mitte schon immer potentielle Nazis.

Also machte man sich an Unten zu schaffen und entdeckte die Arbeiterbewegung. Deren Repräsentanten stimmten gerade mit 35jähriger Verspätung einem Ermächtigungsgesetz zu. »Wer hat uns verraten? – Sozialdemokraten!«, war eine der populären Empörungen. Sie wurden auf der Straße skandiert von jenen, die nicht wahrhaben wollten, dass die deutsche Arbeiterbewegung nicht mehr war, was sie nie gewesen war. Lange bevor es Volkswagen und Neckermann-Reisen gab, hatten die deutschen Arbeiter ihr Erstgeburtsrecht wirklich für einen Eintopf verkauft.

Wer hat recht? – Der liebe Knecht!

Ein Landaufenthalt – Wie einer, am Ende seiner Kräfte und mit dem letzten, verzweifelten Versuch, endlich – so oder so – eine Entscheidung herbeizuführen, das Angebot eines alten Freundes, sich für gewisse Zeit in dessen Haus auf dem Lande, von welchem er gar nicht gewußt, zurückzuziehen, nach einigem Bedenken, fast schon erleichtert, annimmt; wie er, wirklich auf dem Lande angelangt, das abgeschieden in einem Wäldchen stehende Gebäude mit wachsender Ruhe in Augenschein nimmt; wie er für die künftigen Tage, fast schon befreit, in den fremden Räumen den wenigen mitgebrachten Dingen einen zweckmäßigen Platz zuweist; wie er in der Nacht, kaum, daß er eingeschlafen ist, von Schritten geweckt wird, die er ums Haus schleichen hört, sich vorsichtig erhebt, sich zur Tür tatstet und, das Ohr an sie pressend, draußen, in unmittelbarer Nähe, deutlich Atemzüge vernimmt, nicht weiß, wie lange er so verharrt, und in der Frühe, sobald das Morgengrauen durch die Bäume dringt, fluchtartig abreist, ohne zu wissen, wohin.

Höhenluft – Daß man den Dingen nicht mehr auf den Grund kommen soll hat selbst einen, nämlich keinen. Realitätssüchtig ist, wer am Rande des Abgrunds auf dem Teppich bleibt, wer mit beiden Beinen auf des Messers Schneide steht und mit geschlossenen Augen die Gratwanderung entlang der Bodenlosigkeit absolviert. Die Blinden sind die Hellseher von heute, wer also nichts wissen will, weiß alles.

Wenn man darüber leicht den Verstand verlieren kann, so setzt das voraus, dass man ihn zuvor besessen hat. Wer heute Vernunft oder Wahrheit oder irgendwas ernst nimmt, kommt unversehens und sei es nur dadurch, dass er vor der höchsten Gefahr erbleicht, in der Rolle des Spinners, des Sektierers, des Querulanten. Nicht weil der anstößige Gedanke schon immer diskriminiert war, sondern weil er überhaupt liquidiert ist. Nicht das Denken ist in Gefahr, es ist selbst zu einer geworden. Weil vernünftige Bestimmungen sich nicht mehr vernünftig aus dem Bestehenden herleiten lassen, ist der Schritt von der Reflexion zum Wahn sehr klein.

Adorno hat über das Scheitern der Theorie vor dem Nationalsozialismus gesagt, dass, wer nicht subjektiv dem Wahnsinn verfallen wolle, der objektiv herrscht, sich immer wieder aufs Begreifen des nicht zu Begreifenden zurückgeworfen sehe. Dieser fast tröstlichen Formulierung hat er vergessen hinzuzufügen, dass man dabei noch immer auf der Schwelle zum Wahn sich befindet, den man bekämpft. Das ist die objektive Situation einer Welt, in welcher noch die prospektiven Opfer, aus Angst vor der angemessenen Angst, mutig aufs Denken verzichten, anstatt aus dem Rahmen zu fallen.

Die Unversöhnlichkeit dieses Zustandes versetzt das Individuum schon längst nicht mehr in den Zustand der Unversöhnlichkeit. Unpässlichkeit ist die Grenze des Erlaubten und macht schon Literatur. Gefragt sind Artisten, die es sich auf dem Hochseil gemütlich machen. Gedanken sind krumm. Die Abweichung kommt vor dem Fall.

Wer anderen eine Grube gräbt, fällt selbst hinein. Und freischwebend sind bloß die Engel.

Um wieviel die Welt ärmer geworden ist

Erinnerungen eines jüdischen Revolutionärs

Memoiren sind gefragt, wenn es auf das Individuum zu allerletzt ankommt. Je weniger die gesellschaftliche Objektivität noch Raum läßt, »Ich« zu sagen, desto größer der einträgliche Geständniszwang der Zeitgenossen, die ihr Seelenleben entblättern, oder was sie dafür halten. Wie die Gesellschaft auf den universellen Gedächtnisverlust mit Gedenkfeiern antwortet, so reagiert das autistische Etwas, das an seiner Gleichschaltung leidet, auf die objektive Gedankenlosigkeit mit subjektiver Bedenkenlosigkeit. In der gegenwärtigen Befindlichkeitsliteratur kommt endlich jener unsägliche Satz Rilkes zu seiner vollen Wahrheit: »Armut ist ein stiller Glanz von innen«, oder wie es die Großstadtflüchtigen von heute den Alternativen von damals nachzwitschern: »Der Reichtum kommt von innen her.«

Wenn man über den Verlust der Erinnerung redet, der marktgängig mit so vielen Memoiren kaschiert wird, wenn das Ende der Geschichte sich mit so zahlreichen Geschichtchen geltend macht, dann müssen wir uns jenseits aller Augurenschau auf Theorie besinnen. Vom jüdischen Philosophen Moses Mendelssohn, der gegenwärtig überall gefeiert und deshalb nirgendwo gelesen wird, stammt die Bemerkung, daß die Menschen in Kindertorheiten verfielen, sobald die Theorie vulgär werde. Er fügt hinzu: »Dann will man lieber von toten Gespenstern umgeben sein, als in einer toten Natur zwischen lauter Leichnamen wandeln.« Er hat damit nicht den Nationalsozialismus meinen können, aber wir müssen es. Denn die anthropologischen Leerstellen der Gegenwart, der Gedächtnisverlust und die nicht mehr poetische, sondern wörtliche Gedankenverlorenheit sind vom Nationalsozialismus zwar nicht erfunden, wohl aber in einem Ausmaß zur Grundlage moderner Herrschaft geworden, daß noch die übernächste Regierung davon profitieren könnte. Der Nationalsozialismus hat auf eine zuvor nie gekannte Weise mit der Drohung ernstgemacht, daß den Menschen Schlimmeres als der Tod widerfahren könne. Den sicheren Tod vor Augen, sollten die Opfer schon vor ihrer Vernichtung aufgehört haben, noch irgend an Menschen zu erinnern. Zu jenem Bild gemodelt, das die Nazis davon hatten, sollte spurlos verschwinden, was kein Recht auf Erinnerung hatte, denn die Opfer waren nicht jemand, sondern etwas. Wie um den Nazis recht zu geben, hat die Welt nach dem Krieg die einzige Hoffnung der Ermordeten gründlich verhöhnt und sie noch um ihren schlimmsten Fluch enteignet: Das »Nicht gedacht soll deiner werden« steht über den Massengräbern und nicht über dem gemütlichen Lebensabend der Henker.

Weil Erinnerung und Eingedenken ein gnadenloses Strafgericht heraufbeschwören könnten, vor dem keiner bestehen würde, weil ohne Gedächtnis allein sich überleben läßt, deshalb darf der Einzelne in seiner fensterlosen Biographie stochern und anderen Einzelnen versichern, daß er von vergleichbarer Trivialität sei. Das gilt für Albert Speer wie für Hildegard Knef, für Helmut Schön wie für Henriette von Schirach. Sie reden viel, aber zu sagen haben sie nichts. Ungewollt gleicht ihnen darin die aufblühende Entblößungsliteratur der »Neuen Sensibilität« Beide eint eine leutselige Selbstdarstellung armseliger Verhältnisse, der geschwätzige Ausdruck eines stummen Zwangs.

Hersch Mendel hingegen redet in seinen »Erinnerungen eines jüdischen Revolutionärs« darüber, um wieviel die Welt ärmer geworden ist. Nicht von der Verarmung im Wohlstand ist darin die Rede, jenem beliebten Thema, das von wirklicher Armut nichts mehr wissen will. Hersch Mendel schreibt über Fehlendes, über eine unheilbare Wunde des 20. Jahrhunderts, über Bedeutendes, was vernichtet, was buchstäblich zu Nichts geworden ist: Die Kultur des osteuropäischen Judentums und ihr virulentes Subjekt, die jüdische Arbeiterbewegung. Der Massenmord der Deutschen ging einher mit der Zerstörung der jiddischen Kultur; Genozid plus Ethnozid würden die Experten in einer Fernsehrunde beiläufig und mit professioneller Kühle sagen und damit die allgemeine Unfähigkeit dokumentieren, trotz und wegen »Holocaust«, die Zahl der Opfer als ausgelöschte Möglichkeiten einer menschenwürdigen Geschichte zu begreifen.*

Die Erinnerungen von Hersch Mendel sind weder eine dokumentarische Sozialreportage, noch eine sentimentale Reise in die Vergangenheit, weder sektiererische Rechthaberei, noch erbauliche Sozialkritik. Sie sind vor allem, vorgetragen in einer eigentümlichen Mischung aus Pathos und Ironie, eine unerbittliche Chronik des Scheiterns der traditionellen Arbeiterbewegung, ohne daß der Autor jenem allgemeinen Verhängnis, in welches sich National-

* Eine Expertenrunde diskutierte im Anschluß an eine TV-Folge von »Holocaust« tatsächlich ernsthaft die Frage, wie hoch die Kapazität der Verbrennungsöfen gewesen sei.

sozialismus und Stalinismus teilen, verständnisvoll oder gar von einer gesicherten Position aus begegnete.

»Ich habe die ganze Tragödie jener Tage aus tiefstem Herzen mitempfunden«, schreibt Hersch Mendel am Schluß seiner Erinnerungen über den Hitler-Stalin-Pakt; »fast 30 Jahre meines sozialistischen Kampfes gingen verloren. Im Namen dieses Kampfes hatte ich alles gegeben, was ein Mensch nur zu geben vermag. Ich habe mich niemals zur Spitze gedrängt. Wenn ich von Zeit zu Zeit in die höheren Ebenen der Bewegung aufstieg, dann nur, weil bestimmte historische Ereignisse mich ohne eigene Anstrengung und oft gegen meinen Willen aus den Reihen heraustreten ließen. Für mich war der Kampf für den Sozialismus alles. An andere Dinge hatte ich nie gedacht, und nun wurde ich Zeuge eines furchtbaren Sturms, der alles zerstören würde. Ein ganzes Leben voll Kampf und Hoffnung ging verloren. Das war die Tragödie, die ich erlebte – eine persönliche und gesellschaftliche Tragödie in einem.«

Vor allen Dingen aber sind die Memoiren ein mehr als hundertfacher Vorwurf gegen jeden möglichen Leser, der schon als Kind eher von den Helden der Marlboro-Reklame geträumt hat als davon, das Staatsoberhaupt zu verprügeln wie Hersch Mendel. Als Jugendlicher steht man heute kaum, wie der Zwölfjährige im jüdischen Elendsviertel von Warschau, vor der Alternative, sich zwischen der Laufbahn eines Kriminellen und dem nicht minder gefährlichen Leben eines Revolutionärs zu entscheiden. Der Aufstieg in die gehobene Unterwelt, den Mittelstand, wird einem heute schon in die Wiege gelegt; Hersch Mendel hingegen wuchs mit dem durch keinerlei Gratifikationen oder politische Ämter domestizierbaren Instinkt heran, daß nämlich Recht und Gerechtigkeit verschiedene Dinge sind.

In einer Geschichte der deutsch-jüdischen Literatur von 1913 heißt es ironisch: »Man findet heute schon Juden, die sozusagen noch die Spur eines Magens von der Größe eines Eies haben, und man darf wirklich hoffen, daß die Juden mit der Zeit die Gewohnheit des Essens abschaffen.«

Gerade dieses kreatürliche Motiv, der Hunger, durchzieht die gesamten Erinnerungen von Hersch Mendel, aber in einer den satten Zeitgenossen ganz fremden Weise, denn es ist der Auslöser einer davon völlig verschiedenen politischen Phantasie und revolutionären Aktion. »Man hat mir oft vorgeworfen, daß ich mich niemals um mein persönliches Leben, um meine eigene Existenz gekümmert hätte«, schreibt er und fügt hinzu, daß es in der jüdischen Arbeiterbewegung undenkbar gewesen sei, sich im Privatleben einzurichten. Genau diesem Umstand verdanken wir eine individuelle, unverwechselbare Autobiographie.

Im Unterschied zu den handgestrickten Lebensläufen und der alternativen Seelenschau hat Hersch Mendel immer in dem Bewußtsein gehandelt, daß die Vermenschlichung des Individuums sich allein im Maße des Kampfes gegen die Barbarei der Verhältnisse verwirklicht. Umso mehr hat er das Recht, von sich zu sprechen. Jakob Moneta, der Übersetzer der Erinnerungen aus dem Jiddischen, dessen politischer Lebensweg sich, wenn auch mit umgekehrten Schlußfolgerungen, mit dem von Hersch Mendel gekreuzt hat – Moneta war von 1933 bis 1948 in Palästina und wandte sich vom Zionismus ab –, bemerkt an einer Stelle, die »Erinnerungen eines jüdischen Revolutionärs« stellten die Konfrontation mit einem anderen Typus von Juden dar. Anders als welcher?

Der Antisemitismus bedarf der Juden nicht. Umstandslos kann in Deutschland das antisemitische Stereotyp, je nach Konjunkturerfordernis, auf ausländische Arbeiter, Studenten, Homosexuelle übertragen werden – doch das zu wissen bedarf es kaum der Forschung, sondern bloß täglicher Zeitungslektüre. Die neueste Umfrage des Soziologen Alphons Silbermann über Antisemitismus in einem Land fast ohne Juden dokumentierte eher das Ineinander von kollektiver Verdrängung und fortwährender pathischer Projektion: Ein Gutteil der Befragten sprach, als käme er direkt aus einer Sportpalastveranstaltung mit Goebbels und phantasierte von ein bis zwei Millionen Juden, deren Einfluß in Wirtschaft und Politik schon wieder übermäßig hoch sei.

Ein anderes Bild ist aus der gewissermaßen außenpolitischen Vergangenheitsbewältigung entstanden: Im zionistischen Unternehmen erschien der Jude den Deutschen so, als habe er endlich die Lehren aus der Vergangenheit begriffen; aus dem »Parasiten«, wie es völkisch, und aus dem »Luftmenschen«, wie es zionistisch hieß, wurde der »Muskeljude«, wie ihn der zionistische Theoretiker Max Nordau gefordert hatte. Nur als militaristischer Draufgänger und schwitzender Kibbuznik durfte der Jude den Deutschen erscheinen, nicht als Mensch.

Wäre der Blochsche Topos vom »aufrechten Gang« nicht schon für jede Selbstverständlichkeit okkupiert, an der Biographie Hersch Mendels gewänne er spezifische Substanz. Die Juden Osteuropas waren Objekt einer zweifachen Unterdrückung, der nationalen und sozialen, aber Hersch Mendel verkauft sein moralisches Erstgeburtsrecht nie für ein Linsengericht, schon gar nicht dort, wo es jeder aus Gründen der Selbsterhaltung täte: Inmitten eines aufgehetzten antisemitischen Pöbels, in einer kommunistischen Genickschußpartei – fast alle Personenhinweise in den Fußnoten des Buches sind gewissermaßen Todesanzeigen – oder in den Gefängnissen des faschistischen Polen. Als politischer Häftling hat er so viele Jahre im Gefängnis gesessen wie heutzutage, statistisch errechnet, jemand im Laufe seines Lebens vor dem Fernseher vertrottelt; und im Unterschied dazu hat Hersch Mendel sich durch politische Diskussionen und Lektüre auf ein Niveau emporgearbeitet, um welches ihn viele Professoren beneiden könnten.

Zwischen Hersch Mendels Biographie und den Lebensläufen aus der deutschen Arbeiterbewegung klaffen Welten, nicht erst in der literarischen Form. In Berlin, wo er sich kurz aufhielt, erfuhr er angelegentlich einer Demonstration diesen Unterschied. Jahre bevor Max Horkheimer die Verwandlung der deutschen Arbeiter in Gewerkschaftsobjekte, Unterstützungsempfänger und schließlich Gefolgschaft konstatiert hat, war Hersch Mendel zu der sarkastischen Einsicht über die deutsche Arbeiterbewegung gekommen: Entweder man demonstriert, oder man fragt die Polizei um Erlaubnis, beides zusammen ist nicht zu haben.

Die Unterschiede in der Entwicklung der Arbeiterbewegung ost- und westeuropäischer Provenienz reflektieren ein Allgemeines, das auch der unterschiedlichen Geschichte der Juden in Polen und Deutschland Konturen verleiht. Wie die Arbeiterbewegung in Deutschland seit der Jahrhundertwende beachtliche Fortschritte erzielt hat bei ihrem Bemühen, zu einer staatstragenden Institution zu werden, so hat die deutsche Judenheit immer mehr aufgehört, eine durch Gebräuche, Sitten und Anschauungen besondere Gruppe zu sein, was mit einem dem biologistischen Denken des 19. Jahrhunderts entlehnten Begriff als »Assimilation« bezeichnet wurde.

Dieser Prozeß der Angleichung ans falsche Ganze, der die Juden in Deutschland zu oft wahnwitzigen Akten der Selbstverleugnung trieb, hat auch nach der mörderischen

Zerstörung der seit je illusionären »deutsch-jüdischen Symbiose« noch kein Ende gefunden. Noch die Überlebenden müssen den Preis entrichten für den nämlichen Sachverhalt, für den andere umgebracht worden sind: Für den Umstand, daß den gleichgeschalteten Massen der anpassungswillige Andere besonders anstößig vorkommt.

Den Siegern Einhalt zu gebieten, ist der verzweifelte Gestus in den Memoiren Hersch Mendels. Die Erinnerungen umfassen wie sein eigenes, so das Leben der jüdischen Arbeiterbewegung. Seine Kindheit ist die Kindheit des »Bund«, jener ersten großen jüdischen sozialistischen Organisation, bei der die russischen Sozialdemokraten in die Schule gingen und ihre ersten illegalen Flugschriften drucken ließen.

Alle politischen Umbrüche, vom Bankrott der Zweiten Internationale bis zur Unterwerfung der kommunistischen Parteien unter das Diktat Stalins, sind Umbruchsituationen im Leben Hersch Mendels. Über verschiedene Stationen führt sein Weg aus dem lumpenproletarischen Milieu Warschaus, das man so trefflich geschildert allenfalls noch bei einem längst vergessenen Schriftsteller, bei Schalom Asch (»Mottke der Dieb«) nachlesen kann, bis in die antistalinistische Opposition, die er in Polen zusammen mit dem späteren marxistischen Historiker Isaac Deutscher begründet. Jedoch behauptet sich in den Brüchen seiner Biographie eine seltene Kontinuität: Die Solidarität mit allen Beleidigten. Für Mendel, der frei war von Karrieredenken, politischen Opportunismus, der nie aus Mitleid verschämt, sondern aus Scham empört war und ein Gegner jeglicher Bürokratie, war diese Solidarität die Quelle seines von nationalistischen Tendenzen ungetrübten Kampfes für die Rechte des jüdischen Volkes in Osteuropa.

Im damaligen Zwischenkriegspolen lebten ungefähr 3,5

Millionen Juden, etwa eine Million mehr als im Israel des Jahres 1971. Von ihnen und den aus verschiedenen Ländern nach Polen deportierten 700.000 Juden waren im August 1943 nur noch ungefähr 300.000 am Leben. Der Vertreter des »Bund« in der polnischen Exilregierung in London, Schmuel Zygelboim, der sich wegen der Passivität der Welt gegenüber dem Schicksal der Juden und weil er erkannt hatte, daß in den Überlegungen der Alliierten kein Platz für sie war, am 12. Mai 1943 das Leben nahm, schrieb in seinem politischen Testament:

»Ich kann nicht schweigen. Ich kann nicht mehr leben, während die letzten Überlebenden des jüdischen Volkes in Polen, dem ich angehöre, ausgerottet werden. Meine Kameraden im Warschauer Ghetto haben in einem letzten Akt des Heroismus zu den Waffen gegriffen. Mein Schicksal war es nicht, mit ihnen zu sterben, aber ich gehöre zu ihnen und ihren Massengräbern... Ich weiß, daß ein Menschenleben in unserer Zeit wenig bedeutet. Da ich jedoch zu meinen Lebzeiten nichts tun konnte, trage ich vielleicht durch meinen Tod dazu bei, daß die Gleichgültigkeit derjenigen gebrochen wird, die die Möglichkeit haben, vielleicht im letzten Augenblick, die noch am Leben gebliebenen polnischen Juden zu retten.«

So wenig wie der millionenfache hat sein einzelner Tod die Gleichgültigkeit der Welt erschüttert, und seine Zeitgenossen wie die Nachwelt haben seine Hoffnungen gründlich verhöhnt. Die Deutschen konnten das Morden fortsetzen, Auschwitz wurde nie bombardiert, und die KZ standen, wie es sogar dem CDU-Politiker Blüm versehentlich einfiel, nur solange die Front hielt.

Der jüdische Historiker Joseph Wulf, Verfasser mehrerer längst vergriffener und von der etablierten Geschichtswissenschaft nie ernstgenommener Bücher über den Nationalsozialismus, berichtete einmal, daß er im KZ

Zeuge geworden sei, wie die Deutschen den berühmten 72jährigen jüdischen Gelehrten Simon Dubnow, den Autor einer vielbändigen »Weltgeschichte des jüdischen Volkes« inmitten einer Gruppe von Juden in die Gaskammer getrieben hätten. Dubnow habe sich im letzten Augenblick umgedreht und gerufen: »Schreibt alles auf.« Wenn schon die Passivität der Welt ein Einhalten des Mordens verhindert hatte, so sollten die Opfer in der Erinnerung nicht nochmals getötet werden durch Vergessen. Aber auch die Hoffnung auf Erinnerung erwies sich als Illusion; über dem geringen öffentlichen Interesse an seinen Forschungsarbeiten beging Joseph Wulf Selbstmord.

1939 begann das Ende, und hier endet auch die Biographie Hersch Mendels. Er ist in den 50er Jahren als zweifach gebrochener Revolutionär, als Überlebender ohne Volk nach Israel emigriert und hat damit, wie er in einer kurzen Nachbemerkung schreibt, die Konsequenz aus seiner vor Hitler undenkbaren Hinwendung zum Zionismus gezogen, ohne sich jedoch zur speziell jüdischen Dissidentenausgabe von der israelischen Propaganda herabwürdigen zu lassen. Er war kein Renegat. In seinem Postscriptum kündigt er den zweiten Teil seiner Erinnerungen an. Sie sind, das ist kein Zufall, nie geschrieben worden.*

Hersch Mendel, wie wenige andere zufällig der Ermordung entkommen, hat kein Buch über die Methoden der

* Daß der Zionismus sich nicht als Fortsetzung der jiddischen Kultur oder gar der osteuropäischen jüdischen Arbeiterbewegung verstand, bekamen deren Repräsentanten durch die Ausgrenzung der jiddischen Sprache als »Ghettomentalität« oft schmerzlich zu spüren. Die »Erinnerungen« sind 1958 in Tel Aviv auf jiddisch erschienen, mit einem ebenfalls in jiddischer Sprache geschriebenen Vorwort von Isaac Deutscher.

deutschen Verbrechen, warnend vor der historischen Möglichkeit einer endgültigen Vernichtung, geschrieben. Seine Erinnerungen handeln vielmehr von der endgültigen Vernichtung einer historischen Möglichkeit. Er hat, was unwiederbringlich ist, aufgezeichnet und von der Vergänglichkeit der historischen Voraussetzungen geschrieben, welche der Alternative »Sozialismus oder Barbarei« zugrunde lagen. Diese Frage ist entschieden.

1980

Vergessen, vergeben, verdummen

Lieber Peter Dahl,*

Du hast mir ein Leseexemplar von Hans Rosenthals Erinnerungen »Zwei Leben in Deutschland« in der Annahme zugeschickt, daß ich eine Besprechung für *Konkret* schreiben würde. Warum ich das nicht tun werde, will ich begründen:

Es gibt mit Sicherheit Tausende von Büchern, die besser sind als die Memoiren von Rosenthal, ohne daß ein vernünftiger Redakteur auf den Gedanken käme, ein Wort darüber zu verlieren, welches er sich, sofern er nicht seine Tante oder einen nahen Freund protegieren möchte, für wirklich gute Bücher reserviert. Zahlte mir ein Verlag ein kleines Vermögen, dann würde ich selbst – wie weiland Petronius die dämlichen Verse von Nero gelobt hat – Peter Schneider zum Dichter erheben, aus Carstens einen Demokraten machen und schließlich aus der Betriebsnudel Rosenthal einen Unterhaltungskünstler von Broadwayformat. Aber leider gibts hierzulande keine

* Diesem in *Konkret* 1/1981 abgedruckten Brief stellte die Redaktion die Bemerkung voran: »Nicht ›um meinen bekannten Namen noch bekannter zu machen‹ hat der tümlichste der deutschen Unterhaltungs-Dilletanten sein Autobiographisches geschrieben. Dabei begreift der Jude Hans Rosenthal die deutsche Zeitgeschichte so, wie das der SA-Reiter Karl Carstens tut: Sie hat nichts mit sich zu tun.« (A.d.H.)

entwickelte Korruption, sondern nur, wie sich im vorliegenden Fall an einer Besprechung in der Illustrierten *Stern* sehen läßt, unveräußerliche Übereinstimmung. Dort hat ein Redakteur, dessen Nachname hoffentlich nicht zu unangenehmen Verwechslungen mit Dir Anlaß geben wird, den Köder der Werbeabteilung des Gustav Lübbe Verlags nur für sein Monatsgehalt geschluckt: Rosenthal, die quirlige Frohnatur, nimmt den Deutschen nicht übel, daß sie ihn nur zufällig nicht umgebracht haben. Endlich eine jüdische Absolution, die in mehr Ohren klingt als die Loyalitätserklärung jüdischer Funktionäre für einzelne prominente Ex-Nazis wie Filbinger.

Die ganze Nation, oder vielmehr ihr antikommunistischer Teil, wird für koscher erklärt. Das will die Regierung, das will die Bevölkerung, das will ein reaktionärer Verlag. Und im *Stern* steht, damit es vollends demokratisch zugeht, warum es allen recht ist: »Andere deutsche Juden, die vor 1945 ähnliches erlebt haben, verfielen in Depressionen, in Aggressionen gegen ihre Landsleute. Er nicht.« (Die einzige Pressefreiheit, derer sich der *Stern* erkühnt, besteht in einer Variierung der u.a. vom nachmaligen Adenauer-Staatssekretär Globke formulierten Ausführungsbestimmungen zu den berüchtigten »Nürnberger Gesetzen«: Alle Juden mußten ihrem Eigennamen die jüdischen Namen Israel bzw. Sarah einfügen. Der *Stern*-Redakteur hielt »Isaac« für passender.)

Daß die Zeitschrift *Konkret* die Erinnerungen von Rosenthal rezensieren möchte, hat seinen Grund, glaube ich, weder in der Darstellung des »ersten« Lebens von Rosenthal, denn über das Schicksal der Juden und das Verhalten der Deutschen gibt es bessere Bücher, authentische Zeugnisse, deren schandbar geringe Auflage ebenso charakteristisch für die Verfassung der deutschen Bevölkerung ist wie die abgeholzten Wälder für die 100.000 Exemplare starke Erstauflage des vorliegenden Buches; noch, denke ich, besteht ein Interesse am wirklichen Verlauf des »zweiten« Lebens, denn da gibt es bessere Karrieren. Ernstzunehmende Kritik der Kulturindustrie würde sich an der conference als leerer Betriebsamkeit, wie sie Rosenthal verkörpert, zuallerletzt entzünden, (er nennt sich selbst »Hans Dampf in allen Gassen« und fällt anderen vor allem dadurch auf, daß er alles organisieren kann, von den Brötchen bis zur Stimmung).

Der schwerfällige schwedische Baron in Offenbachs »Pariser Leben«, der sich mit der beständigen Versicherung »Jetzt geht's los« Mut zum Amusement zusprechen muß, ist die personifizierte Ausgelassenheit, vergleicht man damit die in Deutschland vorherrschende Form des öffentlichen Vergnügens, die dem Kommando gehorcht: »Spaß muß sein« (so der Titel einer Rosenthal-Sendung), weil beim Lachen niemand was zu lachen hat.

Daß man über Erinnerungen von Rosenthal stolpert, ist ganz natürlich. Nur sollte man den Grund der Empörung genau bezeichnen, und der hat, so meine ich, mit Rosenthal und damit auch mit seinen Memoiren überhaupt nichts zu tun. Daß Rosenthal, außerdem Vorstandsmitglied der jüdischen Gemeinde in West-Berlin, zum Gedenktag des Pogroms von 1938 eine Ausgabe von »Dalli-Dalli« präsentiert hat, gibt uns noch lange nicht das Recht zum subjektiven Affekt moralischer Empörung, wenn wir nun lesen, daß der jüngere Bruder Rosenthals deportiert (verschickt schreibt Rosenthal) und umgebracht worden ist, mehrere Angehörige der Familie ermordet wurden und der Autor nur durch glückliche Zufälle am Leben geblieben ist.

Wir können Rosenthal keinen Vorwurf daraus machen, daß er weder einsichtiger noch mutiger ist als der Rest der Fernsehvolksgemeinschaft. Sie hat aus der Feder von

Rosenthal und aus der Perspektive des immer fröhlichen Stehaufmännchens schon in der *Hör Zu* unter dem Titel »Es war nicht alles Dalli-Dalli« erfahren, daß alles gar nicht so schlimm gewesen sein konnte, und daß der Kampf gegen die kommunistische Beherrschung des Berliner Rundfunks nach 1945 mindestens ebenso wichtig war wie der Sieg der Alliierten über die Nazis. Daß die Opfer der Ordnung von damals sich willfährig zur Rechtfertigung der Ordnung von heute einspannen lassen, kann für uns kaum heißen, Rosenthal besondere Beachtung zu schenken, sondern über Verhältnisse zu reden, die Peggy Parnass einmal mit dem monumentalen Satz auf die einfache Formel gebracht hat: »Das Opfer tröstet den Henker.«

Wir wissen, daß manchem Journalisten, der über die Protestbewegung berichtete, erst dann klar wurde, daß der Kopf zum Denken da war, als die Polizei ihn mit Knüppeln traktierte, doch wir müssen uns vor dem Mißverständnis hüten, daß zwischen Verfolgung und Kritik ein logischer Zusammenhang bestünde. Daß jemand im KZ gesessen hat, daß jemand (wie Rosenthal) Verfolgung und Ermordung von Angehörigen erlitten hat, ist immer nur ein Beweis für die Unmenschlichkeit des Systems und nicht, so betrüblich der Umstand uns auch erscheinen mag, die Voraussetzung für eine unnachgiebige und jener Demütigungen eingedenkende Kritik.

Es gibt keine fortschrittliche Interpretation der Nürnberger Gesetze, sondern bloß ihre radikale Abschaffung: Nicht dann schon, wenn man es unterläßt, die anderen zu verteufeln, sondern erst, wenn man aufhört, von ihnen zu verlangen, sie hätten als Unterdrückte und Verfolgte auch noch die besseren Menschen zu sein – erst dann findet die Diskriminierung ein Ende. Daher die frühen Phantasien der philosemitischen Linken von einem sozialistischen Israel wie die spätere abstruse Kehrtwendung: Zionismus führt zum Faschismus.

Wenn Rosenthal mit Bundesverdienstkreuzen, Bambis, Goldenen Kameras und ähnlichem Unsinn behängt wird, dann heißt dies nur, daß hierin auf spezifisch nachkriegsdeutsche Weise der gelbe Stern aufgehoben ist: Bezeichnet und belohnt wird der endgültige Verzicht der Opfer auf Rache (und Rosenthal gehört, wie er berichtet, zu den ersten, die kleine Nazis verteidigen gegen die Besatzungsmacht; er bringt Ilse Werner in den Sender und boxt einen »immer strikt unpolitischen« Mitarbeiter des Reichssenders, Pelz von Felinau, frei). Im Vergessen oder der affirmativen Erinnerung (wie sie nach »Holocaust« en vogue ist) daran, was ihnen und anderen geschah, sind sie den Verfolgern von einst und den Repräsentanten von heute ähnlich und damit akzeptabel geworden. Dem infamen »jüdische Mitbürger« hält Rosenthal das nicht weniger niederträchtige »jüdische Menschen« entgegen. Auf den jährlichen Wochen der Widerlichkeit, wo die Davongekommenen zu Brüdern herabgewürdigt werden, böte sich der mit viel Reklameaufwand propagierte erste Teil der Erinnerungen als Rezitationsstoff unter dem Titel »Zur Banalität des Guten« an: Ganz rührend berichtet Rosenthal von den Mutterinstinkten seiner Beschützerinnen und dem Abscheu, ein Kaninchen oder ein Huhn zu schlachten. Im Land der Kinderfeindlichkeit und der Tierliebe gab es nach »Holocaust« in der *Bunten Illustrierten* die Schlagzeile »Die KZ-Katzen« und *Bild* formulierte die einzig gültige antifaschistische Maxime: »Gemein – Halla zu Seife verarbeitet«. In jenen Passagen finden sich alle Muttis der großen *Hör Zu*-Familie – ein ideales Weihnachtsgeschenk – als aufrechte Antifaschistinnen wieder, die den fröhlichen »Hansi« gern an ihr Herz gedrückt hätten. Gottseidank wird hier die urbane

Version von Rosegger (»Als ich noch der Waldbauernbub war«) oder das Märchen vom »Hans im Glück« gegeben, und kein alter Jude oder keine kranke Jüdin müssen um Unterschlupf betteln.

»Zwei Leben in Deutschland« (wobei das zweite so uninteressant ist wie das erste und einzige von Lou van Burg) ist, da sagt Rosenthal ausnahmsweise die reine Wahrheit, »ein verkleinertes Spiegelbild dessen, was diesem Land widerfahren ist«, aber was hier wem und wie widerfährt, wenn er schreibt, daß er Deutschland »trotz oder gerade wegen der Leidenszeit, die mir auferlegt war, als Vaterland empfinde«. Das ist so grotesk, daß man es nur paradox fassen kann: Es ist die Wiedergutmachung der Opfer.

Irgendein kluger Kopf hat einmal gesagt, das Godesberger Programm der SPD zeige den Abstieg von Karl Marx zu Heinrich Deist. Rosenthals Erinnerungen dokumentieren den Aufstieg der Deutschen vom Hep-Hep zu Dalli-Dalli. Und darüber zu schreiben, wäre die Rezension eines noch nicht geschriebenen Buches.

1981

Alle sind Sieger

Die Wiedergutwerdung der Deutschen

I.

> »Der durchschnittliche Gläubige ist heute schon so schlau wie früher bloß ein Kardinal.«
> Adorno/Horkheimer, »Dialektik der Aufklärung«

Von einer Klassenfahrt mit der Oberstufe zum ehemaligen Konzentrationslager Bergen-Belsen berichtete ein Lehrer, der Besuch habe die Schüler ziemlich gleichgültig gelassen, »weil es da doch nichts zu sehen gäbe, nicht einmal eine Vivisektion« (*Frankfurter Rundschau* vom 8.6.1978). Was hatte er denn erwartet? Daß seine Schüler nach Bonn sausen, um eigenhändig den Bundespräsidenten wegen dessen NS-Vergangenheit und den Innenminister wegen seiner Äußerung über Ausländer zu stürzen?

Die Verhältnisse dementieren jegliche Aufklärung, und der bemühte Pädagoge kann in den seltensten Fällen dafür, daß seine ehrbaren Absichten wie Seifenblasen zerplatzen. Jenen Lehrer mochte auf seiner Bildungsreise ein gänzlich unpädagogisches Entsetzen überkommen haben, daß da vielleicht die Stimme seiner zukünftigen Bewacher zu vernehmen war, die ihm so plötzlich die Sprache verschlug. Seine Hoffnung, die Anschauung des Grauens befördere die Entwicklung der moralischen Persönlichkeit, erwies sich als trügerisch. Als ebenso illusionär wie die einstigen Hoffnungen auf die abschreckende Wirkung des Bestsellers »Im Westen nichts Neues«, der die Leser nicht davon abhielt, wenig später an der Massenschlächterei des zweiten Weltkriegs teilzunehmen. Über Theresienstadt schrieb H.G. Adler: »Es verlockt viel mehr, als noch der Abscheu vor dem Grauen sich eingestehen will.« Warum also sollten Schüler angesichts eines Massengrabs zur Besinnung kommen, wo es hier außerdem nur beweist, wie schnell die Wogen sich wieder glätten und daß es darauf ankommt, durchzukommen, übrigzubleiben. Oder anders gesagt: »Unmoralisch ist nur das Verrecken« (so ein SA-Student in Ferdinand Bruckners »Die Rassen«).

Der Kitzel spektakulärer Greuel, den die Welt 1945 bei der Entdeckung der Leichenberge im KZ Bergen-Belsen empfunden hatte und der in der marktkonformen Ausbeutung der Vergangenheit im Kino und am Kiosk zu haben ist, stellt sich an den historischen Orten der Vernichtung, den Konzentrationslagern, so wenig ein wie das Gruseln an den Schaltstellen der künftigen Apokalypse, den atomaren Kommandozentralen. Denn jede Katastrophe bleibt notwendig solange abstrakt, bis sie einen ereilt.

Für das zeitgenössische Bedürfnis, sadistisch angedreht zu werden, gibt es auf dem Areal eines früheren Konzentrationslagers nichts zu holen: Bergen-Belsen zum Beispiel ist – wie vor Hitler – wieder die grüne Idylle fürs Heide-Weekend, und die ausgestellten Dokumente bieten nicht jenen Attraktionswert feil, den Pädagogen fälschlicherweise für immunisierend halten. Anderes als in den abendlichen TV-Nachrichten findet, wer auf der Höhe der Zeit ist, in derlei Museen nicht: hier ein Vernichtungskrieg, dort ein Massensterben; Katastrophen, die einen nicht nur lehren, was es heißen könnte, zu den Opfern zu zählen, sondern vor allem die Aufforderung enthalten, sich um einen Platz unter den Überlebenden abzustrampeln. Der Umstand, daß die einen nur verhungern, damit die anderen Diät pflegen können, daß die einen totgeschlagen werden, damit die anderen Freizeitprobleme haben, das paradoxe Novum, daß sich Verbrechen auszahlt und niemand etwas davon hat, hat längst jenen überkommenen Begriff von Humanität ruiniert, auf dem die gängige Aufklärung über Auschwitz gründet. Die versierte Kälte, die zynische Ignoranz vieler Jugendlicher gegenüber dem vergangenen und gegenwärtigen Leiden enthalten mehr Wahrheiten über die Verhältnisse als alle gutgemeinten Behauptungen und Absichten der Pädagogen.

Die Kehrseite zur Ferne, in welche das Grauen gerückt wurde, ist die erbauliche Nähe, wo es Geschichte, wie neuerdings unter dem Markenzeichen »Erfahrungshunger« propagiert wird, »zum Anfassen« geben soll. »Am Ende stand tiefe Betroffenheit«, konnte man über eine »alternative Stadtrundfahrt« zum Abschluß einer »Woche des antifaschistischen Widerstands« lesen (*Hannoversche Allgemeine* vom 20.10.1980), denn seit »Holocaust« war, wie es in einem publizistischen Tagesbefehl hieß, »eine ganze Nation betroffen«. Und zur Nation rechnet sich, wie wir seit geraumer Zeit wissen, auch wieder die Linke. Sie setzt alles daran, die stolze Behauptung des Kommunistischen Manifests, die Arbeiter hätten kein Vaterland, ebenso erfolgreich zu widerlegen wie die deutsche Arbeiterbewegung. Vergessen ist die Erkenntnis, daß, wer in Deutschland von Zuhause, von Heimat redet, nur der Herrschaft entgegenkommt, die auf solche Willfährigkeit spekuliert. Vom Zuhause bis zum Hauswart ist nur ein kleiner Schritt. Die den ersten tun, um zum zweiten auszuholen, waren immer die Betrogenen oder die betrogenen Betrüger.

II.

»Wissenschaftler sagt Aussterben der Deutschen in 100 Jahren voraus.«
Frankfurter Rundschau vom 21.11.1980

»Sterbehilfe ist Lebenshilfe« lautet die programmatische Behauptung der neuen Erziehung zur Euthanasie, in Umkehrung dessen, was man im Atomzeitalter – die Lebenden werden die Toten beneiden – unter tätiger Nächstenliebe versteht. »Erziehung zum Überleben« heißt das Handbuch für die letzten Wechselfälle, das in den sechziger Jahren unter dem Titel »Der Aufstand des Individuums gegen die Masse« noch zu jenen Schriften gehörte, welche der moralischen Empörung die notwendige Schärfe im Denken verliehen hatten. Jetzt sollen Bettelheims Überlegungen zur pädagogischen Betriebsanleitung für den GAU werden. Im Land der Lehrer, Erzieher und Sozialarbeiter soll von der Wiege bis zur Bahre niemand sich pädagogischem Zugriff entziehen dürfen. Während aber an Krankenbetten, in Altersheimen und in greisen Selbsterfahrungsgruppen der studierte Todeserzieher mit seinen Klienten das richtige Hinscheiden probt, regt sich andererseits der Selbsterhaltungstrieb der ganzen Gesellschaft. Angesichts der vorbereiteten Katastrophen besinnt sie sich plötzlich darauf, wo sie hergekommen war: aus Bunkern und Unterständen, am Leben geblieben mit Ersatzkaffee, Schmierseife und Sauerampfer. Das Leben scheint hinter seine Voraussetzungen zurückgetreten zu sein, so daß alles Handeln, unter dem Bann der Selbsterhaltung stehend, zum Reflex verkümmert, zur bloßen Notwehr, zur instinktiven Regung, zur leeren Angst.

Weil dem Leben alle menschenwürdigen Bestimmungen offenbar abhanden gekommen sind, kapriziert sich alles aufs ziellose, leere und unbestimmte Leben, das nichts von sich Verschiedenes mehr weiß.

»Wovor ich Angst habe«, heißt es in einem »Apokalyptischen Tagebuch«, »daß sie alles zubetonieren – daß meine Chromosomen zerstört werden – daß die menschlichen Beziehungen kaputtgehen – daß ich eine Angst übersehen habe ...« (*Literatur-Konkret*, 1981). Wenig später ist jedoch die paranoische Bedrückung der Autorin aus der AKW-Szene einem fröhlichen Optimismus gewichen: »Plötzlich gibt alles wieder einen Sinn. Und der heißt: Überleben. So einfach ist der Sinn des Lebens. Eigentlich kann ich froh sein.« (ebenda)

Wir hingegen müssen in dieser regressiven Fröhlichkeit eher die bestürzende Einsicht von Hannah Arendt bestätigt sehen, die sie in »Eichmann in Jerusalem« formuliert hat: daß Auschwitz nicht das letzte Kapitel des Antisemitismus gewesen sei, sondern das erste Kapitel moderner Herrschaft. Sozusagen der Anfang vom Ende; und dieser Anfang liegt nun bereits einige Jahrzehnte zurück.

Gerade aber im Abstand zum Konzentrationslager kommt, was dieses zur Wiege moderner Herrschaft macht, zum Vorschein. Wer wie im oben zitierten Apokalyptogramm von tausendfältiger Angst redet, leidet nicht Hunger, verdurstet nicht, wird nicht gefoltert und schon gar nicht umgebracht; und wenn ein Kommunist, der ausgerechnet Richter werden will, dies nicht darf, dann ist das nicht die in einem Atemzug mit Berufsverbot beklagte Existenzvernichtung.

Nach Gorleben wurde niemand deportiert, die Demonstranten errichteten freiwillig ihre neugermanische Wendenrepublik, ohne von bis an die Zähne bewaffneten Schergen bedroht zu sein; niemand hat die Frankfurter Startbahngegner gezwungen, nackt vor die Polizei zu treten. Und doch erweckte ihr geschäftiges Treiben den Anschein, als wären sie schon im KZ, also dort, wo menschliches Leben nurmehr unter der Bestimmung allgegenwärtiger Vernichtung sich tatsächlich aufs nackte Überleben einzurichten hatte. Entsprechend staffierten sich auch die Demonstranten aus: mit Säge, Stablampe, Feldkocher – den Werkzeugen der Zukunftsbewältigung.

Die Beobachtungen und Reflexionen aller authentischen Literatur über die Massenvernichtung des Nationalsozialismus legen minutiös dafür Zeugnis ab, daß es – um ein Diktum Adornos abzuwandeln – im Überleben kein Leben mehr gibt. Daß es sich hierbei kaum um ein Aperçu handelt, sondern um die immanente Logik der Konzentrationslager, wird von Autoren wie Langbein, Adler, Arendt, Améry oder Bettelheim eindringlich belegt.

Kaum zufällig ist auch, wenn man den oben angedeuteten Zusammenhang von Geschichte und Gegenwart sich vor Augen führt, daß in beiden Fällen der Begriff »Erlebnis« eine zentrale Rolle spielt. In nahezu allen Augenzeugenberichten aus den Konzentrationslagern, die das immergleiche Elend schildern, taucht in Verbindung mit Worten wie »Haft«, »Lager«, »KZ« der Begriff »Erlebnis« auf, und ein Blick, nicht nur in die Literatur der neuen Gefühligkeit, sondern in die Tagesverlautbarungen der Szene genügt, um festzustellen, daß es heute aufs Erlebnis ankommt.

Der Begriff »Erlebnis« bezeichnet, etwa im Unterschied zu »Erfahrung«, das Aussetzen der Reflektion beim handelnden Subjekt. Die Abwesenheit des Gedankens macht alles zum bloßen Ereignis, in welchem die Person sich selbst durch eine naturwüchsige Übereinkunft mit der Außenwelt dementiert. Erleben, so verrät das Verbum, impliziert, wenn es überhaupt vom trivialen

Existieren unterschieden sein soll, die Übermacht der äußeren Welt, und im drohenden »Du kannst was erleben« ist unzweideutig ausgedrückt, daß das Subjekt des Satzes zum Objekt einer gegen es gerichteten Handlung wird. Schließlich nimmt es nicht wunder, daß »Erlebnis« als Bestandteil in ideologischen Sprachungetümen auftaucht, welche die Zerrissenheit der Gesellschaft im »Gemeinschaftserlebnis« von Gesangverein, Töpfergruppe oder Landkommune mythisch zurücknehmen wollen. Noch in der scheinbar größten Entfernung zum verwalteten Alltag läßt sich die unmittelbare Nähe von angedrehter Vitalität und Erstarrung diagnostizieren: Die Linke fährt nicht in die Ferien, sondern macht in Griechenland Erlebnisurlaub.

Daß Élan vital und Todesdrohung, Betriebsamkeit und Versteinerung, Erlebnishunger und Überlebensangst so dicht aneinanderliegen, ist eine Gewißheit, der man seit Hitler nicht mehr ausweichen kann. Arendt und Bettelheim beschreiben, wie die Ineinssetzung von Leben und Sterben im Konzentrationslager als »Lagererlebnis« zum wichtigsten Kalkül totalitärer Herrschaft wurde. Angesichts des Umstandes, daß vor der atomaren Drohung zwischen Endlösung und Selbstvernichtung nurmehr wenige Nanosekunden liegen, scheint die »Extremsituation«, wie Bettelheim das KZ nennt, zum Normalzustand aufgestiegen zu sein. Die Wortführer der neuen Bescheidenheit haben sich damit abgefunden, daß es nicht mehr ums richtige Leben geht, sondern »nur noch gegen den falschen Tod« (Martin Walser). »Der Tod ist *das* Erlebnis des Menschen, das jeden tief berührt«, heißt es in einem gruppentherapeutischen Prospekt, und es steht zu befürchten, daß die zum thanatologischen Kollektiv mutierte Menschheit es wie ein Süchtiger kaum erwarten kann, daß die alles erlösende Droge abgeworfen wird.

Ihre Gier nach dem goldenen Schuß ist so groß wie die Angst vor ihm.

Ein Erlebnis besonderer Art gehört in diesen Zusammenhang, weil es den deutschen Gefühlshaushalt um eine besonders erlebnisfähige Variante bereichert hat: der Medienhit »Holocaust«. Seither lassen die Deutschen, wie um zu beweisen, daß es doch so etwas wie Volkscharakter gäbe, keine Gelegenheit aus, »tief betroffen« zu sein. Nachdem die Politiker tief betroffen waren über einen Bombenanschlag von Neofaschisten in München, ging das Oktoberfest weiter. Zum Jahrestag gab es neben einem Gedenkstein die ebenso haltbare Versicherung: »Terroristen dürfen uns nicht die gemeinsamen Freuden beseitigen«. Vor lauter Betroffenheit hatte sich die Linke damals überhaupt nicht gerührt. In Frankreich waren nach einem ähnlichen Attentat Hunderttausende auf die Straßen gegangen. Wahrscheinlich war die bundesdeutsche Linke wie so oft in den letzten Jahren, vollkommen mit der Frage ausgelastet, warum sie nicht richtig trauern könne. Um die Opfer ging es dabei nie, sondern um das Innenleben der Szene.

Die Betroffenheit angelegentlich von »Holocaust« reichte bis in den letzten Winkel der Republik. Gerade der Umstand, daß die modernen Massenverbrechen nicht nur Verbrechen *an* Massen, sondern auch Verbrechen *von* Massen sind, war für den durchschlagenden Erfolg der TV-Serie bestimmend.

Eben weil jeder Deutsche etwas gewußt hatte – sogar das Kursbuch mit den Abfahrtszeiten und Bestimmungsbahnhöfen der Deportationszüge konnte sich jeder besorgen –, wollte keiner davon Kenntnis gehabt haben. Jeder hatte damals einen Zipfel Wahrheit in der Hand, der sich, verdrängte man ihn nicht rasch genug, sehr wohl als der Strick herausstellen mochte, an welchem man, eine Gerechtigkeit vorausgesetzt, einmal baumeln könnte. Gerade auf Bürgernähe, auf dosiertem Mitwissertum und kalkulierter Furcht vor strafender Gerechtigkeit basierte die Effizienz der nationalsozialistischen Herrschaftsapparate.

Die mit »Holocaust« hervorgerufene bundesweite Rührseligkeit hat der historischen Begründung der Kollektivschuld der Deutschen am größten Verbrechen der Geschichte nur eine aktuelle Bestätigung hinzugefügt. Nachdem alle Welt längst über das Ausmaß des damals angerichteten Grauens so gut informiert war, daß es ansatzweise auch nachgeahmt werden konnte, nachdem jeder, der die Wahrheit wissen wollte, sie wissen konnte – da ging ein Aufschrei durch das Land: daß es so schlimm gewesen sei, davon habe man keine Ahnung gehabt. Die ganze Nation verhielt sich wie Eichmann vor den Schranken des Gerichts in Jerusalem, wo er sich erzählen ließ, was er angerichtet hatte.

Als die Fernsehschnulze dann anderen Medienhits das Feld überlassen mußte, weil die Welt nicht Wille, sondern Knüller und Vorstellung ist, da waren die Serie wie die Sache rasch vergessen (über die Wiederholung wurde dann auch kaum ein Wort verloren). Nach den vom Fernsehen angeforderten und pflichtschuldig abgelieferten Statements der Betroffenheit, die, wie ein mit der Zuschaueranalyse befaßter Wissenschaftler ungeniert ins Mikrophon plauderte, »alle sofort nach Eingang mit einer Nummer versehen wurden«, sonderten die Instinktdrüsen wieder Bekanntes ab. Im Feuilleton und nach dem eingeschliffenen Muster, daß man unter dem Leid der anderen mehr zu leiden gehabt habe: »ästhetische Tortur« war in der *Frankfurter Rundschau* zu lesen, oder in den Leserbriefspalten: »Wo bleibt der Streifen über die Vertreibung nach 1945?« – Er sollte kommen.

Im Land der Kinderfeindlichkeit und der Tierliebe, wo

die Bevölkerung nach ihrem befürchteten Aussterben umstandslos durch Millionen Haustiere ersetzt werden könnte, erschien nach »Holocaust« in einer bunten Illustrierten eine Titelgeschichte unter der Schlagzeile: »Die KZ-Katzen«; der Fernsehzoologe Grzimek empörte sich: »Die KZ-Hühner leben ständig im Streß«; der *Spiegel* schrieb über einen Geflügelfarmer, der die Tiere – wörtlich – »mit Kohlendioxid sonderbehandelt« hatte, und *Bild* formulierte schließlich die in Deutschland einzig gültige antifaschistische Maxime: »Gemein, Halla zu Seife verarbeitet!« »Holocaust« hat mit seinen weltweiten Zuschauerrekorden dafür gesorgt, daß Auschwitz von der UNESCO in eine Art Guinness-Book der Rekorde, in einen Katalog der kulturellen Spitzenleistungen aufgenommen worden ist, als Ort des schlimmsten Verbrechens neben dem höchsten Berg und der gewaltigsten Kathedrale.

»Holocaust« hat unwiderlegbar bewiesen, daß die Welt nach den Konzentrationslagern nicht mehr dieselbe ist, obwohl und weil alles nach ihnen so weitergeht. Diese dem 20. Jahrhundert eigentümliche Resistenz der Menschen wird offenbar nur dadurch möglich, daß sie, ohne sich Rechenschaft darüber abzulegen, vergangene Katastrophen vermittels der vorweggenommenen Folgen kommender Untaten verdauen.

Mit den Verbrechen einiger Dutzend Mörder ließe sich ruhig weiterleben, auch mit professionellen Sadisten, als welche die Gerichte fälschlicherweise ehemaliges SS-Personal vorführen. Nicht aber, oder nur um den Preis einer Sinnstiftung, welche die Opfer beleidigt und verhöhnt, in der Welt, wo Millionen Menschen grundlos und ohne Ausrede auf eine höhere Macht oder Naturzwang von Menschen planmäßig und industriell umgebracht worden sind.

Aber schließlich wird alles verstanden und der einzig möglichen Antwort auf Auschwitz: die unmittelbare Herbeiführung von Verhältnissen, unter denen es sich nicht wiederholen könnte, die letzte Chance genommen, Gestalt anzunehmen. Zum verbindlichen Schibboleth wurde dabei »Holocaust«.

Unter diesem neuen trade-mark ist den Deutschen die eigene Vergangenheit so geläufig und griffig geworden wie Nivea. Hinter diesem fremd-geheimnisvollen Wort verschwindet jeder Unterschied zum beliebigen Verbrechen. Und gerade seiner Beliebigkeit wegen wurde es zum Lieblingswort. Mittlerweile fungiert es als modische Floskel der Druckabfuhr: »War das ein Holocaust«, erleichtern sich Familienväter nach einem verkaufsoffenen Samstag. Aus Gründen, die zu erläutern sein werden, hat sich die Linke besonders dabei hervorgetan, »Holocaust« in ein Breitband-Narkotikum zu verwandeln. Damit ist ihr, erfolglos im Kampf gegen Überfremdung, Supermächte und Kolonisierung der Köpfe ein bodenständiger Etappensieg gelungen: eine hausgemachte Inflation.

III.

> »Der Vorsitzende der Jüdischen Gemeinde zu Berlin, ebenso wie Menachem Begin haben nur wenig aus dem Faschismus und dem Holocaust gelernt, denn die israelische Völkermordpolitik im Libanon und die brutale Unterdrückung der Bevölkerung in den besetzten Gebieten haben die gleiche Qualität wie der Massenmord im Dritten Reich.« (Ein Funktionär der Berliner Jungdemokraten auf einer Demonstration, Juni 1982)

»Kann ein Jude Faschist sein?«, fragte Jahre, bevor die Linke sich der nämlichen Frage annahm, um der eigenen Geschichte Generalpardon zu gewähren, ein Rezensent in der *Zeit.* Daß die Nürnberger Gesetze nun wirklich nicht mehr gelten sollen, mochte er offenbar nicht ganz glauben. Nicht dann schon, wenn man es unterläßt, die anderen zu verteufeln, sondern erst wenn man aufhört, von ihnen zu verlangen, sie hätten als Unterdrückte und Verfolgte auch noch die besseren Menschen zu sein – erst dann findet die Diskriminierung ein Ende.

Wenn – um diesen Gedanken an einem extremen Beispiel zu verdeutlichen – Bokassa und Amin in Afrika das tun, was die Europäer schon immer taten, dann dürfen wir sie nicht gewähren lassen. Die Entrüstung darüber, daß auch Schwarze zu Kolonialverbrechen fähig sind, ist jedoch ein Privileg der Schwarzen. In der Bundesrepublik ist für nüchterne Kritik Grund genug vorhanden, doch nur Juden haben dort das Recht zum subjektiven Affekt, wo wir nur kritisieren und bekämpfen können.

Wenn beispielsweise Hans Rosenthal, immerhin Vorstandsmitglied einer jüdischen Gemeinde, zum Gedenktag des Pogroms von 1938 im Fernsehen eine Ausgabe von »Dalli-Dalli« präsentiert, können wir ihm keinen besonderen Vorwurf daraus machen, daß er sich weder einsichtiger noch mutiger zeigt als der Rest der Fernsehvolksgemeinschaft. Aber Juden, insofern sie sich Rosenthal auf besondere Weise verbunden wissen, sind dazu berechtigt. Wenn Galinski, Vorsitzender der jüdischen Gemeinde in West-Berlin, vormals KZ-Häftling, und Bundespräsident Carstens, damals in der NSDAP, einen florierenden Tauschhandel mit Orden und Glückwunschtelegrammen pflegen, dann steht uns zu, ob der Unverfrorenheit zu erbleichen, mit welcher ein Vertreter des NS-Regimes einem Opfer desselben unter die Augen zu treten wagt. Das Vorrecht der Juden ist es, sich über das Verhalten ihrer Repräsentanten in der Bundesrepublik zu entrüsten, wir hingegen können nur nüchtern feststellen, daß das Opfer den Henker tröstet.

Daß die Opfer der Ordnung von damals sich willfährig zur Rechtfertigung der Ordnung von heute einspannen lassen, daß Juden *wegen* der Ermordeten der Repression heute das Wort reden, *wegen* der Gewalt von gestern die Gewalt von heute begrüßen – das kann für uns nur heißen, über die Verhältnisse zu reden, die solches ermöglichen. Daß jemand im KZ eingesperrt war, daß jemand Verfolgung erlitten hat, ist immer nur ein Beweis gegen die organisierte Barbarei, gegen deren Folterknechte, Henker und Nutznießer und nicht, so betrüblich das uns auch erscheinen mag, die Voraussetzung für eine unnachgiebige und jener Demütigungen eingedenkende Kritik. Wer also Zeuge der Reinwaschung wurde, die beispielsweise der Vorsitzende des Zentralrats der Juden in Deutschland mit Filbinger vorgenommen hat, dem werden die Verhältnisse suspekt, die solche Inszenierung zulassen oder erforderlich machen. Im Verdienstkreuz mit Stern, das die Rechtsnachfolger des Nationalsozialismus an die Opfer von einst verleihen, ist auf spezifisch nachkriegsdeutsche Weise der gelbe Stern aufgehoben: bezeichnet und belohnt wird damit das Einverständnis und der Verzicht der Opfer auf Rache. Wenige Jahre nach der prägnanten Formel von Strauß: »Ein Volk, das solche wirtschaftlichen Leistungen vollbracht hat, hat ein Recht darauf, Auschwitz zu vergessen«, konnte der Bundestag eine »endgültige Wiedergutmachung« beschließen.

Mit Lobreden und Orden behängen deutsche Politiker die Juden, um sich des eigenen Gedächtnisverlustes durch den der anderen zu versichern. Indem die Selbstvergessenheit der Überlebenden mit Auszeichnungen honoriert und die Davongekommenen einmal jährlich zu Brüdern herabgewürdigt werden, fügt ihnen diese Gesellschaft die vorerst letzte Schmach zu. Im Vergessen daran, was ihnen und anderen geschah, sind sie den Verfolgern von einst und den Repräsentanten von heute ähnlich und damit akzeptabel geworden, müssen sich jovial auf die Schulter klopfen und das anbiedernde »jüdische Mitbürger« gefallen lassen. Dergestalt für koscher erklärt, warteten die Deutschen auf die Gelegenheit, sich nicht trotz, sondern wegen der Juden als nationales Kollektiv zu konstituieren. Diese Gelegenheit kam mit dem israelischen Einmarsch in den Libanon.

IV.

> »Angesichts der zionistischen Greueltaten verblassen jedoch die Nazigreuel und die neonazistischen Schmierereien, und nicht nur ich frage mich, wann den Juden ein Denkzettel verpaßt wird, der sie aufhören läßt, ihre Mitmenschen zu ermorden ...« (»Grüner Kalender 1983«, aus dem Beitrag: »Israel, die Mörderbande«)

Eine Quizfrage, die nur in der Bundesrepublik das Publikum in Verlegenheit brächte, könnte lauten: »Woher glauben Sie, stammt der folgende Text?«:

> »Das Oberkommando der Großisraelitischen Wehrmacht gibt bekannt: Massierte Totenkopf-Panzerverbände unter General Mosche Guderian haben, aus der Luft vom Stuka-Rudel ›Salomo‹ unterstützt, PLO-Partisanennester in Beirut mit umfassend vernichtendem Flächenfeuer belegt. Infanterie und die mobile Raketen-Batterie ›Schalom‹ unter dem Befehl Infanterie-Generals Josua ›Sepp‹ Dietrich haben die Vorstadt L'Idice mit Punktfeuer dem Erdboden gleichgemacht. Seit 5 Uhr ist L'Idice araberfreie Zone. Die Befestigungen der Partisanen in den Hügeln von Hol O'Caust stehen vor der Kapitulation. Die Endlösung der Palästinenserfrage ist eine Frage von Stunden usw.«

Richtig: Diese aktuelle Kasino-Humoreske erschien nicht in der *National- und Soldatenzeitung*, sondern in der Juli-Ausgabe (1982) des Satiremagazins *Pardon*.*

* *Pardon* aus dem *Konkret*-Verlag ist mit der zitierten Nummer eingegangen. Aus finanziellen Gründen, nicht aus Scham.

Daß Auschwitz für ein deftiges Späßchen gut ist, das ist nicht neu. Es ist der Versuch der Deutschen, sich gemütlich mit dem angerichteten Grauen zu arrangieren. Humor ist, wenn der Täter lacht – das ist die geheime Devise von Zadeks NS-Revue bis zu den zahlreichen Holocaust-Witzeleien. Neu ist außer der Beitragswut der Linken daran wirklich nichts: schon die Nazis brauchten für ihr mörderisches Handwerk den hämischen Kalauer zur Entlastung und wollten sich schier totlachen, wenn ein Jude ihren antisemitischen Wahnvorstellungen nicht entsprach. Heute darf gelacht werden, weil im Libanon die Juden doch die wirklichen Deutschen sind.

Deutsch-jüdische Zombies namens Mosche Guderian oder Josua Sepp Dietrich nehmen die »Endlösung der Palästinenserfrage« in Angriff – die Linken wissen, was wirklich im Libanon passiert ist: Das war nicht die Soldateska eines chauvinistischen Angreifers, sondern dort müssen Einsatzkommandos mit der fabrikmäßigen Vernichtung beschäftigt gewesen sein; das waren nicht die durchschnittlichen Verbrechen, die von den Kreuzzügen über die Entdeckung Amerikas bis zu Vietnam zum Alltag des christlichen Abendlandes zählen, sondern die Israelis müssen dort bereits Gaskammern installiert haben.

Der Verfasser dieser Polit-Glosse weiß, was er seiner Herkunft schuldig ist und verwandelt mit feinem Gespür für einen in Deutschland bekannten Ton die israelische Armee nicht in die großisraelische, sondern in die großisraelitische Wehrmacht. Einige haben diesen Wink sofort verstanden und sind vor die übriggebliebenen Synagogen gerannt.

Neu an der gegenwärtig von Jungdemokraten, Spontis und Kommunisten so eifrig betriebenen Gleichsetzung von Israelis und Nazis, ist nur, daß in ihr die nationalsozialistische Wahrnehmung der Realität seitenverkehrt reproduziert wird. Damals gab es die jüdische Weltverschwörung, die, wie jeder weiß, eine Verschwörung der Deutschen gegen die Juden war und gegen die Menschheit; damals wurde auf die Juden projiziert, was die Deutschen sich anschickten zu verwirklichen. Im Unterschied dazu erscheint in der Gleichsetzung von heute, was die Deutschen bereits getan haben. Was beides wiederum verbindet, die pathische Projektion der Nazis wie die anklägerische Wahrnehmung der Jungdeutschen, ist der Umstand, daß sie in den Juden nur sich selbst sehen, zur Fratze verzerrt. Es sollen nur wieder andere dafür büßen, daß die Deutschen so unausstehlich sind.

Doch der Grund der heuchlerischen und geschichtslosen Empörung ist auch ohne Zuhilfenahme der Psychologie zu entdecken, man muß nur auf die Verlautbarungen der Szene hören. Das neue Kollektivgefühl, gespeist aus Atomangst, Vergiftungsfurcht und Fremdenfeindlichkeit, entbehrt bislang einer versöhnlichen Quelle: des ungetrübten Rückblicks, der Tradition. Ohne Skrupel deutsch sein ist, wonach die wunden Seelen lechzen. Und wenn Auschwitz vergleichbar wird, dann steht dem neuen Patriotismus nicht einmal mehr die bloß noch hypothetische Unterscheidung in Links und Rechts im Wege.

Indem die Juden dergestalt wiedergutgemacht werden, nämlich zu Deutschen, fällt letzteren eine Zentnerlast vom Herzen; mit soviel identitätsstiftendem Glück hatte niemand gerechnet.

Mit der Reaktion der deutschen Linken auf den Krieg im Libanon kommt eine Entwicklung zum Abschluß, die man – vom Resultat her betrachtet – als die geglückte doppelte Rehabilitierung der Deutschen als Deutsche bezeichnen muß. Geglückt deshalb, weil sie, wie der allumfassende Eifer in der »deutschen Frage« oder die einvernehmliche Sorge über die Ausländer zeigen, eine innere Verbundenheit gestiftet hat, die vom letzten Sponti bis zum ersten Mann des Staates reicht. Und doppelt aus folgendem Grund: Der Gleichsetzung von Israelis und Nazis voraus und diese erst ermöglichend ging der Rollentausch von Juden und Deutschen. Letztere waren auf einmal die Opfer.

Wir wissen heute, eine wie häufig konvertible Währungseinheit das Schicksal der Juden im politischen Geschäft geworden ist. Wenn auch alle Gewalt seit Hitler unweigerlich die Namen der Henker und die Stätten der Vernichtung evoziert, wenn von Südamerika bis in die Sowjetunion die Verbrechen der Herrschenden unwillkürlich an die Nazikatastrophe erinnern, wenn gar die Linke im Lande der Mörder aus nun wirklich niedrigen Beweggründen – nämlich der Sehnsucht nach nationaler Identität – aus jedem routinemäßigen Verbrechen des Imperialismus einen Völkermord macht, so gilt doch umgekehrt, daß die Opfer der Vernichtungslager keine Erben haben. Alles andere ist Indienstnahme.

Nachdem sie für nichts und wieder nichts umgebracht worden waren, wurden die Ermordeten auf einmal zu äußerst nützlichen Toten. Sie kamen regelrecht ins Geschäft, noch ehe das Fernsehen an ihre Verwertung dachte. Zwar gab es schon israelische Politiker, die für sehr physische Zwecke eine Art metaphysischen Alleinvertretungsanspruch geltend machten und das unbegreifliche Grauen für sehr begreifliche Ziele reklamierten; zwar gab es deutsche Politiker, denen diese Nutzanwendung selber wiederum nützlich war; zwar gab es deutsche Theologen, welche die nützliche Bestimmung von Auschwitz erklärten und die Vernichtung gewissermaßen als Fegefeuer auf dem heilsgeschichtlichen Weg des Volkes Israel erklärten, daß man beinahe darüber vergessen konnte, daß die Deutschen subalterne Mörder waren, denn im Hinblick auf das Ergebnis erschienen sie fast als der lange Arm Gottes.

Den wirklichen Durchbruch aber schaffte erst die Linke. Sie vollendete erst richtig jene Profanisierung der auf Exkulpation bedachten Theologie und vervollkommnete die Mystifizierung der Geschichte, indem sie das Schicksal der Juden zum abstrakten Symbol, zum wiederverwendbaren Fetisch, zur Anstecknadel und Gesinnungsbrosche vernutzte.

Die der geheuchelten Empörung vorausgehende Schande besteht darin, daß die Linke vergessen hat, wo sie wohnt: Nämlich im Hause des Henkers.

Daß die ganze Nation wie ein Mann hinter dem Kanzler stand, als der israelische Ministerpräsident die unangenehme Wahrheit ausposaunte, Schmidt habe als Nazisoldat nie seinen Fahneneid gebrochen, habe also – zivil gesprochen – bis zum Ende fest auf der nationalsozialistischen Grundordnung gestanden; daß die einhellige Entrüstung über diesen lichten Moment Begins von keinem Zwischenruf getrübt wurde, das lag nicht an den mysteriösen Führungsqualitäten des ehemaligen Kanzlers, sondern nur an der Kopflosigkeit der Linken, an ihrer Selbstgleichschaltung auf die Frequenz des Herzschrittmachers der Nation.

Im Unterschied zu den Unvereinbarkeitsbeschlüssen der Exekutive kennt die Linke nichts mehr, was sich einer Vereinbarung entzöge. Sie sah, wie alle Welt, in Begin nur den wildgewordenen israelischen Chauvinisten, der er zweifellos ist. Die Linke hätte sich im Widerspruch gegen diesen erneuten Beweis zunehmender nationaler Eintracht nicht mit der israelischen Besatzungspolitik gemein gemacht, sondern erst die Voraussetzungen für deren Kritik geschaffen. Sie hätte die Glaubwürdigkeit und Aktionsfähigkeit zurückgewonnen, die sie für einen flüchtigen Augenblick einmal besessen hat.

Wie die eigene Herkunft, so vergißt die neudeutsche Linke, daß nicht die Glorie Herzls über Israel schwebt, sondern der traumatisierende Schatten Hitlers, und aus diesem Vergessen erhebt sich der Antisemitismus in neuer Gestalt. So demagogisch es ist, Antizionismus mit Antisemitismus gleichzusetzen, so richtig ist die Feststellung, daß die geschichtslose Unschuld, die sich revolutionär gebärdet, an Israel einen neuen Universalfeind gefunden hat.

Begann nicht damals, als ein Berliner Kommunarde mit einer Kalaschnikow in Jordanien spielte, statt an seinen Lustproblemen zu werkeln, eine Entwicklung mit dem Ziel der moralischen Selbstverstümmelung? Aus Amman kam seinerzeit ein offener Brief »An die Genossen«, sie sollten ihren »Judenknax« endlich überwinden und sich nicht aufregen, wenn im Jüdischen Gemeindehaus, dieser »Agentur des Zionismus«, gezündelt oder gebombt wurde.

Man kann die verschiedenen Garstufen des neuen Nationalismus überspringen, die Selektion in Entebbe und das Schweigen danach, die offenherzigen Loyalitätsbezeugungen nach Schleyer, Stammheim und Mogadishu, die Ignoranz und das Gelächter, die Améry tödlich beleidigt haben, die Alternativbewegung mit Müsli im Herzen und Deutschland auf den Lippen, die neue Heimatliteratur wie den neuen deutschen Film – es genügt, aus dem Resultat dieses Kochvorgangs, dem friedensbewegten Patriotismus, eine Kostprobe zu entnehmen. Sie ist repräsentativ deshalb, weil beim Eintopf ein Löffel so viel Auskunft gibt wie der andere.

Er habe sich, so schrieb ein Leser der *tageszeitung* angelegentlich der Polen-Erklärung der Bundesregierung, zum ersten Mal in seinem Leben nicht geschämt, Deutscher zu sein.

»Nie geraten die Deutschen so außer sich, wie wenn sie zu sich kommen wollen«, schrieb Tucholsky, der die Folgen der deutschen Selbstfindung zu spüren bekam. Wiedergefundene Identität und Verlust der Contenance gehen auch heute zusammen. Und daß Deutschland wieder die verfolgende Unschuld spielen kann, setzt voraus, daß sich alle darin einig sind, unschuldig Verfolgte zu sein. Verfolgt von den Ausländern, bedroht von der Bombe, besetzt von einer Supermacht. »Keine Heimat – wer schützt mich vor Amerika?« lautet der Refrain des letzten Hits der neuen deutschen Welle. Überfremdet, kolonisiert und heimatlos sind die Deutschen die neuen Verdammten dieser Erde, die Juden unter den Völkern. Daß heute, beim Verteilungskrieg der Sterne, schon jeder nach ihnen greifen kann, das verdanken die Deutschen ihrer Linken, die es vorgemacht hat. Daß CSU-Politiker weinen, sie fühlten sich diskriminiert wie Juden, wenn sie auf die demokratische Etikette hingewiesen werden, daß katholische Geistliche den Abbruch einer Schwangerschaft als legalisierten Völkermord bezeichnen, das ist nicht bloß obszön. Jemand muß ihnen die Zunge gelöst und das Stichwort gegeben haben: Jude. Als die Linke von der Bühne abgetreten ist, hat sie mit diesem Codewort souffliert, der herrschaftsfreie Diskurs über die Vergangenheit könne nun beginnen.

Seit Alice Schwarzer den Genozid am weiblichen Geschlecht entdeckt und die Frau zum ewigen Juden erkoren hat, braucht sich Stoiber nicht zu schämen, wenn er sich den Stern anheftet. Seit die Grünen ihre Wandgemälde mit der Parole »Gorleben = Holocaust« schmükken, wissen auch die Bauern, wie lebensgefährlich ein einbehaltener Milchpfennig ist: »Brüssel = Auschwitz«

heißt es auf ihren Plakaten, ganz so als sei Auschwitz das Brüssel der Juden gewesen.*

Noch 1968 wäre in der Protestbewegung niemand auf den Gedanken gekommen, die Singularität des Schicksals der KZ-Opfer in einer Demonstration zu demokratisieren. Damals, um ein Beispiel zu nennen, wurde auf einer hysterischen Kundgebung des Berliner Senats die beobachtende Fahndung mit dem Dekret »Ihr müßt diesen Typen genau ins Gesicht schauen« aus der Taufe gehoben. Wenig später fielen die Schüsse auf Dutschke.

Es war das Vorrecht eines Emigranten, jene rassistische Anleitung zur Gesichtskontrolle mit der Bemerkung zu kommentieren, die Demonstranten seien die »Juden der Stadt«. Umgekehrt verbot es sich von selbst, diese Bemerkung Adornos für die Linke zu reklamieren.

Erst als die Linke vergessen hatte, woher sie kam, sondern nur noch wußte, wohin sie wollte, nämlich heim und ins Grüne, erst in der Mutation der Protestbewegung zur Szene. hauchte jene Selbstverständlichkeit ihren Geist aus. Erst nachdem einige Ignoranten mit dem Blick progressiver Unschuld sich den gelben Fleck ans Revers geheftet hatten und nur das Berufsverbot meinten, da hieß es: Ring frei! Die moralische Substanz des Protests war, wenn man das überhaupt sagen darf, der einzige und nur dürftige Schutz der Toten vor den Siegern. Nun gab es nur noch Sieger. Und bei der Siegesfeier flossen Tränen. Mehrere Monate wurde geweint und bereut, eine ganze

* Daß es bei der Annäherung auch umgekehrt zuging, zeigten die Reaktionen der Linken im Herbst 1977: Damals waren sie noch das Echo. Neben den zahlreichen Distanzierungen von der RAF, die niemand bestellt hatte, überraschte vor allem das »Sozialistische Büro« mit der von keiner Staatsgewalt erzwungenen Auskunft, die RAF sei beim Anschlag auf Schleyer und seine Bodyguards »zum Massenmord übergegangen«.

Nation war betroffen. Die Deutschen hatten das Wort des Jahres gewonnen und den Preis des Jahrzehnts: sie hatten wieder eine Vergangenheit. »Wie es damals war« ist die Parole der Stunde, von den Trümmerfrauen in *Courage* bis zu Faßbinders »Lilly Marleen«. Auf das »wie« kommt es dabei schon gar nicht mehr so genau an, Hauptsache es gibt ein Damals. Die gemeinschaftsstiftende Entdeckung der Vergangenheit der No-Future-Generation, etwa unter dem Konjunkturtitel »Alltag im Nationalsozialismus«, ist zum Treibstoff einer eindimensionalen Meinungsvielfalt geworden, in welcher die Linken so staatstragend auftreten, um politisch endgültig abzutreten. Denn wie immer: Sie haben nichts davon.

Auch nach außen bloße Verlierer, schwammen ihnen mit der neuen Nahostpolitik der Bundesregierung wieder einmal alle Felle davon. Die plötzlichen rohöligen Sympathieerklärungen für die Palästinenser waren Ausdruck eines gewandelten Verhältnisses, des Umstands nämlich, daß alle, die Linke wie der Außenminister von der Heimat für die Palästinenser sprachen und nicht mehr von der Notwendigkeit des Umsturzes von Verhältnissen, welche Vertreibung, Hunger, Elend und Tod so naturgesetzlich implizieren wie Heimat, Nation und Staat. Auch die PLO erwies sich als dankbar; sie spendierte Rundreisen, Druckkostenzuschüsse und erlaubte einigen linken Nahostexperten, sich kurzfristig in dem schmeichelhaften Traum zu wiegen, zu den Schaltstellen der deutschen Außenpolitik vorgedrungen zu sein, weil sie die Türöffner für alerte Bundestagsabgeordnete spielen durften. Damit waren die Proportionen aber auch schon wieder zurechtgerückt, denn auf dem neuen Stand der Dinge, der diplomatischen Bühne, waren die Linken weder dienlich, noch in der Lage, eine gute Figur zu machen.

Lange bevor die Westdeutsche Linke ihren sympathischen Geburtsfehler mit der Wendung zum Nationalstaat kollektiv wettmachen wollte, hatte die PLO erkannt, daß in der Bundesrepublik ein historisches Entlastungsbedürfnis schlummerte, das es zu wecken galt. Damals, als die Jüdische Gemeinde in Berlin vorsätzlich mit dem israelischen Verteidigungsministerium verwechselt und zum Angriffsobjekt wurde, und die Akteure zur Belohnung mit Kefia und Kalaschnikov in Jordanien trainieren durften – damals entstand der neue Antisemitismus. Andere wußten immer besser Bescheid über die Linke als diese über sich selbst und ließen sich von deren antiimperialistischen Theaterdonner nicht beeindrucken. Es führen viele Wege nach Palästina, das war jahrelang die taktische Devise der PLO. Warum also nicht auch über Paris, Antwerpen, Berlin, Wien oder Rom, dem Ort des vorerst letzten Verbrechens in einer Serie von Attentaten, die in Europa die blutige Spur eines neuen Antisemitismus hinterlassen haben. Warum also nicht über Entebbe mit der deutschen Linken und über Nürnberg mit der deutschen Rechten? Je nachdem.

Nicht jedesmal folgt der Bombe die Botschaft, denn daß die Juden schuld seien, das will der neue Antisemitismus vor allem dadurch beweisen, daß er sie tötet. »Schlagt die Juden, wo ihr sie trefft« ist sein Programm, und die beständige Drohung – die er übrigens mit den fanatischen Chauvinisten Israels teilt –, daß ein Jude seines Lebens nur in Israel sicher sein kann, wird dadurch plausibel, daß er sie wahrmacht. Gegen die schreckliche Vision dieser Anschläge erscheint der Zionismus wie der rettende Engel, auch wenn er in Gestalt von Scharen nur künftiges Kanonenfutter sucht.

Die Attentate sind deshalb ein doppeltes Verbrechen: Diejenigen, die es verüben, rechtfertigen damit genau den katastrophalen Zustand im Nahen Osten, für den Rache zu nehmen sie über Unschuldige herfallen. Daß Palästinenser an den verschiedenen Anschlägen beteiligt waren, das weiß jeder. Aufgrund dieses Umstands und nicht aus prinzipieller Abscheu verurteilte in der Regel die PLO diese Morde. Doch – obwohl die Palästinenser in den letzten Monaten selbst in die Rolle des Opfers gebombt wurden – kaum jemand ließ sich von diesen Erklärungen beeindrucken.

Warum? Glaubt man den verbissenen Anstrengungen der PLO nicht, auf dem politischen Parkett salonfähig zu erscheinen? Schwingt in den eilfertigen Distanzierungen vielleicht jene Anbiederung mit, die von den Adressaten als Habitus des Parvenus verachtet wird? Aber das ist keine Geschmacksfrage. Wer sein Gedächtnis nicht verloren hat, ist weder erstaunt noch enttäuscht über die Mutation einer Befreiungsbewegung zu einem ordentlichen Schattenkabinett mit hauptsächlich nationalen Interessen. Im Unterschied zur westdeutschen Linken, für welche die PLO mittlerweile das ideale und von Gewissensbissen befreite Projektionsfeld ihrer eigenen Heimatbewegung wurde, muß man festhalten, daß die PLO der organisierte Kompromiß widersprüchlicher Interessen und Tendenzen ist. (Kleine Erinnerung: vor über einem Jahrzehnt galt Arafat der Linken noch als kleinbürgerlicher Nationalist. Ist er mittlerweile ein Sozialrevolutionär geworden oder hat sich die westdeutsche Linke verändert?) Und eine dieser Tendenzen führt genau in jenes Halbdunkel, wo sich das politische Strandgut aller Richtungen zusammenfindet, wo sich Gescheiterte aller Projekte und Hasardeure jeder Couleur auf einen gemeinsamen Nenner verabreden: Auf die bare Bezahlung oder die wechselseitige Versicherung, daß eine Hand die andere wasche. Und bei jedem schändlichen Coup hatte die PLO eine blütenreine Weste und immer ein Dementi parat.

Die Kette von antisemitischen Untaten könnte ein für allemal zerrissen werden, wenn die PLO produktiv mit ihrer eigenen Vergangenheit brechen und als Befreiungsbewegung sich von jenem gespenstischen Überhang der Vergangenheit befreien würde – also auch von ihren zweifelhaften deutschen Sympathisanten –, der das Elend der Palästinenser doch nur verlängert. Ohne den Antisemitismus und ohne Auschwitz hätte es vielleicht einige jüdische Lebensreformer in Palästina gegeben, aber nicht das Leid, das mit der Gründung Israels heraufgezogen ist. Diese Einsicht in Politik zu übersetzen ist innerhalb der PLO oft noch ein selbstmörderisches Unterfangen und gegenüber den Feinden, die sich darin einig sind, die PLO zu vernichten, scheint sie hoffnungslos illusionär. Sie erfordert nämlich den Mut, den zahlreiche Israelis aufbringen, wenn sie gegen die zionistische Politik und für die Rechte der Palästinenser kämpfen.

Dadurch kehrte vielleicht auch etwas von der internationalistischen Phrase Verschiedenes ins Denken der westdeutschen Linken zurück, und die Solidarität mit den Palästinensern gewänne etwas von der Glaubwürdigkeit wieder, die längst verspielt war, ehe die israelische Armee ihr Zerstörungswerk begann.

Daß die Bundesregierung angesichts des palästinensischen Unglücks an die Ostpreußen erinnert und die Linke an den Massenmord, darin wird eine geschichtliche Triebkraft sichtbar, die in diesem Jahrhundert alles Berechenbare schon einmal umstandslos verdrängt hat. Denn im ökonomischen Kalkül, so sehr es die neue Nahost-Politik bestimmt, geht – wie jede Ideologie – die staatsmännisch und moralisch drapierte Anteilnahme am Schicksal der Palästinenser nicht auf.

V.

»Ja, alle sind wir natürlich gegen Strauß, aber wir sind für Deutschland.« (Der Filmregisseur Schlöndorff im *TIP*, 8/1980)

Ohne Krise gäbe es vielleicht eine. Denn wenn die D-Mark fällt, dann steigen in diesem Land die seelischen Wertpapiere; wenn die Produktivität absackt, dann zieht die Kreativität an; wenn der Außenhandel stagniert, dann wird das Innenleben angekurbelt; wenn die Wirtschaft in der Talsohle hängt, dann wird aus den Deutschen ein Volk von Gipfelstürmern.

Der neue Kanzler hatte, im Unterschied zu seinen Vorgängern, listig ein großes Versprechen abgegeben, das er gar nicht zu brechen brauchte, weil es mit seinem Amtsantritt bereits in Erfüllung ging. Er hatte schon lange zuvor angekündigt, wonach alle hungerten: die geistige und moralische Erneuerung. Im Verlauf dieser Erneuerungsbewegung hat sich die Bundesrepublik in eine einzige Wiederaufbereitungsanlage verwandelt. In ihr wurden die nicht erkalteten Brennelemente der deutschen Geschichte auf ihre neuerliche Verwendungsfähigkeit hin getestet.

Daß dieser Test so erfolgreich verlief, verdankt das Land hauptsächlich der vielzitierten Experimentierfreudigkeit der Alternativ- und Friedensbewegung. Es ist ihr unbestreitbares Verdienst, im Prozeß der Wiedergutwerdung der Deutschen die dazugehörigen politischen Formen und Symbole, überhaupt die Ästhetisierung der Politik, rehabilitiert zu haben. Seit es wieder Mahnwachen und Fackelzüge gibt, seit die Demonstrationen wieder einem Feldgottesdienst zum Verwechseln ähnlich sehen, seitdem gehört die Friedensbewegung nicht mehr zu den

Dingen, die man nur aus Gründen des guten Geschmacks kritisieren muß.

Die Diagnose, daß es beim neuen Nationalismus mit zwingender Logik auch antisemitisch zugeht, würde natürlich von denen, die nicht mehr wie Heinemann ihre Frau, sondern die Heimat und den Staat lieben, entrüstet zurückgewiesen. Aber seit der Antisemitismus, wie Horkheimer/Adorno in der »Dialektik der Aufklärung« geschrieben haben, keine selbständige Regung mehr ist, sondern nur Planke einer Plattform, die man als institutionalisierten Gegenradikalismus oder als Barbarei in der Zivilisation bezeichnen kann, seither gilt, daß Fremdenfeindlichkeit, der Haß auf den Luxus und der Hang zur Volkstümlichkeit (»Man soll etwas für das Volk tun, weg mit dem Kaviar«, Bertolt Brecht), der Regionalismus wie der Patriotismus zwangsläufig sich auch antisemitisch einfärben.

Aus ihrem Herzen machen die Linken schon lange keine Mördergrube mehr. Ob es gegen Ausländer und für die Mundart, gegen Theorie und für das Erlebnis, gegen das Individuum und für die Gemeinschaft geht, sie vertrauen ihre furchterregenden Einfälle keinem Analytiker in der diskreten Abgeschiedenheit eines Sprechzimmers, sondern plaudern munter und unwidersprochen alles öffentlich aus. Das verläuft deshalb so reibungslos, weil die individuelle Pathologie mit der kollektiven konform geht.

Hitler, so schrieb Wilhelm Reich in »Massenpsychologie des Faschismus«, sei wegen der Massenresonanz seiner Wahnvorstellungen der Ausbruch einer Geisteskrankheit erspart geblieben. Auch heute leidet keiner, denn als eine Art seelische Große Koalition ist die deutsche Bevölkerung, wie es Alfred Dregger formuliert hat, »aus dem Schatten Hitlers herausgetreten« und »normal« geworden.

Der Antisemitismus hat deshalb überlebt, weil in der Geschichte der Bundesrepublik das Kalkül der SS, daß die Menschen erst tot wären, wenn wirklich nichts mehr an sie erinnerte, vollends aufgegangen ist. Walter Benjamin, der sich auf der Flucht vor den Nazis das Leben nahm, hat geschrieben: »Auch die Toten werden vor dem Feind, wenn er siegt, nicht sicher sein. Und dieser Feind hat zu siegen nicht aufgehört.«

Irgendwann ist der Gedanke, die Toten nicht dem Feind zu überlassen, als der bestimmende Grund subversiven Denkens und revoltierender Praxis verschwunden. Keine Niederlage des Feindes war auszumachen, worin einzig das Eingedenken erlösende Gestalt annehmen könnte. Nicht Revolution, nicht Rache, stattdessen Reprisen. Die Linke hat Deutschland noch nicht wiedervereinigt, aber wiederentdeckt. Und wie vordem die Massenmorde nicht von einer Masse Deutscher, sondern nur »im Namen Deutschlands« begangen worden sein sollen, so berufen sich die lauthalsen Verurteiler der israelischen Politik gerade darauf, als Deutsche sich zu empören. Vergessen ist Horkheimers denkwürdige Anmerkung über die Hartnäckigkeit, mit welcher die Deutschen nach dem Sturz des Nationalsozialismus am kollektiven »wir« festhielten, vergessen auch die Passage, die wie gemünzt auf den friedensbewegten Patriotismus klingt, der die Verbrechen nicht leugnet und gleichwohl ihre Voraussetzungen akzeptiert:

> »Die Kotaus vor den Widerstandskämpfern, die offiziellen Absagen an den Antisemitismus, von den Synagogenbesuchen bis zum Schweigen bei Anne Frank [damals gab es die »Betroffenheit« noch nicht – EG], all dieses bereits kleinlaut und formell gewordene Schuldbekenntnis hat die bloße Funktion, sich zum

> rechten Patriotismus wieder das gute Gewissen zu machen. Der Patriotismus in Deutschland ist so furchtbar, weil er so grundlos ist«. (»Notizen«, 1956).

Ein beliebiges Beispiel dafür ist die Spätheimkehrer-Prosa des Schriftstellers Piwitt, in dessen neuestem Roman es heißt: »Es gibt nichts Heimatloseres, Entwurzelteres, Ahasverhafteres als das Kapital.« Der neue Patriotismus macht aus seiner Seele kein Zwischenlager, und seine Wortführer sind bereits zu dem geworden, wozu sie die ganze Welt erst noch machen wollen: zu einem Recycling-Produkt.

1982

Anhang:

An den Verlag Neue Kritik
Herrn Dietrich Wetzel
Myliusstr. 58
6000 Frankfurt 1

Berlin, den 31. Januar 1983

Sehr geehrter Herr Wetzel,

der Skandal – so heißt es, glaube ich, bei Kraus – besteht darin, daß es keinen mehr gibt. Diese provozierende Einsicht in ein Trostpflaster verwandelt zu haben, kennzeichnet den politischen Bankrott der Linken. Daß sie dabei vor keiner Blamage zurückschreckt, daß sie keine Gelegenheit ausläßt, beschränkter zu sein als der vermeintliche politische Gegner, daß sie keinen Anlaß zur

Lächerlichkeit versäumt, daß sie überhaupt zum kleinkarierten Abziehbild der herrschenden Zustände geworden ist – dafür kriegt sie nicht mal etwas, davon hat sie gar nichts.

Wenn der Bundeskanzler seine Sprechblasen absondert, dann ist das, wie schlecht er auch riecht, immer noch der Atem der Macht. Wenn Sie jedoch von »der Konzentration auf die gemeinsam erarbeitete Verlängerungsthese und der Triftigkeit ihrer Darstellung« reden, dann ist das nur der bürokratische Sprachbalsam, mit dem Sie Ihre Ohnmacht so lange einreiben, bis Sie sich wie ein kleiner Machthaber vorkommen, der das Quentchen unbedeutende Befugnis – nämlich über ein Manuskript zu entscheiden – mit Entscheidungsgewalt von gesellschaftlicher Bedeutung verwechselt. Aus den Besiegten wurden offenbar lauter große Heros, die jetzt zu kleinen Neros mutieren.

Wenn es nicht so verachtungswürdig, weil für die Verwahrlosung der deutschen Linken so typisch wäre, dann könnte man das Ganze als Provinzposse belächeln: Sie ordern bei mir ein Manuskript über die Linke und die Vergangenheit,* schreiben mir nach Erhalt des Textes, daß sie ihn »sorgfältig durchgegangen und sehr froh (sind), daß (ich) diesen Text zu (Ihrem) Buch beitrage«. Mit der nämlichen Sorgfalt wollen Sie einige Tage später von mir, daß ich eine Seite mit (sehr moderaten) kriti-

* Gemeint ist die im Verlag Neue Kritik 1983 erschienene und von Dietrich Wetzel herausgegebene Anthologie »Verlängerung der Geschichte. Deutsche, Juden und der Palästinakonflikt« mit Beiträgen von Micha Brumlik, John Bunzl, Detlev Claussen, Dan Diner u.a. Aus der seit 1981 geführten Diskussion um dieses Thema entstand zunächst das Buch und später die Redaktion der Zeitschrift *Babylon*, Beiträge zur jüdischen Gegenwart, deren erste Nummer im Oktober 1986 erschien. (A.d.H.)

schen Anmerkungen über die Linke und die PLO entweder streiche oder umarbeite. Mit staatsmännischem Ernst haben Sie mir erklärt, diese eine Seite könnte die politischen Kontakte zur PLO gefährden. Wäre diese Begründung nicht so lächerlich, ich könnte mich wirklich geschmeichelt fühlen, das außenpolitische Porzellan, dessen Scherben Sie beschwören, in Händen zu halten. Aber ich kann mir Ihre eingebildete Politikerrolle nicht zu eigen machen und mich in der angenehmen Befürchtung wiegen, daß eine Buchseite zu einer kleinen Anfrage in der UNO oder zu einer Generaldebatte im Palästinensischen Nationalrat führt. Ich habe ein Manuskript geschrieben für interessierte Leser und kein Verhandlungspapier für ohnmächtige Größenwahnsinnige, die Politiker spielen wollen und doch nur damit besorgen, daß sie, wie André Gorz im *Spiegel* über die deutsche Linke gehöhnt hat, keiner mehr ernst nehmen kann.

Über dieses vorsätzliche Mißverständnis hätten Sie mich bei der Vereinbarung über die Abfassung eines Manuskripts unterrichten müssen – und ich hätte damals dankend abgelehnt. Mit der Begründung, daß der Text »in dieser Form meinem und unserem Interesse schadet, politische Gesprächsmöglichkeiten mit der PLO zu nutzen und auszubauen«, verweigern Sie nun, nachdem Sie zuvor den Essay ohne jede inhaltliche und formale Beanstandung akzeptiert hatten, den Abdruck und werden auf eine Weise vertragsbrüchig, für die nicht einmal in meinen boshaftesten Vermutungen über den Zustand der Linken bislang Raum war.

Sie haben nicht einmal die Umsicht und Zurückhaltung an den Tag gelegt, deren sich jeder Politiker – der Sie doch gerne sein möchten – befleißigt, indem er den alten Ratschlag von Engels an Bernstein beherzigt: »Lieber Ede, so was sagt man nicht ...«, sondern Sie haben den

Unfug auch noch schriftlich festgehalten. Sie werden verstehen, daß ich dieses Dokument linker Selbstaufgabe wie Amtsanmaßung meinen Freunden, Genossen und Kollegen nicht vorenthalten will, die bei keinem Redakteur oder Lektor in einem bürgerlichen Medium bislang die Erfahrung gemacht haben, daß ihre Artikel in Putativnotwehr gegen einen abzuwendenden außenpolitischen Schaden abgelehnt wurden.

Daß Ihnen, wie Sie schreiben, das »weltgeistliche Verständnis von Revolutionstheorie fremd geworden« ist, glaube ich Ihnen aufs Wort. Wo sonst könnten Sie mir im neopatriotischen Tonfall der deutschen Friedensbewegung erklären, daß es um den »israelisch-staatlichen Schutz jüdischer Identität« geht. Vielleicht bemühen Sie sich gelegentlich um eine Rückübersetzung dieser Phrase, hinter deren exotischem Kauderwelsch sich auch nur versteckt, wovor zu fürchten es in der Bundesrepublik allen Grund gibt.

Und Sie leben hier.

Mit freundlichen Grüßen

Eike Geisel

Narziß am Abgrund*

Molières eingebildeter Kranker, Monsieur Argan, ist ein quengelnder Hypochonder. Wir wissen, daß der Dichter, der den »Malade imaginaire« auch auf der Bühne verkörperte, selbst allen Grund hatte, die Krankheit zu fürchten. Nach der vierten Aufführung, noch in den Bühnenkleidern Argans, starb er an einem Blutsturz.

Alain Finkielkrauts »eingebildeter Jude« hingegen ist ein quirliger Narziß: keine Kunstfigur, sondern eine äußerst lebendige Person, deren theatralische Verkleidungen der Autor Kostüm für Kostüm abstreift, um sie in der Rumpelkammer der Halluzinationen abzustellen. Freimütig gesteht der Autor: Der eingebildete Jude – c'est moi, oder richtiger: Ich habe ihn lange Zeit gespielt. »›Der Jude‹ war meine beste Nummer, das Originellste, was ich zu bieten hatte.«

Dieses provozierende Bekenntnis, das in immer neuen Variationen das ganze Buch durchzieht, mag den Antisemiten wie Musik in den Ohren klingen. Auch die deutsche Linke hat offenbar schon lange auf ein derartiges Geständnis gewartet. Als beispielsweise der Journalist Henryk M. Broder sich mit Aplomb nach Jerusalem verabschiedete, rief ihm da nicht in der linken Zeitschrift *Konkret* Hermann Peter Piwitt mit der Autorität des Schriftstellers hinterher: »Lernen wir, unbefangen zu sein ... wir haben noch immer nicht restlos (!) gelernt, Juden

* Alain Finkielkraut, »Der eingebildete Jude«, Hanser, München 1981

bzw. Israelis für ganz normale Menschen zu nehmen.« Broder war das egal, nur den hessischen CDU-Chef Dregger hat der in dem Nachruf steckende Eifer, wenn auch mit Verzögerung, beeindruckt. So war kürzlich von Dregger zu hören: »Ich rufe alle Deutschen auf, aus dem Schatten Hitlers herauszutreten – wir müssen normal werden!«

Um diese Normalität aber geht es Finkielkraut zuallerletzt. Seine gescheit und geistreich vorgetragene Enthüllungsgeschichte der eigenen Person hat auch nichts mit den peinlichen Entblößungen der Langweiler gemein, die nur ihr Selbst und sonst nichts zu bieten haben. Dem Leser begegnet vielmehr eine Figur, die plötzlich von Zweifel ergriffen wird: vom Zweifel an der Befriedigung, Jude zu sein – und dies um so mehr, als Finkielkraut bald feststellt, daß »ich die geschichtliche Originalität nicht verdiente, die der rauschhafte Wahn meiner Jugend war«. In seiner Phantasie war er Dreyfus, der Kämpfer im Warschauer Ghetto und der Märtyrer im Konzentrationslager in einer Person.

»Verfluchter durch Identifikation, Märtyrer durch Stellvertretung, Überlebender durch Vermittlung der Eltern – das ist es, was dieses Buch mit dem Ausdruck ›eingebildeter Jude‹ meint. Jude zu sein, das war für mich lange Zeit ein Recht: das Recht, mir Prüfungen anzueignen, die ich nicht erlitten hatte, und dank des Schicksals meines Volkes der Mittelmäßigkeit meines Lebens zu entrinnen. Mein Judentum war für mich ein Hauch von Leiden und Tragödie als würzende Zutat in der Banalität meines Alltagsdaseins.«

Um den Zweifel zu besänftigen, der an der Einbildung frißt, sucht er nach jüdischer Tradition, nach Spuren jüdischer Erfahrung, aber diese beiläufige Suche schürt nur das Mißbehagen. Außerdem weiß Finkielkraut genau, in welche Zeit solche Recherchen fallen: Heute, da niemand mehr weiß, wohin die Reise geht, wollen alle wenigstens die Gewißheit haben, woher sie gekommen sind.

Die Schwärmerei für die Heimat hat die Begeisterung für die Revolution abgelöst, und die Alternativen lamentieren über die Entwurzelung, als seien ihre Vorfahren jener Rettich gewesen, dessen Rest sie nun in sich selber zu entdecken suchen. Da fallen Juden unangenehm auf. Sie sind beweglich wie das Geld, denn: »Es gibt nichts Heimatloseres, Entwurzelteres, Ahasverhafteres ... als das Kapital.« So der Brustton der alt-neuen Bodenständigkeit – ein Schlüsselsatz aus der Spätheimkehrerprosa des bereits erwähnten linken deutschen Schriftstellers.

Dieser flächendeckende Schwindel, der betriebsame Drang zu den Wurzeln, ist für Finkielkraut eine weiße Fläche, ein blinder Spiegel. Nichts besitzt er an jüdischer Erfahrung, woran eine sehnsüchtige Illusion sich klammern könnte. Nichts, außer der immer wiederkehrenden Erkenntnis, daß die jüdische Welt in Galizien ermordet worden ist, daß die Überlebenden – auch seine Eltern – nur noch ein flüchtiger Schatten jener Welt sind, die einmal selbstverständlich jüdisch war. Er selbst ist ein Kind des »zweiten Exils«, das, erwachsen, vergebens hofft, aus der Vorliebe für Mohnkuchen oder süßen Tee unwillkürlich eine vergangene jüdische Kindheit zu erinnern. Es geht nicht wie bei Proust zu. Finkielkraut hat, nachdem er sich von der Rolle des eingebildeten Juden verabschiedet hat, nur noch »die nutzlose Leidenschaft, die mir eine untergegangene Kultur einflößt«. Kein biographischer Faden, kein tröstendes Wiedererkennen.

Auf der Suche nach der Zeit der Verlorenen verkehrt sich seine Annahme, durch das – zur Schau gestellte – Judentum aus der Gesellschaft verbannt zu sein, in die Gewißheit, durch den Völkermord aus dem Judentum ausgeschlossen zu sein. Der Narziß, der sich am Nazismus labte, blickt in den Spiegel und sieht darin nicht mehr den Rächer von Treblinka oder den kämpfenden Bundisten in Litauen – sondern er blickt in einen Abgrund: in eine Tiefe, die keine Erfahrung je überbrücken kann.

Den endgültigen Bruch mit der Rolle des eingebildeten Juden vollzog Finkielkraut im Gefolge der Mai-Revolte. Die Protestbewegung sei eine einzige Verwechslungskomödie gewesen, resümiert er die sechziger Jahre in einem bissigen Rückblick, neben dem sich die gängigen deutschen Veröffentlichungen ausnehmen wie tranige Seminararbeiten von Leuten, deren geheimer Wunsch schon immer war, Sozialarbeiter zu werden.

»Wir sind alle deutsche Juden« war im Mai 68 die Parole der Demonstranten, die in Frankreich gegen die Verweigerung der Wiedereinreise von Cohn-Bendit protestierten. Zuerst irritiert über diese volkstümliche Aneignung seiner Exklusivrolle und ratlos wie ein beraubter Bankier, der nicht recht weiß, wo und weshalb er sich eigentlich beschweren sollte, erkennt Finkielkraut in ihr sehr bald den Beginn einer Entwicklung, in deren Verlauf die Revolte sich selbst liquidierte.

Wir wissen heute, eine wie häufig konvertible Währungseinheit das Schicksal der Juden im politischen Geschäft geworden ist. Wenn alle Gewalt seit Hitler unweigerlich die Namen der Henker und die Stätten der Vernichtung heraufbeschwört, wenn von Südamerika bis in die Sowjet-Union die Verbrechen der Herrschenden unwillkürlich an die Nazikatastrophe erinnern, dann gilt umgekehrt, daß die Opfer keine Erben haben. Alles andere ist Indienstnahme.

Auf einmal wurden die Ermordeten zu nützlichen Toten. Sie kamen regelrecht ins Geschäft, noch ehe das

Fernsehen an ihre Verwertung dachte. Zwar gab es schon israelische Politiker, die für sehr physische Zwecke eine Art metaphysischen Alleinvertretungsanspruch geltend machten und das unbegreifliche Grauen für sehr greifbare Ziele reklamierten; zwar gab es deutsche Theologen, welche die nützliche Bestimmung von Auschwitz erklärten und die Vernichtung gewissermaßen als Fegefeuer auf dem heilsgeschichtlichen Weg des Volkes Israel erklärten – so daß man beinahe darüber vergessen konnte, daß die Deutschen subalterne Mörder waren, wo sie doch fast als der lange Arm Gottes fungiert haben sollten. Den wirklichen Durchbruch aber, den schaffte erst die Linke. Sie vollendete erst richtig jene Profanisierung der Theologie und vervollkommnete die Mystifizierung der Geschichte, indem sie die Juden zum abstrakten Symbol der Unterdrückung, zum wiederverwendbaren Fetisch, zur Anstecknadel und Gesinnungsbrosche vernutzte.

Finkielkraut berichtet vom Verwirrspiel der französischen Linken, die nach dem Motto »Jedem sein Jude« immer neue Juden entdeckte, von Algerien bis Vietnam, um schließlich Vergnügen daran zu finden, selbst einmal in die Rolle des Paria zu schlüpfen. Die jüdischen Linken verhielten sich nicht anders, nur war bei ihnen der Karneval Dauerzustand, es gab keinen fliegenden Kostümwechsel. Sie führten einen unnachsichtigen Kampf gegen das, was sie als »Israelisierung« der jüdischen Gemeinschaft Frankreichs bezeichneten, und wurden dafür von den Eltern des Verrats an ihrer Herkunft bezichtigt.

Che Guevara gegen Mosche Dajan, schließlich der Palästinenser als der Jude der Juden. Finkielkraut berichtet ohne Häme von diesen traurigen Zwitterexistenzen jüdischer Linksradikaler, die in Arafat fast den Messias sahen und unentwegt den heroischen Kampf der Palästinenser priesen, während sie, bebend vor Angst, dieser Messias könnte wirklich kommen, am Radio den Verlauf des Oktoberkrieges verfolgten.

Finkielkraut spricht von Frankreich, wendet sich an die französischen Juden und an die Generation nach Auschwitz. Wir müssen von Deutschland reden und von der Schande der deutschen Linken, über die die Essays des Autors gleichermaßen berichten, ohne sie ausdrücklich zu erwähnen. Und diese Schande besteht darin, daß die Linke vergessen hat, wo sie wohnt: nämlich im Haus des Henkers. Sie hat vergessen, unter wessen Kindern und als wessen Kinder sie hier lebt.

Daß die ganze Nation wie ein Mann hinter dem deutschen Kanzler stand, als der israelische Ministerpräsident die unangenehme Wahrheit ausplauderte, Helmut Schmidt habe als Nazisoldat nie seinen Fahneneid gebrochen, daß die einhellige Entrüstung von keinem Zwischenruf getrübt wurde – dies lag allein an der Kopflosigkeit der Linken. Sie sah und sieht, wie alle Welt, in Begin nur den wildgewordenen israelischen Chauvinisten, der er zweifellos ist.

Nur: Begins Wutausbruch als spinnerte Geste eines zionistischen Zorro oder senilen Nahost-Sheriffs abzutun, das bleibt in Deutschland noch immer das Privileg der Juden. Die Linke hätte sich mit ihrem Widerspruch gegen diesen neuerlichen Beweis zunehmender nationaler Eintracht nicht der israelischen Besatzungspolitik gemein gemacht, sondern im Gegenteil erst die moralischen Voraussetzungen für deren Kritik geschaffen. Sie hätte einen Hauch jener Würde zurückgewonnen, die sie für einen flüchtigen historischen Augenblick einmal besessen hat.

So falsch es ist, Antizionismus mit Antisemitismus gleichzusetzen (was Finkielkraut tut), so richtig ist sein Befund, daß die geschichtslose Unschuld, die sich revolutionär gebärdet, an Israel einen neuen Universalfeind findet. Begann nicht damals, als ein Berliner Kommunarde, statt an seinen Lustproblemen zu werkeln, mit einer Kalaschnikow in Jordanien spielte, die moralische Selbstverstümmelung? Aus Amman kam seinerzeit ein offener Brief »An die Genossen«, sie sollten ihren »Judenknax« endlich überwinden und sich nicht aufregen, wenn im jüdischen Gemeindehaus, dieser »Agentur des Zionismus«, gezündelt oder gebombt würde.

Daß heute, bei der Verteilung der Sterne, jeder nach ihnen greifen kann, das verdanken die Deutschen ihrer Linken. Daß CSU-Politiker weinen, sie fühlten sich diskriminiert wie Juden, daß katholische Geistliche den Schwangerschaftsabbruch als legalisierten Völkermord bezeichnen, das ist nicht nur obszön, das hat auch Gründe. Die Linke hat ihnen die Zunge gelöst und das Stichwort gegeben: Jude. Als die Linke von der Bühne abtrat, hat sie mit dem Codewort souffliert, der herrschaftsfreie Diskurs über die Vergangenheit könne nun beginnen.

Als Satire auf den Formalismus der Wissenschaft beschließt Molieres Komödie vom »Eingebildeten Kranken« ein Ballett. Ein ähnlicher, wenngleich kokett melancholischer Zug eignet den Schlußkapiteln von Finkielkrauts Buch. Sein abschließendes »Plädoyer für das Unbestimmbare« und die »Sehnsucht nach dem, was ich nicht sein kann«, läßt auf die radikale Entzauberung des vergötzten Ego ein etwas gefühliges Satyrspiel folgen. Sein »anderes Verlangen« nach Erinnerung an das Nichtpolitische, die geistige Tradition, die Sozialgeschichte und den Alltag des Judentums – all das schmeckt ein wenig nach dem Weihrauch vom »Prinzip Hoffnung«, der die heimatsuchende Linke so angenehm umnebelt.

Aber von Finkielkrauts Sehnsucht geht keine Gefahr aus, sie ist nicht Träumerei nach vorn und schon gar kein Aktionsprogramm. Und das Pathos steht ihr an wie einem

Greis die Wollust. Seine frohe Botschaft heißt: von der Politik weg zur Erinnerung. Die geschäftige Entmystifizierung der Dialektik hat nun neben Marx, dem Vater des Gulag, eine neue Erbsünde entdeckt: die Politik. Haben Politik und Polizei nicht etwa dieselbe Wurzel?

»Plötzlich sind wir damit beschäftigt, die abgerissenen Fäden wieder zu knüpfen und vergessene Welten auszugraben« – Finkielkraut gerät fast ins Schwärmen und präsentiert uns als poliertes Fundstück das »autonome und wohlgeordnete Leben der Gemeinden im polnischen Schtetl, jener realen Gesellschaften ohne Staat«. Keine Armut, keine muffige Enge, kein drückendes Elend, keine jüdischen Revolutionäre – sondern Anatevka.

»Soviel Wahrheit wie möglich festzuhalten und weiterzugeben« lautet der Schlußsatz in Finkielkrauts Konfessionen, er ist das jüdische Credo »Mon cœur mis à nu«. Und die Wahrheit, um die alle seine Gedanken oszillieren, seine Ausflüge in die unmittelbare Gegenwart des Nahen Ostens wie in die ferne Geschichte des näheren Westens, sein bissiger Abschied von der Politik wie die lyrische Einstimmung auf eine neue Aufmerksamkeit – diese Wahrheit liegt am Grund jüdischen Denkens nach der Katastrophe.

Mit keiner Macht verbündet, nur mit der Verzweiflung und den Wünschen der Toten, mit einer unzureichenden Erinnerung, bringt Finkielkraut einen Satz zu Gehör, den nach dem Willen der Deutschen niemand mehr aussprechen und vernehmen sollte: »Mir seien do.« Seit den Tagen jenes jüdischen Partisanenliedes gemahnt die in der Ohnmacht hartnäckige Versicherung »Wir sind da« weniger an die vergangenen Massenverbrechen als an die nicht geringere Katastrophe, daß es so weitergehen könnte.

1982

Kennzeichen »D«

»Lieber Ede, sowas sagt man
nicht, sowas tut man.«
(Engels an Bernstein)

I.

Vor einigen Jahren, als noch nicht entschieden war, ob er CDU-Vorsitzender bleiben müsse oder nicht auch Literaturprofessor werden könne, sprach er seinen großes Wort gelassen aus: »Ich war schon immer gut in Hölderlin.« Weder musste Kohl danach zurücktreten, noch hat ihn seine Familie aus Reputationsgründen entmündigt.

Daß die Persönlichkeit der Politiker sich als Kalauer herausstellt, das hat in Deutschland noch nie jemandem geschadet. Im Gegenteil, solche Blamagen sind das Schmiermittel der Macht. Sie verschaffen dem kleinen Mann die beruhigende Gewißheit, daß es ebenso gut wie Friseur auch Diktator, ebenso gut wie Taxifahrer auch Parteivorsitzender sein könnte. Womit man es in Frankreich, wie Joseph Roth einmal spöttisch notiert hat, nicht einmal zum Hilfsredakteur einer Provinzzeitung bringen würde, nämlich mit Aphasie und Halbbildung, das scheinen in Deutschland traditionell die für eine öffentliche Karriere notwendigen Voraussetzungen zu sein. Der Kitt, der von Wilhelm Zwei bis Carstens die Deutschen von oben und unten zusammengehalten hat, war gleichermaßen das Bindemittel zwischen rechts und links: die Parteien kannten keine Sprache mehr, sondern nur noch Wörter.

»Wir stehen mit einem Bein in der Grube und mit dem anderen nagen wir am Hungertuch«, sagte Ende der 20er Jahre der KPD-Vorsitzende Thälmann in einer Reichstagsrede, und wir verunglimpfen sicher nicht das Andenken zweier Toter, wenn wir nicht in diesem Anflug proletarischer Poesie die spätere öffentliche Rede Lübkes schon vorwegklingen hören. Damals verzeichnete das Reichstagsprotokoll noch »Gelächter«, das einem seither im Halse stecken bleiben muß. Ein Bundespräsident, der die zugrunde gerichtete Hoffnung der bürgerlichen Revolution »Alle Menschen werden Brüder« ohne alle parodistische Absicht wiedergab in dem Ausspruch »Jeder Mensch hat eine Mutter«, war kein Gegenstand der Satire mehr, sondern der Verachtung und ein unzweideutiges Gebot, sich um die Abschaffung der Politiker zu bemühen.

Mag der Umstand auch bedrückend sein, daß die Welt heute mit Vernichtungswaffen dicht bestückt ist, die wirkliche Bedrohung liegt darin, daß dieser Sachverhalt aufs Innigste verschränkt ist mit der Existenz, der Handlungs- und Redefreiheit von Personen, deren Immunität die Bevölkerung schon längst gegen die Vernunft immunisiert hat. Im Unterschied zur berechenbaren Dummheit der Gewalt haben wir heute die unberechenbare Gewalt der Dummheit zu fürchten.

Bundespräsident Carstens, der erfahrene Nestor des neuen deutschen Nationalsozialismus (»Die Liebe zum Vaterland ist eine der nobelsten Regungen, deren der Mensch fähig ist«, *Frankfurter Rundschau* vom 18.1. 1980), unternimmt nicht nur gerne Ausflüge ins Grüne, sondern auch in die Antike.

Den Primanern des Schillergymnasiums in Marbach

glaubte er in einer Rede die geflügelte Schlußformulierung von Cato schuldig zu sein. Doch er sagte nicht: »Ich meine übrigens, daß die Welt zerstört werden muß«, sondern er beschloß seine Ausführungen mit: »Ich meine übrigens, daß sie Nationalhymne öfter gesungen werden sollte als bisher.« So geschwind er die Republik durchwandert, so gelassen durchmißt er, was er für die Geistesgeschichte hält; so verbissen er einen Höhenzug erklimmt, so versonnen ruht er auf den Gipfeln des zwischen Ost und West strittigen kulturellen Erbmassivs aus. Bei einer dieser Gipfeljausen auf der deutschen Klassik, einem Honoratiorenbankett in Bremen, sinnierte Carstens: »Wertvorstellungen müssen wir durch ein Denken gewinnen, das aus dem Transzendentalen schöpft und über den Menschen und die Gesellschaft hinausreicht.« Niemandem ist der Löffel in die Suppe gefallen, keiner ist vor Lachen am Filet erstickt.

Höflicher Applaus wird erklungen sein, weil die versammelten Minister und Manager sich in diesem öffentlich inszenierten Nonsens wiedergefunden haben. Was einst – weil die Etikette es den Untertanen verbot –, wenigstens dem Hofnarren erlaubt war, nämlich majestätisch verkündeten Unsinn auch so nennen zu dürfen, was einmal Stein des Anstoßes war, über den eine wache Öffentlichkeit einen bestallten Dummkopf auch stolpern ließ, das hat sich, seit die wie eine Betriebsnudel unterhaltsamen Nachfahren der Narren selber Hof halten, in ein der Gruppentherapie nicht unähnliches Ritual verwandelt. Der Beifall für die Plattitüden an der Spitze, die Ovationen für den faux-pas und der Applaus für die Blamage kommen nicht mehr von bestochenen Zuschauern: es gibt nur noch Teilnehmer. So gleicht die spätbürgerliche Demokratie dem Schreckgespenst, das sie an die Wand malt: einem kommunistischen Parteitag. Claqueure und Darsteller sind austauschbar geworden; und was man früher als die Züchtung von Stilblüten hätte bezeichnen müssen, heißt nun – selbst eine Stilblüte – demokratischer Willensbildungsprozeß.

Darin unterscheiden sich, in einer verschwindenden Nuance allerdings, noch die beiden deutschen Staaten. Der unaufhaltsame Wandel durch Annäherung wird aber auch diese letzte Differenz beseitigen. Wir werden noch Zeuge werden, wie in einer Laudatio ein Bildungsminister, der Schmude so gut heißt wie Meier oder Müller, folgende Sätze zur Welt bringt: »Vielleicht sollten wir uns alle einen Stein aufs Küchenbrett legen, um uns selbst und unsere Kinder daran zu erinnern: Nie wieder Gewalt. Es könnte ein Beitrag zum Frieden in der Welt sein.« (*Frankfurter Rundschau* vom 18.12.1979) Er wird kein lebenslängliches Redeverbot erhalten, niemand wird ihm die Zunge abschneiden, sondern er wird unter dem Beifall der Festgäste, entzückt von seiner intellektuellen und rhetorischen Begabung, selbst in die Hände klatschen und Honecker zum Verwechseln ähnlich sehen.

Der SED-Generalsekretär hätte zwar auch gern von sich behauptet, er sei schon immer gut in Marx gewesen, aber da ihm diese Pointe von einem anderen Vorsitzenden schon geklaut worden war, schrieb er gleich ein ganzes Buch, seine Memoiren. Die entsprechende Jugenderinnerung lautet dort: »Ich war kein ›Heiliger‹, war nie ein ›Kind von Traurigkeit‹. Habe auch damals gern ein Bier getrunken, obgleich das Geld knapp war und ich auch wußte, daß der Alkohol ein schlimmer Feind der Proletarier sein kann...« (»Memoiren«, zitiert nach *Spiegel* vom 1.9.1980). Der schlimme Feind, muß man aus dieser beliebig erweiterbaren Selbstdarstellung schließen, ist offenbar nur der nüchterne Zustand, dem sie sich verdankt. Der Tag wird noch kommen, wo sich der erbschleicherische Kulturzank der beiden deutschen Staaten in identische Elogen auf ihre jeweiligen Repräsentanten auflöst. Schon heute schreibt der Historiker Kuzcynski über Honeckers Reden, die so anregend sind wie die Drucktaste am Fernseher: »Diese Ausführungen erinnern an die wundervollen Passagen im ersten Band des ›Kapital‹.« Das ist nicht hinterhältig gemeint, sondern das Lob eines Überzeugungstäters, der ebenso aufrichtig behaupten würde, der wunderbare Stechschritt der Volksarmee erinnere ihn an das Bolschoi-Ballett.

Der westdeutsche Bundespräsident, der vermutlich Adorno für einen Schlagersänger und nicht nur »Katharina Blum«, sondern sicher auch »Therese Raquin« für Pseudonyme obskurer Autoren oder »Tonio Kröger« für eine Pizzeria in Lübeck hält, der Bundespräsident muß sich noch eine Weile gedulden und wir seine Reden ertragen, bis ihn Theo Sommer in der *Zeit* als Nachfolger des Geheimen Rates aus Weimar würdigt. Sein Vorgänger und möglicher Nachfolger hat es da entschieden leichter. Scheel muß nur Luft holen und jeder weiß, was auf den Atemzug folgt: Erbschaft dieser Zeit von Rudi Schuricke.

Daß deutsche Politiker vor keiner Banalität zurückschrecken und keine Gelegenheit auslassen, Flachheiten als tiefe Einsichten zu präsentieren, ist oft als Mangelerscheinung der Nachkriegsgesellschaft bezeichnet worden. Die Kritiker erfanden dafür das Schlagwort vom »Mangel an politischer Kultur«, ohne zu merken, daß dieser Begriff wie die bei Alternativen und Sozialdemokraten beliebte Konstruktion der »zwei Kulturen« logisch voraussetzt, daß es überhaupt erst einmal eine geben muß. Und dies zu beweisen fällt schwer in einem Land, in dem nicht einmal die entscheidenden Voraussetzungen eines zivilisierten Gemeinwesens vorhanden sind, nämlich die vernünftige Trennung von Staat und Gesellschaft, ein Zustand, in welchem nicht jeder Mensch als potentieller Beamter geboren wird, als verfassungstreues ADAC-Mitglied oder friedenspflichtiger Gewerkschaftler sein Dasein fristet und es als verbiesterter Rentner beschließt.

Die in Literatur, Kunst und Philosophie dilettierten Politiker repräsentieren in diesem Zusammenhang nur einen arbeitsteilig produzierten Beitrag zur Gesinnungslage der Nation. Alles andere machen die Macher. Denn daß es nicht auf lahmes Feuilleton, sondern dynamische Versiertheit, nicht auf Erbauung, sondern Bescheidwissen ankommt, das erkannte Strauß für eine ganze Garde von Pragmatikern schon Mitte der 60er Jahre. »Wir sind die Deppen der Welt«, formulierte er damals, aber nicht um sich in die Isar, sondern in die Praxis zu stürzen.

Von dort tönt kein verhunzter Hölderlin, sondern dessen Gegenstück: die Parole und der Jargon der Betriebsamkeit. Dort heißt es clever und nicht besinnlich sein. Dort sammelt Punkte, wer das »erhöhte Beförderungsgeld«, den »finalen Rettungsschuß« und die »Gemeinschaftsverträglichkeit« als »vertrauensbildende Maßnahmen« erläßt und nicht wer Allgemeinplätze aufhäuft. Dort bleibt Sieger, wer das »Wörterbuch des Unmenschen« vollendet.

II.

Alle Beschreibungen der Bundesrepublik als ein politisches Elendsquartier aber werden Lügen gestraft durch zwei Politiker, die unter einem Glücksstern zu stehen scheinen.

Auf seltene Weise vereinigten sie die Versiertheit des Pragmatikers mit dem Bewußtsein, daß Exekutive eine künstlerische Quelle habe, daß Politik nicht die Magd der Kunst, sondern deren Nutzanwendung sei. Von dieser Einsicht machen sie nicht viel Aufhebens, sie handeln. Eingedenk der Abfuhr, die Faust seinem Famulus erteilt hat: »Es trägt Verstand und rechter Sinn mit wenig Kunst sich selber vor«, schätzen sie das direkte Wort und nicht die verschlüsselte Rede, sie ziehen den klaren Befehl dem dunklen Sinn vor und den Maßanzug der Kostümierung. Sie haben ein klassisches Verhältnis zur Praxis und ein praktisches Verhältnis zu Klassik.

Das in West-Berlin ausgesprochene Vermummungsverbot entsprang deshalb auch nicht einer launischen Eingebung des Innensenators und seines Polizeipräsidenten, sondern deren Gewißheit, daß nicht Gesinnung, sondern Verantwortung den Ausschlag gegeben haben, der nun die Demonstranten barhäuptig treffen soll.

Indem der Polizeipräsident im *Spiegel* darauf hingewiesen hat, daß die Folgen, eine Platzwunde am Kopf beispielsweise, »nicht immer mit den Maßstäben der Ästhetik zu messen« seien, hat er uns darauf aufmerksam gemacht, daß, wenn nicht die Folgen, so doch die Ursachen ästhetischer Natur seien. Damit wird die verantwortungsethische Position der Berliner Exekutive im Unterschied etwa zu Kohl oder Carstens bestimmbar. Stellen diese im Verhältnis von Kultur und Politik die Sollbruchstelle dar, so garantieren Lummer und Hübner deren Schulterschluß.

Damit retten sie eine Tradition, die fast verloren schien und schon so vergessen war, daß Berliner Polizeichefs neben ihren beruflichen Pflichten, nämlich die Gefängnisse zu füllen, noch den Drang verspüren, die deutsche Metaphorik zu bereichern. Das geflügelte Wort: »Einer muß der Bluthund werden, ich scheue die Verantwortung nicht«, begleitet nicht die böse Tat eines Königsmörders in der griechischen Tragödie, es ist das hingemuffelte Bekenntnis des sozialdemokratischen Oberbefehlshabers Noske, der in Berlin 1919 die Revolutionäre niederkartätschen ließ.

Fast 50 Jahre später scheut ein anderer Berliner Polizeichef die Verantwortung nicht, den Gesetzen der klassischen Dramaturgie zu gehorchen: er bleibt im Bilde und prägt noch jenes von der »Leberwurst-Taktik«, ehe die als Polizisten verkleideten Berliner wegen eines zum Staatsmann aufgeschminkten Gangsters auf die damals unverhüllt sich Empörenden eindreschen. Der jetzige Innensenator Lummer und sein Polizeipräsident Hübner aber wollen sich nicht entblößen, weil andere sich vermummen; sie sind nicht an Metaphern interessiert, sondern an der Ordnung. Sie wollen weder als Kalauer in die Geschichte eingehen, noch als Schibboleth des Schrekkens. Und deshalb ist die Wiederentdeckung der praktischen Verhältnisses zur Klassik genau jene Leistung, die sie von anderen Politikern unterscheidet. Wo diesen die Begriffe fehlen und sich die Sprechblase einstellt, da bewegen sich Lummer und Hübner, das Duo von Talent und Charakter, auf sicherem Grund. Sie lesen Zeitung, die Straßenverkehrsordnung und Hölderlin mit gleichem Interesse und unter dem nämlichen Aspekt: als Kasuisten der öffentlichen Ordnung und als Tatbestands-Spezialisten der inneren Sicherheit. Wie sonst nur bei Pfarrern, die jede Predigt mit der Frage einleiten: »Was hat uns diese Bibelstelle heute zu sagen?«, um schließlich nur zu begründen, daß sie sage, was der Pfarrer oder die Kirche wollen, daß sie solle – so regelt auch das praktische Bedürfnis ihre Lektüre. Und wie der Pastor mit der paulinischen Theologie das Himmelreich retten und zugleich jedes Regime rechtfertigen kann, so haben die Repräsentanten der Berliner Exekutive jene faustische Zerrissenheit, die wir als Pflicht und Feierabend, als Job und Hobby kennen, in einem harmonischen Miteinander versöhnt. In ihrer Brust ruht die Kraft einer neuen Zwei-Reiche-Lehre.

Von keinem Literaturwissenschaftler oder Philosophen aus Ost und West bislang bemerkt oder gar gewürdigt, deutet sich in Lummer und Hübner an, worauf die ganze Nation seit der Aufklärung gewartet hat. Sie sind die Vorboten der allseitig entwickelten Persönlichkeit. Eine mutige Behauptung, und wir werden sie beweisen.

Ob die Berliner Polizisten ihren »Faust« im Tornister haben wissen wir nicht. Wir wissen hingegen, die beiden Politiker haben ihren Goethe im Aktenkoffer und ihren Schiller auf dem Schreibtisch, denn Kultur ist vor allen Dingen Arbeit. Der Anlaß zum kürzlich von ihnen erarbeiteten »Verbot der Vermummung und passiven Bewaffnung« bei Demonstrationen mag zu Vermutungen anregen, die Seriosität des Erlasses kaum. Warum soll künftig unter freien Himmel keine schützende Kopfbedeckung und kein züchtig getragenes Kopftuch mehr gestattet sein? Soll eine alte Form der Ehrbezeigung – etwa vor Lummers Hut – wieder eingeführt werden? Will man den Demonstranten eine Lektion in Nachkriegsgeschichte erteilen und sie im Freien frieren lassen, was sie ohnedies schon freiwillig gerne tun? Soll die gelbe Einheitsvermummung abgeschafft werden, jene uniforme Regenkluft, die jede Demonstration in einen Flüchtlingstreck verwandelt?

Oder will der Innensenator wissen, warum sich ausgerechnet jetzt 1200 Leute für 600 Bäume in den Matsch setzen und niemand für die inhaftierten Polen auf die Straße geht? Hat der Polizeipräsident nach dieser Frage vielleicht hochgerechnet und erleichtert festgestellt, daß ihm – die gleiche Relation protestierender Berliner vorausgesetzt – eine Demonstration für »Solidarität« erspart geblieben ist, die genau doppelt so groß geworden wäre wie die Bonner Friedenskundgebung vom letzten Jahr?

Alles nur Vermutungen. Fest steht nur, daß der Polizeipräsident dem Innensenator schon seit Monaten in den Ohren gelegen hat mit der durch wissenschaftliche Exzerpte gründlich belegten Versicherung, seine Behörde führe fort, was früher Ziel der Philosophie gewesen sei, nämlich Erkenntnisse zu gewinnen und Aufklärung zu betreiben. Aber sicher ist vor allem eins: beide haben in den Weihnachtsferien ihren Bildungsurlaub genommen und ein Riesenpensum an Vermummungsliteratur absolviert, darunter Verwechslungskomödien, Mantel- und Degen-Filme, Operetten, Berichte über die oberrheinische Fasnet und ethnologische Spezialliteratur über Verkleidungsrituale in Polynesien.

Nichts zwischen dem härenen Gewand des heimkehrenden Odysseus und der falschen Blusenfüllung der Herren als Damen in »Some like it hot« ist ihnen entgangen; kein Detail war zu gering, um sorgfältig studiert zu werden, Zorns Gesichtslarve ist das Visier von Richard Löwenherz, Don Gil's grüne Hosen wie die Maske in Blau; kein durch Vermummung begründeter Tatbestand wurde vergessen, weder der grobe Unfug Harun al Raschids, noch die Amtsanmaßung des Schusters Wilhelm Voigt, weder die bewusste Irreführung durch Dr. Jekyll, Mr. Hyde und Dieter Kunzelmann, noch die gewohnheitsmäßige Täuschung der Araber, die sich vermummen, damit sie aussehen wie Araber.

Daß der Innensenator fast in die Fußstapfen seines Parteifreundes Kohl getreten wäre, beweist, wie schwierig der Stoff war, mit dem er rang. Beim Berliner Presseball präsentierte er einigen Gästen das Märchen vom Froschkönig als frühes Beispiel eines vermummten

Triebtäters, und da wäre der Schaden, den er durch Eid verpflichtet war, vom Gemeinwesen abzuwenden, fast geschehen. Nur dem beherzten Eingreifen des Polizeipräsidenten wird es zu verdanken gewesen sein, daß eine Bemerkung jenes Abends nicht über die Plauschrunde hinausdrang: Heinrich Lummer sei wohl der Frosch ohne Maske kicherte eine beschwipste Verlegergattin und zog den Senator an der Nase. Hübner verpflichtete die Zeugen zu äußerster Diskretion, verlangte vom Innensenator öffentliche Zurückhaltung, nahm ihn beim Arm und führte ihn schnurstracks ins Amt, um in einer Nachtsitzung noch einige Klassiker zu pauken.

Heute besitzen wir sichere Informationen, woher der entschiedene Ton des Vermummungsverbots rührt: er verdankt sich einem gründlichen Studium der »Jungfrau von Orleans«, eines klassischen Dramas, das Schiller zwar als romantische Tragödie, Heinrich Lummer unter der didaktischen Anleitung seines Polizeipräsidenten aber sehr rasch als Protokoll über die Auswirkungen der Vermummung und passiven Bewaffnung dechiffriert hat. Schneller und eindrucksvoller als die deutschen Jungregisseure, die über ähnliche Sockelqualifikationen verfügen, lösten Lummer und Hübner die schwierige Aufgabe, aus der Kunst keinen Knochen für's Publikum, sondern einen Knüppel für die Polizei zu formen.

Was sich an jenem entscheidenden Dezemberabend im literarischen Colloquium des Innensenats abgespielt hat, darüber gibt es keine Aktennotiz. Wir können nur versuchen, die Seance zweier großer Geister zu rekonstruieren, indem wir die Schatten ihrer Taten zurückverfolgen bis ins Neonlicht eines Büros am Fehrbelliner Platz.

III.

Dort sitzen sie beim Schnellkurs, eine Flasche Amselfelder und Salzstangen neben der Reclam-Ausgabe, und der Innensenator repetiert, was ihm der Polizeipräsident mit dem signalfarbenen Leuchtstift angestrichen hat.

»Was hier passiert, lieber Herr Senator«, eröffnet Hübner die Sitzung, »es geschieht ja nicht zum Mummenschanz.«

»Das hört sich gut an«, sagt Lummer und blickt von seinem Textbuch auf; er hat zwar noch nicht erfaßt, worauf der Polizeipräsident hinauswill, aber ihm gefällt die Formulierung.

»Könnten Sie mir diesen Satz nicht überlassen?«, fragt er, doch Hübner winkt entschieden ab, diesen Einfall bewahre er sich für das fällige *Spiegel*-Interview auf. Dann drängt er wieder zur Arbeit.

»Wissen Sie, Herr Senator«, nimmt er den Gedanken wieder auf, »was dem neuen deutschen Theater recht ist, kann uns nur billig sein. Wenn dort Goethes ›Iphigenie‹ statt in Tauris im Ruhrgebiet spielt, warum ist dann nicht auch Schillers Johanna im Tegeler Forst statt im Ardenner Wald? – Ich nehme an, Sie haben die grün angestrichene Stelle gefunden, an der es heißt: ›Denn aus der Tiefe des Gehölzes plötzlich / trat eine Jungfrau mit bemaltem Haupt‹. Haben Sie das Zitat?«

»Nein, doch Ihr Argument klingt überzeugend, es beweist unsere Flexibilität. Außerdem haben wir in Tegel einen Schauplatz, wie sich ihn Ihre ›Schaubühne‹ schon immer gewünscht hat«, sagt Lummer und schenkt ihm nach.

»Ich denke, Ihre Ironie Herr Senator, ist nachgerade überflüssig«, erwidert Hübner gelassen, »aber auf einen wichtigen Unterschied möchte ich als Sozialdemokrat, wenn Sie gestatten, doch Wert legen. Vergessen Sie doch nicht die Grenzen des Theaters. Vielleicht hat die ›Schaubühne‹ nie den ›Tell‹ gespielt, aber gesetzt den Fall, sie hätte es getan, wäre es denn denkbar, daß ein Schauspieler den Landvogt, wie er durch die hohle Gasse kommt, wirklich erschossen hätte?« Lummer nickt erst zustimmend, hält plötzlich ein und schüttelt dann energisch den Kopf. »Aber Herr Polizeipräsident, was wollen Sie damit…«

»Na, sehen Sie. Darauf wollte ich ja hinaus, auf die Krumme Straße damals. Unsere Möglichkeiten sind da wirklich ganz andere. Sie erinnern sich doch?«

»Natürlich, ich saß damals gerade in der ›Zauberflöte‹ und…«

»Genau«, fährt Hübner dazwischen, »dann kennen Sie ja den Unterschied von draußen und drinnen. Diese lästige Differenz lassen wir einfach verschwinden, verstehen Sie?«

»Nicht so recht«, antwortet Lummer und greift zu einer Salzstange.

»Nur noch ein Wort, dann klärt sich alles durch den Text von Schiller«, sagt Hübner. Er erhebt sich, geht zum Fenster, wirft einen Blick über die Dächer von Wilmersdorf und wendet sich wieder an den Senator. »Schauen Sie, wenn heute jeder Regisseur aus »Wozzeck« einen Sozialfall macht und aus der »Medea« eine Klientin für den Analytiker, dann geschieht das deshalb, weil das Publikum gar nicht mehr daran interessiert ist, was auf der Bühne geredet wird; das Gefühl ist wichtig, nicht das Gehör. Gedulden Sie sich noch einen Moment, wir sind gleich wieder in unserer Branche. Unsere Aufgabe besteht jetzt nur noch darin, aus dieser Einsicht eine für die Politik fruchtbare Konsequenz zu ziehen. Und die heißt: Wer nicht hören will, muß fühlen.«

»Das sag ich doch schon immer«, meint der Senator überlegen und blickt sich nach allen Seiten um, daß ihm jemand das bestätige, aber es ist niemand im Raum, außer Hübner, und dieser murmelt nur: »Na, ja.«

»Ich hab's«, ruft da auf einmal Lummer, leert sein Glas in einem Zuge, gießt sich mit vor Aufregung zitternden Fingern nach, stürzt erneut den Amselfelder in die Kehle. »Ich hab's, Klaus! Die sollen fühlen müssen, und deshalb Kopf ab zum Gebet, nein Helm auf, um Gottes willen, was sag ich – nein, Helmut weg, Kopf hoch...«, der Senator ringt nach Luft, Hübner schenkt ihm nach, reicht ihm das Glas und stellt fest, er beruhigt sich wieder.

»Entschuldigen Sie, ich habe nicht gedacht, daß mich Schiller so aufregen kann. Ich wollte natürlich sagen, daß ein Verbot der Schutzhelme unumgänglich ist.«

»Na endlich«, sagt der Polizeipräsident erleichtert und genehmigt sich nun auch ein Glas. »Ich habe also nicht umsonst die entsprechenden Stellen in der ›Jungfrau von Orleans‹ für Sie angestrichen.«

»Pah! Jungfrau«, ereifert sich Lummer von neuem. »Und auch noch aus Orleans, wo sie bestimmt nicht gemeldet war. Eine Heroinsüchtige, weiter nichts. – Da steht es doch, schwarz auf weiß: ›Laßt sie den Arm aufstreifen, seht die Punkte, / Womit die Hölle sie gezeichnet hat.‹ – Und diese Person läuft etwa noch frei herum?«

»Aber doch nur bei Schiller«, will der Polizeipräsident zurückscherzen. »Ich habe dies Zitat doch nur angestrichen, weil...«

»Genug von Ihrer Anstreicherei, Hübner«, bricht es da aus Lummer heraus, dem gar nicht nach Scherzen ist. »Bei Schiller, bei Schiller – und bei Hübner? Attacke, verhaften Sie endlich, wie steh ich denn sonst vor meiner Fraktion da?«

»Herr Senator, Sie scheinen zu verwechseln...«

»Im Gegenteil, Sie verwechseln hier einiges«, bebt nun Lummer und zerbricht die Salzstangen in seiner Hand. »Sie verwechseln die Weisungsbefugnis.« – Er nimmt das Reclam-Heft und zielt mit ausgestrecktem Arm auf Hübner. »Ha, frecher Stolz des herrgewordnen Bürgers!« Dann springt er auf den Stuhl und rollt die Augen.

Hübner weicht einige Schritte zurück und sagt mit ruhigem Ton: »Sie sind nicht der Karl der Siebente. Sie sind überhaupt keine geschichtliche Persönlichkeit, sondern Sie beziehen ein Gehalt und heißen Heinrich Lummer.«

Der Senator glotzt ihn von oben herab erschrocken an, streckt den Arm aus, kann gerade noch den Ruf vollenden »Gott schütze den König!«, da stockt er, schlägt die flache Hand vor die Stirn und geht in die Knie. Zusammengekauert auf dem Schreibtischstuhl wimmert er in sich hinein: »Heinrich, mir graut vor mir.«

Während der Polizeipräsident sich schon damit abfinden will, daß der Abend endgültig verpatzt ist und nach seinem Mantel langt, erholt sich der Senator ziemlich rasch.

»Bitte bleiben Sie noch, wir sind ja mit dem Text noch nicht zu Ende. Verzeihen Sie, daß ich mich nicht in der Gewalt hatte. Das soll gegen andere nicht vorkommen.«

»Schon vergessen«, sagt Hübner mit hämischer Wärme und setzt sich wieder.

»Nein, vergessen Sie es nicht. Das hätte Ihnen auch passieren können. Oder wären Sie lieber der Graf Dunois, der Bastard von Orleans, statt Beamter zu sein? Sie denken, ich bin noch außer mir, ich sehe es ihrem Gesicht an. Bitte nehmen Sie das ernst, was ich sage, ich bin wieder vollkommen auf unser Thema konzentriert.«

Leicht unsicher geworden sagt Hübner: »Ja doch, ich höre Ihnen zu.«

»Nehmen Sie das Problem der Verwechslung und wie leicht man ihm selbst zum Opfer fallen kann. Woran liegt das? An der passiven Bewaffnung, an den Kriegsmitteln der Täuschung. Diese Johanna zieht einen Helm auf, ist sie noch eine Frau? Unser Parteivorsitzender bewaffnet sich mit einer neuen Brille, ist er noch Helmut Kohl? Ihr Kanzler hat sich gleichfalls mit einem neuen Sehgerät ausgerüstet, erkennen Sie ihn wieder? In der Partei hat sogar die Vizepräsidentin des Bundestages ihr Gesicht aufgerüstet und mit einer neuen Nase bestückt, ist das noch Frau Renger?« Ihren Linksaußen müßte man erst aktiv entwaffnen, das heißt rasieren, damit man weiß, aha, das ist der Eppler. Wissen Sie denn genau, daß es sich bei dem Außenminister mit der Tarnfarbe im Haaransatz wirklich um Genscher handelt? Und da soll ich nicht daran zweifeln, ob ich Heinrich Lummer bin? Bin ich's?«

Gerührt von solch bohrendem Zweifel antwortet der Polizeipräsident: »Ja, ich will mir die Zunge abbeißen, wenn das nicht stimmt.«

»Das haben Sie schön gesagt«, bedankt sich der Senator, und Hübner weiß damit, daß ihm ein weiterer Satz für das *Spiegel*-Interview gelungen ist.

So verfliegt die schwärmerische Atmosphäre und Nüchternheit kehrt wieder ein. Lummer greift zum Text, vertieft sich für einige Minuten darin und wendet sich an seinen obersten Polizisten:

»Ich fasse zusammen und Sie korrigieren mich bitte, wenn ich was vergesse. Anschließend erwarte ich Ihre Vorschläge.« Er blättert noch einige Seiten um, sagt »Aha« und »Oho«, schließt das Heft und die Augen, atmet tief durch und setzt an:

»Herr Präsident, meine Damen und Herren. Als zuständiges Mitglied des Senats möchte ich die vorliegende

Entschließung begründen. Wie Sie aus Prolog, Auftritt 4, Satz 1 folgende ersehen können, siedeln sich im Umkreis der vom Senat als friedfertig eingestuften Umweltschutzbewegung immer mehr Elemente gewalttätiger Natur an. ›Lebt wohl… ihr Wiesen, grünet fröhlich fort‹, heißt es deshalb nur noch zynisch bei den Aussteigern, die sich sofort, wie Sie derselben Passage entnehmen können, bei jeder Gewaltaktion beteiligen. Ich verzichte auf die Verlesung sichergestellter Flugblätter. Wer schreibt: ›Ins Kriegsgewühl hinein will es mich reißen‹ ist zum erklärten Feind des demokratischen Rechtsstaats geworden. Die Verbindung zur Rauschgiftszene war wiederholt Gegenstand der Erörterungen, ich möchte mich hier auf einen neuen und erschreckenden Aspekt konzentrieren: auf die Kontakte zu terroristischen Aktionsgruppen. Mit Erlaubnis des Präsidenten zitiere ich aus der Drucksache Auftritt 3 des Prologs: ›Auch Pulvergänge haben sie gegraben / Und über einem Höllenreiche steht / Die bange Stadt, gewärtig jede Stunde, / Daß es mit Donners Krachen sich entzünde‹. Meine Damen und Herren, hier geht die Saat der Hausbesetzer auf…«

Lummer schaut in die Runde und wartet auf den Beifall seiner Fraktion und der Überläufer von der FDP; da aber nur der Polizeipräsident im Raum ist, gibt er ihm durch Handzeichen zu verstehen, daß Hübner das Parlament sei.

Hübner stampft mehrmals mit dem Fuß aufs Parkett.

»Sehr richtig, sehr richtig, sehr…«

»Ich bitte um Ruhe«, ruft Lummer dazwischen, der hinter den Schreibtisch gesprungen ist und als Parlamentspräsident zur Glocke greifen will. Da keine vorhanden ist, nimmt er eine Salzstange und klopft gegen sein Weinglas.

»Ruhe bitte, damit der Herr Innensenator fortfahren kann.«

Lummer kommt wieder hinter dem Tresen hervor, dankt mit einem Kopfnicken in die Richtung Hübners und räuspert sich.

»Meine Damen und Herren, für den Senat gibt es keinen Zweifel, daß die tragischen Umstände, die zum Tod von Frau Orleans geführt haben, eindeutig auf das Konto maskierter Chaoten gehen. Wir erleben nun zum zweiten Mal, wie der neue Typus des vermummten Gewalttäters ein Menschenleben gefordert hat. Darf ich sie nochmals auf die Drucksache, Prolog, Auftritt 3 hinweisen; sie enthält Erkenntnisse unserer Ermittlungsbehörden, darunter aus einem Flugblatt der Hausbesetzer die unzweideutige Erklärung zur Gewaltanwendung bei künftigen Demonstrationen: ›Kein Mensch vermag zu sagen, ob er nicht / Des Helms braucht. Ein stählern Dach fürs Haupt / Ist jetzo mehr wert als ein steinern Haus‹. – Mit der Vermummung fängt es an, mit der Vernichtung des demokratischen Rechtsstaats hört es auf. Ich darf dazu bemerken, daß wir den Polizeipräsidenten angewiesen haben, im nächsten *Spiegel*-Interview zu erklären: ›Wer sich vermummt und behelmt, hat oft auch noch ganz andere Dinge bei sich, vom Pflasterstein über verbotene Katapulte bis zu Molotowcocktails‹. Dem Senat liegen bereits Erkenntnisse vor, daß die neuen Gewalttäter Waffenverstecke anlegen und dabei nicht einmal vor der Schändung eines Friedhofs zurückschrecken. In der Senatsdrucksache Aufzug 1, Auftritt 10 können sie nachlesen: ›Ich weiß / Ein anderer Schwert, durch das ich siegen werde. / Ich will es dir bezeichnen … / … sende hin und laß es holen … / … auf Sankt Kathrinens Kirchhof, / Ist ein Gewölb, wo vieles Eisen liegt.‹ Die Behörden gehen diesem wie anderen Hinweisen mit der gewohnten Sorgfalt nach. Meine Damen und Herren, um der veränderten Lage wirksam begegnen zu können legt der Senat folgenden Antrag zur Beschluß vor: ›Festschreibung des Verbots der Vermummung im Versammlungsgesetz‹.«

»Ist das die Sprache eines Königs, Sire?«, hört man den Polizeipräsidenten staunend deklamieren.

»Nein doch, diese Formel stammt von meinem Kollegen aus Schleswig-Holstein, dem Barschel«, entgegnet Lummer mit zufriedenem Gesichtsausdruck und merkt nicht, welche Veränderung mit Hübner vor sich geht.

Dieser erhebt sich, strafft den Körper und sagt mit fester Stimme: »Sire, gebt mir Vollmacht und Order.«

»Aber Klaus«, will Lummer lachend sagen und kneift ein Auge zusammen, doch Hübner reagiert auf dieses Zeichen nicht. Er schiebt die Hand ins Revers, wirft den Kopf zur Seite und blickt ins Leere. Lummer ist von diesem Anblick seltsam ergriffen, trotzdem wartet er auf die Vorschläge seines Polizeipräsidenten, der nun das Wort nimmt.

»Wer darf mir Halt gebieten? Wer dem Geist
Vorschreiben, der mich führt? Der Stock muß schlagen,
Wohin die Hand in seines Trägers treibt.
Wo die Gefahr ist, da muß Hübner sein.
Ich fordre Sicherheit, daß der Senat
Mein Vorgehn stets für rechtens hält. Nur dann
Ist jeder Träger unser Feind durch Täuschung;
Nur dann ist jedes Kopftuch böser Vorsatz,
Auf den ein halbes Jahr Gefängnis steht.
Ich fordre weiter, daß man unter Strafe
Stellt, wenn jemand gegen Gas maskiert
Dem Rechtmaß unserer Mittel sich entzieht.
Und wer mit Regenkleidung sich bedeckt,
Der stört die Wirkung unsrer Wasserwerfer.
Wer flieht, der macht sich gleichermaßen strafbar,
Denn er begibt sich unsrer Zwangsmaßnahmen.

Ich fordre schließlich, daß es Übung werde,
den Teil der Bürger, die verdächtig sind,
Von ihren Rechten oft Gebrauch zu machen,
Einmal im Monat durch Senatsdekret
Auf einem Platz zu sammeln. Und da woll'n wir
Was des Gesetzes Arm vermag an ihnen zeigen.
Wer dem Gesetz nicht Folge leisten wollte,
Wird von den Einsatzkräften rasch enttarnt,
Gilt als vermummter Feind der neuen Ordnung,
Der sich passiv mit Renitenz bewaffnet.
Dies alles fordere ich, weil ich sicher bin,
Nur so wird Recht Gesetz und bleibt Berlin Berlin.«

»Bravo«, schreit Lummer begeistert. »Bravo, alles genehmigt.« Dann wird es feierlich. »Sie haben mir einen historischen Augenblick geschenkt, dessen Erhabenheit ich mit Ihnen teilen möchte. Darauf wollen wir anstoßen.«

Während er die Gläser füllt, steckt Hübner den Zettel, den er während des Vortrags im Jackenausschnitt versteckt gehalten hat, in die Hosentasche.

Als sie im Morgengrauen ohne Begleitschutz sich am Fehrbelliner Platz die Beine vertreten und auf ein Taxi warten, da sind beide sehr schweigsam. Aber plötzlich sagt Lummer: »Heute nacht habe ich die tiefe Wahrheit des Satzes ›Wissen ist Macht‹ erfahren.«

Ein Taxi kommt. Der Polizeipräsident läßt Lummer den Vortritt und verabschiedet sich. In einer willkürlichen Regung hält er den Daumen in die aufgehende Sonne und sagt vernehmlich: »Von den Klassikern lernen heißt siegen lernen.«

1982

Es führen viele Wege nach Rom

aber nur einer nach Palästina

Der mörderische Anschlag auf eine Synagoge in Rom am 9. Oktober 1982 ist das vorerst letzte Verbrechen in einer Serie von Attentaten, die in Europa die blutige Spur eines neuen Antisemitismus hinterlassen haben: Paris, Antwerpen, Berlin, Wien – und nun Rom.

Für die Politik Begins und Scharons sollen die Juden in aller Welt büßen, das ist die simple Logik des neuen todbringenden Antisemitismus, dessen manichäisches Weltbild dem Denken der führenden israelischen Politiker nicht unähnlich ist: ohne gefragt zu sein, allein durch Verhängnis und schicksalhafte Bestimmung, sollen Leben und Dasein der Juden für immer auf Gedeih und Verderb mit der Existenz und der Politik des Staates Israel verknüpft sein. Der neue Antisemitismus verhält sich dazu komplementär: sein erkorener Universalfeind ist die im Staat exponierte und in den jüdischen Gemeinden der Welt camouflierte vorgebliche jüdische Weltherrschaft.

Deshalb operiert der neue Antisemitismus auch nicht auf der Bühne des palästinensischen Widerstands, weder im Libanon, noch auf der Westbank, und auch nicht hinter den Kulissen, wo israelische und arabische Geheimdienste die jeweils mißliebigen Repräsentanten der Gegenseite umbringen. Der neue Antisemitismus schlägt zu aus dem Halbdunkel, aus der nebelhaften Ferne, in welche die Welt Auschwitz gerückt hat, damit es seine fortwährende Bedrohung verliere. Und in diesem Zwielicht hoffen die neuen Mörder auf mildernde Umstände. Sie drapieren sich mit antiimperialistischen Phrasen, damit niemand die alte Fratze des Antisemitismus hinter der angeblichen Guerilla-Maske entdecke.

Nicht jedesmal folgt der Bombe die Botschaft, denn daß die Juden schuld seien, das will der neue Antisemitismus vor allem dadurch beweisen, daß er sie tötet. »Schlagt die Juden, wo ihr sie trefft« ist sein Programm und die beständige Drohung – die er übrigens mit den fanatischen Chauvinisten Israels teilt –, daß ein Jude seines Lebens in Israel sicher sein könne, wird dadurch wahr, daß der neue Antisemitismus sie wahr macht. Gegen die schreckliche Vision dieser Anschläge erscheint der Zionismus wie der rettende Engel, auch wenn er in Gestalt von Scharon vorerst nur zukünftiges Kanonenfutter sucht.

Das Attentat von Rom ist deshalb ein doppeltes Verbrechen: diejenigen, die es verüben, rechtfertigen damit genau den katastrophalen Zustand im Nahen Osten, für den Rache zu nehmen sie über Unschuldige hergefallen sind.

Daß Palästinenser an den verschiedenen Abschlägen beteiligt waren ist kein Geheimnis. Nicht aus prinzipieller Abscheu, sondern eben wegen dieses Umstands, hat auch jetzt wieder die Palästinensische Befreiungsorganisation, PLO, den Mord von Rom entschieden verurteilt. Aber – obwohl die Palästinenser in den letzten Monaten selbst in die Rolle des Opfers gebombt wurden – kaum jemand ließ sich von dieser Verurteilung beeindrucken. Warum?

Glaubt man den verbissenen Anstrengungen der PLO nicht, auf dem politischen Parkett salonfähig, manierlich und reputierlich zu erscheinen? Schwingt in den eilfertigen Distanzierungserklärungen vielleicht jene Anbiederung mit, die von den Adressaten als der Habitus des Parvenues verachtet wird?

Für uns ist das keine Geschmacksfrage. Wir sind weder erstaunt, noch enttäuscht über die Mutation einer vorgeblich revolutionären Befreiungsbewegung zu einem ordentlichen Schattenkabinett mit hauptsächlich nationalen Interessen. Im Unterschied zur westdeutschen Linken, für welche die PLO das ideale und von Gewissensbissen befreite Projektionsfeld ihrer eigenen Heimatbewegung wurde, haben wir nie außer acht gelassen, daß die PLO der organisatorische Kompromiß widersprüchlicher Interessen und Tendenzen ist. Und eine dieser Tendenzen führt genau in jenes Halbdunkel, wo sich das Strandgut aller möglichen politischen Richtungen zusammenfindet, wo sich Gescheiterte aller Klassen und Hasardeure jeder Couleur auf einen gemeinsamen Nenner verabreden: auf die bare Bezahlung oder die wechselseitige Versicherung, daß eine Hand die andere wasche. Und bei jedem schändlichen Coup hatte die PLO eine blütenweiße Weste. Es führen viele Wege nach Palästina, das war jahrelang die taktische Devise der PLO, warum also nicht auch über Paris, Antwerpen oder Wien? Oder über Entebbe mit deutschen Linken und über Nürnberg mit deutschen Rechten? Je nachdem.

Lange bevor die westdeutsche Linke ihren sympathischen Geburtsfehler mit der kollektiven Wendung zum Nationalstaat wettmachen wollte, hatte die PLO erkannt, daß in der Bundesrepublik ein historisches Entlastungsbedürfnis brachlag, das es zu nutzen galt. Damals, als ein jüdisches Altersheim brannte, damals als die Jüdische Gemeinde in Berlin mit dem israelischen Verteidigungsministerium vorsätzlich verwechselt und zum Angriffsobjekt wurde und die Akteure zur Belohnung mit einer Kalaschnikow in Jordanien trainieren durften – damals entstand der neue Antisemitismus. Wir haben nicht gezögert, die Schuld der israelischen Regierung am Massaker in Beirut* anzuprangern. Ebenso wenig zögern wir, die Bigotterie der palästinensischen Führung anzuklagen, die mit ihren antijüdischen Zauberlehrlingen aus Gründen der diplomatischen Etikette nichts mehr zu tun haben will. Die mörderische Kette von antisemitischen Untaten könnte ein für allemal zerrissen werden, wenn die PLO produktiv mit ihrer eigenen Vergangenheit brechen und als Befreiungsbewegung sich zuerst von jenem politischen Gesindel in den eigenen Reihen und in Europa befreien würde, von jenen zu neuem Leben erweckten Gespenstern der Vergangenheit, die das Elend der Palästinenser doch nur verlängern. Ohne den Antisemitismus und ohne Auschwitz gäbe es vielleicht nur einige jüdische Lebensreformer in Palästina und nicht die Tragödie, die mit der Entwicklung Israels heraufgezogen ist. Diese Einsicht praktische Gestalt annehmen zu lassen erfordert Mut, den nämlichen Mut, den Israelis aufbringen, wenn sie gegen die zionistische Politik und für die Rechte der Palästinenser kämpfen.

Nur dadurch erhält unsere Solidarität mit der PLO wieder jene moralische Substanz, die längst vernichtet war, als der israelische Einmarsch in den Libanon sie zum ohnmächtigen, aber auch begriffslosen Protest bewegte.

1982

* Gemeint ist das Massaker in Sabra und Schatila, als libanesische Milizen mit Duldung des israelischen Militärs, das die beiden Flüchtlingslager im Süden Beiruts umstellt hatte, zwischen dem 16. und 18. September 1982 ein Massaker an palästinensischen Flüchtlingen anrichteten. (A.d.H.)

Die Protokolle der Reichen von Zion

Anmerkungen zu einem Skandal, der keiner geworden ist

I.

> »Wenn der Bürger schon zugibt, daß der Antisemit im Unrecht ist, so will er wenigstens, daß auch das Opfer schuldig sei.«
>
> Horkheimer/Adorno, »Dialektik der Aufklärung«

Nun lacht er wieder, Gott sei Dank. Die Therapie hat angeschlagen, und mit einem kleinen Scherz verscheucht der Rekonvaleszent die Gespenster vergangener Fieberträume. Etwa damit: Ein Jude liegt auf dem Sterbebett, die Familie ist vollzählig um ihn versammelt. Ehe er für immer die Augen schließt, blickt er noch einmal prüfend in die Runde und klagt: »Und wer ist im Geschäft?«

Noch beim letzten Hauch, das weiß der Antisemit, denken die Juden, woran sie schon beim ersten Atemzug gedacht haben: Ans Geschäft. Daß solch schnöde Lebensauffassung nicht nur andere ins Verderben führt, wurde den hiesigen Fernsehzuschauern in diesem Frühjahr durch die Geschichte vom Aufstieg und Fall der jüdischen Hoteliersfamilie Polan zur beruhigenden Gewißheit. »Die Juden sind unser Unglück« tönte es vor hundert Jahren von den Kathedern deutscher Universitäten. Dann brachten die Deutschen die Juden um und wurden doch nicht ganz glücklich dabei. Aber nun drang aus den Kanälen der Dritten Programme eine Botschaft, welche jene Einschränkung des Wohlbefindens beseitigt wie Kopfschmerztabletten die Nachwirkungen einer durchzechten Nacht: Die Juden seien vor allem ihr eigenes Unglück gewesen, lautete die tröstliche Kunde.

In Österreich, wo die Familiengeschichte zuvor ausgestrahlt worden war, stieß der in der DDR produzierte Fernsehfilm »Hotel Polan und seine Gäste« (nach dem Roman »Bohemia – mein Schicksal« von Jan Koplowitz) auf heftige Kritik. Selbst dem propagandistischen Schwindel des Films erlegen und um dessen rechte Wirkung besorgt, erklärte das österreichische Fernsehen: »Die erfolgreiche Hoteliersfamilie Polan steht stellvertretend für alle Juden.« In der Bundesrepublik waren solche Notlügen überflüssig, denn hier traf, was von der Mattscheibe flimmerte, deckungsgleich zusammen mit Bildern, die das Publikum bislang nur heimlich vor dem inneren Auge passieren lassen konnte. Populär waren seit dem Überfall der Israelis auf den Libanon zwar die zur historischen Entlastung formulierten Vergleiche zwischen Israelis und Nazis, aber nur wenige, wie zum Beispiel der Herausgeber des *Spiegel*, dachten die Logik dieses Lastenausgleichs öffentlich zu Ende. Angelegentlich der Feststellung des ehemaligen israelischen Ministerpräsidenten Begin, der ehemalige deutsche Kanzler Schmidt habe als Wehrmachtssoldat fest auf dem Boden der nationalsozialistischen Grundordnung gestanden, wurde Augstein zum Sprecher einer nationalen Gesinnungslage, die keine Parteien mehr kannte: »Kein moralischer Unterschied also zwischen der schweigenden Mehrheit der Deutschen und der schweigenden Mehrheit der Juden ...«, schrieb er. Zwei Jahre später haben wir den Film zum Spruch.

Nach den zahllosen guten Juden, den Wissenschaftlern, Ärzten, den philanthropischen Bankiers und liberalen Redakteuren, den weitläufigen Kaufleuten und kunstverständigen Juristen, nach soviel Verschiebung und Ressentimentstau, wurden endlich die Schleusen geöffnet: Ostjüdische Shylocks, Geld und Kaftan, Profit und Pejes, Familienbande, Synagogenmafia, mit einem Wort: Jüdische Plutokratie. Statt Nathan nun Polan. Statt der gepflegten Umgangsformen und der hochdeutschen Redeweise der »Geschwister Oppermann« nun die wild gestikulierenden, jüdelnden Mitglieder eines Clans. Immer wurde die philosemitische Münze gespielt, jetzt fiel sie auf die Kehrseite: Geist und Geld verwandelten sich in Mystik und Mammon, von der trügerischen Kultur bleiben nurmehr kulturlose Betrüger. Im Unterschied zu »Adel verpflichtet«, wo ein einziger Schauspieler verschiedene Rollen spielt, verkörpern in »Hotel Polan« verschiedene Schauspieler eine einzige Rolle: Den ewigen Juden.

Strukturell identisch mit der Hervorhebung besonderer Leistungen als jüdische ist die Herabsetzung bestimmter Eigenschaften als jüdische. In beiden Fällen wird die Verfolgung zu einem jüdischen Problem, das in Wahrheit seine Wurzeln bei den Verfolgern hat. Die Auflistung von Nobelpreisträgern wie die Aufzählung von Schwindlern läuft auf das Nämliche hinaus, auf Rassismus; schließlich, ebenso unterschiedslos, wenn der Augenblick da ist, auf Fahndungs- und Deportationslisten. Nicht zufällig bewegt sich die gängige philosemitische Wendung vom »jüdischen Genie Einstein« in der Nähe zur nationalsozialistischen Diffamierung der Relativitätstheorie als »jüdische Physik«. Diesem Mechanismus gehorcht auch der Umschwung, welcher sich an der Darstellung der Juden in »Hotel Polan und seine Gäste« vollzogen hat. Dabei ist bemerkenswert, wie diese Umpolung durch eine Art gesamtdeutsches Interesse befördert wird. Der Film wurde in der DDR produziert und spiegelt in allen Aspekten seine Herkunft wieder, doch scheint er gleichermaßen den innersten Wünschen des westdeutschen Publikums abgelauscht zu sein.

Daß sich, wenn nicht schon die Wende zum Antisemitismus, so doch die Koexistenz vom Woche-der-Brüderlichkeit- und *Stürmer*-Jargon in der Öffentlichkeit ohne vehementen Widerspruch behaupten kann, hat einen doppelten Grund, einen aktuell politischen und einen sozialpsychologischen: Zum neuen Nationalismus in der Bundesrepublik, einem Produkt der Krise, gehört auch Antisemitismus. Er hat die Ermordeten überlebt. Andererseits ist einleuchtend, daß die philosemitische Restaurationsideologie wie ein übersäuerter See irgendwann umkippen mußte. In der falschen Antwort auf den Massenmord: nämlich in der Einbildung, gute Juden zu schaffen, statt in der Realität die schlechten Deutschen abzuschaffen, lag schon der künftige Umschlag ins gefährliche Ressentiment beschlossen. Es hat seine nur dürftige Hülle aus guten Vorsätzen und edlen Absichten bereits abgestreift. Und der Widerstand dagegen ist darum so hilflos, weil sich die Verteidiger, wenn auch anders gemeint, nur zurückziehen, worauf die Angreifer hinauswollen, auf Sonderbehandlung.

Die Dritten Fernsehprogramme der Bundesrepublik werden von Zeit zu Zeit für einen Reaktionstest benutzt: Wenn sich die Lehrer nicht regen, dann regt sich niemand. Da nennenswerter Protest nach dem Probelauf sich nicht ausmachen ließ, wird »Hotel Polan und seine Gäste« absehbar auch bundesweit ausgestrahlt werden. Dann können die Zuschauer, die über Anne Frank gerührt waren, nun den Gedanken, dieses Mädchen hätte doch verschont bleiben sollen, zu Ende denken anhand der reichen Auswahl kauderwelschender und fuchtelnder Kaftanträger.

II.

Die Hoteliersfamilie Polan: Nicht stellvertretend für alle Juden, nicht einmal für sich selbst, sondern nur Objekt, woran sich entfaltet, was in der »Dialektik der Aufklärung« folgendermaßen bezeichnet wird: »Kein Antisemit, dem es nicht im Blute läge, nachzuahmen, was ihm Jude heißt.«

Die Story: Philipp Polan, der Besitzer des koscheren Hotels »Bohemia« in einem vornehmlich von orthodoxen Juden besuchten Heilbad an der deutsch-böhmischen Grenze, und seine Frau Josefine kennen bis zu ihrem Tod nur ein einziges Thema: Die Parnusse, die Prozente, den Profit. Prototypen vom Stamme Nimm: »Wenn man dir gibt, so nimm; wenn man dir nimmt, so schrei«, lautet ihr Wahlspruch. Und auf dem Totenbett demonstriert Josefine Polan, wie eng Altes Testament und Grundbuch, Prophetenzorn und Profitrate verschlungen sind: »Wer verkauft die ›Bohemia‹ soll sein verflucht.« Kurz vor ihrem Tod korrigiert sie zwar ihre Phonetik, aber mit der Syntax hapert's bis zum Grab. Ansonsten wird nach antisemitischer Herzenslust »gekoift« und »verkoift«. Sogar die böhmischen Juden jüdeln, mal mit Berliner, mal mit Sächsischem Akzent. Dabei haben sie ein deutsch gesprochen und geschrieben, neben welchem die Preußen und Österreicher als mit Aphasie geschlagen erscheinen müßten. Selbst einem Schauspieler, der nun wirklich jiddisch kann, dem Leiter des Jiddischen Theaters in Warschau, Szymon Szurmiel, wurde die Rolle derart zurechtgestreichert, daß er – der neue dollarschwere Hausherr des Hotels, der die Tochter »koift« – so radebrechen muß, wie sich das die Patrioten im Osten und die Heimatlinken im Westen vorstellen: Ein typischer Besatzer.

Dieser wird dringend gebraucht, weil die Familie in einer so privaten wie pekuniären Klemme steckt. Die Tochter Esther hatte sich mit dem Stallknecht eingelassen, einem Goj, also Klassen- und Rassenverrat begangen und ward schwanger. Nun hängt die Familie gierig an den Lippen des Heiratsvermittlers: »Das Bankhaus Pelz is nicht unbedeitend. Ich hab ihm erzählt: A Hotel, a Weltbad. Hat er gesagt: Hat es Zukunft? Hab ich gesagt: Und ob! Hat er gesagt: Esther Polan oder keine.«

Eine Mutter verzichtet für ihr Kind auf alles, eine jüdische Mutter für alles auf ihr Kind: »Nicht mit dem Kind aufwarten, wo verhandelt wird über die Mitgift. Hat er nicht geschickt a Scheck?«

Der Großvater, Philipp Polan, nimmt den Knaben, fährt mit ihm nach Berlin, setzt sich in ein Restaurant und fühlt sich wie in Auerbachs Keller. Statt: »Ein echter deutscher Mann mag keinen Franzen leiden, doch ihre Weine trinkt er gern«, räsonniert Polan »A anständiger Mensch is mehr als a frommer Jud« und bestellt Schweinebraten. Ein frommer Jude, so erfährt man nach dem Essen, ist weniger als ein anständiger Mensch, denn er steckt den Enkel Peter gleich für mehrere Jahre in ein Waisenhaus. Peter, weit weg von Milieu und Jargon, kommt im Lauf seiner Schulzeit mit der Arbeiterklasse in Berührung, vor allem dadurch, daß er einem – natürlich minderbemittelten – Mitschüler bei jeder Begegnung auf die Lederjakkenschulter klopft; Peter Samuel also entwickelt sich zur positiven Figur des Films, erklärt seinen Austritt aus der jüdischen Gemeinde und wird schließlich Kommunist. Kein Wunder, ist er doch der einzige aus dem Polan-

Clan, der schon vor Natur aus anders ist, ein halber Goj auf dem Weg zu einem ganzen Prolet-Arier, Produkt einer fortschrittlich gewendeten »Sünde wider das Blut«. Ein Homunculus der VEB Schall & May, spitze Nase, schmallippig, protestantischer Blick, ein ganzer Volksarmist, umarmt er kaum ein Mädchen, sondern vor allem seine Genossen (sein Gegenspieler, ein SA-Führer, tätschelt die Wangen seiner Gefolgsleute). Der Klassengegensatz wird, als er einen Streik des Hotelpersonals gegen die Familie anzettelt, zur Blutsfeindschaft (die Mutter, aufgelöst: »Mein eigen Fleisch und Blut!«), und folgerichtig schläft er mit dem so klassenbewußten wie arischen Stubenmädchen. Schließlich, als außer Flucht nichts mehr hilft, verzichtet er auf das rettende Papier, einen bürgerlich-anrüchigen Schweizer Paß und entsagt mit proletarischem Heroismus der Liebe zu einer Frau. Natürlich war diese eines aufrechten Antifaschisten nicht würdig, denn sie will am Berge Zion heiraten und macht sich vor den Schergen Hitlers einfach davon. »Du sollst sein geharget, erschluggen, du Goj, du a mieser Goj«, flucht ihm sein Beinahe-Schwiegervater nach, und dessen Tochter hat im Film das letzte Wort: »Du Schuft, du Schnorrer.« Solche Juden könnte der Antisemit fast liebgewinnen.

III.

Die immer wieder bekräftigte Versicherung, es gehe bei derlei »Vergangenheitsbewältigung« doch um die Opfer, ist wahr und falsch zugleich. Falsch, weil in der Regel nicht von den Tätern und den fortexistierenden Bedingungen für ihre Verbrechen gesprochen wird; wahr ist die Behauptung, weil allein durch den Nachweis, das Opfer habe sich durch bestimmte Eigenschaften auch dazu gemacht, das namenlose Grauen gemildert werden und gar einen Sinn ergeben könnte. Noch in der absurden Forderung, jene, die den Lagern entkommen seien, müßten heute die besseren Menschen sein und dürften beispielsweise als Israelis keine Palästinenser unterdrücken, klingt die Vorstellung vom KZ als Besserungsanstalt nach und der Verdacht, es habe Gründe gegeben, die Juden dorthin zu verschleppen.

Der Versuch des Films, in Bild und Ton Gründe für die wünschenswerte Eliminierung der Juden aus der Gesellschaft zu finden, ist – wie jede Propaganda heute – vielfach überdeterminiert. Aus diesem Material ließen sich zehn antisemitische Filme drehen. Neben der Denunziation des anachronistischen Händlergebarens, die umso verlogener ist, als jede Politik heute Geschäft meint, neben der Identifizierung von Judentum und Geschäftemacherei, findet sich ein so aktuell wie gesamtdeutsch nützlicher Bösewicht mit allen vorgeblich jüdischen Charakterzügen: Der Zionist. Er verkörpert Spekulantentum plus Imperialismus und taugt gleichermaßen als Projektionsfläche für historische Entlastungsbedürfnisse wie für gegenwärtige Welterklärungen.

Während Hitler Europa unterjocht, okkupieren die Zionisten Palästina: »Wir müssen das Araberland zuschütten mit Einwanderern. Zuschütten – das ist kein Araberland, das ist uralter jüdischer Boden. Die Araber sind lästige Ausländer, unerwünschte Gäste, sie müssen weg. Auskaufen oder verjagen, aber sie müssen weg. Und gegen die Engländer – kalter Terror, bis sie nachgeben ...« Und für diejenigen Zuschauer, die dann immer noch nicht verstehen, daß die Zionisten schon damals seitenverkehrte Nazis gewesen sind, hält der Film den Hinweis parat, daß die Reichen von Zion mit Hitler kollaboriert, daß »internationale jüdische Konsortien« mit den Nazis verhandelt hätten. Was von diesen Vernichtungsgewinnlern zu halten ist, kann man genauer nachlesen in der jüngsten Publikation des »Antizionistischen Komitees der sowjetischen Öffentlichkeit«: »Wir sind heute berechtigt, dem Zionismus das strengste und härteste Urteil zu sprechen. Denn in jener schrecklichen Zeit haben die Herrschaften des internationalen Zionismus die Juden nicht geschützt, sondern sie im Gegenteil verraten, indem sie mit den Chefs von Gestapo und SS gemeinsame Sache machten.«

Dem chauvinistischen Alleinvertretungsanspruch mancher israelischer Politiker nicht unähnlich, verwischt der DDR-Film vorsätzlich jede Differenz zwischen Juden und Zionisten. Insofern kann damals nicht unrecht gewesen sein, was heute recht ist, nämlich »dem Zionismus das strengste und härteste Urteil zu sprechen«. Insofern zeigt, weil der Zionist vornehmlich jüdische Züge trägt, der Antizionist seine antisemitische Fratze. Mit dem Philosemitismus, der Banalität des Guten, ist es endgültig vorbei.

1982

Die Gleichschaltung der Erinnerung

Rückblick auf ein Gedenkjahr

I.

> »Verbrechen zahlt sich nicht aus, es sei denn, man wäre der Verbrecher.«
>
> Jane Dawson über »Ripley's Game«

Pünktlich 50 Jahre nach dem Regierungsantritt Hitlers versammelten sich die Deutschen wie auf neuerlichen Befehl, um für die Dauer von einem Jahr sich einzupauken, was in Europa – die Deutschen ausgenommen – zum kollektiven Gedächtnis der Völker gehört. Mit seinen unzähligen Vorträgen, Kundgebungen, Ausstellungen und Seminaren wird das Jahr 1983 in die Geschichte der Bundesrepublik eingehen als längster Bildungsurlaub der Nation: keine Gemeinde ohne Ausstellung, keine Volkshochschule ohne Veranstaltungsreihe; kein Verlag, der nicht seine Ladenhüter frisierte oder mit Schnellschüssen aufwartete; keine Woche, in der nicht Presse, Rundfunk und Fernsehen ihr Übersoll an Geschichtsunterricht vermeiden konnten. Selbst die Sportredaktionen fügten sich, hielten Einkehr und entdeckten unter den umgebrachten Sozialdemokraten, Kommunisten und Juden Fußballspieler, Rennradler und Kugelstoßer – also wen sie für Menschen halten.

Verordnete Aufklärung ist so unsinnig wie die komplementäre Bereitschaft, an ihr wie durch massenhafte Verabredung organisiert teilzuhaben. Daß die Deutschen mit der nämlichen Betriebsamkeit, die sie einst beim Vernichten und danach beim Vergessen an den Tag gelegt hatten, sich nun an die eigene Vergangenheit machten, diesem Umstand haftet etwas Groteskes an. Erst in der beflissenen Erfassung der Nazizeit kommt Horkheimers Verdikt, er kenne kein verhärteteres Kollektiv in der ganzen Welt, zu seiner vollen Wahrheit. Gemünzt auf die geschäftige Verdrängung der Verbrechen, erfährt jenes Urteil gerade durch die treibende Kraft der deutschen Rückschau eine paradoxe Bestätigung. Denn in der eifrigen Materialsammlung und der sie begleitenden gefühligen Anschauung wurde aus der Besinnung auf den Nationalsozialismus eine neue Besinnlichkeit und der Verstand wurde vom Verständnis abgelöst.

Nicht mehr verdrücktes Schweigen stiftete Gemeinschaft wie vordem, sondern die hemmungslose Redseligkeit aller. Gerade die offenherzige Beschäftigung mit dem Nationalsozialismus ging reibungslos konform mit wachsendem Ausländerhaß und parteiübergreifendem Patriotismus, wohingegen wahrhafte Auseinandersetzung mit der deutschen Vergangenheit einzig darin bestünde, den notorischen Zusammenhang unverzüglich aufzukündigen.

Noch kein Tag der Befreiung vom Nationalsozialismus wurde von den Deutschen so begangen wie diese Halbjahrhundertfeier. In ihr wurde der Gedanke vom Geschwätz begraben, die Geschichte von Geschichten eingenebelt, das Argument in einer Materialschlacht erdrückt, und der Begriff mußte einem neuen Begreifen weichen: Nach der »oral history« und »visual history« – der Geschichtsschreibung als Medienpaket – rechnen die zeitgenössischen Pädagogen auch mit dem Verlust des Gesichtssinns, den sie mit ihrem Konzept einer »Geschichte zum Anfassen« selbst so zügig vorantreiben. In Anlehnung an die beiden anderen Denksurrogate hieße dann, was Huxley in der »Schönen neuen Welt« schon als Fühlkino vorweggenommen hat, »tactile history«. Auch sie soll bewirken, was einmal Popularisierung hieß. Zielte diese noch auf die Verflachung des Gedankens, so setzt jene auf die Regression der Wahrnehmung, auf ein Bildungsideal, dem die modernen Analphabeten ohnehin entsprechen, wie man einem zustimmenden Text der *taz* entnehmen konnte. Dort hieß es über eine Ausstellung »Frauen im Nationalsozialismus«: »(es wurde) bis zum Kochtopf und Kinderwagen Alltag zum Anfassen dargestellt. Dahinter steckt das Ziel, die Distanz abzubauen, das damalige Leben wörtlich spürbar zu machen und damit auch Verständnis zu erzeugen.« (*taz* vom 10.11.83)

II.

> »Wie können wir Deutschland retten, dieses Land, das im Abgrund der Geschichte zu verschwinden droht?« (Der Filmregisseur Werner Herzog über »eine neue Art von Patriot«, den Schriftsteller Peter Schneider)

Im Jubiläumsjahr 1983 kulminierte eine allgemeine Tendenz der Gegenwart, die Intention, jede Konfrontation mit der Geschichte zu neutralisieren. Gemeint ist die diffus verbreitete Aufmerksamkeit für alles Vergangene, der Hang zur ziellosen wie intensiven Recherche nach der Welt von Gestern. Alle sind auf »Spurensuche«, auf der Suche nach Ursprüngen, Wurzeln und Traditionen, als gälte es, einen Glaubenssatz der ausgestorbenen Bourgeoisie zum Forschungsprogramm zu erheben: »Es hat eine Geschichte gegeben, es gibt keine Geschichte mehr.«

Doch diejenigen, die nun ein Jahr lang nach einer imaginären Dienstvorschrift die Geschichte bewältigt haben – 50 Jahre 33, 500 Jahre Luther, 40 Jahre Stalingrad, 100 Jahre Wagner –, diejenigen, die nach den verschütteten Werten, dem abhanden gekommenen Sinn und der verlorenen Identität in der Vergangenheit gegraben haben, sie rechnen kaum zum Kreis jener, welche die Verhältnisse auf die knappe und nicht widerlegbare Formel »no future« bringen.

Im Gegenteil, solche Suche wurde, wie die Veranstaltungen zu 1933 bewiesen, zu einem eigentümlichen Prozeß, in welchem sich Erinnern und Vergessen wechselseitig durchdrangen, um in etwas Neuem aufzugehen, dem Gemeinschaftsgefühl. Die konfessionswütige Neigung, zum Lieblingsthema des Jubeljahres »Alltag im Nationalsozialismus« (Schirmherrschaft: Carstens) etwas beizutragen, der wöchentliche Nazi-Spielfilm im West- und Ostfernsehen, die uferlosen Väter- und Mütter-Bekenntnisse wie die literarische Rehabilitierung der Eltern durch die Kinder, die echten uninteressanten Memoiren wie die gefälschten uninteressanten – all dies machte den Bildungsurlaub zu einem ganzjährigen Sanatoriumsaufenthalt, von dem jetzt eine ganze Nation genesen zurückkehrt. Wie jeder Bildungsurlaub, so geriet auch dieser bundesweite zu einer kollektiven Plauderstunde, wobei alle alles sagen durften und schon dadurch rehabilitiert waren. Sich selbst bescheinigen die Deutschen damit, was sie zuvor den Juden definitiv überwiesen hatten: die »endgültige Wiedergutmachung«.

III.

> »Aber wir können doch deswegen nicht alles Deutsche verdammen. Wir müssen zu einem nationalen Denken kommen. Ich bin gerne Deutscher.« (Dieter Thomas Heck im ZDF)

Der Verdacht, daß es entgegen den verlautbarten Zielen beim strebsamen Interesse der Deutschen an ihrer Vergangenheit auf ganz andere Dinge ankam als auf Eingedenken und Aufklärung, dieser Verdacht wäre nicht so allgemein und kaum der Rede wert, wäre nicht gerade ein Großteil der Linken, die es doch einmal besser wußten, so eifrig mit von der Partie gewesen.

Schlief schon die halbe Bundesrepublik über ihrer hausgemachten Schulfunkstunde ein und schleppte sich die historische Pflichtübung mühsam durch den Herbst – die Linken machten munter weiter. Mit ihren in Friedensmärschen gewonnenen Durchhaltevermögen und ihrer in der Bezugsgruppe gestählten Seele harrten sie tapfer und verbissen aus bis heute, dem nächsten Jubeljahr: 1984.

Der alternative Vergangenheitseifer hatte Berlin zum Rehabilitationszentrum für die beschädigte Identität erkoren. Nach dem Modell der verstaatlichten »zweiten Kultur«, in deren Zentrum nicht der politische Widerspruch, sondern der Förderungsantrag steht, rollte eine ganze Welle von Veranstaltungen und Ausstellungen über Berlin hinweg. »Geschichte zum Anfassen« war die Losung, und fast alles, was den neuen Pfadfindern an historischem Plunder in die Hände fiel, verwandelte sich bei der Berührung in glänzende und passende Einzelteile eines riesigen freigelegten Mosaiks des Widerstandes. Einem distanzierten Betrachter, einem Emigranten etwa, hatte der naheliegende wie absurde Gedanke kommen können, daß seine damalige Flucht auf einem Irrtum beruht haben müsse, daß Berlin nicht die Hauptstadt des Dritten Reichs, sondern ein einziges Widerstandsnest gewesen sei.

Schon das Veranstaltungsprogramm besaß den Umfang eines Taschenbuchs, und wer alles absolvierte, brauchte zum Jahresende ein neues Bücherregal. Darin wird dann vornehmlich stehen, was man als die enthusiastische Rekonstruktion des Immergleichen bezeichnen könnte, des Alltags, des Geschehens um die Ecke, der Geschichte »unserer Straße« oder »unseres Kiez«, wie es im Alternativjargon heißt. Das von der eigenen Trivialität nicht verschiedene Interesse am »Alltagsgefühl« des Nationalsozialismus verkehrte dabei den Gedanken von der Banalität des Bösen in die Entdeckerfreuden über das Gute der Banalität. Der gerührte Blick aufs Kleine und die große Sympathie – »unser Land« – ergänzten sich: 1983 war das Jahr der Wende und des Umschlags von Kritik in Heimatkunde.

Als beliebiges Beispiel mag ein Blick auf eine der letzten größeren Fleißarbeiten der Berliner Linken genügen: Die Ausstellung »Gleichschaltung der Bilder. Pressephotographie 1930-1936«. Im unvermeidlich umfangreichen Katalog, dessen Verfasser sich beim Berliner Senat mit einer Standardfloskel der gleichgeschalteten Sprache für die »verwaltungsmäßige Betreuung« bedanken, heißt es: »Wenn man überhaupt noch irgendein Verhältnis zur Identität und Kontinuität wenigstens von Sprache und Kultur, von Land und Ort, von sozialen Gruppen und emanzipatorischen Bestrebungen – wenn schon nicht von Nation und Staat – hat, dann wird man notwendigerweise immer wieder den Schritt hinter die Hitlerzeit zurück machen müssen ...«

Damit ist methodisch die alternative Ehrenrettung der deutschen Geschichte umschrieben. Hinter die Hitlerzeit zurück? Warum nicht gleich bis zu den Bauernkriegen, die beim inneren Beruferaten ebenfalls so beliebt sind? Tradition will man haben, aber nicht, was logisch und historisch zu ihr gehört, und dadurch wird die eigene Geschichte zu einem Supermarkt mit Billigangeboten, worin die organisierte Barbarei als preisgebundener Artikel keinen Platz hat.

Adorno hat einmal Tradition lapidar definiert als bestimmte Negation. Von jener bestimmten Negation, die nur im Angriff auf die aktuelle Verdummung der geschichtlichen den Prozeß machen könnte, waren Katalog wie Ausstellung auf ganz staatserhaltende Weise freigeblieben. Dem auf alte Photographien gerichteten Sammeleifer entspricht die ebenso große Sehnsucht nach einem stimmigen Selbstbild, nach Identität, wie das gefragte gesellschaftliche Sedativ heute heißt. Daß es den Markennamen Lokalpatriotismus trägt und geschichtsmächtig werden möchte, erfährt man aus der Einleitung des Katalogs: »... zum Schluß war es auch mit der Metropole vorbei. Das hat Berlin – wenn es ehrlich ist – noch immer nicht verwunden. Das darf es nicht verdrängen, wenn es sich nicht gänzlich von sich selbst entfremden und zum geschichtslosen Ort verkommen will.«

Daß es »am Schluß mit der Metropole vorbei war«, kann nur jemand bedauern, der diesen »Schluß« nicht als Befreiung begreift. Vom nämlichen geschichtsklitternden Ungeist sind andere berlinförderungswürdige Bekenntnisse durchtränkt: »Wir haben uns von dieser Ausrottungspolitik noch immer nicht erholt, weil man sich – das muß so hart gesagt werden – von ihr nicht erholen kann.« Das sagt kein davongekommener Jude, sondern – mit Gefühl und Härte – ein deutscher Professor.

IV.

> »Mit Trauerarbeit ist das ganze Projekt schon verbunden, weil man auch dabei merkt, was für Verluste wir dabei haben hinnehmen müssen, wieviel Erfahrungsbereiche, Teile von Kultur uns abhanden gekommen sind ...« (aus einem Interview der *taz* anläßlich der Ausstellung »Die Gleichschaltung der Bilder«)

Tröstlich ist immerhin, daß das Lamento über die Deutschen als Opfer, über Berlin als Sozialfall der Geschichte und als Paria unter den Weltstädten an der politischen Wirklichkeit zerschellt. Berlin hat in diesem Jahrhundert zweimal – weniger als zivilisierte Metropole, denn als Hauptquartier zweier deutscher Weltkriege – den Befähigungsnachweis erbracht, geschichtlicher Ort zu sein. Ein drittes Mal wird die Welt bestimmt darauf verzichten.

Nicht verzichten hingegen wollen die Linken, es sei denn auf radikales Denken. Sie haben schon immer aus der Not eine Tugend gemacht, und diesmal soll, wer nicht lesen kann, fühlen dürfen. Die Einfühlung, zum Beispiel durch alte Photographien, soll – wie es im erwähnten Katalog heißt – dazu verhelfen, »ein Bild von der Vergangenheit zu gewinnen, selbständig und ohne Bevormundung in der Geschichte zu graben und nach Anknüpfungspunkten für eigene Probleme und Hoffnungen zu suchen.«

Der Abschied von der Vernunft, der »Bevormundung« durch Theorie und die Wendung zur Vergangenheit als Buddelkiste sind bereits jene »Anknüpfungspunkte«, nach denen die Suche geht. Darin teilt sich mit, daß nun auch die Linken dem Slogan »Berlin bleibt Berlin« zu einer Wahrheit verhelfen möchten, die jener schon als

Drohung immer enthielt. Der feuilletonistische Vortrupp der Berliner Szene um die Zeitschrift *Ästhetik und Kommunikation* hatte bereits im vergangenen Sommer das neue Leitmotiv linker Vergangenheitsbewältigung intoniert: »Aber in mir, im Düsteren, wartet jemand, und seit langem. Er will heraus mit der Sprache ...« Seither machen die Linken aus ihrem Herzen keine Dunkelkammer mehr. Das Heft »Deutsche, Linke, Juden« wurde, wie die Herausgeber beabsichtigt hatten, zum Zungenlöser der Saison, zum Adrenalinstoß der Selbstfindung. Der Ring war frei für die ausagierende Sebstdarstellung: In einem *taz*-Beitrag über die »Kristallnacht« (*taz* vom 9.11.83) jammert ein Autor über die Befindlichkeiten einer gegenwärtigen jungen Dame aus Unna, als habe man ihr die den Juden zugefügten Verbrechen angetan. Und einen Tag später konnte man im nämlichen Blatt über »Lust und Glück am Nationalsozialismus« lesen, daß an ihnen »diese verdammte Objektivität« und das »trockene Klassenkampfgefasel« vorbeigingen: »Das Glück muß man sehen im Nationalsozialismus, um zu begreifen, warum so viel akzeptiert und geschluckt wurde, und solange man dieses Glück als Irrationalität verteufelt, wird der Antifaschismus hilflos bleiben.«

Wenn es irgendein »Glück« gibt, das nicht nur als »Irrationalität verteufelt«, sondern bekämpft und für immer unmöglich gemacht werden müßte, dann doch jenes, von dem hier ganz so die Rede ist wie andernorts von Hitlers Autobahnen.

Je mehr sie zu sich selber kommen, um so mehr geraten die linken Heimatforscher außer sich, auch wenn ihnen – vernichtender als jede Kritik es vermag – der SPD-Geschäftsführer Glotz im *Spiegel* bescheinigt, sie seien Linke »der zur Standhaftigkeit geläuterten Protestgeneration«.

Die nächste Ausstellung kommt bestimmt: 1987 gibt es die 750-Jahr-Feier der Stadt Berlin, dagegen war das verflossene Jubiläum nur ein Probelauf. Und schon flicht die Szene ein neues Netzwerk, um wieder gehörig dabei zu sein. Damit man sich auch zwischen den Jahrestagen kräftig gruseln kann, hat eine Initiativgruppe den Titel ihres geplanten Gesamtkunstwerks für 1987 schon jetzt angezeigt: »Mythos Berlin«.

So wird Berlin endlich, wozu es vor 50 Jahren, als es um den »Mythos des 20. Jahrhunderts« ging, nicht gereicht hat: Zur Hauptstadt der Bewegung. Den Segen ihres regierenden Bürgermeisters und künftigen Bundespräsidenten hat sie bereits heute. Mit seinen jüngst publizierten Einsichten »Die deutsche Geschichte geht weiter« hat Weizsäcker ihr auch schon den Namen verliehen.

1983

Familienzusammenführung

I.

»Wir selbst, die Linke, das alternative Deutschland« – diese Steigerung ist, wenn auch noch nicht vertont, das drohende Stakkato einer neuen Nationalhymne. Wie deren unredigierte Strophen nehmen sich die verschiedenen Artikel des neuesten Hefts von *Ästhetik und Kommunikation* aus. (Nr. 51/1983, »Deutsche, Linke, Juden«).

Hatte die Redaktion sich schon als die schöngeistige Fraktion der neuen Heimatbewegung und des friedensbewegten Patriotismus einen Namen gemacht, bringt sie nun jenen Aufbruch der Deutschen zu sich selbst, der bei den Linken mit dem Ausruf begonnen hatte: »Man darf Begriffe wie Heimat, Tradition, Nation nicht den Rechten überlassen, zu seinem logischen Ende. Die Linken dürfen den Rechten nichts überlassen, nicht einmal den Antisemitismus.

Was man vor Jahren noch kritisieren konnte, daß nämlich der neue Patriotismus notwendig antisemitische Züge annehmen werde, das kann man heute nur noch registrieren wie den virulenten Haß auf alles Fremde und das heftige Ressentiment gegen Theorie. Das einzige, was vom Gedanken der Befreiung übriggeblieben war, war die Feststellung, Deutschland sei ein besetztes Land, das es zu befreien gelte. In einem besetzten Land rücken die Menschen zusammen; was vorher geschieden war wie Wasser und Feuer, wird nun eine Familie.

Wie sich aus der Vorstellung einer vom Naturzwang befreiten Gesellschaft doch nur das Bild einer Horde entschält, das erfahren wir aus dem mit degoutanten Privatphotographien garnierten Plädoyer für Familienzusammenführung, zu deren Anwalt sich alle Autoren des Heftes »Deutsche, Linke, Juden« aufwerfen. Sie wollen wieder heim ins Reich, zu Vater und Mutter. Die Akademiker mit Bauchansatz und Leberschaden mimen das Kind und vergessen darüber, daß ein Mensch, wenn er kein Affe sein soll, irgendwann aufhören muß, daß Kind seiner Eltern zu sein, damit er selbst jemand ist. In Deutschland gab es seit 1945 neben diesem trivialen auch noch den besonderen Trennungsgrad, daß vernünftige Menschen mit diesem Pack aus Mitläufern, Handlangern und Vollstreckern usw. aus der Nazizeit nichts zu tun haben wollten. Im Zuge der Versöhnung mit der Geschichte und der Wiederentdeckung der Tradition verkehrt sich dieser Sachverhalt auf spezifische Weise, wovon nach der vielen Literatur über Väter und Mütter das neue Heft von *Ästhetik und Kommunikation* ein eindeutig politisches Zeugnis ablegt.

Die Verbrechen der Deutschen stiften dabei ein neues Gemeinschaftsgefühl: »In jenen Augenblicken der Hilflosigkeit, der nicht bearbeiteten Affekte waren wir uns in der redaktionellen Arbeitsgruppe nahegekommen wie schon lange nicht mehr«, heißt es in einer Vorbemerkung, die ebenso geschmacklos überleitet in die Erleichterung, daß es sich bei den Redakteuren um die keineswegs verlorenen Söhne einer neuen Volksgemeinschaft handelt: »Im Laufe unserer Gespräche begriffen wir, daß wir über jene Traumata reden konnten, die uns unsere Eltern weitergaben, und die wir mit den neuen, linken Begriffen bloß überdeckten.« Das Mitleid mit den Eltern hat schließlich, wie Hajo Funke in einem Beitrag deutlich werden läßt, keine Grenzen: »Ich habe doch nur ihre Unfähigkeit zu trauern durch meine Unfähigkeit, über sie zu trauern, bestätigt.« Die schwere Verletzung, der große seelische Schock – was heißt Trauma sonst? –, haben die Eltern der heutigen Mittdreißiger ganz gut überwunden, sie sind dabei fett und alt geworden. Daran gestorben sind andere. Die kommen in dem Heft deshalb auch nur als der psychische Schmierstoff einer großen Verständigung vor, die nichts anderes vorbereiten soll als Ausreden, mit denen man notfalls der aufmüpfigen Fragerei der eigenen Kinder das Maul stopfen kann.

Weil die Autoren offenbar, außer der Rechtfertigung ihres betrüblichen Arrangements mit den Verhältnissen nichts mehr im Leben vor sich haben, erzählen sie wie Greise von ihrer Kindheit. Diese ist so interessant wie eine Kindheit in Deutschland eben ist. Im Hinblick auf den Zweck ihrer so langweilig wie peinlich formulierten Enthüllungen, nämlich der Rehabilitierung ihrer eigenen wie der großen Familie der Deutschen, sind einige Gemeinsamkeiten der Autoren aufschlußreich: Sie kommen aus der Provinz, hatten dort schon einen rebellischen Charakter und litten damals, wie die Deutschen vor 1933, unter der nationalen Demütigung. Nach der Niederlage der Protestbewegung verwandelten sie alle diese Nöte in eine einzige große Tugend, deren Fleißarbeit wir hier besichtigen. Damit hat sich die Diagnose Adornos über die Barbarei des flachen Landes (in: »Erziehung nach Auschwitz«) auf eine ironische Weise bestätigt. Daß bei dieser deutschen Identitätsfindung ein Autor mithilft, der in einer Art Reaktionsbildung auf den neudeutschen Frühling seiner jüdischen Identität dergestalt nachsinnt, daß darüber Bloch zu Blech wird, das ändert nichts an der Sache und macht schon gar keinen deutsch-jüdischen Dialog, dessen Wiederaufnahme gefühlig beschworen wird, als habe Auschwitz nur die Leitung blockiert. Dabei hat es diesen Dialog nie gegeben. Die Verwirrung scheint allgemein. Welchen Grad sie erreicht hat, sollen die kommentierten Ausrisse aus den Artikeln von zwei Autoren des Heftes belegen.

II.

Die Trompeter jener eingangs zitierten Fanfare des alternativen Deutschlands heißt Dieter Hoffmann-Axthelm. Das Impressum führt ihn als Redakteur, er selbst präsentiert sich dem Leser als Schriftsteller. Sein Text beginnt mit einer kurzen Frage und einer kurzen Antwort: »Deutsche und Juden – kann man darüber schreiben? Nach aller Erfahrung als Deutscher: Nein.«

Leider endet hier nicht der Text, dessen zwei Sätze zwar keine literarische Qualität aufweisen, aber doch den vernünftigen Gedanken beinhalten, daß nach Auschwitz die Vorstellung, wer deutsch schreibe, schreibe auch als Deutscher, vollends haltlos geworden ist.

»Muß ich darüber schreiben?«, fährt der Autor fort, und im Folgenden wird klar, daß in dieser Frage schon das Kollektiv mitgedacht ist: Ich als Deutscher. Natürlich muß er nicht, und er gesteht es offen ein, daß ihn niemand zwingt, kein Richter und keine Reichsschrifttumkammer. Woher also die assoziative Mitteilungswut, die geschwätzig vom Himmel durch die Welt nach Deutschland eilt, um mit der gleichermaßen verlogenen wie für Andersdenkende gefährlich wahren Einsicht zu enden, daß Deutschland »trotzdem mein Land ist«? Woher also dieser Rechtfertigungsdrang, der so tief angerührt sich gibt und doch so standardisiert sich äußert, daß man unversehens meint, im Magazin »Meine wahre Geschichte«

zu lesen? Während die anderen Autoren noch reichlich komische Anstrengungen unternehmen, um ihre langweilige Biographie soziologisch interessant zu machen. greift Hoffman-Axthelm gleich nach einem Privileg, das neuerdings wieder als Vorzug literarischer Produktion in Deutschland gilt: Er wird zum Bauchredner. »Aber in mir, im Düsteren, wartet jemand, und seit langem. Er will heraus mit der Sprache ...« Und er kommt heraus, dieser pathologische Dunkelmann. Keiner hat ihm die Diskretion eines ärztlichen Sprechzimmers anempfohlen, weil offenbar schon die ganze Linke zu einem Selbstdarstellungszirkel mutiert ist, darin der individuelle Wahn nicht weiter auffällt, weil er mit dem kollektiven längst schon konform geht.

Der neue Irrationalismus der Intellektuellen ist – Hoffmann-Axthelms Aufsatz belegt das mit jeder Zeile – nicht das letzte Rückzugsgefecht der Linken nach der Niederlage der Protestbewegung. Im Gegenteil, er erhebt die Niederlage der Vernunft zum Programm, seine vorgeblich radikale Innenschau ist eine offensive Wendung nach außen, seine vorgebliche Subjektivität ist die Sphärenmusik des Kollektivgeistes in der Krise. Eine koprophile Ausdrucksweise, etwas verwaberter Bloch, verfälschter Adorno – das ist die Mixtur des neudeutschen Reichtums, der von Innen her kommt bei Hoffmann-Axthelm. Weil er ein Deutscher ist, hat er natürlich zwei Seelen, die – wie er beständig wiederholt – durch eine »Trennwand« geschieden sind, »an der sich eigentlich gerade das spezifisch Deutsche aussondert«. Mit anderen Worten, dort hat eine Instinktdrüse ihren Sitz, die tatsächlich auch absondert: »Die Nazis haben immerhin das Verdienst, den deutschen Mythos zu Tode getrampelt zu haben.« Welch aufklärerische Bewegung, die nationalsozialistische! Weil die Deutschen keine lebendigen Menschen, sondern einen Mythos umgebracht haben, waren die wirklichen Toten nicht Opfer der Deutschen, sondern »die Opfer des Mythos«.

Nicht einmal in den fünfziger Jahren ist dieser Unsinn über einen »deutschen Mythos« ernsthaft vertreten worden. Es war die durchsichtige Ausrede einer schweigenden Koalition, deren Mitglieder sehr genau wußten, daß dem Nationalsozialismus sowenig mythologische Momente innewohnten wie den Transportlisten, die sie ausgefüllt hatten. Wenn hingegen heute eine redselige Vereinigung von Linken und Alternativen diese Ausreden zu ernsthaften Argumenten aufnordet und wie Hoffmann-Axthelm die planmäßig Ermordeten in einem assoziativen Parforce-Ritt durch die Geschichte zum psychischen Unterfutter einer neuen Heimatideologie vernutzt, dann ist die Wiedergutwerdung der Deutschen als Deutsche unangreifbar abgeschlossen. Unangreifbar allerdings nur von Innen, das wissen sie alle und rücken deshalb noch enger zusammen gegen Ausländer, Großmächte und Raketen.

Zu welcher Geschichtsrevision Linke im Prozeß der nationalen Rehabilitierung fähig sind und mit welcher Amnesie das einhergeht, mag eine beliebige Behauptung aus dem Text von Hoffman-Axthelm illustrieren: Nach 1945, schreibt er, seien nicht nur alle Verbrechen aus dem Gedächtnis getilgt worden. »Die ganze andere Seite der deutschen Geschichte muß weg, nicht nur der realisierte Mythos, sondern auch alles, was an Kräften des deutschen Volkes darin unheilvoll gebunden, fixiert war, die Sehnsucht, der Traum einer Sache, die mehr ist als Schinderei und Kapital, die Trauer säkularer Selbst-Zerstörungen, der blinde Schrei nach Gerechtigkeit in einer ungerechten Welt, die immer die Welt der anderen ist, eine ganze zweite Kinderseele der Menschheit (in summa all das, was Adorno das Leben im deutschen Sprachraum nach all dem Geschehenen als die noch erträglichste der zur Auswahl stehenden Höllen erscheinen ließ).«

Wäre Hoffmann-Axthelm fleißiger gewesen und hätte derlei feuilletonistisches Gefasel beizeiten auf 1000 Seiten gestreckt, dann stünde er heute auf der Bestenliste des Südwestfunks, dann hätte er das umjubelte Kultbuch der Nation geschrieben und nicht Sloterdijk. Was findet man, wenn man mit Vernunft in diesen sprachlichen Nebelschwaden stochert? Der Nationalsozialismus hat die im Grunde guten Deutschen mißbraucht. Was war so gut an ihnen? Die Kräfte des Volkes, eine Art muskulöse Sehnsucht. Andere haben das zu spüren bekommen. Die Nazis müssen eine Kindesmißhandlung am unschuldigen deutschen Geist vollzogen haben, schließt der Satz, um noch eine eigenverantwortliche Leichenschändung hinterherzuschieben: Nämlich Adorno für genau den Schwindel zu reklamieren, vor dem dieser in seinem Vortrag: »Was ist deutsch?« gewarnt hatte. Man kann absehen, daß diejenigen, die Adorno so gründlich vergessen haben und ihn aus der Emigration in einen »Sprachraum« zurückkehren lassen, bald auch den »Lebensraum« der Kritischen Theorie entdecken.

Daß eine derartige Ehrenrettung der »anderen Seite der deutschen Geschichte« ihre Glanzlichter nicht unter den Scheffel stellen darf, versteht sich. Deshalb präsentiert der Autor ein Licht aus der finstersten Zeit: »Worauf ich als Berliner z.B. stolz hin: Daß 1943 tausende von Juden von einem Tag auf den anderen nicht mehr für die Gestapo greifbar waren.« Die Pose, auf etwas stolz zu sein, woran man nicht den geringsten Anteil hat, ist nicht nur in Deutschland keine harmlose Dummheit mehr. Der Autor hat weder Juden vor der Gestapo gerettet, noch gibt es irgendeinen Grund, die triviale Eigenschaft, Berliner zu sein, hervorzuheben, denn dafür kann er auch nichts. Wofür er allerdings etwas kann, das ist die lokalpatriotisch eingefärbte Lüge, die Berliner hätten tausenden (!!) von verfolgten Juden Unterschlupf und Versteck gewährt. Offenbar wurden die Juden so gut versteckt, daß die Berliner sie nach Kriegsende gar nicht wiedergefunden haben.

Der Autor muß insgeheim geahnt haben, daß er ein Schwindler ist, denn an anderer Stelle heißt es, daß »wir selbst erstaunt sind über das, was da das Gehege unserer Zähne verfaßt.« Dieses poetische Bild wird nicht von ungefähr zur animalischen Drohung, denn sein größtes Verlangen ist, mit den Wölfen zu heulen, nämlich mit »der schweigenden Mehrheit der Deutschen, an die wir sonst in hundert Jahren noch nicht herankommen werden«. Er ist schon längst dort, denn die schweigende Mehrheit sieht ihm nach, daß Wagner »in der Tat in mir etwas – ganz recht! – nicht Aussagbares zum Schwingen bringt, und sei es das Falsche, das Deutsche, als das die deutsche Unaussprechlichkeit in unaussprechlichem Grauen praktisch wurde.« Die schweigende Mehrheit wird beifällig murmeln über sein liberales Arisierungsprogramm: »Ich gebe jedem recht, der in Deutschland nicht leben kann, und dieses Land zu verlassen, ist dann das Beste, was man sich antun kann.«

Natürlich gibt es noch viel zu tun für die Deutschen, vor allem Dreckarbeit, und er packt sie an: »Ins Unreine schreiben kann man bei diesem Thema gar nicht. Hierüber zu schreiben, ist das Unreine, das ist, sich bewußt im Unreinen zu bewegen«. So unappetitlich das erscheinen mag, das große Aufräumen, das Hygieneprogramm des politischen Saubermanns hat auch seine erfreulichen tückischen Fallen: »Der Augiastall ist ja da, und voller Jauche, wer soll ihn leermachen? Vorbeisehen, vorbeigehen hilft nichts, dann schon lieber beim Entmisten selber mal hineinfallen, so gräßlich das für alle Beteiligten ist.« Die Drohung, wieder alle Welt mit in die Grube zu reißen, verpufft vor der tröstlichen Gewißheit, daß die Deutschen nicht mehr die Mittel dazu haben, daß es sie alleine trifft. Und dabei wird es lachende Zuschauer geben.

Aber vorerst gibt es nichts zu lachen. Das macht nicht das abstrakte Gruseln vor der Bombe, das besorgt die konkrete Gefahr, der *Ästhetik und Kommunikation* als Pionier linker Gesinnung Bahn bricht. Die Linke in Deutschland scheut in gesamtnationaler Verantwortung keine Arbeit und übernimmt, weil es eben kaum echte Reaktionäre gibt, deren Part in diesem Spiel gleich mit. »Pausenlose Verarbeitungsanstrengung« heißt das im Text.

Daß damit nicht die Anstrengung des Begriffs gemeint ist, belegen alle Artikel gleichermaßen. Aber nur ein Autor hat sich für das Bundesverdienstkreuz qualifiziert: Eberhard Knödler-Bunte, ein Mitglied des Redaktionskollektivs und – wie seine Eloge auf Deutschland belegt – nicht nur ein verläßlicher Mitläufer, sondern ein Vorreiter des nationalen Kollektivs. Sein Artikel liest sich wie ein redseliger Kommentar zum Wörterbuch des Unmenschen. Von der Verachtung der amerikanischen Kultur, dem heimlichen Haß auf Fremde und Emigranten bis zum offenherzigen Antisemitismus enthält der Artikel nahezu alle Ressentiments, die zur autoritären Persönlichkeit gehören. Vom nationalen Minderwertigkeitsgefühl kuriert, bekennt er seine »Kulturtreue«: »Unterhalb des gesellschaftskritischen Selbstverständnisses spürte ich ein Einverständnis mit Deutschland als Kultur, eine Art zu leben und zu denken, als ein Zusammenhang von Empfindungen und Stimmungslagen, Landschaften, Menschen, in dem ich ›ich‹ sagen lernte«. Jetzt wissen wir, wen Adorno gemeint haben muß, als er von der Unverschämtheit mancher Menschen sprach, wenn sie »ich« sagen. Was vielleicht noch trübe und dumpf »unterhalb des gesellschaftskritischen Selbstverständnisses« von Knödler-Bunte dräuen mochte, auf der vorgeblich reflexiven Ebene wird es um keinen Deut vernünftiger, sondern bloß salonfähig. Auch dort herrscht, in Paraphrase auf den SS-Wahlspruch »Unsere Ehre heißt Treue«, die »Kulturtreue«. Zwar lamentiert er über die deutsche »Zerrissenheit«, über »unsere eigenen Narben«, als seien die Deutschen die Opfer des Nationalsozialismus und nicht dieser selbst gewesen, doch diese neue Weinerlichkeit ist nur die Kehrseite der alten kollektiven Härte, die jede Kritik, vor allem, wenn sie von Juden kommt, als »überempfindlich« und »überzogen« (so der Autor) denunziert. Vor wenigen Jahrzehnten wurde Knödler-Buntes Aufschrei über die »Negativabsicht von Henryk Broder und Lea Fleischmann« noch folgendermaßen skandiert: »Wider den undeutschen Geist!«

»Übernommen habe ich ein feines Gespür für die Unmenschlichkeit, die in der Nazisprache steckt«, bekennt der Autor, um den Leser nur zu demonstrieren, was für ein gelehriger Schüler er sei. Im flotten positivistischen Henkersdeutsch berichtet er von einem entscheidenden antisemitischen Bildungserlebnis, das man nur in New York haben kann, »weil die Juden in Deutschland nach 1945 weder physisch noch kulturell und sozial mehr quantitativ relevant anwesend (sind)«. Auf der Lower East Side sind sie »physisch anwesend«, dort betreibt er in einem Restaurant imaginäre Schädelmessungen und untersucht die Physiognomien der Gäste »halb unbewußt auf jüdische Merkmale«. Ganz bewußt als Antisemit äußert er sich dann auf der Ebene des »gesellschaftskritischen Selbstverständnisses«: »Bei der Überlegung: wäre ich Amerikaner aus der Unterschicht, der mit dazugehören wollte, dann wäre ich ganz schön sauer, welche Stellen Juden alle besetzt halten, von der Wallstreet bis hin zu den Universitäten.«

Jetzt versteht er seine Eltern voll und ganz und dankt insgeheim, daß sie die Juden umgebracht haben. Ihnen verdankt er alles. Auch, daß es statt der *Weltbühne* nun *Ästhetik und Kommunikation* gibt. Dafür ist er gerne Antisemit – auch ohne Juden, auf die es dabei sowieso nie ankam.

Sein Artikel ist überschrieben, wogegen er sich richten soll: Gegen die »Verlängerung des Schweigens«. Seit heute wissen wir, um wieviel mehr die Redseligkeit das verlängert, was abzuschaffen wäre.

1983

Erinnern und Urteilen

Anmerkungen zu einem verordneten Bestseller

Es hat Werbung nicht nötig. In keinem Schaufenster findet man es als Baustein der Jubiläumspyramiden, die zum Luther-, Kafka-, Wagner- und Marx-Jahr oder zur 50jährigen Wiederkehr der Kanzlerschaft des in der Welt bekanntesten Deutschen, Hitler, errichtet werden. Es wird nicht in der *Zeit* annonciert und nicht im *Spiegel* besprochen und ist doch ein Bestseller. Es ist, weil ein Schulbuch, ein verordneter Verkaufsschlager: Das Geschichtsbuch »Erinnern und Urteilen«, Band IV, erschienen im Klett-Verlag.

Den geheimnisvollen Kräften des Marktes entzogen, konjunkturabhängig und auf keiner Bestenliste notiert, verrät das Buch, das bei vielen zehntausend Schülern im Gebrauch ist, gleichwohl die geheimen Triebkräfte der Zeit. Auf wenigen Seiten signalisiert es, was Konjunktur hat und was man aus der überbordenden Flut zeitgeschichtlicher Veröffentlichungen erst mühsam entziffern muß: Die Versöhnung der Deutschen mit ihrer Geschichte. Im Jargon der Didaktik hieße das: Lernziel Verständnis.

Die Zeiten sind vorbei, in denen Mütter und Väter die aufmüpfige Fragerei ihrer Sprößlinge abwürgen wollten, sich in Elternvereinen organisierten und nach Klassenkampf im Schulbuch schnüffelten. Jetzt herrschen Verständnis und Einfühlung vor, vor allem aber Ausgewogenheit in einer Sache, die gar nicht unausgewogen genug betrachtet werden kann: Der Nationalsozialismus. Ein professorales Gremium unter der anleitenden Herausgeberschaft eines prominenten sozialdemokratischen Schulpolitikers hat die Darstellung des Nationalsozialismus mit jenen Leitmotiven versehen, die mittlerweile zur Erkennungsmelodie eines generationen- und parteiübergreifenden Einvernehmens geworden sind, nämlich: Daß es die Deutschen damals auch schwer hatten. Die Lebensmittel seien rationiert und die Stimmung der Bevölkerung in den letzten Kriegsjahren zusehends schlechter geworden, schreiben die Autoren, um die Gemütslage der Durchhaltegeneration wenige Sätze später als Friedenssehnsucht zu beschreiben. Dort liest man: »... die Bevölkerung in Deutschland sehnte sich nach dem Frieden.«

Die nationalsozialistischen Deutschen – eine Friedensbewegung? Mit der Sehnsucht nach Frieden im Herzen und der Panzerfaust in der Hand kämpften Frauen, Kinder und Greise bis zur letzten Minute gegen die Befreiung. Diese Sehnsucht, so räumen die Autoren ein, muß wohl doch nicht so unbändig gewesen sein: »... aber trotz der Friedenssehnsucht hatten die Deutschen in ihrer Mehrzahl Angst vor der Niederlage«, heißt es abschließend. Also kein Verlangen nach Befreiung, sondern schon damals die deutsche Angst, die nur – wie heute auch wieder – eigentlich nur andere das Fürchten lehrt? Die pikante aktuelle Verknüpfung von Angst und Friedenssehnsucht hat offenbar einen historischen Grund, der den zu sich kommenden Deutschen heute den Boden unter den Füßen wegzöge. Denn die Angst damals war keine vor der Niederlage, sondern vor der die Freiheit einläutenden Vergeltung. Sie blieb aus bis heute und liegt doch am Grunde des neuen patriotischen Pazifismus.

Aber nicht nur der Zivilbevölkerung soll übel mitgespielt worden sein, auch die Soldaten der Naziarmee wurden – so ein Bildtext im Schulbuch – betrogen. Unter einem Kriegsphoto findet sich folgende Erläuterung: »Häuserkampf in Stalingrad bei minus 40°C – ohne Chance«. Beim Showdown von der Natur reingelegt, hinterrücks vom russischen Winter übermannt – welche Chance hätten denn die deutschen Soldaten haben sollen? Statt zwanzig Millionen dann vierzig Millionen Russen umzubringen? Eigentlich hätten die Deutschen bei gutem Wetter den Krieg gewinnen müssen – das ist das Fazit jener Bildunterschrift. Nur der Kälteeinbruch und die Dummheit der politischen Führer hätten die Chancengleichheit und damit den Sieg zunichte gemacht, solche Argumente werden im Gewand der Vernunft vorgetragen. Doch die Vernunft hat sich, in Gestalt der Natur, als Winter, und in sozialer Gestalt, als Dummheit der Führer, listig behauptet und der Menschheit jenen Sieg erspart.

Wie man in einem Versandhauskatalog nach einem bestimmten Artikel fahndet und vor lauter Verwirrung dann alles bestellt, sind die Schüler in ihrem von Tabellen, Bildern, Quellen und Piktogrammen strotzenden Schulbuch eingekeilt und warten, daß ihnen eine einprägsame Überschrift oder ein Hinweis des Lehrers aus dem Chaos hilft. Blättert man einige Seiten weiter, um zu erfahren, was 16jährige Schüler, eben noch von der tragischen Chancenlosigkeit der Naziarmee berührt, von einem Ereignis wissen sollen, das sich in diesen Tagen zum 40. Mal jährt – der Aufstand und die Vernichtung des Warschauer Ghettos –, dann findet man dort vier Sätze. Im Unterschied zu einem bei Diesterweg erschienenen Geschichtsbuch, wo genau vier Worte darüber verloren werden, kommt diese Passage fast einer Würdigung gleich, wäre sie nicht mit einer Überschrift versehen. Sie lautet: »Massenselbstmord in Warschau.« Diese skandalöse Etikettierung des bewaffneten jüdischen Widerstands, die so salopp an die Kommune von Jonestown erinnern soll, besorgt nichts anderes als eine Verhöhnung der Opfer und eine Entlastung der Mörder. Gerade der Aufstand des Ghettos widerlegt die für die Deutschen so beruhigende Behauptung, die Opfer seien wie Kälber zur Schlachtbank gegangen, eine Behauptung übrigens, die nur den Gedanken daran nicht aufkommen lassen soll, daß die Deutschen wie eine Hammelherde hinter den Nazis hertrotteten.

Darüber hinaus wird in jener Verfälschung ein Denkmechanismus sichtbar, den man als rückblickende Zukunftsbewältigung oder als vorausschauende Vergangenheitsbewältigung bezeichnen könnte: Das jenen Menschen angetane Verbrechen kann – als Massenselbstmord tituliert – offenbar nur aus der ebengleich befürchteten Zukunft so begriffen werden. Und damit wird die Verharmlosung der Vernichtung insgeheim zum Verdikt, die Lüge über den Aufstand zur Wahrheit über das eigene Dasein. Mit dieser Auskunft über das Warschauer Ghetto versehen, bleibt den Schülern nur eines: Möglichst zu den Überlebenden zu gehören. Wenn schon der Massenselbstmord – heute in Gestalt des angehäuften Vernichtungspotentials – auf die Tagesordnung gesetzt ist, dann kommt es darauf an, möglichst als letzter abzutreten. Und in der Schule werden sie lernen, wer vor ihnen dran war und vor ihnen dran sein soll.

1983

Das jüdische Museum in Berlin 1933-1938

Nachruf auf einen Neuanfang

Am 24. Januar 1933, eine Woche vor dem Regierungsantritt Hitlers, werden die Berliner Tageszeitungen von drei Themen beherrscht: Wie und wann gelangen die Nationalsozialisten an die Macht, wann kommen die Gebrüder Rotter vor Gericht – zwei Spekulanten aus der Unterhaltungsbranche –, und wann endet die Kältewelle?

Theodor Wolf, der Chefredakteur des liberalen *Berliner Tageblatts* kommentiert an diesem Tag einen Nazi-Aufmarsch im Scheunenviertel, wo die Parteizentrale der Kommunisten gelegen ist – wo aber auch die Mehrheit der ostjüdischen Einwanderer wohnt. Seine Bemerkungen lesen sich wie eine vorwegnehmende Zusammenfassung des kommenden Krieges, aus Berlin wird über der Lektüre unversehens Warschau oder Prag: »Man hat also ganze Stadtviertel in Belagerungszustand versetzt, Wohnungen durchsucht, Polizei auf die Dächer gestellt, Panzerautos und Maschinengewehre herangeführt, ein paar Tausend Karabiner schußbereit gehalten, den Bülowplatz verriegelt, die gefährlichen Gebiete weit herum abgesperrt, Herrn Hitlers Triumphstraße mit enggeschlossenen Schuporeihen eingesäumt. Grandiose Mittel im Dienst einer gewiß hochentwickelten strategischen Wissenschaft. So zogen die SS und die SA gegen jede Bedrohung geschützt, über den Schnee, durch menschenleere Straßen, und froren für Hitler, wie die Grenadiere auf dem traurigen Rückmarsch von Moskau, in der weißen Einöde, für Napoleon.«

Der 24. Januar – eine Woche vor Hitler: So muß man heute rechnen, wenn man von einem Ereignis spricht, das am Abend des nämlichen Tages mit einem Festakt begangen wurde. Der Kunstkritiker des *Berliner Tageblatts*, Alfred Donath, schreibt am folgenden Tag darüber: »Seit gestern hat Berlin ein Jüdisches Museum, ein richtiges Museum mit Bildergalerie, Kupferstichkabinett und Kunstgewerbeabteilung, und man darf schon sagen, daß die Anordnung sehr glücklich durchgeführt wurde.«

Eine Woche vor Hitler ein Jüdisches Museum? Stellt sich die Frage und was in ihr mitschwingt nur im Nachhinein? War die Eröffnung des Museums ein Zeichen der Blindheit gegen das heraufziehende Unglück oder ein trotziger Protest? Handelte es sich um bürgerliche Naivität oder um politischen Mut, oder gar nur um den Mut der Verzweiflung? Lasen die Gründungsmitglieder des Museums nur das Feuilleton und nicht auch den Nachrichtenteil?

Die Antwort auf diese Fragen mag aus der nachfolgenden Skizze der langen Vorgeschichte und der kurzen Lebensperiode des Jüdischen Museums entnommen werden. Das Resultat vorweggenommen, erhält die Formulierung »eine Woche vor Hitler« einen anderen Klang: Der 24. Januar 1933 wird darin irgendein Datum der Weimarer Republik, deren Ende alle kommen sahen. Aber kaum einer, dem die Rolle des künftigen Opfers schon lauthals zugewiesen war, war darauf gefaßt. Im Augenblick der höchsten Gefahr rechnete keiner mit dem Schlimmsten, nicht die Kommunisten, nicht die Sozialdemokraten, nicht die wenigen Liberalen und auch nicht die Juden. Die Wochenfrist von der Eröffnung des Jüdischen Museums bis zur Eröffnung des »Dritten Reichs«, war eine Galgenfrist, die längst vorher schon für alle abgelaufen war.

Die Idee des Jüdischen Museums ist ein Kind des späten 19. Jahrhunderts, jener Zeit, in der Heinrich Schliemann mit der Ausgrabung von Troja beginnt und die neugegründeten Völkerkundemuseen die alten Beuteschätze früherer Eroberungen wissenschaftlich zu ordnen und zu ergänzen suchen. Ergänzungen und Neuerwerbungen sind Mitbringsel von Forschern, die planmäßig den jeweiligen Kolonialbesitz nach den Gegenständen einer neuen Wissenschaft durchstreifen. Die Ethnologie, heißt es in Meyers Konversationslexikon von 1892, »ist eine in neuester Zeit zur Ausbildung gelangte Wissenschaft«.

Einzelne jüdische wie nichtjüdische Wissenschaftler richteten in jener Zeit ihr Augenmerk auf das, was 1878 ein ungarischer Gelehrter, der Rabbiner David Kaufmann, erstmals emphatisch als »Jüdische Kunst« bezeichnet hat. Das war ein Novum, denn sowohl der jüdischen Orthodoxie als auch den Völkermetaphysikern des 19. Jahrhunderts galt das Vorhandensein von Kunst unter den Juden als undenkbar. Die intensive Beschäftigung mit den historischen Zeugnissen religiöser jüdischer Kunst, den Kultusgerätschaften, den kunstvollen Gegenständen in Haus und Synagoge, der sakralen Architektur, den Handschriften und Inkunabeln und deren Ausschmückung, diese Beschäftigung führte um die Jahrhundertwende zu den ersten großen Privatsammlungen, zu Interessenvereinigungen und ersten Ausstellungen.

Sally Kirschstein, einer der größten Judaica-Sammler in Berlin, dessen in der Inflationszeit nach Amerika verkaufte Sammlung ein privater Vorläufer des Jüdischen

Museums war, berichtet über den ethnologischen Gründergeist: »In den letzten Jahren des vorigen Jahrhunderts besuchte ich hier in Berlin oft das Museum für Völkerkunde. Die Vielseitigkeit und vor allem die Ursprünglichkeit des dort Gebotenen zog mich an; die Völker in ihrer Wesensart. Nur die Juden waren in diesem Museum nicht vertreten. Als wenn es nie ein jüdisches Volk gegeben hätte, als wenn sie nie einen eigenen Kultus, eine eigene Kultur gehabt hätten. Damals entstand in mir der Wunsch, nein der Wille: Ein Museum für jüdische Volkskunde muß geschaffen werden, um unserer selbst willen und unserer Vergangenheit den Platz unter den Völkern zu sichern, der ihr gebührt.«

Die programmatische Begeisterung des privaten Sammlers kann nur schlecht die gesellschaftliche Enttäuschung verbergen, aus der sie erwächst. Sie ist, ähnlich der damals entstandenen zionistischen Bewegung, eine Reaktion auf die gebrochenen Versprechen der Emanzipation. Während die assimilierten Juden ein jüdisches Museum als Anschauungsort ihrer Vorgeschichte begreifen mochten, wo der Übergang vom Judentum zur jüdischen Konfession – als einer neben anderen – in künstlerischen Zeugnissen präsentiert wurde, gab es, unterschieden davon, die Absicht, jüdische Kunst unter dem Aspekt einer aktualisierenden Volkskunde, also in einem ethnischen Sinn zu verstehen und zu sammeln. Diese Bestrebungen, oft als »neue jüdische Bewußtheit« bezeichnet, waren die jüdische Variante einer allgemeinen Rückwendung nach vorn: Ahnenbeschwörung mit den avanciertesten wissenschaftlichen Methoden und neuen Disziplinen wie Biologie, Ethnologie, Demographie und Statistik.

Die Welt war bis in den letzten Winkel entdeckt und erobert, und auch der Himmel war enträtselt: Es gab keine Geheimnisse mehr. Was die Gesellschaft zusammenhielt und sie doch von einer in die nächste Krise stürzte, war nicht metaphysischer Natur, sondern eine soziale Frage. Erschrocken in ihrer historischen Überfälligkeit entdeckte die bürgerliche Gesellschaft, daß sie dastand wie der Kaiser im Märchen: Nackt. Also zogen sich die Deutschen imaginäre Felle an und wurden germanisch, aber mit der den ökonomischen und technischen Potenzen immanenten Gefährlichkeit einer imperialistischen Zeit. Was sie den Eingeborenen in den Kolonien angetan hatten, mußten sie nun an sich selbst wiederholen. Der Kaiser befahl zwar eine romanische Architektur und das Publikum las »Die Ahnen« von Gustav Freytag, aber die ganzen historischen Projektionen hatten nur den einen Sinn: Dem sozusagen naturwissenschaftlich gewonnenen Rassismus, der seine moderne Ausdrucksform noch suchte, eine gemütliche Hülle zu verleihen. Einige Jahre später wurden die Juden des Heeres ausgezählt und Dinters »Die Sünde wider das Blut« ein Bestseller.

Es ist nicht verwunderlich, daß der permanente Beweiszwang, dem die Juden unterworfen waren, seinen Abdruck hinterlassen und auch die schließliche Gestalt des Jüdischen Museums beeinflußt hat. Aus der reichen Sammlung des Dresdener Juweliers Albert Wolf erwuchs die durch Schenkungen ständig erweiterte »Kunstsammlung der Jüdischen Gemeinde zu Berlin«. Deren Kustos, Karl Schwarz, war die treibende Persönlichkeit bei der Gründung eines »Jüdischen Museumsvereins«, die im Jahr 1929 mit illustren Gründungsmitgliedern vollzogen wurde. 1932 gelang es der Gemeinde, für das Museum geeignete Räume zu finden. Zur Eröffnung am 24. Januar hob Karl Schwarz den besonderen Charakter des Jüdischen Museums hervor: »Das Berliner Museum unterscheidet sich von anderen jüdischen Sammlungen dadurch, daß es sich nicht nur auf das Kultische beschränkt.« Zwar nahm die Sammlung von jüdischen Kultgeräten, antiken jüdischen Münzen, von Siegeln, Petschaften, Handschriften und Drucken den größten Raum der neuen Einrichtung ein, doch wurde gleiches Gewicht auf die bildenden Künste im eigentlichen Sinn gelegt. Mehrere Bilder von Liebermann waren unter den Exponaten zu sehen, zwei Gemälden mit biblischen Motiven des Berliner Malers Lesser Ury, auch eines seiner impressionistischen Großstadtbilder (»Potsdamer Platz im Regen«); eine monumentale Prohetendarstellung des Expressionisten Jakob Steinhardt, ein Werk von Chagall und einige kleinere Arbeiten von Israels und Pissarro, die zusammen mit Liebermann als »die drei großen jüdischen Impressionisten« im Katalog vergestellt wurden. Daneben dutzende andere Maler, eine Portraitgalerie mit einem berühmten Börne-Bildnis von Moritz Oppenheim und einige Plastiken, darunter die Büste Moses Mendelssohns.

Diese erste große Ausstellung, letzte Gelegenheit der jüdischen Gemeinde, etwas frei zu veranstalten, fand im wesentlichen breite Zustimmung und Anerkennung. Einer der wenigen Kritiker der Konzeption des neuen Museums war der Direktor der Kunstbibliothek der Staatlichen Museen, Curt Glaser. Seine Bemerkungen über die Eröffnung scheinen die einzigen jener Tage gewesen zu sein, die den Gegenstand kunsttheoretisch und soziologisch reflektierten und dadurch die aktuelle Gefahr präzise beschrieben. Schon im ersten Satz seiner Kritik faßt er das Dilemma des Unternehmens zusammen: »Der Begriff eines ›jüdischen Museums‹ wird wesentlich bestimmt durch die Tatsache, daß es eine jüdische Kunst nicht gibt.« Die Bemühungen, die spezifischen Äußerungen eines religiös bestimmten Gewerbefleißes und die Erzeugnisse jüdischer Künstler neuerer Zeit zusammenzutragen und unter einem gemeinsamen Gesichtspunkt zu betrachten, hätten nicht zu dem Ergebnis geführt, daß ein besonderer jüdischer Kunstcharakter, geschweige denn ein eigener jüdischer Stil erkennbar geworden wäre. »Ein jüdisches Museum, wie es nun eingerichtet ist, mußte also notwendig nach mehr kunsthistorischen, religionsgeschichtlichen und völkerkundlichen als nach eigentlich künstlerischen Gesichtspunkten angeordnet und aufgebaut werden. Es zeigt die Kultgeräte und gruppiert sie nach ihrer sachlichen mehr als nach ihrer stilgeschichtlichen Zusammengehörigkeit.«

Ganz Vertreter eines aufklärerischen Museumsgedankens fordert Glaser, daß in diese Richtung der Aufbau der Sammlung hätte weitergeführt und die Kulthandlungen selbst hätten dargestellt und erläutert werden müssen. »Es hätte ein entschieden religionsgeschichtliches Museum sein dürfen, da ja doch nur die Formen ihres altüberkommenen Kultus den im übrigen gänzlich in der Zivilisation der Nationen, zu deren Gemeinschaft sie sich bekennen, aufgegangenen jüdischen Menschen eigentümlich geblieben sind.«

Von Hegel stammt die treffende Bemerkung, daß in einem Zeitalter der Frömmigkeit einer nicht religiös zu sein brauche, um ein wahrhaft religiöses Kunstwerk zu schaffen, wohingegen heute der frömmste Künstler nicht in der Lage sei, ein solches Kunstwerk zu gestalten. Deshalb unterscheiden sich moderne Sakralbauten, ob Kirche oder Synagoge, kaum von einer Turnhalle oder einem Schnellrestaurant. Seit der Konfessionalisierung des Judentums gibt es in der wesentlich säkularen Welt keine jüdische Kunst mehr, so wenig wie eine protestantische oder eine katholische.

Glaser kritisiert den Ehrgeiz des Museums, einer neuen übergreifenden Idee zur Geltung verhelfen zu wollen, die keinen wirklichen Zusammenhang, sondern nur eine prekäre und willkürliche Zuordnung stifte: »(Das Museum) hat den Grundsatz aufgestellt, jedes von einem jüdischen Künstler geschaffene Werk gehöre in seinen Bereich. Es sammelt wohl mit Vorliebe Darstellungen, die mit dem Judentum und seiner Geschichte in einer Beziehung stehen. Aber zwischen den gegenständlichen und den künstlerischen Gesichtspunkten die rechte Mitte zu halten, wird immer ein schwieriges Problem bleiben, zumal als drittes und vor allem die jüdische Abstammung des Künstlers geprüft werden soll.«

Diese Prüfung haben die Nationalsozialisten wenig später dann gründlich besorgt. Sie war, im Gewand bürokratischer Verordnungen und Gesetze, der erste Schritt, dem kollektiven Wahn materielle Gewalt zu verleihen. Denn dieser Wahn wurde nur wahr, indem er rastlos wahrgemacht wurde. Indem man sie aus Galerien und Museen entfernte, wurde bewiesen, daß es sich um Feinde handeln mußte; indem man schließlich alle, derer man habhaft werden konnte, planmäßig ermordete, wurde der Wahrheitsbeweis angetreten, daß diese auch schuldig gewesen sein mußten. Vor diesem Hintergrund wird, so störend dieser Gedanke auch sein mag, die besondere Konzeption des Jüdischen Museums um keinen Deut vernünftiger. Die Mischung aus kunsthistorischem Sachverstand, religionsgeschichtlicher Kenntnis und ethnischen Bestimmungen belegt nur, daß die deutschen Juden angesichts des Nationalsozialismus so wenig zur Besinnung gekommen sind, wie alle anderen auch, und die Vorstellung einer »jüdischen Kunst« hat dabei eine verhängnisvolle Verwirrung gestiftet. Daß aus einer den Verhältnissen abgelauschten Tendenz, die nur im Museum sich hätte entfalten können und also a priori ohnmächtig war – daß daraus ein Zwangsinstrument gegen die Protagonisten einer »jüdischen Kunst« wurde, diese grausame Wendung entbehrt aller tragischen Momente. Sie ist so absurd wie der völkische Wahn, der sie vollstreckte. Daß aus dem befangenen Denken eine reale Gefangenschaft wurde, spricht nicht für die Befangenheit, sondern nur gegen das Gefängnis.

Der Kritiker Curt Glaser hat mit nüchternem Gespür für das heraufziehende Unheil jene Verwirrung bezeichnet, welche die Kunst als Unterabteilung der Ahnenforschung verstanden wissen wollte. Daß er dennoch mit Sympathie, nämlich mit der Anteilnahme des Kunsthistorikers, das Schicksal der neuen Institution begleitet, zeigt der Ratschlag, den er dem kritischen Urteil vorausgeschickt hat: »... an sich ist nicht einzusehen, warum nicht einer der wunderbaren Darstellungen des alten Testaments, die Rembrandt geschaffen hat in einem jüdischen Museum hängen sollte. Auf der anderen Seite muß man die Frage stellen, wohin es führt, wenn irgendein Stilleben oder eine Landschaft eines deutschen Malers jüdischer Konfession hier unter dem Titel jüdischer Kunst vorgeführt wird. Es führt zu einer durchaus unerwünschten und sachlich in keiner Weise zu begründenden Spaltung. Denn Liebermann ist ein europäischer, er ist ein deutscher, er ist ein Berliner Künstler, aber daß er einer jüdischen Familie angehört, ist für die Form und das Wesen seiner Kunst durchaus unerheblich. Wer möchte überhaupt sich unterfangen, aus irgendeinem der hier ausgestellten Kunstwerke, sofern nicht ihre Motive darauf hindeuten, das Judentum seines Urhebers abzulesen?«

Einige Monate später war dies keine rhetorische Frage mehr: Der völkerkundliche Spleen war plötzlich mit der bürokratischen Rationalität einer kollektiven Paranoia konfrontiert. Jahre zuvor hatte sich der Radierkünstler Hermann Struck, in Berlin geboren und nach dem Ersten

Weltkrieg ausgewandert nach Haifa, anheischig gemacht, jüdische Kunst als das zu beschreiben, was »unverkennbar zu Juden gehört und von Nicht-Juden nicht ausgeführt werden kann«. Über Rembrandt sagte er dann: »Die Gefühlsbewegung, die seine Bilder auslösen, ist jüdisch, … er muß jüdischer Abstammung gewesen sein.«

Über derlei spekulativen Unfug mögen die Kollegen und Kritiker sich seinerzeit amüsiert haben. Er war harmlos. Die organisierte Dummheit nach 1933 war es nicht. Sie ging mit Akribie den umgekehrten Weg, sie zog keine skurrilen Schlüsse aus Bilduntersuchungen, sondern lebensbedrohende Schlüsse aus Geburtsurkunden.

Max Liebermann, über 30 Jahre Mitglied der Preußischen Akademie der Künste, lange Jahre deren Präsident, begründete seinen Austritt aus der Akademie im Mai 1933 damit, daß er als Künstler keiner Einrichtung angehören mochte, welche die Kunst auf Politik und Abstammung verpflichtete. Die gleichgeschaltete Presse höhnte ihm hinterher: »Diese Auffassung Liebermanns vom isolierten, dem Volkstum entfremdeten Künstler dürfte allerdings heute und für alle Zukunft ihre Gültigkeit verloren haben.« Aber weder dadurch, noch durch positive Reklamierung wird aus einem Repräsentanten des Impressionismus in Deutschland ein Exponent jüdischer Kunst. Wolfgang Koeppen schreibt in seinem biographischen Essay über den Maler als Bürger: »Liebermann witterte den Mord nicht, der überall in der deutschen Luft lag. Er glaubte nicht an Extreme, nicht an das Heraufkommen der Dämonen. Er glaubte an den Reichspräsidenten von Hindenburg.«

Arnold Zweig nennt in seiner »Bilanz der deutschen Judenheit« den zitierten Curt Glaser einen der »modernen Köpfe« der Kunstwissenschaft in Deutschland und setzt vor dessen Amtsbezeichnung das Wort »einst«. Dieses Wort geht mit vielen Namen in Zweigs Buch einher, das im Herbst 1933 in Paris erschienen ist. Es bezeichnet die Gewalt einer kurzen Zeitspanne, welche die Geschichte der Emanzipation derart auslöscht, daß das zivilisierte Gemeinwesen wie ein in die ferne Vergangenheit entrückter Zustand erscheint, worin einer »einst« jemand gewesen war. So auch Glaser, der seine Kritik am Jüdischen Museum mit einer bedenkenswerten Bemerkung schließt: »Das Judentum hat allen Grund, stolz zu sein auf seinen Beitrag zur allgemeinen deutschen Kultur. Aber dieser Beitrag ist aus dem Ganzen, von dem es ein Teil ist, nicht ohne Gewalt herauszulösen, und das Judentum liefert seinen Gegnern selbst die Waffen, indem es den Begriff einer jüdischen Kunst aufstellt, die es in Wahrheit nicht gibt.«

Wie fragwürdig Glasers Begriff einer »allgemeinen deutschen Kultur« auch sein mag und wieviel Ideologie in der Vorstellung eines »Ganzen« aufscheint, so treffend ist das Dilemma der »jüdischen Kunst« bezeichnet. Daß, wie Glaser sagt, mit diesem Begriff dem Gegner die Waffen geliefert würden, mag überspitzt klingen angesichts des Umstandes, daß die Nazis unterschiedslos über alle, die ihnen als Juden galten, hinwegrasten, über Würde und Anbiederung gleichermaßen. Kein eisernes Kreuz schützte davor, keine Mitgliedschaft in der »Liga gegen den Bolschewismus«, die nun ebenso viel galt wie Kommunist zu sein. Da half zuallerletzt die Berufung auf eine »jüdische Kunst«. Die Waffen dem Gegner zu liefern, kann in diesem Zusammenhang nur heißen, sich selbst, ohne reale Macht, auch des letzten dürftigen Schutzes, den des Denkens, zu berauben.

Im Unterschied zu heute war damals ein klarer Kopf so gefährdet wie ein verwirrter, insofern er jüdisch war.

Schon im Frühjahr 1933 wurde Glaser als Direktor der Kunstbibliothek entlassen und emigrierte noch im selben Jahr. Währenddessen saßen schon die akademischen Kriegsgewinnler der ersten antijüdischen Verordnungswelle in den Startlöchern und gierten nach der Beute. Ein Schreiben an den preußischen Kulturminister, der Glaser aus dem Dienst entfernen ließ, beginnt: »Hochgeehrter Herr Minister, Ihrer neulichen Weisung entsprechend erlaube ich mir die Bitte auszusprechen, mir die Stelle des Leiters der Staatlichen Kunstbibliothek ... zu übertragen, falls sie durch Maßnahmen auf Grund des Beamtengesetzes frei wird ... In besonderer Verehrung bin ich Ihr sehr ergebener Hübner.«

Kein besonderer Brief, kein besonderer Fall. Einer von Millionen Hübners, die entsprechend einer Weisung handeln. Solange man sich weisungsgemäß bereichern kann, bereichern sie sieh, später bringen sie die Juden weisungsgemäß auch umsonst um. Aber nicht nur Stellen im öffentlichen Dienst werden auf dem Gebiet der Kunst frei, sondern auch Stellwände in Museen, von denen die Bilder jüdischer Künstler verschwinden: verkauft, verramscht, in Kellern verstaut, oft auch einfach zerstört. In einem Sitzungsprotokoll der rasch gleichgeschalteten Preußischen Akademie der Künste vom Juli 1933 heißt es: »In Erinnerung gebracht wird die Veranstaltung der Ausstellung von Arbeiten der verstorbenen Malerin Erna Frank, zu der die Akademie durch testamentarische Bestimmung und die Annahme der Erna-Frank-Stiftung verpflichtet ist. Da Erna Frank Jüdin war, erklärte es der Senat für unmöglich, jetzt eine Ausstellung ihrer Arbeiten zu veranstalten.«

Nachruf auf einen Neuanfang

Auf den Tag 50 Jahre später wurde mit einem Festakt der Eröffnung des einstigen Jüdischen Museums gedacht. Die Veranstaltung vom 24. Januar 1983 war gleichzeitig die feierliche Bekräftigung, eine derartige Sammlung in Berlin wieder einzurichten.

In einem stadtgeschichtlichen Museum, dem Berlin-Museum, hat der Neuanfang eine vorläufige Bleibe gefunden. Dort werden, in einer jüdischen Abteilung, die spärlichen Zeugnisse einer zerstörten Geschichte gesammelt. Diese jüdische Abteilung ist notwendig ein paradoxes Provisorium, nur das Museum eines Museums. Nicht nur, weil es außer Photographien wenig auszustellen gibt. Die gute Absicht zerschellt an dem simplen wie monströsen Sachverhalt, daß es keine Juden mehr in Deutschland gibt. Es gibt einzelne Juden, aber kein jüdisches Leben mehr. Dieser Umstand und nicht etwa die überholte Frage, was jüdische Kunst sei, macht den Neuanfang eines Jüdischen Museums, den Wiederaufbau – als gäbe es hier einen – so unwahr und so vergeblich.

Das einstige Museum war, wie problematisch auch immer, ein Mittel der Selbstvergewisserung in einer für das deutsche Judentum höchst ungewissen Zeit. Es bot, wie probat auch immer, ein Heilmittel gegen die geistige Obdachlosigkeit. Es versorgte mit zwiespältigem Trost, je trostloser die Lage der Juden wurde. Es versuchte schließlich, wie die letzten Ausstellungen vor der erzwungenen Schließung belegen, die Aussichtslosigkeit der Gegenwart mit gesteigertem Interesse an der Vergangenheit abzumildern, und weil es keinen Ausblick mehr gab, zurückzublicken.

Wenn heute Juden in Deutschland zurückblicken, dann nicht auf Tradition, sondern auf ein namenloses Grauen, das nur in Ortsnamen greifbar ist und das ihre wie jede Tradition irreparabel zerstört hat. Einer der wenigen Orte, wo die Bilder Erna Franks noch gezeigt werden konnten, war das Jüdische Museum. Der dünne Katalog der vorletzten Ausstellung mit dem Thema »Hundert Jahre jüdische Kunst aus Berliner Besitz«, die Ende 1937 gezeigt wurde, verzeichnet als Nummer 22 ein Pastellbild der Malerin mit dem Titel: »Parkweg«.

Bis zu seiner endgültigen Schließung nach der Pogromnacht im November 1938, veranstaltete das Jüdische Museum noch eine Reihe von Ausstellungen, die nur unter sehr viel Mühen zustande kommen konnten. Und manchmal scheint die Grausamkeit der Situation in einer Ausstellung selber durch, wie in der 1937 gezeigten Schau »Das jüdische Plakat«, wo Persil-, Imi- und Ata-Reklame als »jüdische« Werbegraphik präsentiert werden. In der Eröffnungsrede zur Portrait-Ausstellung »Unsere Ahnen« vom November 1936 findet sich neben mancher Ermutigung, die sich selbst nicht mehr glaubt, folgende Bemerkung: »Ob unser Unternehmen in früherer Zeit möglich gewesen wäre, ob wir damals, bei der Gründung der Gesellschaft für jüdische Familienforschung, dieselbe Resonanz gefunden hätten, ist zweifelhaft. Aber daß mich heute ein starker Stolz erfüllt, das bekenne ich ohne Scheu.«

In dieser angedrehten Freude schwingt die erlittene Demütigung unüberhörbar mit, und die vermeintliche Genugtuung in großen Worten ist nur der Widerhall der uneingestandenen Gewißheit, daß durch sie das Unheil sich nicht besänftigen läßt. Dessen erster Beamter, Adolf Eichmann, hat angeblich die Ausstellung »Unsere Ahnen« besucht.

Im Dezember 1939 erschien im *Jüdischen Nachrichtenblatt*, dem noch einzigen und von den Nationalsozialisten oktroyierten jüdischen Organ die Bekanntmachung: »Der jüdische Museumsverein ist aufgelöst.« Vieles war bereits gestohlen, vieles wurde in der Folgezeit noch gestohlen, beschlagnahmt oder zerstört. Was von der einst reichen Sammlung des Museums nach 1945 wieder gefunden wurde, gelangte in Museen nach Israel, Frankreich, England und in die Vereinigten Staaten.

1983

Gemischtes Gelichter – Bekannte Gefühle

Über Biedermänner und Brandstifter und über die Pflicht, die Notausgänge zu öffnen:

Ein Aufruf zur Fluchthilfe

I.

»Wann brennen wir?«, fragte Rolf Hochhut vor einigen Monaten auf dem Höhepunkt der Atomangstdebatte in der *Zeit*. Er erinnerte an altgermanische Abstimmungsformen und schlug ein Referendum vor, bei dem die »Unterlinge« der Westalliierten, die Deutschen, über die Stationierung von Atomraketen entscheiden sollten. Aus Berlin assistierte ihm im patriotischen Befreiungskampf gegen die Besatzer ein Hausbesetzer: »Wir lassen uns von den Alliierten nicht in den Ofen stecken!«

Der ungeduldigen Frage Hochhuts muß man die Antwort, die Terminangabe schuldig bleiben; einstweilen brennen andere. Die neudeutsche Heldenpose aus der Subkultur hingegen erinnert in ihrem verdrängenden Gestus daran, wie sehr die Deutschen die Gerechtigkeit fürchten, nachdem sie selbst andere »in den Ofen gesteckt« haben. Pünktlich zum Abschluß des Jubiläumsjahres zur 50. Wiederkehr jener Entwicklung, die zu den Verbrennungsöfen geführt hatte, verbrannten in einem

Westberliner Abschiebegefängnis sechs Ausländer. Ein Skandal?

Der Skandal – so heißt es bei Karl Kraus – besteht darin, daß es keinen mehr gibt. Diese provozierende Einsicht in ein von Partei zu Partei, von Institution zu Institution übertragbares Trostpflaster verwandelt zu haben kennzeichnet die moralische Leistung der deutschen Nachkriegspolitik. So weiß spätestens seit Stammheim jeder, daß zu den Schandtaten, über welche die Politik zur Tagesordnung übergeht, auch tote Häftlinge gehören. Denn im Gefängnis wird eben gestorben wie in jeder beliebigen Isolierzelle eines Wohnblocks auch.

In Berlin sah die Tagesordnung nach der Verbrennung der sechs Ausländer folgendermaßen aus: Allgemeine Volkstrauer über einen verendenden Bären, dessen Name der letzten Rentnerin so geläufig war wie dem ersten Mann der Stadt. Die sechs Namenlosen hätten Pandas sein müssen und sie wären der Anteilnahme der Öffentlichkeit sicher gewesen: Einer Öffentlichkeit, die in Tränen ausbricht über »KZ-Hühner« in Tierlaboren und Legebatterien; einer Bevölkerung, die nichts mehr fürchtet als die Geburtenrate in Kreuzberg und die seit Monaten um die Zeugungsfähigkeiten eines Affen im Berliner Zoo bangt.

Von der politischen Verantwortung des Regierenden Bürgermeisters für das Verbrechen im Gefängnis am Augustaplatz sprach niemand; niemand auch davon, daß an dieser Volksausgabe Richard III. ein Brandgeruch haftet, der – wie vordem die Nazi-Parteimitgliedsschaft von Carstens – durch die Bundespräsidentenschaft zur salonfähigen Duftmarke der nächsten Jahre wird. Weizsäcker schlug mit seinem evangelischen Blick alle, auch die Alternativen, in Bann und erhielt eine überparteiliche Absolution. Der Innensenator, für Leben und Gesundheit aller Häftlinge verantwortlich, erklärte dem *Stern*, er sei »als Mensch recht betroffen« und wolle zwei Millionen Ausländer loswerden, fuhr, ohne daß jemand den Zusammenhang mit den mörderischen Ereignissen in Berlin bemerkt hätte, zu einer Art Betriebsbesichtigung ins ehemalige Konzentrationslager Sachsenhausen. Seine Polizeischüler hatten, was alle Jahre wieder an Berliner Schulen passiert, sich zu sehr in die Nazis eingefühlt und sollten nun »einen direkten Einblick in die fabrikmäßige Vernichtung durch die Nationalsozialisten« gewinnen. Nach dem Motto »Wehret den Anfängen«, auch wenn diese Anfänge mit den ersten und noch Aufsehen erregenden antisemitischen Schmierereien bald 25 Jahre zurückliegen, fahren Pädagogen mit ihren ewigen Studenten in ein Konzentrationslager. Ohne dessen Existenz wären sie nämlich am Ende ihres Lateins. Ganz im Stil der neuen Unmittelbarkeit beschrieb Innensenator Lummer diesen überflüssigen Bildungsurlaub: »Es gibt Dinge, über die kann man noch soviel reden – man muß sie einfach gesehen haben.«

Seinen Erfahrungshunger konnte, ehe die Feuerwehr eintraf, an Ort und Stelle der diensthabende Aufseher des Abschiebegefängnisses stillen. Seine Aussage, wenn er eine gemacht hätte, könnte lauten wie die Auskunft, die ein anderer deutscher Vollzugsbeamter bei seinem Prozeß in Jerusalem erteilt hat: »Ich habe nicht hingeschaut die ganze Zeit. Ich konnte es nicht. Mir hat es genügt. Das Schreien und ich war hier viel zu erregt gewesen und so weiter. Und dann bin ich abgehauen. Bin in meinen Wagen und bin weg und habe nichts mehr gesprochen.«

Abgesehen von Ausnahmen menschlicher Schwäche, einem Silvesterumtrunk und dem panikartigen Verlassen des Gefängnisses, verhielt sich der Wärter entsprechend der Kardinaltugend eines deutschen Vollzugsbeamten:

Hart bleiben. Die Türen zu den brennenden Zellen hat er nicht geöffnet. Nachdem sogar die *taz* einen deutschen Beamten in der Entscheidung zwischen Massenmord und Massenflucht für überfordert gehalten und damit den »Befehlsnotstand« von links rehabilitiert hatte, darf der Aufseher mit allgemeiner Nachsicht rechnen.

»Das neue Jahr begann mit einem Flop«, kommentierte das lokale Szene-Blatt *Zitty* den Tod der sechs Menschen. Sechs Millionen, darf man daraus schließen: Eine Baisse. Derlei illustriert, nicht wie wenig schwarzen Humor, sondern wieviel braunen Jux die Alternativmedien in den Dialog der Generationen investieren, wie einig die vorgeblich zutiefst einander entfremdeten Alten und Jungen sind.

Wenn Lummer droht, sich gegenüber den Ausländern als neuer Noske zu profilieren (»Da es leider keine Möglichkeit gibt, mit drastischen rechtlichen Mitteln vorzugehen, müssen wir eine Reihe von anderen Maßnahmen überlegen«), dann tobt sich hier kein fanatischer Einzelwille aus. Er heimst nur rabiat die Früchte ein, die seine sozialdemokratischen Vorgänger gezogen und gehegt haben. Er vollstreckt nur die statische Erkenntnis, daß sich bei keinem Thema die Deutschen so einig sind wie in der Frage, was mit den Ausländern zu geschehen habe. Als schlauer Wiederholungstäter ordnet er nur an, was alle wollen, daß er befiehlt. Er verkörpert gleichermaßen den leichten Sieg über die patriotisch gewordene Linke wie den endgültigen Durchbruch einer gesellschaftlichen Tendenz, von der Adorno einmal schrieb, gefährlicher als faschistische Umtriebe gegen die Demokratie sei das Nachleben des Nationalsozialismus in ihr. »Ausländer raus«, die demokratische Version von »Juda verrecke«, ist der Schlachtruf in der Krise, dem Zustand, der heute nicht der Anfang vom Ende, sondern Schmierstoff der

Stabilität ist. Er glättet die Reibungsflächen im Bündnis zwischen Macht und Mob. »Ausländer, Fremde sind es meist, die unter uns gesät den Geist der Rebellion ...«, spottete Heine über die Agentenphobie der deutschen Beamten. Gut hundert Jahre später hatte sich dieser Stoßseufzer bereits zum mörderischen Kalkül von Herrschaft entwickelt, und heute ist unzweifelhaft, daß – ein nicht umkehrbarer Satz – die Abwesenheit der Rebellion auf der Anwesenheit der Ausländer beruht. Keine Revolte, ersatzweise Pogrom, ersatzweise institutionelle Gewalt, ersatzweise einzelne Fanatiker.

Demokratisch gewissermaßen ist der Ausländerhaß deshalb, weil nicht erst die Regierung bestimmen muß, an wem die Abgerichteten sich aufrichten dürfen. Noch 1968 befanden sich die Deutschen in einer gewissen Schwierigkeit und wurden deshalb vom damaligen Regierenden Bürgermeister zur Umsicht gemahnt: »Ihr müßt diesen Typen genau ins Gesicht schauen« war die Auflage an den Mob, der sich nur an den Façonschnitt als Loyalitätsausweis halten wollte. Mit jenem rassistischen Aufruf zur Gesichtskontrolle wurde Klaus Schütz nicht nur einer der geistigen Väter der »beobachtenden Fahndung«; er qualifizierte sich damit für einen Botschafterposten in Israel.

Angesichts der physiognomischen Gleichschaltung der Deutschen gibt es heute keine Identifizierungsschwierigkeiten mehr: Die Ausländer sehen wirklich anders aus. Das befriedigt die Deutschen und ärgert sie zugleich. Die aufklärerische Maxime von der Gleichheit aller Menschen scheint durch einfache Sinneswahrnehmung widerlegt zu sein. Andererseits eignet den Fremden etwas in Mimik, Gestus und Habitus, was die Wut der Gleichgeschalteten auf sich zieht, denn sie können als Menschen nur ihr eigenes Spiegelbild wahrnehmen. Daher rührt der wachsende Haß gegen die »ganz Anderen«, die »Nicht-integrierbaren«, die »vollkommen fremde Kultur« – gegen die Türken. Sie wie die Flüchtlinge aus Asien und Afrika sind zur Manövriermasse der Loyalitätssicherung geworden, in deren Verlauf sich Rechte und Linke unter dem Banner der nationalen Identität wiedervereinigt haben. Wenn der Bundestagsvizepräsident schreibt: »Auch ich bin (der) Auffassung, daß der Verfassungsbegriff ›deutsches Volk‹ letztlich ethnisch bezogen ist«, dann meint er nichts anderes als die Linke, die von kultureller Identität redet, wenn sie ihren Hang zu tribalistischen Ausdrucksformen, zum Regionalismus, zum Volkslied und zur Mundart metaphysisch aufnorden will. In den letzten Jahren hatte sich die Linke eifrig an der historischen Rehabilitierung der Deutschen beteiligt und sich eine geschichtliche Identität zusammengebastelt, in welcher Auschwitz keine Rolle spielte. Die Deutschen sollten durch die Unterschlagung dieses wesentlichen Unterschieds den anderen Nationen ähnlich gemacht werden. Zumindest, so die beruhigende Schlußfolgerung, gab es niemand auf der Welt, der besser war. Was so willkürlich in der Versenkung verschwunden war, nämlich der bestimmte Unterschied, kam in neuer Gestalt, wie Phoenix aus der Asche, plötzlich wieder ans Tageslicht und wurde als absolute Differenz, als Unvereinbarkeitsbeschluß, zum ethnischen Grundpfeiler der neuen kulturellen Identität. Die Betonung der Linken, sie seien die »Nachgeborenen« wird ergänzt durch die Abgrenzung, sie seien die »Hiergeborenen«.

In diesem Zusammenhang wird der bloße Zufall, wo einer zur Welt kommt, zum Politikum. Der Haß gegen die Ausländer stellt hierbei nur die auswendige Seite jener neuen Identität dar. Daß die Transformation des Staates von einer legalen in eine nationale Institution erfolgen konnte, ist kein Schicksal, sondern verschuldet. Verschuldet auch von jenen, die so gründlich vergessen haben, daß sie einst diesen Staat abschaffen wollten und nun nicht merken, wie erfolgreich sie gewesen sind. Ausländer sind mittlerweile mit dem Umstand konfrontiert, daß ganz offen nationale über grundrechtliche Erwägungen gestellt werden, und die neuesten Vorschläge von Zimmermann, unterstützt von der rechtsetzenden Praxis der Polizei, laufen darauf hinaus, daß künftig wieder Recht sei, was dem deutschen Volk nützt. In der unfertigen Parole »Ausländer raus« ist die andere Hälfte schon immer mitgedacht: »Ins Lager rein«.

Berlin besinnt sich vor anderen auf diese bekannten Gefühle und schickt sich an, zur Hauptstadt des neuen Rassismus zu werden. Der Brand am Augustaplatz war Fazit des vergangenen Jubeljahres und flammende Absichtserklärung zugleich – und es gibt (anders als etwa in Frankreich) niemand, der den wirklichen Brandstiftern in den Arm fallen könnte. Überall Biedermänner. Und natürlich die Unterschriftencombo.

II.

Wenn in dieser Situation irgendetwas helfen kann, dann nicht Gesinnung, sondern ein Notausgang. Diesen zu öffnen wäre ein Akt der Wiedergutmachung, den die Linken bitter nötig haben, wenn sie sich mit zunehmendem Alter nicht völlig ihren eigenen Eltern anverwandeln wollen.

Nichts mehr vor sich außer der Pension, bekommen arrivierte Altgenossen manchmal glänzende Augen, wenn sie sich zurückerinnern. Nicht an die Protestbewegung und den Vietnamkongreß, sondern an ihre Vorvergangenheit, an ihr Fronterlebnis im selbstgebuddelten Tunnel unter der Berliner Mauer. Das Bild eines smarten amerikanischen Präsidenten vor Augen und den Spaten in der Hand wollten sie der Freiheit eine Gasse bahnen. Damals wurden Unbekannte, nur weil sie Deutsche waren, plötzlich zu Brüdern und Schwestern. (Damit ist es heute vorbei, auch diese bekommen die Regression der bundesdeutschen Gesellschaft zum Stammesverband zu spüren). An jene Vergangenheit als Fluchthelfer, an jene tugendhafte Jugendsünde muß man die gealterten Linken erinnern. Sie sollen keine Gitterstäbe durchsägen oder die Abschiebegefängnisse unterkellern, dafür sind sie trotz Rohkost und Fitnesstraining zu ungeschickt. Aber sie können Notausgänge öffnen in einer Situation, in der die Pogromwünsche der Bevölkerung »menschlich anständig«, wie der Kanzler sagt, in ein staatliches Programm eingeflossen sind.

Heute werden keine scharfen Spaten, sondern Stempelschneider gebraucht, heute muß man keine Tunnel buddeln, sondern Papiere beschaffen. Heute müßte niemand sein kärgliches Stipendium angreifen, die A-13 Klasse könnte ihr Scheckbuch zücken, um dem einstigen Marx-Studium wenigstens nachträglich einen Sinn zu verleihen. Wenn sie schon vergessen haben, daß sie Kriegsgewinnler gewesen sind, könnten die Linken auf den Lehrstühlen nicht auch die entsprechende professorale Vergeßlichkeit an den Tag legen und gezielt ihre Personalpapiere verlieren? Wenn die Enddreißiger plötzlich so versessen auf Nachwuchs sind, wollen sie nicht lieber bei ihrer Vorliebe fürs Unverfälschte und Exotische eines jener Kinder adoptieren, die Lummer gern austreiben möchte, statt aus lauter demographischer Sorge dem Kanzler ein Kind zu schenken? Selbst die Frauenbewegung könnte, was sie im innerdeutschen Geschlechterkampf nicht erreicht, durchsetzen: Die vertrauliche Regelung, daß es bei einer Scheinehe bleibt.

An der Antwort auf die drängendste Frage der Gegenwart, wie man den Ausländern zum selbstverständlichen Recht, zum Bleiben, verhelfen kann, wird sich zeigen, ob die Fluchthilfe der Vergangenheit, als es um Deutsche ging, einem Herdeninstinkt entsprang und demzufolge den Anteil der Linken an der Affenwerdung der Deutschen darstellt – oder ob es sich bei ihr um die wiederentfachbare Glut der Humanität handelt.

In Goethes »Belagerung von Mainz« ist in der Eintragung vom 25. Juli 1793 nachzulesen, wie er einen verkleideten, aber trotzdem entdeckten Jakobiner der Wut der Volksmassen entriß, weil er »lieber eine Ungerechtigkeit begehen, als Unordnung ertragen« wollte. Das Bündnis von Mob und Macht, also die Ordnung nicht zu ertragen, hieße heute: Eine Gerechtigkeit begehen.

1984

Die Reise nach Jerusalem als Pilgerfahrt nach Deutschland

oder: Die Kunst, in der Fremde daheim zu sein

Wie zur Strafe für die Fortdauer von Invasion und Besetzung wird Israel fortdauernd von Touristen überlaufen. Das Hauptkontingent dieser sanften Invasion stellen gleichermaßen Amerikaner wie Deutsche. Während die amerikanischen Touristen, je nach Herkunft, Bekenntnis oder Interessenlage, in diesem kleinen Land eine Art Nationalpark, ein jüdisches Disneyland sehen oder mit der gelassenen Zufriedenheit des großzügigen Geldgebers die Verwendung ihrer abzugsfähigen Schenkungen betrachten, während also die amerikanischen Besucher nach Israel kommen wie der reiche Onkel zur armen Verwandtschaft, strömen die Deutschen seit je unterschiedslos dorthin, um sich zu bereichern. Für sie ist Israel schon immer das Land gewesen, wo Milch und Honig fließen – zumindest auf eine spirituelle Weise. Wer nicht nur unter der Sonne Italiens oder Spaniens braun werden, sondern seine wunde Seele mit Balsam pflegen wollte, der fuhr nach Israel.

Vor bald zwanzig Jahren schon die deutsche Linke, um sich am vermeintlichen Sozialismus der Kibbuzim und an der kollektiven Kindererziehung zu begeistern. Den geringfügigen Umstand, daß jene, mit denen sie abends über die »Ursprüngliche Akkumulation« oder die »Kolonialfrage« diskutierten, tagsüber kolonisierten und akkumulierten, übersahen sie einfach. Diesen Sehfehler haben die Linken Israel nie verziehen.

Nur wenige Jahre später schwappte eine ganz andere Begeisterungswelle an die Strände von Herzlya und Tel Aviv. Die übergroße Mehrheit der Deutschen hatte ihr Herz für den Muskeljuden entdeckt, für den Aufbauhelden und den Blitzkrieger. Die Juden, so schien es den Deutschen, die nun scharenweise nach Israel fuhren, hatten die Lehren der Vernichtung begriffen und sich zu eifrigen Vertretern der Interessen ihrer ehemaligen Peiniger gemausert.

Wie wechselvoll die Politik Israels auch war, die Deutschen reisten mit dem immergleichen Enthusiasmus dorthin, mit einer hartnäckigen Begeisterung, deren trübe Quellen unter der orientalischen Sonne rein und blau wurden wie der dazugehörige Himmel. Eine Israelreise geriet zum Kuraufenthalt, woraus die Deutschen von ihrer Vergangenheit geheilt zurückkehrten; die kurze Geschichte Israels wurde zum belebenden Elixier, nach welchem die Zuhausegebliebenen gierig griffen. Seit der Ölkrise ist Israel ein Dauerbrenner in den deutschen Gemütern.

Die Vorgeschichte der israelischen Staatsgründung wird nach Einwanderungswellen berechnet. Ähnlich kann man das touristische Interesse der Deutschen an diesem Land unterteilen. Zu den beiden eingangs erwähnten Neigungen zahlt seit einigen Jahren das gesteigerte Interesse der Alternativen an Israel, die mit ihrer besonderen Empörung über den Libanonkrieg die Wiedergutwerdung der Deutschen zum Abschluß gebracht haben. 50 Jahre nach Hitler ist klar, daß niemand besser sein soll als die Deutschen, schon gar nicht die Juden. In einem »Grünen

Kalender« von 1983 kann es deshalb auch zum Karfreitag heißen: »Abgesehen davon, daß sie Jesus ans Kreuz nageln ließen, haben sie seit Jahrhunderten Streit mit den Arabern. Viele fragen sich, wann diese kriminelle Vereinigung Israel ausstirbt.«

Wie entlastend und im Prozeß dieser Selbstwiedergutmachung aufbauend eine Reise nach Israel wirken kann, das erfährt man aus einem alternativen Reiseführer, den zwei Hochschullehrer vor einiger Zeit verfaßt haben. »Reise-Handbuch Israel und besetzte Gebiete« lautet der Titel des alternativ, also dürftig aufgemachten Breviers. Es kommt aus einem Verlag, der die armselige Völkerwanderung der Krise, die Anders-Reisen-Touristen, mit Informationen versorgt, wie man am billigsten den von westlichem Militär und Kapital geschlagenen Pfaden durch die südlichen Zonen nachfolgt.

»Globetrotter schreiben für Globetrotter« heißt die Buchreihe, und einer der beiden Autoren, Manfred Wöbcke, teilt dem Leser mit, Schreiben sei sein »Hobby«. Mit anderen Worten, der Autor setzt auch beim Leser den Analphabeten voraus und präsentiert einen Text, der sich ausnimmt wie ein heimgewerkertes Hochbett. Ausgebildet hingegen scheinen nur seine Vorurteile und das Bemühen zu sein, möglichst kein Klischee auszulassen und keine Gelegenheit zu versäumen, die Deutschen durch antijüdische Häme zu rehabilitieren. Seine Ausführungen über die biblische Geschichte, die jüdische Theologie, die hebräische Sprache oder den Zionismus sind allein von der Lust am Hobby, also von Ignoranz, durchtränkt.

Gepaart mit der üblichen akribischen Auflistung von billigen Eß- und Schlafgelegenheiten besorgt der Reiseführer die Einstimmung auf einen alternativen Geschichtstrip, worin Israel wirklich zum Gelobten Land, nämlich zur seelischen Wiederaufbereitungsanlage wird. Über den Propheten Elias heißt es dort, er habe die Baalspriester auf dem Karmel »abgeschlachtet«; von den modernen Schlachthöfen der Deutschen ist hingegen nur dezent und in einem Halbsatz als den »Ereignissen der Hitler-Ära« die Rede. Die Israelis werden als wilde Chauvinisten portraitiert, deren Sicherheitsbeamte auf dem Flughafen aufpassen »wie Bluthunde«. Wahrscheinlich trinken sie nach Dienstschluß das Blut christlicher Kinder. Schließlich warnen die Autoren davor, daß man fast überall Gefahr laufe, betrogen zu werden. Mit anderen Worten: Vorsicht Falle, Achtung Ausländer. Zu Hause stehen die vorgeblichen Abenteurer brav bei jeder Kontrolle an und kaufen ohne Widerrede den letzten Ramsch, aber im Orient lauert der tückische, levantinische Händler, der hinterhältige Gastwirt. Doch die Autoren sind nicht nur kluge Ökonomen, sondern auch kundige Physiognomen: »Man erkennt die Drusen leicht an ihren langen Schnauzbärten ...«, schreiben sie, und wir begreifen, die alternative Reise führt mitten ins »Abenteuer Bundesrepublik«.

Leicht geschönt und redaktionell verbessert hat Manfred Wöbcke seinen Part in einem kürzlich bei dtv-Merian erschienenen Israel-Reiseführer wieder herausgebracht. Aber trotz nun entzifferbarer Stadtpläne und des Verzichts auf üble Karikaturen entsteht hier, im Verein mit anderen Autoren und aktualisiert durch den Libanon-Krieg, die nämlich neudeutsche Mischung aus Reisebericht und Ranküne. Derselbe Unfug über die Juden, deren Leben – so der Text – sich seit dem Mittelalter kaum geändert habe; dieselbe Bestialisierung der Gesellschaft, die neben »Bluthunden« nun noch andere »rücksichtslose Raubtiere« aufweist (so der Deutschlandfunk-Korrespondent Philip über die israelischen Autofahrer); dieselbe

Gehässigkeit über eine hier unbekannte Tugend der Israelis: Die Gastfreundschaft. Die indoktrinieren einen angeblich erst, bevor sie den Gast kärglich mit Tee und Keksen bewirten.

Seit Beirut macht der neue Antisemitismus aus seinem Herzen keine Mördergrube mehr, und dtv gebührt das Verdienst, ihn über die Klasse der Rucksacktouristen hinaus salonfähig gemacht zu haben. Eine letzte Kostprobe: Der Imam der Moschee von Akko freue sich durchaus – so die Autoren Wöbcke und Heck – »über ein Gespräch mit nichtjüdischen Touristen«. Wer ist in dieser judenreinen Unterhaltung der Antisemit? Vielleicht der Imam, auf jeden Fall aber die beiden Autoren.

Sein Seelenheil hat in Israel auch jemand gefunden, der Schreiben nicht als Hobby betreibt, sondern von Berufs wegen: Die *Stern*-Korrespondentin Wibke Bruhns. Kaum hatte sich seinerzeit Lea Fleischmann aus der Bundesrepublik mit dem Buch »Dies ist nicht mein Land« Richtung Jerusalem verabschiedet, da meldete sich von dort wie der Igel im Märchen Wibke Bruhns mit »Mein Jerusalem«. Was der Verlag Gruner & Jahr als »aufregenden Erlebnisbericht in Wort und Bild« angekündigt hat, ist aber bloß die Nabelschau einer journalistischen Midlifecrisis, ein Text, den trotz der vielen Photos von Amos Schliack nur noch eine Vertonung im Stil der neuen deutschen Welle retten kann.

Die Nabelschau ist durchaus wörtlich zu verstehen, denn die Autorin, der hanseatischen Etikette ledig, lädt den Leser zum Sonnenbad auf ihre Terasse und dort zur Besichtigung ihrer Bauchfalte ein. Ähnlich geschmackvoll ist ihr eifernder Lokalpatriotismus, der aus Jerusalem einen exotischen Hamburger Fischmarkt macht, worin sie wie die weiße Frau und die orthodoxen Juden wie Schwarze, wie neckische King Kongs, erscheinen. In der

Sprechweise der alternativen Schickeria plaudert sie vom »neuen Eßvergnügen« und natürlich von der Betroffenheit: »Der Gedanke an Sadat liegt mir wie ein Stein auf dem Herzen.«

Hätte sie Jerusalem vergessen, ihre rechte Hand wäre nicht – wie es bei frommen Juden heißt – verdorrt, sie hätte nur nicht diesen Strauß von Stilblüten gepflückt, der das Buch zu einer bunten Mischung aus angestrengten Hölderlin-Parodien und dem small talk von Cocktailpartys macht. »Die Zypressen stehen wie schwarze Spieße«, lautet der lyrische Auftakt des Potpourris, das mit einem Akkord der neuen Subjektivität endet: »Die Rosen blühen. Löwenmäulchen hängen mit hundert Blüten von den Kästen. Jeder sorgt sich um Polen.«

Subjektivität, so belehrt uns der Bericht von Wibke Bruhns, setzt nicht das Subjekt, sondern die Kreatur voraus. Diese kennt den Sprechakt nur als Körpersprache, als Geräusch, als Vibration der Stimmbänder. Deshalb schreit bei ihr der Landwirt nach Regen, sie selbst einen faschistischen Siedler an, und nachts schreien immer die Esel. In Jerusalem sei sie zu Hause, schreibt sie. Das darf man ihr ruhig glauben, denn in Wahrheit war sie von Hamburg nie weg.

Von einer ähnlichen Heimatverbundenheit zeugt ein Reisebuch von Olav Münzberg, der gleich acht Reisen in verschiedene Länder (eine davon nach Israel) unternehmen mußte, um als Spätheimkehrer den neuen Patriotismus zu besingen: »Manches Schiff / vergißt seinen Hafen... Wer sein Land vergaß / lernt es wieder«. Angesichts solcher Poesie und solcher Prosa (über das tote Meer): »Hier ist das Schwimmen seiner neuen Erfahrung und damit Definition nach überhaupt kein aktiver Vorgang«, löst sich ein bundesdeutsches Geheimnis in Luft auf: Die Abneigung der linken Intelligenz gegen den

Kanzler. Sie können ihn nicht leiden, weil er ihnen zu ähnlich, weil er einer von ihnen ist.

Kohl wird – wie bei seinem jüngsten Israel-Besuch – nicht müde zu behaupten, er sei der Erbe von Adenauer. Olav Münzberg hat ähnliche Ambitionen, aber er bringt es nur zu einer schwatzhaften Parodie auf Freddy Quinn. Das dickleibige Protokoll einer deutschen Selbstfindung ist nach dem Muster »Schreiben als Therapie« verfaßt: Am Ende löst sich nicht der Wahn auf, sondern dieser kommt erst recht zum Ausbruch in der gedruckten Versicherung, man sei nur Schriftsteller.

Die Rückkehr des verlorenen Sohns beschreibt Münzberg so: »Zuflucht und Halt liegen wieder bei den kleinen Dingen, Kehrseite der Enttäuschung durch die Verhältnisse und Menschen. Dieser Reisende ist zwischen dreißig und vierzig, privilegiert durch ein Studium und die Möglichkeit des Wissens«. Besser kann man kaum irgendwo nachlesen, wie recht die Protestbewegung gegen ihre eigenen Protagonisten hatte. Sein Buch trägt den Titel »Ich schließe die Tür und fange zu leben an«. Da möchte man nicht mit im Zimmer sein müssen. Das könnte im vierten Stock passieren, und dann schließt er von innen ab und wirft den Schlüssel zum Fenster hinaus.

1984

Amüsement und Vernichtung

Anmerkungen zur Erstaufführung von Joshua Sobols Theaterstück »Ghetto« an der Berliner Volksbühne

In Berlin soll es kein Sommerloch geben, sondern den pausenlosen Sommernachtstraum. Vor einer Woche dann André Hellers »Feuerzauber« am Berliner Reichtagsgebäude statt. Viel Lärm und Qualm um nichts. Hunderttausende waren umsonst gekommen, um nichts zu sehen und zu hören als den Vordermann und dessen Verwünschungen.

Seit gestern abend [12. Juli 1984] ist der mißglückte Feuerzauber vergessen und die Pilgerstätte eines wiederholbaren Budenzaubers gefunden: die Freie Volksbühne in Berlin. Dort hatte gestern das Theaterstück »Ghetto« des israelischen Dramatikers Joshua Sobol Premiere. Inszeniert hat es Peter Zadek.

Bei der Uraufführung des Stückes in Haifa, so berichtete der Autor in einem Gespräch, sei es zu einer erschütternden Szene gekommen: vom Theater waren die in Israel ansässig gewordenen Überlebenden des Ghettos von Wilna – wo das Stück von Sobol spielt – eingeladen worden. Am Schluß der Vorstellung kamen sie auf die Bühne, äußerten sich zu dem Stück und berichteten den Zuschauern von ihren Erfahrungen im Ghetto. Neben dem Umstand, daß die Menschen auf der Bühne sich schon in Gruppen nach der Kontroverse teilten, die später öffentlich um das Stück in Israel entbrennen sollte, was die Bewegung, die von den Erzählungen der Überlebenden ausging, so ergreifend machte, daß fast das ganze Auditorium weinte.

Die Reminiszenz erfolgt ganz ohne sentimentale Hintergedanken, denn für Rührung, wie sie an deutschen Theatern nach »Anne-Frank«-Vorstellungen aufkam, läßt die Inszenierung von Zadek gottseidank keinen Raum, auch nicht für jene nach »Holocaust« übliche bundesweite Betroffenheit. Im Gegenteil, es durfte gelacht werden im Hause des Henkers, und niemand blieb das Lachen im Halse stecken. Ein bunter Bilderbogen passiert Revue, Tanzeinlagen, Akrobatik, Clownerien werden präsentiert, und jedem Ernst folgt mit putzigen Gewusel auf der Bühne das Satyrspiel. Einem gelungenen Stepptanz des Ghettotheaters applaudiert der SS-Offizier, und als gälte sein Befehl weiter, fällt das Premierenpublikum ein. Mit linkischen Tanzschritten begleitet ein Jude den schwarzen Vers: »Singen wir ein Liedele / müssen wir ins Gas« – und das Publikum beklatscht die komische Leistung. Daß Esther Ofarim für beinahe jeden Song Szenenbeifall erhält, versteht sich fast von selbst. Das Publikum ist an ihrem Gesang ebenso interessiert wie der deutsche SS-Mann, von dem sie ihr Leben mit Singen erkaufen muß.

Verkehrte Welt also? Eine Ghetto-Operette als Belohnung und Ausgleich nach soviel deutscher Selbstquälerei? Ein besonders böser Streich von Zadek, der eine Reprise seiner NS-Revue vorlegt und nur das Personal ausgetauscht hat, nun die Opfer statt der Verfolger?

Das Stück Sobols handelt vom Ghetto, und das mag jene irrwitzigen Übereinstimmungen und Überschneidungen erklären, welche Bühne und Auditorium bei der Premiere so merkwürdig vermischt haben. Die Ghettos, welche die Nazis in den besetzten Gebieten Osteuropas errichteten, waren eine logistische Behelfsvorrichtung innerhalb des Ausrottungssystems, eine Zwischenstation, in welcher die Grenzen zwischen Leben und Tod fließend wurden, in welcher das Ineinander von Alltag und Mord zu einem schizophrenen Dasein zwang, wo Wahn und Wirklichkeit bald nicht mehr auseinanderzuhalten waren.

H.G. Adler, der Chronist des Ghettos Theresienstadt, schrieb, es gliche einem Irrenhaus, einem dämonischen Zwischenreich, dort spiele sich ein schauerlicher Karneval ab. Von einzelnen Augenblicken dieses schauerlichen Karnevals berichtet das Stück Sobols. In Wilna ist die markante Differenz zwischen Leben und Sterben verwischt, ein Umstand, der es uns nicht erlaubt, das Ghetto in exotische Ferne zu rücken, sondern der uns zwingt, die gespenstische Nähe zum Alltag der Deutschen, schließlich zum Leben nach der Katastrophe zu sehen und zu beurteilen.

Nachdem die SS-Einsatzgruppen Zehntausende von Juden ermordet und den Rest der Wilnaer Juden ins Ghetto gezwängt hatten, entwickelte sich dort unter den beständig vom Tod Bedrohten ein reges gesellschaftliches Leben, eine gespenstische Normalität. Wilna, einst das »Jerusalem von Litauen« wurde zum »Jerusalem des Ghettos«. Es gab Theater – und von der Notwendigkeit und Unmöglichkeit, Theater zu spielen, handelt das Stück; eine Theatergruppe ist der dramaturgische Faden darin – es gab Jugendclubs, Sportvereine, Literaturzirkel und Religionsschulen. Der Bibliothekar Hermann Kruk, ein Sozialist, nach dessen Tagebuch wesentliche Szenen gestaltet wurden, verlieh aus der Ghettobibliothek ca. 300 Bücher am Tag.

Die jüdische Ghettopolizei veranstaltete Parties und Bälle – eine Orgie mit dem SS-Kommandanten war von der israelischen Kritik als besonders degoutant empfunden worden –, Spekulanten und Kriegsgewinnler wurden wohlhabend, indem sie wie der Schneidereibesitzer Weißkopf im Stück am illusionären Programm »Rettung durch Arbeit« verdienten. Das alles – ausführlich geschildert in Sobols Theaterstück – kann nun nicht bedeuten, daß man im Ghetto auch ein lustiges Leben führen konnte, sondern heißt, daß die Simultaneität von Kultur und Grauen, von Amüsement und Vernichtung uns definitiv der Möglichkeit beraubt hat, diese Zwangsgemeinschaft im eindeutigen Unterschied zu uns zu bestimmen und zu sagen: das war.

Die groteske Verdrehung aller Begriffe und aller Moral im Ghetto wird an einem bestürzenden Umstand sichtbar, aus dem der *Spiegel* in einer Vorauskritik die hierzulande erwünschte Entlastung herausgelesen hat: er hat geschrieben, aus der erzwungenen Angleichung der Opfer an die Henker folge die Mitschuld der Juden an der Vernichtung.

Im Verhältnis des SS-Offiziers Kittel und des Ghettovorsitzenden Gens wird dieser groteske Prozeß der Zurichtung der Opfer dargestellt. Um das Schlimmste zu verhindern, nämlich Tausende von Opfern, opfert er den Nazis die Kranken, die Alten. Aber es wird deutlich, daß das Schlimmste verhindern unter totalitärem Zwang immer nur heißen kann, das Schlimmste mitzubereiten. Die moralische Zerstörung, welche der physischen Vernichtung vorausging, bildet deshalb auch das Hauptthema der Auseinandersetzung zwischen dem zionistischen Ghettovorsitzenden und dem sozialistischen Bibliothekar; und es ist ohne weiteres verständlich, warum solches in Israel skandalisierend wirken muß und warum es in vielen Aspekten ein Stück für ein israelisches Publikum ist. Auf das Theaterstück über das Ghetto zwischen Flensburg und dem Bodensee, das Ghetto der Täter und Mitläufer, müssen wir weiter warten.

Der glänzende dramaturgische Einfall Sobols und von zwei Schauspielern ebenso glänzend realisiert ist der Puppenspieler Srulik und dessen Puppe. Inmitten einer unmenschlichen Welt hat einzig die Puppe menschliche Züge und Rede. In der Puppe hat sich ein Rest von Freiheit und Widerspruch erhalten, der den Lebendigen nach und nach ausgetrieben worden ist.

Im Unterschied zu allen vorausgegangenen Grausamkeiten war das Ziel der Nazis die vollendete Sinnlosigkeit, eine Welt, in welcher die Menschen nur lebten, um zu sterben, um schließlich auf tote Materie reduziert zu werden. In Sobols Stück symbolisiert die Kleiderkammer des Ghettos diesen objektiven Wahnsinn: die endverwerteten Menschen werden zu riesigen Kleiderhaufen gestapelt. Und in der Schlußszene des Stückes gelingt, was in vielen anderen durch Flucht ins Spektakel, die Sado-Show, den Jux und die Revuenummer unklar makaber bleibt, weil Zadek weniger auf Verstand als auf das Verständnis setzt – in der Schlußszene gewinnt das Absurde eine eigentümliche Gestalt: in einem surrealen Arrangement bewegen sich Kleider durch den Raum, gesichtslose Wesen, nicht mehr lebendig und noch nicht tot. Solche Bilder hätten das Stück schärfen können, aber Zadek macht es nur scharf.

Und nach dreieinhalb Stunden ist es einem wie nach der *Spiegel*-Lektüre: man weiß nicht mehr, was man gesehen hat und bedankt sich für die Droge. In Berlin mit frenetischem Applaus.

1984

Befreiungsnationalismus Antiimperialismus

Meine Damen und Herren,

der Titel dieser Veranstaltung, »Befreiungsnationalismus – ein falscher Antiimperialismus«, ist nicht ganz korrekt. Es unterstellt einen richtigen Antiimperialismus. Wir meinen aber »Befreiungsnationalismus *und* Antiimperialismus«, da wir nach der Geschichte der Befreiungskämpfe der letzten 40 Jahre und der Entwicklung der befreiten Nationen daran zweifeln, ob »Antiimperialismus« als linker Begriff noch behauptet werden kann.

Detlev Hartmann hat in seinem Vortrag am Samstag Abend bereits die *ökonomische* Unmöglichkeit nationaler Befreiung angesprochen. Eine Kritik am Befreiungsnationalismus haben wir erweitert zu einer Kritik auch an regionalistisch-ethnisch sowie religiös begründeten Befreiungskämpfen. Gegenstand unserer Kritik ist zum einen die den Befreiungsbewegungen gemeinsame Begründungsstruktur, zum anderen die Argumentationsstruktur westdeutscher Solidaritätsgruppen mit antiimperistischem, autonomem, grün-alternativem oder christlichem Hintergrund. Wir möchten darüberhinaus betonen, daß wir keine Entwicklungsstrategien oder Perspektiven anzubieten haben, u.a. auch deswegen nicht, weil deren Bestimmungsgrundlage wegen der auffallenden, nicht zufälligen Übereinstimmung linker und rechter Positionen in vielen Fragen neu diskutiert werden muß.

Wenn in den siebziger oder achtziger Jahren ein Krach losbricht, irgendwelche Bewegungen von sich reden machen, Menschen über die Klinge gehen, weiß der aufmerksame und geschulte Beobachter: aha, da ist der aufständische Geist am Rumoren, welcher besagt: keine Unterdrückung ohne Widerstand. Dieser Widerstand wird gleichmäßig identifiziert als kollektiver, und da die Form des kollektiven Widerstands eingegossen ist als historische Form des *Volkes*, ist es natürlich immer und überall *Volkswiderstand*.

Partikulare und marginale gesellschaftliche Fragen werden geradezu antitheoretisch aufgewertet und die Betroffenen als die wahren Helden einer in Sippen, Stämme, Regionen, Völker etc. aufgespaltenen Welt gefeiert. Die Versatzstücke heißen »Freiheit, Unabhängigkeit, Autonomie, Identität, Selbst-Sein und Befreiung von Fremdem«. Der Überbegriff und das Ferment all dieser ungenauen wolkigen Versprechungen ist eine sehr materielle Sache: das *Volk*.

Descartes forderte sein Zeitalter dazu auf, im Menschen, der der Abstraktion und der mathematischen Physik fähig ist, den »Herrn und Eigentümer der Natur« zu sehen. Zumindest kann man sagen, daß er aufgrund seiner Vernunft zu ihrem Meister geworden ist. Und Vernunft heißt, daß ein Gedanke universalisierbar sein muß. Das ist die Grundlage der Naturwissenschaft.

Zur Beherrschung der physikalischen Welt imstande, entdeckt diese Vernunft aber zugleich, daß sie es mit der physischen Welt der Menschen ähnlich halten könnte. Und der *so* zur Revolution fähige Mensch schafft sich, dem neuen Wissen über die Herrschaftsmöglichkeit gemäß, die Vorstellung, auch Herr und Eigentümer der Gesellschaft zu sein. Und zwar aufgrund derselben vernünftigen, also universalisierbaren Kriterien.

Diese Universalität der Geltung der *Rechte* der Menschen *gegen* Natur und *in* der Gesellschaft war das Bekenntnis der französischen und amerikanischen Verfassung und Revolution. Und keine Linke, keine Gesellschaftskritik, keine Forderung, daß der Mensch sein Schicksal in die Hände nehmen soll, wäre überhaupt denkbar ohne diese Vernunfts- und Universalitätstheoreme. Ihre Aufhebung wäre gleichbedeutend mit Beschränktheit und Unvernunft. Die aber schlägt heute wieder zu, als Repression weg vom abstrakten Universalismus hin zum partikularen Konkretismus und wendet sich damit gegen alle Erkenntnisse, dank derer man universalisiert und vernünftig ist.

Allein von der Vernunft aus kann man die Apparate, die Technik und die Institutionen begreifen, die die archaische und natürliche Ordnung substituieren. So wie das Kind sich der Mutter entfremden muß, um erwachsen zu werden, müssen sich die Menschen wahrhaft entfremden, um wirkliche Beherrscher ihrer Welt zu werden. Genau diese Entfremdung aber ist es, die in einer merkwürdigen Verwirrung der Geister heute als Begriff des Negativen schlechthin erscheint, während seine logisch komplementären Gegensätze wie Harmonie, Bei-sich-Selbst-Sein, Identität etc. wieder zu Ehren kommen.

Im Leben des Menschen, so sagt man, ist die entscheidende politische Identität sein Volk, seine Herkunft, Sprache und seine Nation. Mit Hilfe von Mythologien, Traditionen, sowie der eingebildeten Zusammengehörigkeit wird das Kollektivsubjekt *Volk* souverän. Nach außen *und* nach innen. Als »Souveränität« verteidigt sich so der Anspruch realer Macht über alle Glieder dieser Einheit. Wer deshalb nur irgendeine Souveränität fordert, unterstellt mit dieser inhaltslosen Bestimmung schon ein *natürliches Recht* der geschichtlichen Zwangsgebilde

Staat, Volk und Nation *über* die Einzelnen und *gegen* die anderen Zwangsgebilde. Dieses »Recht« wiederum erlaubt dem völkischen oder nationalen Souverän, die konkreten Rechte des Individuums aufzuheben und sie je nach Staatsbedarf irgendeinem allgemeinen Interesse unterzuordnen, ohne daß dabei etwas über den Charakter der so zu Souveränität geronnenen Macht etwas gesagt wäre.

Die in diesem Zusammenhang oft nachgeschobene »Selbstbestimmung« gibt als nationale auch nicht mehr her. Sie verläuft sich in den selben Antinomien. Die meisten Linken halten die Selbstbestimmung für einen weihevollen Sesam-öffne-dich, ohne dabei zu merken, daß sie den Rechten deren Ideen und ureigenstes Terrain streitig machen wollen. Die Selbstbestimmung ist erstmal eine Bestimmung, bei der das *Selbst* Vorwand für die Determination ist, die etwa so klingt: jeder spiegelt sich in sich selbst, in Traditionen und im überkommenen Ganzen, also: ich bin nicht anders als du und du bist *nichts* anderes als wir – also *nichts*, wenn du nicht so sein willst wie wir.

Als politischer Wert *sui generis* ist die Selbstbestimmung sinnlos, wenn sie z.B. nicht mehr die Kriterien behaupten kann, die ein selbstbestimmtes Deutschland unter Hitler – und das war's ja wohl – von einer Tschechoslowakei unterscheiden kann. (1938 wurde auf der Münchner Konferenz über die Souveränität der Tschechoslowakei – dem Sudetenland – zugunsten der der Deutschen verhandelt. Ein Stillhalteabkommen von Frankreich und England). Und diese Unterscheidung ist eben nicht mehr mit dem Begriff Selbstbestimmung zu qualifizieren.

Die Sehnsucht nach Selbstbestimmung der Nation bringt als Selbstgewißheit und Selbstvergewisserung schlecht verhüllt den rohen Willen mit sich, das zu bleiben, was man halt ist, um sich durch nichts Fremdes stören zu lassen – was bedeutet: den Anschluß von allem Unbekannten, Fremden, Nichtvertrauten und Nichteinheimischen, letztlich gar – weil jeder ein Fremder für die anderen ist – die Vertreibung bzw. Auslöschung der *anderen*.

Ebenso falsch und sinnlos ist der Begriff der Identität. Als völkische, nationale oder sonstwie kollektiv bestimmte, schleppt sie immer die assoziierte Herkunft mit, die natürlichen Wurzeln etwa, das naturhaft Verbindliche oder Verbindende, diesen Gemeinschaftsdünkel, der in letzter Zeit wieder so viel gefährliche Brisanz entwickelt. Dann nämlich, wenn er gegen die Abstraktionen der Moderne seine Schlachtrufe und Kampfbanner entfaltet, wobei letztlich die archaische Revolte gegen die moderne Vergesellschaftung herauskommt.

So müssen wir feststellen, daß die genaue Bestimmung des Sinns von nationaler Befreiung nicht umsonst auf sich warten läßt. Zu groß scheint der Mythos, zu zauberhaft das völkische Versprechen, als daß man innehalten und ein paar schlichte Überlegungen anstellen könnte, z.B. daß Napoleon, Heng Samrin oder Roosevelt tatsächlich gefeiert werden müssen, *weil* sie nationale Souveränitäten zerstört haben. Dabei mußten im letzten Fall gar die Vereinigten Staaten die Mehrzahl der deutschen Bevölkerung unterdrücken, um ein paar übriggebliebene KZ-Häftlinge zu befreien, was nur heißt, daß man eine Mehrheit durchaus unterdrücken darf, um einige wenige Menschen zu retten.

Womit eigentlich auch schon klar ist, daß *das Volk* für einen Linken überhaupt kein Kriterium sein kann und sein darf. Und daß sich deshalb eine Rekonstruktion linker Ethik und Politik auf die eben kurz angeschnittenen

Begriffe nicht stützen sollte. Dazu werden wir im Folgenden einige Thesen formulieren, die uns unabdingbar scheinen bei der Beurteilung nationaler Befreiungskämpfe und, was eigentlich noch wichtiger ist, unabdingbar für die Kritik einer national-sympathisierenden Linken hier in der BRD.

I.

Auf einer Erde, die ein Patchwork aus Nationen ist, bedeutet der Gedanke, eine souveräne und autarke Nation zu sein, gerade für diejenigen ein großes verführerisches Versprechen, die in der allgemeinen Konkurrenz der Nationen sich übervorteilt fühlen oder zu kurz gekommen sind. Der Hebel der nationalen Befreiungsideologen findet für seine partikularen hausgemachten Herrschaftszwecke Ansatzpunkte in der staatlichen Macht. Über sie lassen die Befreier ihre programmierte Veränderung der ungerechten Organisation der Welt laufen. Ihre Vernunftgründe zur Rebellion – ob sie nun Armut, Ausbeutung oder Unterdrückung heißen – überantworten sie dem Staat und dem nationalen Interesse. Das reale soziale Drama, also der Kampf um bessere Lebensbedingungen, mag zu Beginn die Hauptrolle spielen; und die oft auftretende Behauptung, der Nationalismus sei nur ein taktisches Mobilisierungsinstrument, gegen das sich die sozialen Interessen letztendlich durchsetzen, mag durchaus ernsthaft gemeint sein. Fakt ist, daß die Verschiebung der Akzente von sozialer Befreiung zur Befreiung der Nation immer impliziert, den Zwangszusammenhang von sozialen Gebilden und nationalen Grenzen zu bestärken und ein Kollektiv zu konstituieren, dessen Interessen – als nationales Kollektiv – per definitionem nur gleichartig sind in Bezug auf andere, fremde Nationen, also ein xenophobisches Kollektiv.

II.

Die Idee von der nationalen Befreiung oder der separatistischen Ablösung oder der regionalistischen Autonomie hat in unserem Jahrhundert verschiedene Formen angenommen. Im Kampf gegen Hitlerdeutschland z.B. trat die Idee der Nation als internationale Vereinigung bestimmter Werte auf gegen ein Volk, das sich als Ethnie, als rassische Einheit begriffen. Heutige Nationalisten knüpfen ihren Anspruch auf Freiheit wieder an eine Geographie, eine völkische oder kulturelle Identität.

Dieser Nationalismus, der auf den Grund, den Boden, die zerstörte Tradition oder was auch immer zurückgeht, um dort bei den Wurzeln seine Kräfte zu finden, mobilisiert nur Ressentiments gegen das Fremde und die Andersheit, um dann von den Feuerbränden, die seine Marschkolonnen legen, zu behaupten, daß sie das Licht der Befreiung und der Souveränität bringen. Als neue Staaten wollen diese neuen Nationen *den* neuen Menschen schaffen, der ihnen von den Ideologen z.B. der Negritude oder des Sendero Luminoso, der Khmer rouge oder des islamischen Fundamentalismus versprochen wurde. Und als ökonomische desaster-projects werden sie sich nur retten können, je mehr sie einerseits das ihnen zur Verfügung stehende Menschenfleisch ohne Skrupel einsetzen und andererseits den nationalen Raum von all den Ideen säubern, die noch irgendwie an die Rechte des Einzelnen *gegen* das Kollektivsubjekt Volk oder Nation erinnern.

III.

Kein nationaler Befreiungskampf wird von sich erklären können, daß er aus der abendländischen Sonne heraustritt, wenn er »die Freiheit« verspricht. Es ist aber klar, daß die Begriffe »Freiheit« und »Nation« eine amerikanische und europäische Bezugsmatrix haben – d.h. als jeweils nationale immer mit den geschichtlichen Vorbildern 1776 und 1789 konfrontiert sind. Ebenso klar ist aber auch, daß dadurch die befreiten Nationen sich an *dem* messen lassen müssen, was eben dieses Europa/USA an Menschen- und Bürgerrechten hervorgebracht hat. Ohne selbst zu europäisieren, können diese Völker nur in Archaik zurückfallen, weil es nur in diesem Europa das einzigartige Abenteuer des Kampfes um Gleichheit und Brüderlichkeit gab. Ohne europäische Errungenschaften einen Staat einzurichten und ohne den langen Kampf um das Individuum, dem nur dieses Europa Gestalt verliehen hat, aufzunehmen, werden die befreiten Nationen nur erweiterte naturwüchsige Verbände sein mit all den dabei anfallenden Brutalitäten. Über dieser Beschwörung der Ideen und Rechte vergessen wir nicht, daß die USA und Europa sich auch als zur Gewalt und zum weltweiten Eroberungszug berechtigt fühlten.

Dieses Europa: überall mischte es sich ein; keinen läßt es in seinem Winkel ruhig dahinleben, aber auch nicht unbedingt dahinsterben – es stört. Die Doktrinen jedenfalls, derer es sich dabei bedient, sind ihrem Wesen nach kosmopolitisch und universalistisch. Daran liegt es, daß es, wenn es an- oder eingreift, auch erobert, d.h. alle Welt zwingt, sich an ihm zu messen, was angesichts der naturwüchsigen Barbareien zu Zeiten gar nicht schlecht war.

Das Abendland, das keine Weltabgeschiedenheit mehr

duldete und das über die bequeme Versuchung des »Bleib zuhaus ...« hinwegging, ist so zuerst durch seine Ideen der Bezugspunkt und das Schnittmuster der ganzen Erde geworden und dann durch das, was es dieser Erde materiell vermacht hat, den Weltmarkt.

IV.

Die Beherrschung der Welt kann nicht begriffen werden als die Wirkung der immanenten Logik des Imperialismus einer Nation und seines Weltmarktes. Weltmarkt ist vielmehr die Unterminierung aller lokalen und nationalen Geltungsbereiche.

Mit der Umbenennung des Kapitalismus in »Imperialismus« werden die sozialen Konflikte als nationale gedacht. Unterdrückung und Ausbeutung werden in dieser Begriffsverschiebung zur Folge der Herrschaft eines fremden Imperiums. Antiimperialistischer Kampf hat also bereits dann sein Ziel erreicht, wenn ökonomische und politische Macht nationalisiert werden. Seine Protagonisten meinen nationalen Kampf ohne Rücksicht auf irgendeinen sozialen oder ökonomischen Zweck für die Bevölkerung.

Objektiv aber haben die wirtschaftlich und sozial Abhängigen nirgendwo das geringste Interesse daran, für die Verteidigung eines Vaterlandes einzutreten, schon gar nicht dort, wo erst durch den Weltmarkt die Möglichkeit einer Annäherung unentwickelter Gebiete an industrialisierte geschaffen wird.

Das Dilemma besteht darin: Modernisierung hat nicht automatisch zur Folge, daß sich soziale Freiheiten und individuelle Rechte entwickeln. Durch eine Re-Nationalisierung geschieht das aber noch weniger. Im Gegenteil:

erst die durch den Weltmarkt vermittelte *Weltöffentlichkeit* garantiert im Grunde, daß es irgendwann einen wahrhaft internationalen gleichen Rechtszustand geben kann.

V.

Die wenigen wahren Stimmen, die das Schweigen der Verdammten dieser Erde unterbrachen, wie die Guevaras, gehen heute unter in den falschen Schluchzern und dem nationalistischen nichtssagenden Geschwätz derer, die aus dem objektiven und ausweglosen Teufelskreis glauben ausbrechen zu können, wenn sie sich als souverän *deklarieren*. So sieht man im Kämpfer der neuen Nation, im Anti-Imperialisten der letzten Jahre ein neues Subjekt, einen Militanten, der den Schlüssel zur Lösung eines jeweils als lokal definierten Problems hat.

Faktisch aber ist er eher das ebenso ohnmächtige wie bewußtlose Objekt der Gesetzmäßigkeiten, die die Welt beherrschen, und seine Lösung ist in Wirklichkeit keine. Umso brachialer muß ihre Unmöglichkeit abgestritten werden, und umso verhärteter wird der sich als Freie Nation träumende Staat im Innern gegen die Arbeiter vorgehen. Die Arbeiter werden damit nur zur Verfügungsmasse der neuen Nation und ihres Staates. Was auch konsequent ist: da die Verteidiger der nationalen Unabhängigkeit den Kampf gegen den Kapitalismus nur als gegen Imperialismus führen, also gegen Fremdherrschaft, müssen sie ihn mechanistisch bürokratisch als *Staats*kampf begreifen, für den das Ziel erreicht ist, wenn Herrschaft endlich nackt und ohne das Wort *fremd* dasteht.

Die Kritiker solcher Debakel haben durchaus unrecht,

wenn sie glauben, daß da eine gute Sache nur schlecht gemacht wurde. Sie sehen nicht, daß das Scheitern aus der Widersprüchlichkeit von nationaler Lösungsstrategie und internationalen Verhältnissen herrührt. Die sandinistische Bewegung z.B. macht ihre Befreiung vom US-Imperialismus zum Ausgangspunkt sozialistischer Politik. Sie scheitert aber an den äußeren Verhältnissen. Die Relevanz des Weltmarktes wurde durch den nationalen Befreiungskampf zuerst geleugnet, um danach zur Legitimation jeder innenpolitischen Zwangsmaßnahme zu werden. Folglich werden heute die internationalen Verhältnisse nur noch als der Nation oktroyierte interpretiert.

Das hat zur Folge, daß dem Kämpfer oder seinem sympathisierenden alter ego in der Solidaritätsgruppe Nicaragua z.B. jeder Zwang akzeptabel werden muß, und der Führung, so blödsinnig sie sein mag, nicht widersprochen werden darf. Wenn man mit Fidel Castro oder Mao-Tse-Tung behauptet, daß es in der Revolution der Nation keinen Zwang gibt »außer dem Zwang der Verhältnisse«, steht man irgendwann entwaffnet einem Zwang gegenüber, der sich auf die revolutionären und nationalen Verhältnisse beruft. Unfähig, deshalb den Verwaltern der revolutionären oder nationalen Ziele den Kampf zu erklären, wird der Kritiker *so* sehr schnell zum tragischen Lobredner einer Macht, der er nur vorwerfen kann, etwas nicht ganz richtig eingeschätzt zu haben.

Wer die Befreiung in den ideologischen Bann der Verhältnisse einsperrt – in die Nation –, befördert neben dem ganzen Unsinn aller völkischen oder nationalen Mythen auch ganz wirkliche Brutalitäten, hübsch souverän und autonom organisiert.

VI.

Die wohlwollenden und sentimentalen Sympathisanten der nationalen Befreiungskämpfe scheinen bei ihrer wehleidigen Beschwörung des Schicksals der Armen ebenso wie bei ihrer zombiehaften Bewunderung für die leichenträchtigen, sinnlosen Kriege dieser Armen eher einen Hang zur Übertragung der eigenen nationalen Wünsche zu haben als eine realistische Einschätzung. Wenn sie darüber hinaus jede Einmischung in die »inneren Angelegenheiten« anderer Staaten – ob ökonomisch, rechtlich, politisch oder militärisch – prinzipiell verwerfen, weil gerade diese Einmischung angeblich alles Elend auf der Welt erzeugt hat, übersehen sie nur folgendes:

1. Einmischung in die inneren Angelegenheiten anderer Länder und Nationen und Intervention kann notwendig sein; z.B. feiert die Linke doch sicher den Krieg gegen Hitler und zu Recht beklagt sie die Nichteinmischung in Spanien 1936 gegen Franco.
2. Der Gedanke, daß es vor der ökonomischen Einigung der Welt durch das Kapital oder vor der politisch-militärischen Eroberung durch Europa so etwas wie einen paradiesischen Zustand der Welt gegeben hätte, ist offensichtlich Blödsinn.
3. Die Behauptung, gerade die US-amerikanische oder europäische Intervention sei der Gipfel aller Brutalität, will nicht wahrhaben, daß die lokalen Machthaber in der 3. Welt auch ganz von sich aus völlig souverän und blutig ihre Völker regieren.
4. Wer prinzipiell die Einmischung ablehnt, lehnt die Geltung universeller Prinzipien ab und verewigt die anachronistische Vorstellung einer Welt, die aus Ethnien, Völkern und Besonderheiten mit allen dazugehörigen Verfügungsrechten und Machtzuständen besteht.

5. Gerade das Verschwinden universeller Prinzipien bedeutet das Verschwinden der Garanten einer einzigen Menschheit, die jenseits aller völkischen oder nationalen Dünkel auch eine *Welt*öffentlichkeit umreißen könnte.
6. Wer die These vertritt, daß alle *Nationen* einander gleich sind und dieselben Rechte besitzen, will nicht kapieren, daß es für die jeweils von den realen Exekutoren des jeweils nationalen Willens Unterworfenen oft gerade nichts Schlimmeres als die nationale Herrschaft geben kann; wie z.B. Idi Amin, Pol Pot etc.
7. Die Selbstbestimmungsphrase (Hitlers oder Violas?) funktioniert wie ein Fetisch. Ohne ihn müßte man einfach *Herrschaft* denken, und bei der ist es für die von ihr Rekrutierten ziemlich egal, ob sie eine eigene oder fremde ist, wenn sie nur irgendwelche *Rechtszustände* schaffen würde. Wir meinen damit Rechtszustände, die minimale soziale und juristische Sicherheiten für die Bevölkerung garantieren.

   Was spricht dagegen, daß z.B. Nicaragua zum 52. Bundesstaat der USA wird oder daß es wenigstens die amerikanische Verfassung übernimmt?

Zum Schluß: Stationen des Holzwegs, der die deutsche Linke seit langem in die Irre führt.

Im Wettrennen um die Gunst des Volkes ähnelt die Linke dem sich totrennenden Hasen, der am Ziel immer nur auf einen Igel trifft, soll heißen: auf einen immer besser agitierenden Demagogen. Strauß, Weizsäcker und Lafontaine erregen ihren Neid, weil deren Stimmen *beim Volk* besser tragen als ihre eigenen. Sie sehen sich mehr als Prediger und Missionare zum *guten* Volk denn als Gelehrte und Kritiker; wie sollten sie auch anders, da sie doch auf dieser konkreten Erde, diesem konkreten Deutschland, davon träumen, die Massen mit sich zu reißen? Und zu diesem Zweck wollen sie ihnen erst mal lauschen. Das Kauderwelsch, das sie da zu hören bekommen, verführt sie nach der alten Mao-Weise (»Die Augen der Massen sehen und die Ohren der Massen hören richtig«) dazu, unter anderem dem Fremden, dem Welschen den Kampf anzusagen.

Nach dem kurzen Zwischenspiel von 1968 durchlief die deutsche Linke noch einmal einen alten Prozeß, über ihre Sowjetisierung, die ein Abschied vom globalen Gedanken des Antinationalismus war und eine Hinwendung zur Globalität der Nationen und Regionen, also partikularer Einheiten, übernahm sie bald den Gedanken vom »Sozialismus in einem Land«.

Der Einklag und Übermut, mit dem inzwischen so fidel über die nationale Frage gesprochen wird, läßt vermuten, daß diese schon von Anfang an das unbewußt angesteuerte Ziel war. Und im nachhinein kann man wohl feststellen, daß das Abfeiern der autonomen Regionen Anfang der 70er Jahre, das Geraune vom Identitätsverlust Ende dieses Dezenniums und letztlich das pazifistisch und ökologisch verschmalzte Heimatgewinsel der letzten Jahre nur das patriotische und deutsch-nationale Stakkato vorbereitet haben, das jetzt wohl für die nächste Zeit unsere Alpträume bereichern wird.

Daß wiederum die Linke dieses Landes Vorturnerin der nationalen Kür ist, um sich dann von den real Mächtigen willenlos in die nationalistische Pflicht nehmen zu lassen, ist auch nichts Neues. Die Linke hierzulande hat es immer sehr schnell geschafft, sich von ihren besseren Denkern und internationalistischen Begleitern – von Johann Most und Karl Liebknecht bis Rosa Luxemburg, von Jürgen Krahl bis Ulrike Meinhof – zu trennen, um sich nur desto euphorischer den sklerotischen Vorsängern einer nationalen Idee anzuschließen.

Es hieße die Intimsphäre unnötig verletzen, die Fülle der Avancen und Allianzen durchzuwühlen, die die Linke hier gemacht hat, um eine deutsche zu werden. Die Liebhaber der nationalen Idee werden ihre Anstrengungen nur verdoppeln, je mehr sie merken, daß sie als Linke trotzdem nicht geliebt werden. Die Potentaten und die Massen tun eh immer das andere, und so bleibt nur festzustellen, daß sogar dieses hurenhafte Entgegenkommen der Linken unbelohnt bleibt und sie selbst ein tragischer Fall. Ihre Selbstpreisgabe und ihr Opferwille sind umsonst, und ihre Verwahrlosung wird sie nur dahin bringen, ohnmächtig dabeistehen zu müssen, wenn die dynamischeren Kräfte dieses Volkes auf die Bühne treten werden, um endlich wieder frei von allem Ballast jene Gemeinheiten und Brutalitäten zu inszenieren, die hier jedermann so gerne sieht.

1985

Bannerträger der Marxistenpresse

Leserbrief an *Konkret*[*]

Wie immer kommt *Konkret* zu spät und muß deshalb besonders laut »Hier« schreien. Nachdem in den letzten Wochen sich die Bundesrepublik zu einer Volksgemeinschaft von Hinterbliebenen gemausert hat, will sich nun auch *Konkret*, obwohl die Feierlichkeiten schon vorbei sind, an der großen Versöhnung mit der deutschen Geschichte beteiligen. Als gelte es, sich einer Anschuldigung wegen publizistischer Befehlsverweigerung zu erwehren, präsentiert das Juni-Heft (1985) gleich ein Übersoll bei der kollektiven Entsorgung der Vergangenheit. Um wenigstens noch im nachhinein an der großen Blamage teilzuhaben und nachträglich noch einen Hauch der internationalen Verachtung zu verspüren, der die bundesdeutschen Medien im Gefolge der mißlungenen 40-Jahr-Feiern preisgegeben waren, stimmt *Konkret* in den längst diskreditierten Schlachtgesang der alternativen Heimatfront ein: die Contras seien Reagans Waffen-SS. Nun zahlen die Linken dem Ausland ihr eigenes Schweigen heim.

Im Unterschied zur in Bitburg und Belsen offiziell sanktionierten Lüge, daß Täter und Opfer austauschbar seien, hebt die neudeutsche Propaganda seit der infamen

* Der sich auf das *Konkret*-Heft 6/85 beziehende Leserbrief wurde nicht veröffentlicht. (A.d.H.)

Formel Beirut = Auschwitz die Vergleichbarkeit der Täter hervor. Doch beides läuft auf das Nämliche hinaus: Ob Weizsäcker den Opferwillen der deutschen Frauen preist, ob die *Bunte* oder die *FAZ* die jüdische Verschwörung gegen die Deutschen wiederentdecken, ob Augstein meint, die Alliierten seien auch Kriegsverbrecher gewesen und Dregger und Co. die für die Deutschen vergleichsweise bescheidenen Folgekosten des von ihnen angezettelten Weltkriegs mit Auschwitz verrechnen, ob schließlich *Konkret* in einem Umkehrschluß zu verstehen gibt, daß Treblinka und Maidanek eine Art Nicaragua der Juden gewesen sein müssen und Gremliza den amerikanischen Präsidenten mit Hitler vergleicht – all dies beweist nur die Unvergleichbarkeit der Verbrechen der Deutschen wie das gleichermaßen bei Rechts und Links virulente Entlastungsbedürfnis.

Gremlizas Bemerkungen über Reagan sagen nichts aus über den Charakter der imperialistischen Politik der Vereinigten Staaten, geschweige denn, daß sie ihr den wohlverdienten Schaden zufügen könnten; sie dokumentieren nur den Wiedergutwerdungsdrang der Deutschen als Deutsche und den Schaden, den die Linke in der Bundesrepublik sich selbst zugefügt hat: nämlich deutsche Linke geworden zu sein. Gremlizas masochistisches Kokettieren mit den unausstehlichen Zeitgenossen, deren Attitüden er so gut kennt, setzt nämlich genau das voraus, wogegen seine Bemerkungen über die »rabiaten Mittelständler« sich richten: Deutschland – auch wenn er gern ein »anderes« hätte, das es nicht gibt.

Wie nahe sich bei der geschichtlichen Rettungsbewegung offizielle Propaganda und Gesinnung der Szene kommen, wie rasch die antiimperialistischen Hüllen fallen und das nackte Ressentiment übrigbleibt, das zeigen die unter der Überschrift »Erinnerung« aus französischen

Zeitungen von 1945 nachgedruckte Zitate, die im Kontext des Heftes keinen anderen Sinn machen als sie ihn beispielsweise in der *National-Zeitung* hätten: die Deutschen als verfolgte Unschuld zu präsentieren, als Opfer des auf unerbittliche Rache sinnenden Auslands.

Ein besonders waghalsiger Kunstgriff bei der Ehrenrettung der Deutschen gelingt *Konkret* im Kommentar zu Pohrts nachgedrucktem *taz*-Artikel über »Antisemitismus in den deutschen Medien«. Ihm graue nicht davor, liest man, »Börsen- und Marxistenpresse in einem als antisemitisch zu denunzieren, wie Hitler sie als jüdisch verfolgt hat ...« Pohrt als seitenverkehrter Hitler und die Bannerträger der Marxistenpresse, nämlich *Konkret*, als zurechtgerückte Juden?

Alice Schwarzer hatte seinerzeit die Frauen als die Juden der Geschichte entdeckt (neuerdings setzt sie Schwarze, Hunde und Katzen dafür ein), und sofort fing ein deutscher Bürgerkrieg um die Judensterne an. Neu ist an dem Bedürfnis von *Konkret*, verfolgtes Opfer, Jude zu sein, nur der erstaunliche Umstand, daß hier zum ersten Mal sich offenbar jemand vom Vorwurf des Antisemitismus getroffen fühlt, um darauf zu antworten, genau dadurch geschähe ihm wie der Presse unter Hitler, nämlich »als jüdisch verfolgt« zu werden. Pohrt denunziere, wie Hitler verfolgt habe – so werden aus Deutschen Juden. So werden aus Opfern wieder Versöhnungsgewinnler. Aber eigentlich kommt *Konkret* hier auch zu spät und gibt an Pohrt nur einen Vorwurf weiter, der ihr selbst einmal gemacht worden war: »Hinrichtungsjournalismus«. Wie die Dinge liegen, klingt das allerdings respektabel.

Mit freundlichem Gruß

Berlin, 17.6.1985

Persilschein für Kohl

Der Skandal besteht darin, daß er zu keinem Zeitpunkt zu befürchten war: keine zweite Beate Klarsfeld trat mit einem gezielten Argument dazwischen, als der Bundeskanzler Montag abend in der Berliner Staatsbibliothek sich vor jüdischen Wissenschaftlern aus aller Welt die Absolution für Bitburg holte. Nur ein schwacher, vereinzelter Zwischenruf erinnerte daran, daß der Geschichtslüge von Bitburg, derzufolge Mörder und Opfer austauschbar seien, nun die Unverfrorenheit folgte, vor die Opfer zu treten.

Unter dem Titel »Selbstbehauptung in der Not. Die Juden im nationalsozialistischen Deutschland 1933-1939« veranstaltet das Leo-Baeck-Institut gegenwärtig eine internationale historische Konferenz in West-Berlin. Das Leo-Baeck-Institut, benannt nach der letzten großen Führungspersönlichkeit des deutschen Judentums, ist ein Forschungszentrum mit Arbeitszentren in Jerusalem, London und New York, das 1955 gegründet wurde und sich der Sammlung, Aufzeichnung und Erforschung der Geschichte der deutschen Juden widmet. Die Berliner Tagung ist die erste, die in Deutschland stattfindet, und sie steht durch den Auftritt des Kanzlers in bezeichnender Nähe zu ihrem Thema.

Während einige israelische Wissenschaftler aus Protest gegen das von allen Skrupeln befreite und von keiner Erinnerung an zivilisierte Umgangsformen getrübte Auftreten Kohls der feierlichen Eröffnung fernblieben, bedachten ihn jene mit rauschendem Beifall, die nach Bitburg allen Grund gehabt hätten, ihn nicht auch hier noch gewähren zu lassen: die Deutschen. Während einige jüdische Wissenschaftler sich im Vorfeld der Konferenz mit dem Gedanken trugen, nicht an ihr teilzunehmen, wenn die Stiftung des Vernichtungsgewinnlers Krupp mit – lächerlichen – 25.000 DM dazu beisteuern und sich damit einen symbolischen Ablaß erkaufen wollte, verschwendeten diejenigen, auf die es ankam, nämlich die deutschen Teilnehmer, keinen Gedanken daran, wie der Verhöhnung der Opfer Einhalt geboten werden könnte. Insofern wiederholte sich Bitburg in Berlin, allerdings mit dem Unterschied, daß dort die Juden, die ausgesperrt waren, sich hier nun en face die Beleidigung gefallen lassen mußten, sie seien die Kulturschlesier unter den Heimatvertriebenen. »Man muß die Geschichte kennen, und schon gar als Deutscher«, sagte Kohl, »um trauern zu können: trauern um die Opfer, trauern um den selbstverschuldeten Aderlaß, durch den unser Vaterland weit über das Jahr 1945 hinaus schöpferische Energien verlor.« Mit anderen Worten: die Deutschen haben Wiedergutmachung verdient.

Daß andere vergast wurden, war ein mißglückter Selbstversuch, ein Aderlaß. Was Weizsäcker in verschwiemeltem Pastoraldeutsch vortrug, das präsentierte Kohl als einverständliche Sprechblase: »Hüten wir uns davor, den ersten Stein zu werfen, hüten wir uns davor, Ankläger oder Richter unserer Vorfahren sein zu wollen.« Darin drückte sich nicht nur die Gewißheit aus, daß der Gedächtnisverlust über 40 Jahre zurückreicht, sondern daß er konstitutiv für die Gegenwart ist, daß Kohl wie alle anderen darauf rechnet, daß vergessen ist, wie er sich vor einem halben Jahr vor den Mördern der Befreier verneigte. Insofern ist seine auch bei der Festansprache wiederholte Feststellung von der Gnade der späten Geburt nur das Eingeständnis, mit früher politischer Verblödung gestraft zu sein.

Irgendwo schrieb Adorno, die Vergangenheit setze sich als Zerstörung der Vergangenheit fort, und nicht ohne Ironie bemerkte bei der Feierstunde der letzte Überlebende der Reichsvertretung der deutschen Juden, Rabbiner Gruenewald, die Toten lebten in den Taten der Überlebenden fort. Für beides legte Kohl den Beweis vor. In der Schamlosigkeit seines Auftritts zeugt sich die einst den Opfern zugedachte Nichtswürdigkeit fort. Nach ihm sprach der Historiker Peter Gay. Und trotz dessen Eloge auf die deutsch-jüdische Symbiose, wurde einem schlagartig bewußt, was einen deutschen Bundeskanzler von einem Menschen unterscheidet.

1985

Kompromißlose Weltläufigkeit*

»Kommen Sie aus Deutschland oder aus Überzeugung?« war die stehende Witzfrage, als in den 30er Jahren viele Tausende deutscher Juden, weil ihnen kein anderes Land die Toren öffnete, in Palästina Zuflucht suchten. Walter Zadek, heute 85, war einer von ihnen. Er kam nicht aus, aber mit einer Überzeugung, die den Tatbestand, bloß aus Deutschland zu kommen, in der Folgezeit noch erschweren sollte, denn Zadek gehörte nicht zum Gros der meist kleinbürgerlichen, unpolitischen Flüchtlinge aus Deutschland, die, abgesehen von wirtschaftlichen und gesellschaftlichen Integrationsschwierigkeiten, keinerlei Problem hatten, die eine Loyalität gegen die andere auszutauschen. Folgsame Staatsbürger in Deutschland, bis man sie nicht mehr folgen, sondern verfolgen ließ, wurden sie fast über Nacht zu folgsamen Mitgliedern des jüdischen Gemeinwesens in Palästina. Waren sie vorher deutschnational, so waren sie nun eben zionistisch.

Zadek hingegen, verwandt mit dem sozialdemokratischen Revisionismustheoretiker Eduard Bernstein und trotzdem oder deshalb aufmüpfiger Sozialist geworden, kam als politisch Verfolgter nach Palästina und galt über kurz oder lang auch dort als vaterlandsloser Geselle – ein Schimpf übrigens, den er bis heute als Auszeichnung

* Walter Zadek, »Kein Utopia ... Araber, Juden, Engländer in Palästina, Fotografien aus den Jahren 1935-1941«, Hrg. von Hanno Loewy, Berlin 1986.

betrachtet. Er gehört zu den wenigen, für die der Satz des Kommunistischen Manifests, die Arbeiter hätten kein Vaterland, ein Dokument der Zivilisation ist und keine Klage über den Verlust der nationalen Identität, wie man behelfsweise, bis Heimat und Vaterland doch wieder rehabilitiert wurden, Barbarei in Deutschland buchstabierte. Zadek hatte diese Barbarei am eigenen Leib verspürt: Anfang 1933 prügelten ihn die Sturmtrupps der erwachenden Volksgemeinschaft aus der Redaktion einer von ihm geleiteten Zeitungskorrespondenz, wenige Tage später wurde er, als die Berliner Schutzpolizei die wilden Säuberungen korrekt exekutierte, bei einer Großrazzia in der Wilmersdorfer Künstlerkolonie verhaftet und für einen Monat in Spandau eingesperrt. Zadek hat über jene frühe Selbstfindung der Deutschen, die vor allem darin bestand, daß sie andere Deutsche nachgespürt haben, ausführlich in der bei Rowohlt 1981 von ihm herausgegebenen Anthologie »Sie flohen vor dem Hakenkreuz« berichtet.

Zadek war von Beruf Journalist. Damit konnte er in Palästina zunächst genau so wenig anfangen wie etwa ein Landgerichtsrat mit seinen juristischen Kenntnissen und seiner Verwaltungserfahrung. Er konnte kein Hebräisch, und die drei auflagenschwachen deutschsprachigen Zeitungen, die äußerst bescheiden aufgemacht waren, ließen einen linken Journalisten ganz selten zu Wort kommen, von einer Anstellung ganz zu schweigen. Außerdem bekamen deutschsprachige Organe und Verlage nach 1933 oft deutlich genug zu spüren, daß die deutsche Sprache nicht mit Herzl, sondern mit Hitler identifiziert wurde. Zeitungskioske wurden angezündet, Versammlungen gestürmt und schließlich, Anfang 1943, die Druckerei des *Orient* durch eine Bombe verwüstet und damit das Erscheinen der gerade ein Jahr alten palästinensischen Version der *Weltbühne* beendet, die von Arnold Zweig mit herausgegeben wurde und für die auch Zadek schrieb.

Ungeeignet für die propagierte »Umschichtung« – aus »Luftmenschen« sollten, wie der zionistische Theoretiker Nordau schrieb, »Muskeljuden« werden –, die meist einer Deklassierung gleichkam, suchte Zadek nach einem Ausweg, um in seinem Metier nicht ganz sprachlos zu werden, und lernte statt Hebräisch mit einer Leica umzugehen. Ungefähr 8.000 Bilder entstanden so im Verlauf einer als Notbehelf begonnenen Tätigkeit als Pressefotograf, der nach und nach verschiedene Agenturen belieferte, aber dennoch kaum Honorar sah, wenn seine Fotos irgendwo in der Welt erschienen. Bekannter denn als Fotograf war Zadek deshalb durch seine Hauptbeschäftigung, den Importbuchhandel, mit den Titeln der bekannten Verlage deutscher Exilliteratur (Querido u.a.) und durch sein Antiquariat, das erste seiner Art in Tel Aviv.

Die Buchhandlung »Logos« in der Ben Jehuda Street in Tel Aviv war eine Adresse, die zu den fixen Orientierungspunkten im Tel Aviver Geschäftsviertel zählte. (Eine Episode sei hier beiläufig vermerkt: 1936 arbeitete in Zadeks Buchladen einige Wochen lang ein junger Kommunist namens Rudolf Leder, der sich gerade mit einem Arbeiterzertifikat nach Palästina gerettet hatte. Binnen kurzer Zeit verließ er das Land wieder, um sich dem Kampf der Internationalen Brigaden in Spanien anzuschließen. Unter seinem nome de plume ist der damalige Aushilfspacker heute bekannt: Stephan Hermlin).

Jahrelang hat sich Zadek vergeblich bemüht, für eine Auswahl seiner Fotos aus der Zeit vor der Staatsgründung einen Verleger in der Bundesrepublik zu gewinnen. Gefragt waren jedoch die schwergewichtigen bunten und teuren coffee-table-books über Israel, die regelmäßig ein halbes Jahr nach ihrem Erscheinen mit anderen großformatigen Weihnachtsgeschenken auf den Krabbeltischen der Kaufhäuser liegen. Mit dem Band »Kein Utopia...« liegt nun erstmals und mit Verspätung von einigen Jahrzehnten eine Art fotografischer Kommentar zu den beiden einzigen literarisch interessanten deutschsprachigen Palästina-Romanen vor, zu Zweigs »De Vriendt kehrt heim« und Koestlers »Diebe in der Nacht«.

Der Titel »Kein Utopia...« ist keine Konzession an die geheimen Wünsche des neudeutschen Lesers, der vielleicht hinzufügen könnte »... sondern die Hölle«, sondern einem Diktum Bubers abgelauscht: »Die jüdische Kibbuzjugend glaubt, ihre Siedlungen liegen in Utopia, aber sie liegen in Arabien.«

Der Hinweis auf den Umstand, daß die Kolonisation weder auf dem Mond noch in der Wüste, sondern in einem bestimmten und von Menschen bewohntem Gebiet betrieben wurde, war so simpel wie skandalös, denn er berührte die raison d'etre des zionistischen Unterfangens: die letztlich unvermeidliche und gewaltsame, also militärische Lösung einer Frage, die theoretisch für viele Politiker durch die Annahme einer nicht-existenten einheimischen Bevölkerung bereits gelöst war.

Zadek zeigt mit seinen Aufnahmen von Fellachen, Beduinen, arabischen Frauen und Kindern zwar, daß dieses »Utopia« im Orient liegt, aber ganz ähnlich wie die um Verständigung mit den Einheimischen bemühten linkssozialistischen Zionisten werden vor seiner Kamera alle Araber zu exotischen Kindern, zu Objekten der Neugier und des Mitleids. Die – nicht vom Fotografen, sondern vom Herausgeber formulierten – Bildtexte unterstreichen gelegentlich diese aus der Fremdheit herrührende infantilisierende Wahrnehmung, indem beispielsweise das Foto eines arabischen Kindes der intelligente Untertitel »Arabisches Kind« verpaßt wurde.

Anders sind seine Bilder von Menschen aus dem Yischuv, d.h. dem jüdischen Gemeinwesen vor der Staatsgründung. Entgegen der offiziell propagierten Ideologie vom einigen Volk von Brüdern legt er die sozialen Unterschiede, die divergierenden Gruppen bloß, und noch als Typus sind die Abgelichteten individuelle Personen. Er verweigert sich bewußt bei seiner fotografischen Tätigkeit der damals üblichen Heroisierung der jüdischen Kolonisten. Der Autor von »Bambi«, Felix Saiten, hatte mit seinem Reisebuch »Neue Menschen auf alter Erde« den programmatischen Titel für eine künstlerische und ideologische Richtung bei der Darstellung der Wirklichkeit erfunden, die man im nachhinein und in Anlehnung an verwandte Erscheinungen ganz anderer Provenienz als »zionistischen Realismus« bezeichnen könnte.

In der Beilage der *Jüdischen Rundschau*, aber auch in anderen jüdischen Zeitungen, die bis 1938 in Nazideutschland noch erscheinen konnten, platzten förmlich die Bildbeilagen angesichts so viel versammelter Muskelkraft, die Seiten wurden feucht bei so viel abgelichtetem Arbeitsschweiß – Bilder, mit denen man den Nazis den Wahn vom jüdischen Parasiten austreiben wollte. Nicht von ungefähr schrieb Kracauer über die physiognomischen Studien von Helmar Lerski, der seine fast kultischen Licht- und Schattenexperimente in Tel Aviv fortsetzte, es handele sich bei seinen Portraits um »Männer mit Gesichtern wie aus edelster Bronze, die vor ihrem Tode ... ewige Visionen sehen«. Als Lerski, Regisseur und Kameramann einiger expressionistischer Filme in Deutschland, schließlich in Palästina einen Film mit dem Titel »Arbeit« gedreht hatte, fiel der *Neuen Züricher Zeitung* sofort der Vergleich mit Leni Riefenstahls »Triumph des Willens« ein.

Von Ausnahmen abgesehen, hat Zadek sich hauptsächlich am Foto-Journalismus der 20er Jahre orientiert, und so verdanken wir seinem auf der Straße wachen Auge und seiner unvoreingenommenen Beweglichkeit, seinem sozialen und politischen Instinkt eine Vielzahl von Aufnahmen, die wir in neueren Fotos von den nämlichen Schauplätzen, doch von anderen fotografiert, immer wiedererkennen. Dieser Umstand spricht nicht gegen die Originalität von Zadek, sondern gegen die ungebrochene Fortzeugung der Gewaltverhältnisse.

Zadek lebt heute abwechselnd in Israel und in der Bundesrepublik. Weder in Frankfurt, wo sein Domizil bei Liebhabern seltener Erstausgaben oder bei Autographensammlern als erste Adresse gilt, noch in Holon bei Tel Aviv ist er zuhause, oder schrecklicher noch: daheim, gar verwurzelt. Er wohnt in beiden Städten und steht, so seine knappe Standardauskunft auf die lästige Frage nach der Zugehörigkeit, mit beiden Beinen fest in der Luft.

Wie viele ehemalige Emigranten ist er zu einem Exilanten neuen Typus, zum Pendler zwischen wechselnden Aufenthaltsorten geworden und genießt damit einen in jedem Fall erstrebenswerten, in seinem Fall hingegen teuer erkauften Zustand, nämlich die Freiheit vom nationalen Zwangsverband, eine Freiheit, die in Deutschland bislang bestenfalls die Form gesellschaftlicher und politischer Ächtung annahm. Zadek hat, wie viele andere seiner Generation einen hohen Preis bezahlt für seine kompromißlose Weltläufigkeit, für seine durch Niederlagen unbelehrbare Verachtung des Nationalismus. Mit bitterem Spott hört man gelegentlich von ihm selbst, er sei in Israel ein Nobody, ein Nichts, eine Null, und habe doch in Berlin bis 1933 eine gewisse Geltung besessen, einen Status, dem er ebensowenig nachtrauert wie er über den jetzigen lamentiert. Er hat sich immer eingemischt, ohne gleich dazugehören zu wollen. Das hat man ihm in

Deutschland übelgenommen, und er wiederum sah keinen Grund, vor lauter Dankbarkeit über die Rettung nach Palästina dem zionistischen Konformitätsdruck nachzugeben. Der Nationalstaat, ob an seinem Kulminationspunkt, wie in Deutschland 1933, oder im Aufbau begriffen, wie im englischen Mandatsgebiet Palästina, bedeutete Zadek nichts, er war immun gegen dessen immanente Tendenz, seine Bürger in Kollektiv und Gefolgschaft zu verwandeln. Er hatte 1933 zu jenen gehört, die gottseidank etwas dafür konnten, daß die Nazis etwas gegen sie hatten, und nach seiner geglückten, abenteuerlichen Flucht sah er deshalb auch erst recht keinen Anlaß, sich einer anderen, vergleichsweise harmlosen Gemeinschaftsideologie, dem Zionismus, unterzuordnen. Jude-Sein war für ihn nicht abendfüllend.

In seiner kurzen Nachbemerkung zum langen und informativen Einleitungstext des Herausgebers schreibt Zadek in einem seltenen Anflug von Nostalgie, die Transformation des zionistischen Kolonisationsunternehmens in einen Staat mit allem, was eben dazugehört, dem »moralischen Niedergang der Welt« zu, der vor Palästina nicht halt gemacht habe. Warum jedoch der Aufbau eines Nationalstaats und der Untergang der »seinerzeitigen warmen Beziehungen der Menschen zueinander« untrennbar zusammengehören, warum »die Träume von einer gerechteren Gesellschaft« weitgehend begraben wurden, das erfährt der Betrachter kaum aus den Fotos von Zadek.

Trotz der Kluft, die sie von der zeitgenössischen Weltanschauungsfotografie in Palästina trennt, erreicht die kleine Auswahl aus dem Archiv des Fotografen Zadek nur gelegentlich das von Polemik und scharfzüngiger Klarsicht geprägte Niveau seiner publizistischen Interventionen. Dort ist kein Raum für die Idylle, für die Exotik, dort geht es an keiner Stelle beschaulich zu. Gerade weil seine Ansichten und seine Einsichten so divergieren, wäre es angebracht gewesen, dem dokumentarischen Bildband wenigstens auszugsweise jene Artikel beizufügen, die Zadek zeitweise zu einem gut gehaßten Kritiker des zionistischen Einordnungsgebots gemacht haben. Die deutschen Leser, vor allem das auf nationale Identitätsfindung bedachte alternative Publikum, wären einigermaßen düpiert, wenn sie läsen, daß da ein Jude jüdische Faschisten in Palästina attackierte. Diesen Vorwurf anzubringen hatten sich doch die Deutschen ausbedungen, nach jahrelanger Zurückhaltung. Nach der Lektüre von Zadeks damaligen Polemiken gegen den Chauvinismus des zionistischen Establishments müßten sie nun zähneknirschend feststellen, daß ihnen vor über 40 Jahren schon jemand die Pointe ihrer geschichtlichen Entlastungsoffensive geklaut hat. Schon wieder wäre damit ein Selbsthilfeprojekt gescheitert.

1986

Die Einzigartigen

Hätten sie damals zu ihren Eltern gehalten, dann wären sie vielleicht heute auch irgendwo oben und nicht nur dazwischen. Mit großer Verspätung haben die Linken begriffen, daß die einzig erfolgreiche kriminelle Organisation die Familienbande ist. Die erfolgreiche Mutation der revolutionären Zellen zu Keimzellen des Staates, faßte der SPD-Funktionär Glotz in einem vernichtenden Lob zusammen, er sprach von der »zur Standhaftigkeit geläuterten Protestgeneration von 1968«. Jahrzehnte ehe sich so viele wieder familiär zusammenrotteten, legte der spätere Bundespräsident bereits jenen Familiensinn an den Tag, den heute alle uneingeschränkt an ihm bewundern. Mit seiner Wahl hatte auch die deutsche Nachkriegsliteratur ihren ersten politischen Erfolg: Weizsäcker war die Antwort auf die Spätheimkehrerprosa Ende der siebziger Jahre, die Antwort auf ein von der sogenannten Väterliteratur formuliertes kollektives Bedürfnis. Deshalb kann man heute kaum unterscheiden, ob der neueste Artikel Hochhuts vom Kanzler diktiert oder die letzte Sonntagsrede des Bundespräsidenten von Walser verfaßt wurde; deshalb gibt es heute keine Klassen mehr, sondern nur noch Väter, Söhne und Enkel.

Seinen Vater, bei dessen Verteidigung er im Nürnberger Kriegsverbrecherprozeß »aus tiefer Überzeugung« mithalf, würde Weizsäcker, wie er kurz vor dem Staatsbesuch des israelischen Präsidenten erklärte, heute genauso unterstützen wie damals. Nach dessen eigener Aussage war seine Mitgliedschaft in der NSDAP und der SS ein persönliches Opfer, um das Schlimmste zu verhindern, das er gerade durch seine Tätigkeit im Auswärtigen Amt anrichtete. Auch der Bundespräsident will immer das Schlimmste verhindern. Er ist die personifizierte Begrenzung des Schadens, den alle um die Familienehre, also um die Reputation der Bundesrepublik Besorgten abwenden wollen und doch so zielsicher herbeiführen. Und am Ende kommt wie immer heraus, was angeblich keiner gewollt hat: zum Beispiel die neue Lust am historischen Schuldbekenntnis der Deutschen.

Horkheimer diagnostizierte 1960 das »kleinlaut und formell gewordene Schuldgetue«, welches nur die Funktion habe, sich »zum rechten Patriotismus wieder das gute Gewissen zu machen«. Zwischen den tapsigen Auftritten des Kanzlers in Israel und dem von allen gepriesenen Staatsschauspiel in Bergen-Belsen, Worms und Berlin, hat sich die kleinlaute Verdrücktheit in die stolze und vollmundig selbst vom Kanzler verkündete Anerkennung der Einmaligkeit der deutschen Verbrechen verwandelt. Vor der entlastenden Ausrede, der Massenmord sei eine Doublette gewesen, rangiert nun die Verteidigung der Originalität: Auschwitz bleibt deutsch. Als Verbrechen zwar, aber doch auch als unvergleichliche Spitzenleistung. Schließlich: Wer hat denn der Welt den bekanntesten Politiker geschenkt?

In Berlin sind zum Jubiläumsjahr alle fleißig am Graben und Renovieren, um sich über die eigene Mittelmäßigkeit mit der wiedergefundenen Einzigartigkeit der jüngsten deutschen Geschichte hinwegzutrösten. Der israelische Staatsgast kam dabei wie gerufen, um auf zwei Beutestücke der neuen Einmaligkeit hinzuweisen: auf die ausgebuddelten Gestapo-Keller und auf die Wannsee-Villa, wo 1941 die Richtlinien der Massenvernichtung beschlossen wurden. Diese Villa soll, wie das Gruseltroja an der Mauer, als Spukschloß am Wannsee künftig das Pflichtprogramm von Klassenfahrten nach Berlin ergänzen. Und die Historiker, die die deutsche Selbstfindung in der Professoralform und im Feuilleton versanden ließen, sollen hier wieder zur aktuellen Eingreiftruppe werden. In der Atmosphäre des neuen Bekenntnisses zur Einzigartigkeit würde dann gewiß auch die damals offengebliebene Streitfrage nach der maximalen Kapazität der Verbrennungsöfen beantwortet.

Daß diese Villa erst richtig zum Übungsgelände für Identität und Nationalbewußtsein wird, dafür müssen die Kleinkünstler der deutschen Wiedergutwerdung sorgen – die Schriftsteller. Denn wo die Begriffe fehlen, da stellt sich eine Lesung ein. Und dafür, daß Diepgen im Januar 1987 bei seiner mit »Identität und Geschichte« überschriebenen Gedenkrede hauptsächlich über den Zusammenhang von Massenmord und Wiedergewinnung eines »natürlichen Nationalgefühls« sprach und damit unabsichtlich die künftigen Veröffentlichungen von Peter Schneider plagiierte, könnte letzterer sich dort mit einer Lesung aus »Vati«* revanchieren. Offensichtlich kann nur noch eine Naturkatastrophe verhindern, daß dieses Haus des Henkers – wie jede andere Stätte des Grauens – zum Trainingslager für Vernichtungsgewinnler wird.

1987

* Ein 1987 erschienenes Buch Peter Schneiders, in dem ein junger Mann seinen Vater, einen gesuchten NS-Verbrecher, besucht. Ein larmoyantes kleines Büchlein, das sich mit deutschen Schicksalsfragen quält und mit dem sich Schneider den Vorwurf des Plagiats einhandelte, da eine ähnliche Geschichte zuvor in der *Bunten* stand, über Rolf Mengele, der seinen Vater, den KZ-Arzt Josef Mengele, in Brasilien aufsuchte. (A.d.H.)

Reservat Oranienburger Straße 28

Die Jüdische Gemeinde in Berlin-Ost

Wäre nicht das große Schild mit dem Davidstern über dem Eingang, man nähme das Haus in der Oranienburger Straße kaum wahr. Trotz seiner architektonisch interessanten Fassade gehört es zu jener Vielzahl von Gebäuden in den Straßen Berlins, an denen der Fußgänger achtlos vorbeischlendert, oder die wahrzunehmen er sich instinktiv sperrt. Denn der schmutzige Firnis, mit dem die Ziegel überzogen sind, erinnert an Krieg. Nicht vom Hausbrand, wie man lieber glauben möchte, sondern vom in Berlin entfachten Weltbrand rührt der Belag her, der dieses wie zahlreiche andere Häuser nun am hellichten Tag verdunkelt, als sei heute die Erinnerung der Feind, vor dessen identifizierendem und urteilendem Blick es durch unterschiedslos schmutziges Grau geschützt werden müßte. Aber da sich kaum jemand erinnert, ist diese Verdunkelung sinnlos und überflüssig geworden und kann bei der Generalüberholung der deutschen Geschichte, die sich allenthalben auch im face-lifting der Innenstädte ausdrückt, als bloße Beeinträchtigung des Staßenbildes beseitigt werden. Die Verjüngungskur, die der Magistrat der Stadt sowohl dem Verwaltungsgebäude der Jüdischen Gemeinde als auch der benachbarten Ruine der Neuen Synagoge mit einem kürzlich ergangenen Restaurierungsbeschluß verpaßt hat, beschließt und vollendet in Wahrheit deshalb den Prozeß des kollektiven Vergessens.

Schon heute merkt niemand, daß etwas fehlt, allenfalls wundert sich einer, daß überhaupt etwas da ist, wie zum Beispiel jenes Schild über dem Hauseingang mit dem irreführenden, an Größe, Bedeutung und Gewicht erinnernden Hinweis auf die »Jüdische Gemeinde von Groß-Berlin«. Es stammt aus den ersten Nachkriegsjahren, aus der Zeit vor der Trennung in zwei Gemeinden, als sich in diesem Gebäude in der ehemaligen Hauptstraße des deutschen Judentums überlebende Juden einfanden, um den wie Gespenster aus den Lagern und Gefängnissen Zurückkehrenden beim Wiedereintritt in die menschliche Gesellschaft behilflich zu sein. Irgendwie, und niemand weiß genau anzugeben warum, wurde in den vergangenen Jahrzehnten vergessen, die Auskunft über dem Eingangsportal in der Oranienburger Straße 28 den veränderten politischen Verhältnissen der Stadt anzupassen. Dabei wachte man doch gerade dort mit bürokratischem Eifer darüber, daß der Status dieser Stadt mit dem längsten Namen unter den Hauptstädten der Welt (»Berlin-Hauptstadt der DDR«) nicht terminologisch angezweifelt wurde. Wahrscheinlich überdauerte dieses Relikt aus den fünfziger Jahren, das den Weg in die Gemeindeverwaltung weist, weil die Jüdische Gemeinde selbst als Relikt galt. Schon die alliierten Soldaten hatten ungläubig mit dem Kopf geschüttelt und es für eine unverschämte Notlüge gehalten, wenn aus irgendeinem Keller ein Mensch gekrochen kam und sagte, er sei Jude. Eigentlich durfte es sie nicht mehr geben, dachten auch die Deutschen, die nur mühsam, wie aus zeitgenössischen Berichten in allen Besatzungszonen hervorgeht, an den Gedanken gewöhnt werden konnten, daß eine Handvoll Juden doch überlebt hatte. Die Natur und die Zeit werde jenen Rest, der sich provisorisch als Gemeinschaft konstituierte, allmählich von selbst auflösen, mag damals überall Hoffnung gewesen sein, mit der die Bevölkerung die Befürchtung neutralisierte, künftig mit den überlebenden Zeugen ihrer Verbrechen konfrontiert zu sein. »Die Mörder sind unter uns« – so der Titel eines der ersten Nachkriegsfilme –, das mochte noch angehen; völlig unerträglich für die Täter war hingegen die Vorstellung, daß die Davongekommenen unter ihnen weilen sollten.

Wenn sie dann doch dablieben, dann sollten sie – im Westen –, als Preis für die Duldung einer Art Stillhalteabkommen zustimmen oder gar bei der Entschuldung der deutschen Geschichte mitwirken. Taten sie das nicht, so schlug ihnen regelmäßig unverhüllter Antisemitismus entgegen. Sie wurden unmißverständlich daran erinnert, daß sie das prekäre Privileg genossen, die Schutzjuden der postnazistischen Ordnung zu sein. Wie noch in der unmittelbaren Nachkriegszeit befindlich, wie noch nicht ganz verschwundener Rest nimmt sich andererseits die Jüdische Gemeinde in Ost-Berlin aus. Im Unterschied zur West-Berliner Gemeinde, die aufgrund der starken Zuwanderung vor allem aus der Sowjetunion in den letzten Jahren zu einem geschäftigen Servicebetrieb sich entwikkelt hat – wobei »service« hier wie im Amerikanischen beides meint, Kulthandlung *und* Dienstleistung –, verkümmerte die Ost-Berliner Gemeinde allmählich in jenem Reservat, das die Nachkriegszeit den überlebenden Juden zugedacht hatte. 1946 zählte man im Ostteil der Stadt etwa 2.000 Juden, heute umfaßt die Gemeinde knapp 200 Mitglieder, von denen nur 85 jünger als 60 Jahre sind.

Betritt man das Haus in der Oranienburger Straße 28, dessen äußere Trübseligkeit sich im Innern des Gebäudes fortsetzt, so daß man unwillkürlich darauf gefaßt ist, den ärmlichen Gestalten der frühen fünfziger Jahre, etwa einem Kriegsinvaliden mit Blindenhund zu begegnen, dann muß man zwei Stockwerke hochsteigen, um zu dem Reservat zu gelangen, auf das die heutige Gemeinde beschränkt ist. Eine Etage nurmehr belegt die Gemeinde in diesem Haus, das mit seinem während eines Luftangriffs ausgebrannten Nachbargebäude, der Nummer 29, einst Dutzende von Einrichtungen der rund 150.000 Mitglieder zählenden Gemeinde beherbergt hatte. In diesem sogenannten ersten Verwaltungsgebäude der Jüdischen Gemeinde (das zweite Verwaltungsgebäude lag in der Rosenstraße neben der Synagoge Heidereutergasse) befanden sich neben den vielen Abteilungen, die zwangsläufig zur Verwaltung einer so großen Gemeinde gehörten, wie etwa Abteilungen für Gottesdienst, Schulwesen, Personalverwaltung, das Steuerbüro, das Gemeindeblatt, die Buchhaltung usw., auch zwei Einrichtungen, die eine besondere Erwähnung verdienen. Im Dachgeschoß des Hauses Nummer 28 war einst das »Gesamtarchiv der deutschen Juden« untergebracht gewesen, eine einzigartige Sammlung von Dokumenten, Büchern, Zeitschriften und handschriftlichen Aufzeichnungen. 1939 zog das »Reichssippenamt« mit seiner im Rahmen einer Volkszählung erstellten Judenkartei in die Oranienburger Straße ein und zwang den wissenschaftlichen Leiter und die Mitarbeiter des Archivs, das Ziel ihrer Arbeit, nämlich zur Erforschung der Geschichte der Juden beizutragen, ins Gegenteil zu verkehren, und an der bürokratischen Aussonderung der Juden wie bei der Herstellung von »Ariernachweisen« mitzuarbeiten.

Vor ungefähr einem Jahrzehnt entdeckte der Schriftsteller Günter Kunert auf dem Dachboden der Oranienburger Straße inmitten der dort oben bis dahin vergessenen Hinterlassenschaft des »Reichssippenamtes« aus Akten, Dokumenten, Büchern und Vordrucken aller Art, ein ganz besonderes Formular – den fein säuberlich ausgefüllten Meldebogen seines Vaters: »Im Paket mit dem Buchstaben K finde ich mich selbst wieder, meine Eltern, alle befohlenen Angaben von der klaren Kaufmannsschrift meines Vaters eingefügt und mit seiner Unterschrift bestätigt.«

Von den hier erfaßten Personen blieb meist nicht mehr als in Regalen und Aktenschränken gebündelte Formulare – eine Hinterlassenschaft, die andernorts das besondere Interesse der Kanzlergattin dergestalt erregte, daß sie, 1984 auf Staatsvisite in Israel, beim Besuch der Gedenkstätte für die Opfer der Massenvernichtung in Yad Vashem sich danach erkundigte, ob die Ermordeten auch alle alphabetisch katalogisiert seien.

Nach seinem Streifzug durch den hochgelegenen und von den Behörden inzwischen leergeräumten Hades in der Oranienburger Straße schrieb Kunert über den geglückten Versuch, das Leben von Menschen, wie die Erinnerung an sie, auf eine Karteikarte zu reduzieren: »Vierzig Jahre schon und erst sind die Formulare alt; das holzhaltige Papier ... wird die nächsten vierzig Jahre vielleicht nicht überstehen. Und dann? Nur noch das ›Grab in den Lüften‹, wie Celan es nannte? Eine Frage von scheinbar geringer Aktualität, die uns aber solange beunruhigen sollte, wie unser eigenes Leben und Wirken von völliger Auslöschung bedroht ist, ohne daß selbst die trostlose Aussicht bestünde, daß vor unserer wie immer nichtigen Hinterlassenschaft überhaupt noch jemand unser zu gedenken vermöchte. Im Haus Oranienburger Straße 28 wird man darauf keine Antwort erhalten, weil die ohnehin nur jeder sich selbst geben kann.« (Günter Kunert, »Ziellose Umtriebe«, Berlin/Weimar 1979)

Daß man zumindest nicht die Fragen vergißt, die sich, der Erinnerung folgend, auch in Nichts aufzulösen begonnen haben, soll die bescheidene Bibliothek verhindern, deren Bestand ein kläglicher Abglanz der einst über 60.000 Bände zählenden Einrichtung ist. Immerhin hat sich die Zahl der Bücher dieser öffentlichen, nun Fachbibliothek für Judaica genannten Einrichtung im letzten Jahrzehnt auf ca. 4.500 Bände verdreifacht, wobei die meisten Neuerwerbungen aus bundesrepublikanischen Verlagen kommen. Dieser Umstand wie die Tatsache, daß die Benutzung dieser außerhalb der Gemeinde wenig bekannten Bibliothek »öffentlich« ist, führen dazu, daß gelegentlich Bücher, bei denen es sich durchaus um keine Raritäten, sondern oft sogar um Taschenbuchausgaben handelt, zwar eingesehen, jedoch nicht ausgeliehen werden dürfen. »Nur für wissenschaftliche Zwecke« lautet dann hier wie andernorts die aus gänzlich nichtwissenschaftlichen Beweggründen herrührende und sich deshalb selbst widersprechende Anordnung für Benutzer.

Doch diese Beschränkung verstärkt nur unwesentlich eine größere andere: die Begrenzung der Erinnerung auf die Überlebenden. Wie vergeblich der Versuch ist, unter anderem durch eine Bibliothek die Verdrängung des Eingedenkens aufzuhalten, die auch in der DDR mit der emsig betriebenen Aussöhnung mit der deutschen Geschichte einhergeht, davon zeugen die im *Nachrichtenblatt* der Jüdischen Gemeinde wiederholt vorgetragenen Klagen über die allgemeine geschichtliche Ignoranz: »Allmählich erinnern sich nur noch die Opfer. Die anderen wollen vergessen, nicht erinnert werden«, kommentierte Anfang 1986 der Gemeindevorsitzende Dr. Peter Kirchner das geringe Interesse, das ein (West-Berliner) Dokumentarfilm über die Massenvernichtung beim »Verband der Film- und Fernsehschaffenden« hervorrief. Das Resultat der kollektiven Amnesie, welche die Ermordung von Millionen unter die Betriebskosten des antifaschistischen Kampfes verbucht, faßte Kirchner so zusammen:

»Wir leben in der DDR mit dem Bewußtsein, daß die Nazis im Westen leben. Damit ist die Frage (der Judenvernichtung – EG) scheinbar geklärt.« Und damit, so muß man hinzufügen, hat zumindest ein Drittel der Deutschen, sozusagen als nachträglich selbsternannter Teil der Anti-Hiter-Koalition, doch noch den Zweiten Weltkrieg gewonnen.

Die Juden in der DDR haben wie andere in den Randzonen dieser Gesellschaft jedoch die durch aktuelle Erfahrung oftmals heftig geweckte Erinnerung daran bewahrt, daß es keine Stunde Null nach 1945 gegeben und daß – wie es in einem anderen Zusammenhang bei Brecht ironisch heißt – die Regierung kein anderes Volk gewählt hat. Von diesem Volk, das 1945 weder ausgetauscht worden war, noch sich revolutionär gegen die nazistische Ordnung erhoben hatte, sondern seine Fortexistenz schlicht seiner militärischen Niederlage zu verdanken hatte, waren die Juden nicht als Deutsche, Belgier oder Polen, nicht als Kapitalisten oder Arbeiter, nicht als Konservative oder als Kommunisten, sondern als Juden verfolgt und ermordet worden. Und deshalb legen die Mitglieder der Gemeinde mit resignativem Trotz gegen die vorherrschende Sinngebung des Massenmords, jedoch auch im Unterschied zur gängigen Erniedrigung im Westen, Wert darauf, als Juden bezeichnet zu werden, und nicht als jüdische Mitmenschen oder jüdische Mitbürger zu gelten. Von dieser zweifelhaften Anerkennung wollen sie keinen Gebrauch machen.

Als der jetzige Vorsitzende die Gemeinde vor fünfzehn Jahren übernahm, zählte sie nur noch 450 Mitglieder. Viele waren, als in den fünfziger Jahren Bezeichnungen wie »Kosmopolit« und »Zionist« zu kaum verhüllten antisemitischen Kampfbegriffen der kommunistischen Propaganda geworden waren, in den Westen der Stadt abgewandert (1982 wurden anläßlich des israelischen Einmarschs in den Libanon diese Begriffe wieder hervorgeholt; diesmal ging es, wenn – in Ost und West gleichermaßen – vom »zionistischen Faschismus« die Rede war, weniger darum, die Juden einzuschüchtern, als die deutsche Geschichte zu rehabilitieren).

Heute umfaßt die kleine Gemeinde nur noch knapp zweihundert Mitglieder, von denen nur ein gutes Drittel jünger als 60 Jahre ist. Nur unwesentlich verlangsamt wird dieser unaufhaltsame Schrumpfungsprozeß durch das Interesse für die Gemeinde, das eine Reihe von Personen aus jüdischen Familien aufbringt, die längst nichts mehr mit ihr zu tun hatten. In den meisten Fällen dieser nur wenige Dutzend zählenden Gruppe handelt es sich um die schon erwachsenen Kinder einstiger Emigranten, die mit dieser Hinwendung zur Jüdischen Gemeinde vornehmlich auf die – in der DDR vergleichsweise nicht einmal so neue – patriotische Selbstfindung der Deutschen reagieren, auf eine Entwicklung, deren etwas anders gearteter Verlauf in der Bundesrepublik und West-Berlin zur Entstehung jüdischer, nicht unmittelbar an den Gemeinden orientierter Gruppen geführt hat. In Anlehnung an das Sartresche Diktum »Der Antisemit *macht* den Juden« gilt heute in beiden deutschen Staaten: Der Patriot macht den Juden. Im Wettstreit dieser beiden Staaten, bei dem es längst nicht mehr darum geht, die Überlegenheit der eigenen Gesellschaftsordnung unter Beweis zu stellen, sondern darum, welcher Staat der deutschere ist und welcher von beiden als erster sämtliche Führer zwischen Hermann und Hitler rehabilitiert hat, ergab sich folgerichtig eine Annäherung durch die Verwandlung der Geschichte, eine Annäherung, die schon heute in mancher Hinsicht, wie etwa bei der jüngst vereinbarten gesamtdeutschen Grenzsperre gegen Asylsuchende, die Wiedervereinigung erübrigt. Dieser patriotische Konkurrenzkampf geht wie gegen Ausländer auch notwendig gegen Juden, weil deren Verfolgung und Ermordung jeden Patriotismus nach Auschwitz in Deutschland zur Lüge macht. Vom wiedergeborenen nationalen Kollektiv ausgeschlossen, sollen die Juden nun auch für dessen Geschichtslügen büßen, ein Sachverhalt, für den ein israelischer Journalist die mittlerweile geflügelte Formulierung gefunden hat: »Auschwitz werden uns die Deutschen nie verzeihen.«

Die neuen nichtjüdischen Juden entdecken nun – wie einst unter dem Druck der Verhältnisse auch ihre Eltern oder Großeltern – im Selbststudium und in Einführungskursen der Gemeinden, was das Judentum sei, von dem sie bislang keine Ahnung hatten. Die Ost-Berliner Gemeinde hat 1986 für diesen Personenkreis einen eigenen Veranstaltungszyklus eingerichtet, und von einzelnen wurde bereits ein Antrag auf Aufnahme gestellt.

Trotz aller Widrigkeiten sorgt die Verwaltung der kleinen Gemeinde für die Aufrechterhaltung eines Mindestmaßes an Gemeindeleben. Gottesdienste werden in der Synagoge Rykestraße, dem sogenannten Friedenstempel abgehalten. 1953 wurde diese einzige Gemeindesynagoge vollständig restauriert, und seither ist jeder Gottesdienst in ihr die ständige Erinnerung daran, daß die Gemeinde, die sie füllen könnte, vernichtet ist. Seit Ende der 60er Jahre amtiert kein eigener Rabbiner mehr in Ost-Berlin, so daß die Gemeinde gelegentlich auf Aushilfe aus West-Berlin angewiesen ist. Die regelmäßigen Schabbath-Gottesdienste werden von einem Laienkantor geleitet, und an den hohen Feiertagen amtiert ein Gastrabbiner, der in den letzten beiden Jahren vom American Jewish Committee geschickt wurde. Neben der bereits erwähnten Bibliothek unterhält die Gemeinde ein Altersheim in

Niederschönhausen und eine koschere Fleischerei in der Eberswalder Straße 20 im Stadtteil Prenzlauer Berg. Aus Ungarn kommt alle 14 Tage ein Schlächter nach Ost-Berlin, um das für den Verzehr bestimmte Vieh rituell zu schlachten.

Im jüngst neu eingerichteten Kulturraum in der Oranienburger Straße finden regelmäßig, jedoch kaum mehr als zweimal monatlich, Vorträge und Autorenlesungen statt. Die umfangreichste und aufwendigste Aufgabe der Gemeinde besteht bezeichnenderweise nicht in der Organisation eines aktiven Gemeindelebens, sondern darin, die Erhaltung der beiden großen Friedhöfe zu sichern, zu denen nach seiner Restaurierung noch der kleine Begräbnisplatz der ehemaligen Synagogengemeinde Adass Jisroel hinzugekommen ist.

Mit Beiträgen ihrer Mitglieder könnte die Gemeinde keine dieser Aufgaben erledigen, schon gar nicht die Instandhaltung der Friedhöfe. Die jährlichen Zuwendungen des Magistrats für die Gemeindearbeit betragen gegenwärtig 170.000 Mark, weitere 150.000 Mark werden für die Instandhaltung der Friedhöfe zur Verfügung gestellt, eine Summe, die bei weitem nicht ausreicht, den fortschreitenden Verfall dort auch nur aufzuhalten. Für die mit religiösen Amtshandlungen betrauten Personen erhält die Gemeinde keine staatlichen Zuschüsse, auch nicht für Unterricht oder Veranstaltungen.

Viele Gemeindemitglieder erhalten als Überlebende des Naziterrors eine Rente. Die unter dem scheußlichen Kürzel OdF (= Opfer des Faschismus) firmierende Rente beträgt einheitlich 1.650 Mark, was an der Kaufkraft in der DDR gemessen, etwa 4.000 DM sind. Darüber hinaus gibt es keine Wiedergutmachung; andererseits aber kommt es auch nicht vor, daß etwa ehemalige Zwangsarbeiter um ihre Entschädigung kämpfen müssen wie in der

Bundesrepublik. Jedoch hat diese Rente ihren Preis. Wenn ein Rentenempfänger beispielsweise nach Israel übersiedelt, dann erlischt sein Anspruch. Das ist die Strafe für den verständlichen Wunsch, wenigstens die letzten Lebensjahre nicht als Vorzeigejude von Verhältnissen zu fristen, unter denen der Staat kaum abstirbt, die Juden aber sicher aussterben. In den Augen der Macht zählen sie schon heute nicht mehr; das heißt, sie gelten nicht nur als eine verschwindende Restgröße, sondern auch als qualité négligeable. Sie besitzen nicht den geringsten Einfluß, noch in der öffentlichen Auseinandersetzung einen Bruchteil jenes moralischen Gewichts, das etwa die West-Berliner Gemeinde, allerdings vergeblich, in die Waagschale wirft.

Postskriptum im Frühjahr 1987: Das im Text erwähnte Schild über dem Eingang zur Jüdischen, Gemeinde wurde vor einigen Wochen durch eine neue Hinweistafel ersetzt, mit der Inschrift: Jüdische Gemeinde Berlin.

1987

Das Bayerische Viertel

Weil, was als Paradies gilt, davon abhängt, wo man sich gerade befindet, sprach man lange Zeit bis in den hintersten jüdischen Winkel Osteuropas von der Grenadierstraße im Scheunenviertel als von der »jüdischen Schweiz«. In Berlin angekommen, verschob sich die Perspektive der Zugewanderten, die dort bleiben sollten, wo sie schon gar nicht mehr waren, nämlich im Stetl, in Galizien am Alexanderplatz, und folglich mußte das Paradies neu lokalisiert werden. Es lag weiter im Westen und damit auch weiter oben – in Schöneberg, Wilmersdorf und Charlottenburg. Als topographischer Inbegriff des Aufstiegs, als »jüdische Schweiz«, galt fortan das Bayerische Viertel, ein Stadtteil, dem der Berliner Volksmund schon seit geraumer Zeit diesen – in seinem Fall vom Neid diktierten – Beinamen verpaßt hatte. Von welch wörtlicher Schlagfertigkeit der berühmte Berliner Mutterwitz war, zeigte sich nach 1933, als die arrivierten Bürger der »jüdischen Schweiz« rund um den Bayerischen Platz auf den Stand jener Parias herabgedrückt wurden, die vom Bülowplatz (der in Horst-Wessel-Platz umbenannt wurde) bislang sehnsüchtig zu ihnen hinübergeblickt hatten. Schließlich träumte keiner von ihnen mehr vom Paradies, es kam nur noch darauf an, der Hölle zu entrinnen.

Wie diskret, ausgewogen und abgerundet diese Hölle im Bewußtsein derer fortlebt, die heute hier wohnen, davon zeugen zwei zur Erinnerung aufgerichtete Zeichen: Wie versehentlich am Straßenrand abgestellt und nur noch nicht abgeholt, ragt vor dem Grundstück der ehemaligen Synagoge Münchener Straße ein 1960 errichteter Gedenkstein in die Leere, in welche die Benutzer des Gebäudes, an die er erinnert, abtransportiert worden waren. Einige hundert Meter weiter befindet sich am Haus Schwäbische Str. 26 eine Gedenktafel für den Komponisten Walter Kollo. Darauf ist die Maxime des schunkelnden Geschichtsbewußtseins, die Anfangszeile der Bezirkshymne zu lesen: »Es war in Schöneberg im Monat Mai.« Es war im Monat Oktober 1942, als der langjährige Leiter des Wohlfahrts- und Jugendrates der Jüdischen Gemeinde, Dr. Fritz Lamm, wohnhaft in der Rosenheimer Straße Nr. 23, verhaftet und erschossen wurde. Er war unter den Geiseln, welche die Gestapo nahm und umbrachte, nachdem sich 20 Mitarbeiter der Jüdischen Gemeinde der angeordneten Deportation entzogen hatten.

Was Harry Lime im Film »Der dritte Mann« davon abhält, in die wirkliche Schweiz zu gehen, nämlich deren biedere Bürgerlichkeit, war genau der Grund, der viele Juden bewog, sich in der »jüdischen Schweiz« niederzulassen, in einer Gegend, die sich seit der Jahrhundertwende zu einem respektablen Stadtteil, zu einem Viertel bürgerlicher Wohlanständigkeit entwickelt hatte. Im Bebauungsplan für die zwischen dem alten Schöneberg und dem aufstrebenden Westen (der heutigen City West-Berlins) gelegene Freifläche hieß es 1899, die Stadt habe die Absicht, »in dem zu bebauenden Westgelände Schönebergs die Erbauung von *herrschaftlichen, vornehmen* Wohngebäuden zu fördern und damit steuerkräftige Mieter heranzuziehen.« Es sollte ein Stadtteil »in unmittelbarer Nähe Berlins« für Geschäftsleute, höhere Beamte und Rentiers geschaffen werden, ein Viertel, »das sich unmittelbar an die vornehmen Berliner und Charlottenburger Stadtviertel anschließt.«

Am 14. April 1935 veröffentlichte die Berliner *Grüne Post* statistische Angaben über die Struktur der Wohnbevölkerung in den 20 Berliner Verwaltungsbezirken. Diesen Aufgaben zufolge, die auf einer Erhebung von 1933 beruhten, wohnten in Schöneberg ca. 16.000 Juden. Ihr Anteil an der Gesamtbevölkerung des Bezirks war zwar nicht so hoch wie in Wilmersdorf, wo 13,5 % Juden wohnten, aber mit rund 7% fast so hoch wie in dem anderen ehemaligen Außenbezirk des Westens, Charlottenburg, und nur wenig kleiner als in Berlin-Mitte, dem traditionellen Wohnbezirk der Berliner Juden, aus dem die wohlhabenden Familien allmählich in die neu angegliederten Wohnviertel gezogen waren. Die Mehrheit der 16.000 Schöneberger Juden hat zweifellos im Bayerischen Viertel gewohnt.

Doch ebenso wenig wie in Wilmersdorf hat der Umstand, daß der prozentuale Anteil der Juden hier erheblich über dem Anteil an der Berliner Gesamtbevölkerung (4%) lag, dazu geführt, dem Viertel etwa ein spezifisch jüdisches Gepräge zu geben, wie vielleicht die Bezeichnung jüdische Gegend oder gar »jüdische Schweiz« vermuten lassen könnten. Von der Frage der Religionszugehörigkeit und Religionsausübung abgesehen, worin sich christliche und jüdische Bürger kaum unterscheiden, konnte man insofern von einer jüdischen Gegend sprechen, als damit das quantitativ bedeutsame Vorhandensein eines avancierten Bildungsbürgertums gemeint war – eine der Ausdrucksformen für die in Deutschland lang entbehrte zivilisierende Wirkung des Kapitals. Diesem Umstand, der sich in der Vielzahl von hier ansässigen Akademikern und Intellektuellen äußerte, entsprach die relative Indifferenz der eigenen Religion gegenüber, eine Indifferenz, die in vielen Fällen im Austritt aus der Jüdischen Gemeinde resultierte. Nur noch eine verschwindende Minderheit hielt an jüdisch-traditionellen Lebensformen fest, wie die Mitgliederzahlen der beiden traditionell orientierten Synagogenvereine im Bayerischen Viertel zeigen.

Der 1989 gegründete »Synagogenverein Schöneberg«, dessen später von der Großgemeinde übernommene Synagoge in der Münchener Straße über mehr als 800 Plätze verfügte, hatte 1926 nur noch 250 Mitglieder; 320 Mitglieder gehörten im selben Jahr dem »Religionsverein Westen« an, der eine Synagoge mit 300 Plätzen in der Passauer Straße 2 unterhielt, wo der Gottesdienst im orthodoxen Ritus abgehalten wurde. Auch andere traditionelle Bindungen verloren an Bedeutung, etwa die meist nach Herkunftsorten in der bis 1918 zum Deutschen Reich gehörigen östlichen Provinz Posen organisierten landsmannschaftlichen Vereinigungen, von denen einige bereits im letzten Drittel des 19. Jahrhunderts ins Leben gerufen worden waren, um ärmeren Zuwanderern unter die Arme zu greifen.

Im Unterschied zu dem nach dem Ersten Weltkrieg hauptsächlich von russischen und polnischen Flüchtlingen gegründeten, oft ebenfalls landsmannschaftlich orientierten Hilfsvereinen, waren aus jenen alten Zusammenschlüssen mehr oder weniger folkloristische Heimatvereine geworden, die sich, wie beispielsweise damals in der Bayreuther Straße 45 befindliche »Verein der Meseritzer«, monatlich einmal der »Pflege des Heimatgedankens« hingaben. Diese nur noch nostalgische Regung war das Pendant zum »unverbesserlichen Hang der Juden zur Großstadt«, wie es gehässig in einer Nazipublikation von 1938 (»Die Juden in Deutschland«) hieß, als wäre es ein Verdienst, zeitlebens in einem pommerschen Kaff auszuharren.

Dem verschwindenden Gewicht traditioneller religiöser

und kultureller Bindungen entsprach die frappierende Urbanität des jüdischen Bürgertums. Die Zahl der Studenten an der Berliner Universität, die aus einem jüdischen Elternhaus im Bayerischen Viertel kamen, dürfte Ende der 1920er Jahre höher gewesen sein als die Mitgliederzahl der beiden traditionellen Synagogenvereine des Stadtteils, und gewiß kam ein großer Teil der jüdischen Ärzte, die 1934 die Hälfte aller Berliner Kassenärzte stellten, aus dieser Gegend.

Über den hohen Anteil von Juden in der Presse, im Verlegerwesen, im Theaterbetrieb und in der aufkommenden Filmindustrie der Hauptstadt ist häufiger geschrieben worden. Auch das Bayerische Viertel ließe sich unter dem Aspekt, welche Prominenz es beherbergte, betrachten, und man stieße auf eine Reihe von berühmten Namen, deren Träger vorübergehend oder bis zur Emigration hier wohnten. Zum Beispiel der Kritiker Alfred Kerr, der für seine Sammlung expressionistischer Lyrik (»Menschheitsdämmerung«) bekannte Kurt Pinthus, der »rasende Reporter« Egon Erwin Kisch, die Schriftsteller Kurt Tucholsky und Hermann Kesten – und vor allem Albert Einstein, der in der Haberlandstraße 5 – die Straße heißt seit 1938 Treuchtlinger bzw. Nördlinger Straße – eine Wohnung bezog. In der Grünanlage vor dem Haus Nördlinger Straße 8, das heute an Stelle des im Krieg zerstörten Hauses steht, befindet sich eine Steintafel, die an den Nobelpreisträger erinnert.

Die Aufzählung berühmter Namen ließe sich fortsetzen, doch eine solche Auflistung gäbe, wie es in den Überlegungen Adornos zur Aufarbeitung der Vergangenheit heißt, dem Antisemitismus allzu viel vor: die Juden nichts als Großkaufleute, Bankiers und Intellektuelle. Solcherart Ehrenlisten gehören gleichermaßen zum Bestand des offiziell propagierten Philosemitismus in der

Bundesrepublik; sie nähren den berühmten Gedanken, das Verbrechen des Judenmordes sei deshalb grauenhaft, weil es die Verdienstvollen getroffen habe. Dennoch soll hier ein Mann Erwähnung finden, der vor 1933 zu den meist gelesenen Berliner Autoren gehörte, aber weder in Kindlers Literaturlexikon, noch im einzigen bio-bibliografischen Handbuch über »Werke jüdischer Autoren deutscher Sprache« verzeichnet ist: der Schriftsteller Arthur Landsberger.

Der 1876 in Berlin geborene promovierte Jurist gründete 1907 zusammen mit Hugo von Hofmannsthal, Werner Sombart, Richard Strauß und anderen die Kulturzeitschrift *Der Morgen*, die er einige Jahre redigierte. Als erster einer großen Reihe von Romanen, die oft mehrere Dutzend Auflagen erlebten, erschien 1911 der Roman eines jungen emanzipierten jüdischen Mädchens: »Wie Hilde Simon mit Gott und dem Teufel kämpfte«. Vom außerordentlichen Interesse des Autors an jüdischen Themen zeugen sowohl die beiden 1929 erschienen Bücher »Ghetto« und »Das Volk des Ghettos«, als auch sein Roman »Berlin ohne Juden«. Zu Bestsellern wurden vor allem seine Romane aus der Halbwelt des Berliner Westens, wie »Lu, die Kokotte« (1914), »Raffke« (1924) und »Die Tiergartenvilla« (1925). In Berliner Bibliotheken findet man heute nur wenige Werke dieses unendlich fleißigen Autors unterhaltsamer Gesellschaftsromane, die die Literaturhistoriker mit Vergessen strafen dafür, daß er die Marktgesetze anerkannte, denen das Schreiben längst unterworfen war, in dem er wie ein Textautomat Romane produzierte, und den die Nazis als typischen Vertreter wurzelloser Asphaltliteratur diffamierten. In der Jerusalemer Universitätsbibliothek, wo über zwanzig Titel von Landsberger stehen, hat ein unbekannt gebliebener Bibliothekar die treffende Antwort auf jenes Verdikt der

Nazis gegeben, indem er mit einer leicht verfremdeten Titelgebung das völkische Bild vom verwurzelten Menschen auf den Begriff brachte: in akkurater Handschrift ist im Katalog einer der Romane Landsbergers unter dem Titel »Lu, die Karotte« verzeichnet.

Seine letzte Berliner Wohnung hatte Landsberger, ein Nachbar von Einstein, im Haus Nr. 4 der Haberlandstraße, der heutigen Nördlinger Straße. Hier nahm er sich am 4. Oktober 1933 im Alter von 57 Jahren das Leben, um nicht in die Fänge der Gestapo zu geraten.

Zur Logik des nazistischen Ausrottungsprogramms gehörte, daß die Opfer tot sein mußten, ehe sie umgebracht wurden. Zerstörung der juristischen Person, soziale Ausgrenzung und wirtschaftliche Ausplünderung waren dabei die Maßnahmen, um aus Jemandem ein Etwas zu machen. Im Bayerischen Viertel vollzog sich der bürgerliche Tod der jüdischen Bewohner unter anderem durch zahlreiche Enteignungen von Hausbesitzern, nach deren Eigentum höhere Parteichargen, einflußreiche Privatpersonen, Firmen und öffentliche Hand gierten. Nach dem Pogrom vom November 1938 begannen die Behörden damit, die jüdischen Mieter aus Häusern mit »arischen« Eigentümern, also oft auch die zwangsenteigneten ehemaligen Eigentümer aus ihren eigenen Häusern hinauszuwerfen und in sogenannten »Judenhäusern« oder »jüdischen Häusern« zu konzentrieren. Am 16. September fällte ein Schöneberger Amtsrichter folgendes Urteil: »Der jüdische Mieter kann infolge seiner persönlichen Eigenschaft als Jude keine Hausgemeinschaft bilden. Der deutsche Vermieter hat der deutschen Volksgemeinschaft gegenüber die Pflicht, die Bildung der Hausgemeinschaft und ihre Erhaltung zu sichern. Die Mietaufhebungsklage eines solchen Vermieters gegen einen jüdischen Mieter ist somit gemäß § 2 MietSchG. begründet.«

Daß Wohngemeinschaft, Hausgemeinschaft, Volksgemeinschaft zur fristlosen Kündigung und Zwangsghettoisierung der nicht »Gemeinschaftsfähigen« führte, wurde Anfang 1939 durch eine »Verordnung über die Neugestaltung der Reichshauptstadt Berlin...« sichergestellt. Die jüdische Gemeinde wurde schließlich von der Gestapo gezwungen, eine sogenannte »Wohnungsberatungsstelle« einzurichten, die alle von Juden bewohnten Wohnungen bewirtschaften sollte. Damit waren die Voraussetzungen für eine reibungslose Deportation in die Vernichtungslager geschaffen.

ca. 1988

Bad Weissensee

Fußnote zu einer Festwoche im November 1988

Der natürliche Ort, an dem die Geschichte sozusagen von ganz unten betrachtet werden kann, ist der Friedhof, neuerdings vorzugsweise der jüdische Begräbnisplatz. Der größte liegt in Berlin-Weissensee. Zumeist verfallen und von Wildwuchs überwuchert, bietet er sich als reizvolles Erholungsgebiet für all jene an, die auf dem beschwerlichen Weg der historischen Selbstfindung nicht nur über Leichen gehen wollen, sondern gleichzeitig auch ins Grüne. Der jüdische Friedhof ist für dieses Bedürfnis historischer und ökologischer Erlebnisraum zugleich, ein Biotop mit toten Juden, ein Kurort in welchem abwechselnd randaliert und restauriert wird in der Absicht, die drängende Frage »Wer bin ich?« zu beantworten.

Während der Autor eines Fotobandes über die jüdischen Friedhöfe in Berlin seine Recherchen von einer Art Geburtsfehler, einem »Grunddilemma«, wie er schrieb, beeinträchtigt sah, nämlich von dem Umstand, »als Nichtjude von außen eine hingemordete Kultur … zu rekonstruieren«, demonstrierten kürzlich ein paar Jugendliche in Ostberlin auf handgreifliche Weise, daß auch sie mit einem völkischen Restrisiko auf den Friedhof gekommen seien. Erst bei der Zerstörung von jüdischen Grabsteinen, so die Halbwüchsigen vor Gericht, hätten sie sich richtig als Deutsche gefühlt. »Primitive

Rechtfertigungsversuche, wie man sie in einer Welt hört, die nicht die unsere ist«, schrieb der Gerichtsreporter der Ostberliner *Wochenpost* über die werktätigen Friedhofsbesucher seiner eigenen Stadt.

Daß jüdische Friedhöfe gegenwärtig so starke Beachtung finden und sich Fotos mit Grüften im Septemberlicht bei Lesern oder Aussellungsbesuchern so großer Beliebtheit erfreuen, hat wenig mit Juden zu tun. Wie jedes Erinnern heute ist auch dieses nicht selbstlos. Es soll den vergangenen Schrecken mildern und den künftigen – nämlich die Drohung, spurlos zu verschwinden – bannen, indem es den unerträglichen Gedanken an die Massengräber und den Rauch aus den Schornsteinen verdrängt und durch die nostalgische Hinwendung zur pittoresken Endlagerstätte ersetzt.

Die euphorische Wiederentdeckung von jüdischen Friedhöfen – oder auch von Synagogen – fällt mit der allen dämmernden Erkenntnis zusammen, daß es für ein Eingedenken, welches diese Bezeichnung verdiente, längst zu spät ist. Denn das vorsätzliche Vergessen der Ermordeten, ein Kalkül der Nazis, das erst nach deren militärischer Niederlage richtig aufging, hat auch schon die Überlebenden und Nachgeborenen aufgesogen. Wie die Postsendung an einen unbekannt verzogenen Empfänger, so wurden die von der ganzen Gesellschaft nach 1945 einvernehmlich formulierte Botschaft, mit der die planmäßig Ermordeten zu Nichts, zu Phantomen erklärt wurden, an den Absender retourniert: und mit einem Mal standen die Deutschen als betrogene Betrüger da, selber nur Überhang auf Abruf. Diese selbstproduzierte Nichtigkeit wiederum können sich die Zeitgenossen offenbar nur dadurch erklären, daß sie sich nun ihrerseits zu Opfern machen oder der Überfremdung.

Die Verdrängten sollen nicht wiederkehren. Dieser

Wunsch liegt dem thanatologischen Enthusiasmus zugrunde, mit dem die Grabpflege heute ans Werk geht, welches doch bloß ihre eigene Seele kurieren soll. Aber sie kommen zu spät. Denn die Selbstangleichung der Lebenden an die Nichtswürdigkeit, die den Ermordeten in der Erinnerung zugedacht war, ist bereits vollzogen: weil es schon im Leben auf sie nicht ankommt, ziehen immer mehr Menschen in der Bundesrepublik die Bestattung im anonymen Großgrab vor. Achtzig Prozent der Bevölkerung sterben ohnehin in Krankenhäusern, Alters- und Pflegeheimen, und deren kostengünstige Fortsetzung ist das Massengrab: einfach, billig und pflegefrei. Die anderen, die sich in einem individuellen Grab noch den Traum vom letzten Eigenheim erfüllen, genießen nur eine behördlich festgesetzte Schonfrist, ehe auch ihre Spuren vom Erdboden getilgt werden.

Die Grabstätte auf einem jüdischen Friedhof ist nach jüdischer Tradition hingegen unaufhebbar, was nicht nur den heimlichen Neid all derer auf sich zieht, an die sich schon zu Lebzeiten niemand erinnert, sondern regelmäßig auch die Zerstörungswut jener, denen jedes jüdische Grabmal auch ein Stein des Anstoßes ist, weil es auf die deutsche Barbarei hinweist.

Hätten die neuen Freilandhistoriker vor Jahren den jüdischen Friedhof gleich zum Abenteuerspielplatz gemacht, statt sich gegenseitig mit Webtechniken, Mundarten und Volkslieder zu quälen, dann hätten sie vielleicht schon damals eine Antwort auf die immer noch unbeantwortete deutsche Hauptfrage erhalten – was denn Heimat sei:

»Zu den lächerlichen Unwahrheiten, die die Juden über sich verbreiten lassen, gehört ja die Rede vom Wandervolk«, schrieb Arnold Zweig 1936 in der *Weltbühne* in einem Nachruf auf Tucholsky. »Ließe man sie einmal in

Ruhe, sie gingen nicht mehr vom Fleck. Wo die Gräber ihrer Vorfahren sind, da spüren sie ihre Wurzeln.«

Jahrzehnte, bevor Ernst Bloch mit dem einzigen Satz, den alle gelesen haben, dem Schlußsatz seines »Prinzip Hoffnung«, der bundesdeutschen Heimatbewegung zuraunen sollte, daß der Ort ihrer Sehnsucht allen in die Kindheit scheine, aber noch niemand dort gewesen sei, hatte Zweig, der von einem ähnlichen Verlangen umgetrieben wurde, unfreiwillig eine radikale Definition der Heimat gegeben: es gibt sie allein sechs Fuß unter der Erde.

1988

Die Freude des Moderators beim Elfmeter*

Die Philosophen können die Frage, was die Welt im Innersten zusammenhält, nicht mehr beantworten. Sie haben die Welt immer nur verschieden interpretiert, doch es kommt darauf an, sie zu moderieren. Deshalb ist heute der TV-Moderator der wahre Sachwalter einer ganzheitlichen Weltsicht. Während die Sozialwissenschaftler sich jahrzehntelang verbissen mit Ableitungen und Herleitungen abgequält haben, demonstriert allabendlich der TV-Moderator, daß die Überleitung die legitime Nachfolgerin der Gesellschaftstheorie ist. In einer knappen halben Stunde arrangiert er in lockerem Tonfall die Bilder und Nachrichten aus aller Welt so überzeugend, daß man versteht, daß alles mit allem zusammenhängt. Die Golfkrise mit der Wintermode, die Perestroika mit dem Atommüll, die Mafia mit der Geburtenkontrolle oder beispielsweise der Fußballsport mit der »Kristallnacht«.

In der abendlichen Nachrichtensendung vom 9. November 1990 demonstrierte ein Moderator der *Aktuellen Kamera* des Deutschen Fernsehfunks, wie vermittels der

* Der Artikel wurde in der taz unter dem Titel »Bei der Instinktdrüse gepackt« veröffentlicht, was Eike Geisel dazu veranlasste, dem Redakteur Götz Aly zu schreiben, dass vor allem durch die Unterzeile – »Peinliche Entgleisung bei AK-zwo / Mangelnde Sensibilität beim Umgang mit dem Gedenken an die Juden-Pogrome / Vom Westen lernen, heißt Grinsen lernen« – der Kommnetar »dadurch als Symptom des Unfugs angekündigt [worden sei], den er kritisiert«. (A.d.H.)

Überleitung zusammenwächst, was zusammengehört. Auf einem Bericht über die Hochzeit des argentinischen Fußballstars Maradonna, der sich mit Koks erwischen ließ, folgte ein Rückblick auf den Pogrom von 1938. Im sicheren Gefühl, den Zusammenhang von Gegenwart und Vergangenheit auf den Begriff gebracht oder den Zuschauer bei der Instinktdrüse gepackt zu haben, lächelte der Moderator – vom Westen lernen, heißt grinsen lernen – in die Kamera und kündigte den Beitrag folgendermaßen an: »Ein Eigentor schossen auch die Deutschen«. Dann sah man brennende Synagogen.

Bekanntlich verzieh die deutsche Nationalmannschaft den Juden dieses Eigentor nicht. Ein Schiedsrichter namens Göring verdonnerte die gegnerische Elf zu einer Strafe von einer Milliarde Reichsmark, und spätestens nach dem Elfmeter in Auschwitz war der Rückstand wettgemacht und es stand 1:1. Grinste uns mit dieser Überleitung das Unbewußte der ganz späten Geburt an, oder handelte es sich nicht eher um die zeitgemäße Leistung eines äußerst wachen Bewußtseins? Wenn, wie seit der letzten Weltmeisterschaft überall in Deutschland sichtbar, ein Fußballmatch als Vorspiel für den Pogrom gilt, warum dann nicht umgekehrt und rückwirkend den Pogrom als Fortsetzung des Sports mit anderen Mitteln begreifen?

In dem 1934 erschienenen und längst vergessenen Buch »Deutschland ist Caliban « von Walther Rode, heißt es: »Kino und die Verherrlichung von Spiel und Sportmannschaft haben das Mitspielen in der Politik zum Sport der Handfesten, der Renner und Treter gemacht ... Was eine tüchtige Fußballriege ist, kann im Nu dreißig und mehr mit der Robe bekleidete jüdische Rechtsanwälte durch richtig applizierte Tritte in den Hintern aus den Hallen der Gerechtigkeit auf die Straße befördern Die Fußballer haben dem bisherigen trägen politischen Leben einen gewissen Schmiß gegeben.«

Die schlagende Verbindung im Deutschen Fernsehfunk wußte am Morgen nach der Sendung, die kommentarlos im Kulturkanal des *ZDF* wiederholt worden war, auf alle diese Fragen keine Antwort. Allein der Autor des Beitrages über die »Kristallnacht« war empört über die Einleitung zu seinem Bericht, den er zu Hause gesehen hatte. Doch so groß war seine Empörung auch wieder nicht gewesen, daß er während der Sendung noch protestiert und eine Entschuldigung am Ende seines Beitrags verlangt hätte. »Wir müssen uns erst noch sensibilisieren«, drohte er an. Immerhin versprach er, die Redaktion werde sich in aller Form entschuldigen, was tags darauf auch geschah. Noch knapp, präzise und korrekt.

Wenn die Redakteure sich erst sensibilisiert haben, werden die Distanzierungen anders lauten. 1986 erklärte der CSU-Abgeordnete Fellner: »Es wird der Eindruck erweckt, daß die Juden sich schnell zu Wort melden, wenn irgendwo in deutschen Kassen Geld klimpert.« Und der Kanzler wies den Parlamentarier damals energisch zurecht: »Wenn ich den Kollegen Fellner sehe, werde ich ihm sagen: Bitte formulieren Sie so nicht.«

1990

Deja vu: Die Achse Berlin – Bagdad

»Wir dürfen nicht aufhören, besser zu werden, sonst hören wir auf, gut zu sein.« Mit diesem Leitsatz aus dem Wörterbuch des Übermenschen verabschiedete sich Anfang Januar eine 44jährige Frau auf dem Frankfurter Flughafen. Sie wollte sich als lebender Schutzschild in der arabischen Wüste abwechselnd den Scud-Raketen und den Cruise Missiles entgegenstellen. Sie hat ihr Kriegsziel nicht erreicht. Dort wollte niemand besser werden, alle hatten aufgehört, gut zu sein. Also fuhr sie wieder nach Deutschland zurück, um sich den »edlen Seelen« anzuschließen, wie Saddam Hussein die deutsche Friedensbewegung in Anlehnung an Lenins Diktum von den nützlichen Idioten nannte.

Aber nicht nur der Weg zur Hölle, sondern schon der kürzere zur Blamage ist mit guten Vorsätzen gepflastert. Sehr spät, doch »erhobenen Hauptes«, wie man vor Reiseantritt betonte, fuhr eine Delegation der Grünen nach Israel. Sie fuhr außerdem mit erhobenem Zeigefinger. Mit diesen körpersprachlichen Äußerungen des moralischen Herrenmenschen sollte den Israelis bedeutet werden, die »irakischen Raketenangriffe (seien) die logische, fast zwingende Folge der Politik Israels«. Die Israelis ließen sich indes von dieser fortschrittlichen deutschen Haltung, welche nicht mehr »Die Juden sind unser Unglück« sagt, sondern sie für ihr eigenes verantwortlich macht, nicht beeindrucken. Die »erhobenen Hauptes« gekommen waren, schlichen als begossene Pudel von dannen. Denn mit ihren der irakischen Propaganda nachgeäfften Formeln, haben die Grünen den Palästinensern, um die sie sich so sorgen, kein Jota geholfen, sondern sich nur selbst den reichlich verdienten Schaden zugefügt. Bei der Lektüre des Ströbele-Interviews* wie bei vorausgegangenen Stellungnahmen der Grünen beschleicht einen ein deja vu-Gefühl: lauter Wiederholungstäter.

Vor ungefähr zehn Jahren war eine Delegation der Grünen in Israel gewesen. Die alternativen Außenpolitiker, die sich schon damals als Bewährungshelfer aufführten, schrieben ins Besucherbuch der Gedenkstätte Yad Vashem eine deutliche Mahnung an ihre israelischen Gastgeber: »Nie wieder Faschismus!« Und mit der vorgeblich das Schicksal der Palästinenser bezeichnenden, doch auf die Israelis gemünzte Wendung von den »Opfern der Opfer«, hatten damals die Grünen bemängelt, die Juden hätten das KZ nicht als Besserungsanstalt begriffen und sich nicht zu ebenso aufrechten und guten Menschen entwickelt wie die antifaschistischen Deutschen. Im deja vu geht indes das heutige Ressentiment nicht auf. Galt es damals, als die Grünen wie die Friedensbewegung am Projekt der deutschen Rehabilitierung mitwirkten, den Haß auf Israel noch antiimperialistisch zu drapieren, so

* In diesem Interview mit Broder hatte Ströbele gesagt, die irakischen Angriffe seien »die logische, fast zwingende Konsequenz der israelischen Politik den Palästinensern und den arabischen Staaten gegenüber«. Ströbele behauptete vor Gericht, das in der *Süddeutschen Zeitung* veröffentlichte Interview gebe weder seine Meinung wieder noch das, »was tatsächlich während des Gesprächs gesagt worden ist«, was durch den Tonbandmitschnitt allerdings widerlegt wurde. Weil das Interview jedoch nicht autorisiert worden war, kam es zwischen Ströbele und Broder vor Gericht zu einem Vergleich. (A.d.H.)

entbehrt dieser heute aller politischen Begründungen, er kommt ganz selbstlos daher, im Gewand der einen Moral, im Namen des Friedens.

Doch das ganze Geschrei um Frieden im Nahen Osten galt einer Kriegsbeute an der Heimatfront: dem Seelenfrieden. »Berlin – Bagdad« war schon gleich nach Kriegsbeginn auf Transparenten zu lesen, und an dieser pazifistischen Achse war bereits vor Ablauf des Ultimatums geschmiedet worden. »Schlimmer als die Hölle von Dresden kann das auch nicht werden«, bekannte eine 77jährige aus Trier vor ihrem Einsatz im Gulf Peace Team, das dann von den Irakis wieder nach Hause geschickt wurde. Denn die Wiederholung des Zweiten Weltkriegs spielte sich direkt vor der Haustür jener Veteranin ab. Und von welch pädagogischem Wert diese Alten für die demonstrierenden Kids waren, konnte man schon einen Tag nach Kriegsausbruch in einem Leitartikel der *taz* erfahren: »Im Moment kann man auf der Straße mehr lernen als im Klassenzimmer. Heute erinnern sich alte Menschen mit Tränen in den Augen an die Bombardements, die sie selber noch erlebt haben.«

Daß sie diesen Bombardements nicht nur ihr Leben, sondern auch den Wiedereintritt Deutschlands in die zivilisierte Welt verdanken, daran möchten sie bei aller Friedensliebe, die ihnen seitdem geblieben ist, nicht erinnert werden. Dieselben Leute, die eben noch heftig gegen den Vergleich Husseins mit Hitler protestiert und die bei Enzensberger nun wirklich aberwitzige Gleichsetzung der einst freiwillig gleichgeschalteten Deutschen mit der irakischen Bevölkerung empört zurückgewiesen hatten – dieselben Leute hatten keinerlei Hemmungen, sich andererseits rückerinnernd in die Bewohner von Bagdad einzufühlen.

»Denkt an Dresden – Waffenstillstand sofort. Stoppt

den Krieg in Nahost!« lautete ein Aufruf in mehreren Zeitungen. Und am Jahrestag der Bombardierung Dresdens rief die lokale »Initiative für Frieden am Golf« zu einem Schweigemarsch auf: »So wie am 13. Februar 1945 unsere Städte, so werden viele arabische Städte in Schutt und Asche zerbombt.« General a.D. Bastian hatte dies bereits vorausgesehen und die USA des möglichen Völkermords bezichtigt. Ein anderer guter Mensch, der Bundespräsident, nahm an jener Dresdener Feierstunde deutsch-irakischer correspondance teil. Sie war die selbstmitleidvoll inszenierte Fortsetzung jener traditionellen deutsch-arabischen Freundschaft, die Weizsäckers Vater 1941 für arabische Rundfunksender folgendermaßen charakterisiert hatte: »Deutsche und Araber haben in den Engländern und Juden gemeinsame Feinde und sind im Kampf gegen diese verbunden.« Und seither weiß man ja: ohne deutsch-arabische Freundschaft keine anschließende deutsch-jüdische Versöhnung.

In vielen Theatern wurden an diesem Gedenkabend friedensbewegte Veranstaltungen durchgeführt unter dem Motto: »Kein Krieg ist heilig, kein Krieg ist gerecht!« Doch alle diese Gesinnungsabende waren ein Flop, die Kids gingen wieder ordentlich zur Schule und hörten wieder dieselbe Musik wie die GIs in der Wüste. Gegen diese Aschermittwochstimmung der deutschen Friedensbewegung wurde in allen moralischen Anstalten eine religiös durchtränkte Adresse des Schriftstellers Christoph Hein verlesen. Sie handelte vom durch den Golfkrieg bedrohten Bund zwischen Gott und den Menschen, und der fundamentalistische Text nahm sich aus, als sei der Autor, ähnlich wie Rushdie, nur von christlichen Killerkommandos, vorher bedroht worden.

Es war überhaupt die Stunde der bekennenden Christen. Pastor Albertz schrieb in der *Zeit*: »Die Rede vom gerechten Krieg ist Gotteslästerung«, und er fügte aus ungefährlicher historischer Distanz und aus sicherer räumlicher Entfernung hinzu: »Die frommen Juden wissen das«, womit er den Überlebenden von Auschwitz offenbar bedeuten wollte, sie seien sozusagen mit unlauteren Mitteln und blasphemischen Motiven befreit worden. Ein anderer bekennender Protestant, Walter Jens, formulierte ebenso kategorisch: »Es hat nie einen gerechten Krieg gegeben.« Dann beherbergte er zwei US-Deserteure und traktierte sie gastfreundlich mit Anschauungsmaterial eines besonders ungerechten Krieges, nämlich mit Bildern von im Zweiten Weltkrieg zerstörten deutschen Städten. Daß er die Deserteure versteckte, wollte er trotzdem als Gewissenstat gewertet wissen. Da es aber nichts Gutes gibt, außer man plappert es aus, erzählte er seinen Nachbarn davon, und die zeigten ihn mit der nachgerade nicht ganz abwegigen Begründung an, bei solcherart Gastgebern müsse es sich um eine kriminelle Vereinigung handeln.

Die »Aktion Sühnezeichen«, die ihre Mitarbeiter in Israel aufgrund versicherungsrechtlicher Erwägungen nach Deutschland zurückholte, konnte sich nicht entschließen, eine Resolution, also doch bloß Papier, zu verabschieden, in der gefordert wurde, Israel mit Militärgerät zur Verteidigung gegen Raketenangriffen zu versorgen. Für solche Forderung hätte die Reinheit des Slogans »Frieden schaffen ohne Waffen« gefährdet. Mit dem Argument, es handle sich um keine reinen Verteidigungswaffen, widersprach auch Ströbele der Lieferung von Abwehrraketen an Israel. Gasmasken zu schicken hingegen sei vertretbar. Jetzt wissen wir, was deutsche Einheit wirklich heißt: Gas und Maske.

Daß die Gnade der späten Geburt ein anderer Ausdruck für die Strafe der frühen Verblödung ist, weiß man seit den tapsigen Auftritten des Kanzlers. Doch selbst Kohl hat nie die Unverfrorenheit besessen, die Juden für seine eigene Dämlichkeit haftbar zu machen, wie dies Ströbele nach seiner Rückkehr aus Israel tat, indem er Henryk M. Broder vorwarf, das Interview »perfide gestaltet« zu haben. Einige Tage vor Ströbeles besonderer Wortwahl hatte eine Werwolf-Truppe, die »Autonome Lupus Gruppe Frankfurt« in einem Flugblatt jüdische Intellektuelle beschuldigt, »die Perfidie auf die Spitze getrieben« zu haben. Sie können es alle einfach nicht ertragen, wenn jemand kein Trottel ist.

Am Anfang ihrer Friedensmission machten die Grünen die Israelis noch verantwortlich für die Bedrohung Israels, am blamablen Ende ihres Ausflugs ist ein Jude schuld. Es ist also alles wieder im Lot: die Juden sind auch der Grünen Unglück. Und weil mit dieser Einsicht auch die dazugehörigen Reflexe mobilisiert wurden, bezeichnete Renate Damus, Ströbeles Mitläuferin, Broder als »Schmierenjournalist«. Womit sie erfolgreich die diesmal nicht von der CDU, sondern von den Grünen beklagte Beschränkung durchbrochen hatte, derzufolge ein Deutscher angesichts der deutschen Geschichte einfach nicht alles sagen könne. Vom Objekt der Kritik sind die Friedensbewegung wie die Grünen endgültig zum Gegenstand der Verachtung geworden.

1991

Entlarvt von links

Die neue Auschwitzlüge

Seit dem Ende des High-Tech-Krieges am Golf weiß man, wie bitter nötig dessen Fortsetzung mit vergleichsweise altmodischen Mitteln, nämlich einer guten alten, mit Handfeuerwaffen ausgerüsteten Invasionsarmee gewesen wäre. Doch die alliierten Streitkräfte rückten nicht auf Bagdad vor, und die erfahreneren Israelis blieben in ihren abgedichteten Schutzräumen – verängstigte Ghettoinsassen, ganz so, wie die Welt, und allen voran die Deutschen, sich die Juden gefallen läßt.

Der ganze von allen verteufelte elektronische Schnickschnack hat sich, wenn man das Ergebnis betrachtet, als ein großer Bluff herausgestellt. Die Kommandozentrale der irakischen Massenmörder blieb intakt, die militärische Infrastruktur so unangetastet, daß das Regime weiterhin nach Belieben massakrieren kann, wen es will; und abgesehen von einigen Baustellen, sieht Bagdad aus, als sei nichts gewesen. Es waren genau die sogenannten intelligenten Waffen, welche die dummen Parolen der Friedensbewegung Lügen straften und verhinderten, daß die mit Plakaten wie »Bagdad = Berlin« zum Ausdruck gebrachten geheimen Wünsche ihrer Anhänger verwirklicht wurden.

Saddam Hussein erhielt durch die sträfliche Unterlassung der Alliierten, ihre Armeen nach Bagdad marschieren zu lassen, eine Chance, welche sie vor einem halben

Jahrhundert aus guten Gründen Hitler nicht eingeräumt hatten, indem sie sich etwa mit dem Rückzug der Nazis aus den besetzten Ländern oder mit einer Kabinettsumbildung im Führerbunker zufrieden gegeben hätten. Und Saddam Hussein nutzte diese Chance und setzte ungehindert den Völkermord an den Kurden fort.

Für die deutsche Friedensbewegung war von Anbeginn an klar, daß der Bluff nicht darin bestand, daß das Fernsehen tatsächlich einen vom Monitor aus geführten und im Bildschirmformat wieder erfaßten Krieg, nämlich ein computergesteuertes Videospiel, abbildete, sondern darin, daß die trotz aller gegenteiligen Beteuerungen vom Wargame gefesselten Zuschauer um die Leichenberge betrogen wurden. Dieser Betrug galt den Friedensfreunden als besonders abgefeimtes Manöver der amerikanischen Kriegspropaganda. Noch ehe die beteiligten Kriegsparteien irgendwelche Verluste meldeten, wußten die Wortführer der Friedensbewegung schon, daß die Amerikaner, nicht Hussein, eine Politik der verbrannten Erde betrieben und daß das Pentagon einen Völkermord durchführte.

Wenige Tage nach Kriegsbeginn titelte die *FAZ*: »Massenschlächterei am Golf«; eine »Verbraucherinitiative« in Bonn wußte Ende Januar nicht nur, daß Joghurtbecher aus Erdöl gemacht werden, sondern auch, daß den Ölinteressen der USA »Millionen zum Opfer fallen« in diesem Krieg; General a.D. Bastian, der noch als Zeuge im Barbie-Prozeß die Naziarmee gegen Angriffe, sie habe Massenverbrechen begangen, in Schutz genommen hatte, zog plötzlich eine besonders pikante Schlußfolgerung aus seiner Biografie. Er widerrief seine Aussage nicht, sondern wies putativ auf einen möglichen Völkermord, begangen von den Vereinigten Staaten, hin; der Euthanasiebefürworter und Kriegsgegner Ernst Tugendhat, der in der Folge zum wandelnden Persilschein aller linken Antisemiten werden sollte, nannte den Krieg gegen Saddam Hussein das »größte Kriegsverbrechen seit Hitler« und hielt es am 29. Januar 1991 für »unverhältnismäßig, wenn jetzt schon von 300.000 Toten gesprochen wird und es wahrscheinlich in die Millionen gehen wird«; Vera Wollenberger, die nicht ganz zu Unrecht die Übereinstimmung der fundamentalistischen Freitagsgebete mit den Leipziger Montagsumzügen betont hatte, wußte neben ihrer Lobrede auf den demokratischen Gehalt der arabischen Vernichtungsparolen gegenüber Israel noch zu sagen, »daß dieser Krieg an den Lebensgrundlagen der zukünftigen Generationen zehrt, wie bisher kein anderes Ereignis in der Weltgeschichte«; womit sie offenbar bedeuten wollte, wie vergleichsweise wenig zehrend der Nationalsozialismus gewesen sei und wie wenig 40 Jahre DDR der Grundlage ihres Denkens anhaben konnten.

Ähnlich erfolglos muß offenbar auch *Konkret* bei seinen Lesern gewesen sein, wie die von der Redaktion im Frühjahr 91 als Separatdruck publizierte Broschüre mit Leserbriefen beweist: »Alles in allem also hat man innerhalb von 6 Wochen bei einem 17-Millionen-Volk Tote in Millionenhöhe produziert«, heißt es in einer austauschbaren Lesermeinung. Auch die Leserbriefspalten der *taz*, anhand derer der grüne Israelexperte Ströbele nach seinem Rücktritt zufrieden feststellen konnte, daß die Basis zum alternativen Antisemitismus und neunzigprozentig zu ihm hält, belegen, daß der Antiamerikanismus das treibende Moment bei der alternativen Aneignung des rechtsradikalen Propagandagebrülls über die »Auschwitzlüge« ist.

Der heruntergekommene Antiimperialismus ist gewissermaßen die höchste Stufe des Konformismus, Und wenn sich der alternative Mob schon darüber verstand, daß die USA den Irak in ein Massengrab verwandelten, um danach mit Befriedigung dabei zuzusehen, wie die Kurden massakriert werden, dann war es auch nicht mehr weit, daß die Kämpfer gegen die neue Auschwitzlüge ihren antiimperialistischen Blick auch in die Vergangenheit schweifen ließen. Man müsse zugeben, schrieb ein besonders klassenkämpferischer Leser an die *taz*, »daß die Vernichtung von Millionen, vor allem ostjüdischen Menschen, die potentiell sich den Verwertungsinteressen des Kapitals entgegengestellt hätten, im Interesse gerade auch der westlichen Alliierten waren (!), für deren kapitalistische Großraumpolitik die Menschenvernichtung im Faschismus eine wichtige Zuarbeit war.«

Der rebellische Spießer der deutschen Politikwissenschaft, Ekkehard Krippendorf, der vorzugsweise nach dem Muster »Ihr da oben – wir da unten« argumentiert, empörte sich just in den Tagen, als von Greenpeace verläßliche Zahlen der Kriegsopfer publiziert wurden, über die Fortwirkung der Kriegszensur, über die »Kleinschreibung der großen Verbrechen«. Was hatte Greenpeace herausgefunden, das weder von der Zensur unterdrückt, noch von der bürgerlichen Presse, sondern ausgerechnet an jenem Ort, an dem sich der Politologe beschwerte, klein geschrieben wurde?

Ende Mai hatte Greenpeace aufgrund ausführlicher Recherchen im Irak die Zahl der Kriegstoten auf 150.000 geschätzt. Die Anzahl der bei Luftangriffen ums Leben gekommenen Zivilisten belief sich nach Angaben dieser Untersuchung auf fünf- bis fünfzehntausend Menschen, eine Zahl, welche die Anhänger des neuen Auschwitzlüge-Vorwurfs von links für einen Druckfehler hielten, den sie mit einem weiteren, einer hinzugefügten Null, in der *taz* vom 5.6.91 dann wieder korrekt ausbügelten.

Die aus rechtsradikalen Zirkeln bekannte Propaganda, derzufolge Auschwitz eigentlich ein Sanatorium war, und die antiimperialistisch oder friedensbewegt drapierte Zwecklüge vom Völkermord am Golf gehen von einem identischen Bedürfnis aus: der Rehabilitierung der deutschen Geschichte. Während man den Neonazis jedoch noch zugute halten könnte, daß sie, um die Deutschen zu entlasten, die Zahl der von ihnen Ermordeten herunterfälschen, so muß man von der alternativen und friedensbewegten Sucht nach der möglichst großen Opfermasse sagen, daß sie die wahre nazistische Vernichtungswut konserviert hat.

So wenig sich indes die rechtsradikale Attitüde durch Fakten belehren läßt, so wenig ließ sich deren linke Variante durch Tatsachenmeldungen bei ihrem lustvollen Spiel mit imaginierten Leichen stören.

Die ungefähr 100.000 getöteten irakischen Soldaten, die doch nicht Sozialfälle oder edle Wilde, sondern dafür ausgebildet waren, Kuweit zu erobern und zu plündern, Kurden auszurotten und Schiiten abzuschlachten, und, wenn möglich, Israel in ein Krematorium zu verwandeln, galten abgesehen davon, daß ihre Anzahl für die Vernichtungslust nur ein bescheidener Appetizer war, bestenfalls als abstrakte Opfer.

»Keine Antigone tritt für sie auf die Bühne des Weltgewissens«, schrieb Krippendorf, der gottseidank bloß Professor ist und mit lebendigen Menschen nicht anstellen kann, was er der Sprache zufügt.

Ersatzweise für Antigone betritt Krippendorf seit Monaten die Bretter, welche das alternative Milieu vor dem Kopf hat. Und mit Regelmäßigkeit macht er jedes Blatt der Szene zum Tribunal. Der Golfkrieg sei eine »weltpolitische Zäsur. Von hier und heute geht, wie von den Kolonialmassakern des späten 19. Jahrhunderts und danach mit dem Abwurf der ersten beiden Atombomben eine neue Epoche aus.« (*taz*, 10.6.91) Und wir sind am

Fernsehschirm dabeigewesen, will er uns als Antigone mit Goethe aus Berlin-Valmydorf zurufen. Vor einigen Jahren hatte er mit dem geflügelten Goethewort den 2. Juni 1967 als Beginn einer neuen Epoche begrüßt. Doch wie sagte ein ebenso wortgewandter preußischer Parlamentskomiker, den Marx gelegentlich zitierte: »Der historische Recht hat keinen Datum nicht.«

Ähnlich wie Krippendorf sah ein anderer verdienter Veteran der bundesdeutschen Protestbewegung mit dem Golfkrieg eine neue Epoche heraufdämmern. In einer irreführend als »Nachdenken – Querdenken« bezeichneten Rubrik der *taz* wurde Ende Februar 91 ein langer »Zeitenwende« überschriebener Text von Dieter Kunzelmann publiziert.

Darin ließ der Autor, um den Vorwurf der neuen Auschwitzlüge zu begründen, alles zwischen Plato und Nato Revue passieren, was der Alternativen Liste, zu deren Parlamentsabgeordneten er gehörte, den häufig geäußerten Verdacht eingebracht hatte, ihr Parteikürzel bedeute in Wahrheit: Antisemitische Liste. In der Diagnose, daß die bei ihm »Vernichtungssyndikat« genannten Alliierten im Irak eine Art Super-Auschwitz veranstalteten, war er sich mit anderen einig: »Um Kuweit für den Emir zu befreien, muß zuerst der Irak zerstört werden, die Bevölkerung ausgelöscht, die Natur, ihre Ressourcen vernichtet werden.«

Im Unterschied zu Krippendorf, für den die »kriminelle Risikopolitik« der USA nur eine Fortsetzung des nazistischen Ausrottungsfeldzugs mit modernsten Waffen und der Golfkrieg daher die »dritte Atombombe« war, richtete Kunzelmann beim historischen Dreisprung jedoch sein Augenmerk auf die Opfer: »Nach Adolf Hitler, Onkel Ho, wird zum dritten Mal in der kurzen Zeitspanne ein ganzes Volk mit Millionen Toten und Verletzten dafür bestraft, daß es sich seiner Führung nicht selbst entledigt hat. Dies weiß aufgrund umfassender Literatur über die verbrecherische Bombardierung deutscher Städte niemand besser als das Pentagon und das englische Kriegsministerium.«

Wir hingegen wissen aufgrund eines einzigen Artikels von Kunzelmann, daß dieser entweder Hitler eigentlich Onkel Adolf nennen oder Ho Chi Minh zum Naziführer aufnorden möchte, daß er – und dies ist eine besonders aufschlußreiche Fußnote zu den Spätfolgen der deutschen Protestbewegung – unter Berufung auf den Vietnamkrieg den Amerikanern die Befreiung Deutschlands nicht verzeihen kann.

Und wie allen anderen philanthropischen Gemütern, denen zu Bagdad immer gleich Dresden einfiel, ging es auch ihm nicht um das Schicksal der irakischen Bevölkerung, sondern um die deutsche Volksgemeinschaft. Und weil diese vom Geruch des Antisemitismus zu reinigen war, nannte er dessen eigentliche Interessenten und Nutznießer, »wohlwissend, daß vom Antisemitismus niemand mehr profitiert als die chauvinistische Führung Israels selbst«.

Ein altgewordener Sponti schaute in den Spiegel, und daraus blickte seine eigene politische Infantilität zurück. Er war sich wieder ähnlich geworden: 1969 hatte er in Offenen Briefen an die Linke die »Vorherrschaft des Judenkomplexes bei allen Fragestellungen« beklagt und die Genossen aufgefordert, ihren »Judenknax« zu überwinden. Zu derlei Klagen hat Kunzelmann heute keinen Anlaß mehr; insofern gibt es tatsächlich eine »Zeitenwende«, insofern ist die deutsche Linke in den Wendekreis des Deppen eingetreten.

Hier gilt nicht mehr die rassistische Formel, derzufolge Dreckarbeit von Ausländern zu erledigen sei. Hier ist

Dreckarbeit im Gegenteil der Beweis für gelungene multikulturelle Koexistenz. Ein besonders ansprechendes Beispiel für die geglückte Integration in das von Vernichtungsphantasien und Lust an der Apokalypse elektrisierte Milieu ist das im *Focus*-Verlag erschienene Pamphlet von Ali Hashash: »Palästinas Kampf der Gegensätze«, worin es, den Massenmord der Nazis rechtfertigend, im Vorwort heißt: »Diejenigen, die in diesem Land für den Ersten imperialistischen Weltkrieg stimmten, wurden fast zwei Jahrzehnte später verdientermaßen ausgemerzt. Die gegenwärtige Lage soll nicht darüber hinwegtäuschen, daß alle, die sich auf die Seite der Unterdrücker und Ausbeuter schlagen ... stets die Verlierer sein werden.«

Daß er bei dieser Drohung auf Unterstützung nicht nur aus der rechtsradikalen, sondern in zunehmendem Maße aus der ihr zum Verwechseln ähnlich gewordenen autonomen Szene rechnen kann, zeigt der in der Berliner Zeitung *Prowo* im Frühjahr 91 heftig ausgetragene Streit darüber, welche und wieviele Amerikaner es verdient gehabt hätten, im Golfkrieg umzukommen. Denn der allgemeinen Enttäuschung darüber, daß nicht Millionen Iraker ihr Leben verloren hatten, korrespondierte die Wut über die geringe Zahl amerikanischer Kriegstoter. In einem Editorial der Blattmacher hieß es:

> »In aller Offenheit: Wir bedauern, daß es nicht noch viel mehr US-AmerikanerInnen weggerissen hat – unabhängig davon, ob sie gerade ihre Suppe gelöffelt haben, irakischen Kindern die Glieder zerfetzt oder mit ›chirurgischen Schnitten‹ per B-52 Bombern sogenannte ›militärische Infrastruktur‹ – in diesem Falle ganz Irak – in Schutt und Asche gelegt haben.«

Das drängende Problem dieser autonomen SA, nämlich welche ihrer Fraktionen die größere Killermentalität aufbrächte, wurde von der Redaktion aufgegriffen und pädagogisch in eine Hausaufgabe verwandelt, deren Hauptfrage sicher immer noch im Infoladen Dritte Welt e.V. in Berlin-Neukölln heftig diskutiert wird: »Wie soll (!) denn die USA den Krieg verlieren, ohne dabei größere Verluste zu erleiden?«

1991

Gib einem Faschisten eine zweite Chance – er wird sie nutzen*

Die Kurden und das Schweigen der Golfkriegsgegner

Reinhard Mohr stellt in der *taz* die Frage, warum den streitbaren Geistern in Deutschland zu den Kurden nichts einfällt, warum die Intellektuellen, die eben noch von Talkshow zu Talkshow wanderten und mit ihren Essays die Zeitungen füllten, auf einmal schweigen. Die Frage ist berechtigt, nur müßte sie an die richtigen Adressaten gestellt werden. Fragen wir zum Beispiel die Abgeordnete Vera Wollenberger, die zu Beginn des Krieges zu einer Reise nach Syrien und Jordanien aufbrach und nach ihrer Rückkehr in die Bundesrepublik von »Millionen Toten« sprach, die dieser Krieg kosten würde.

Fragen wir sie, wann sie sich auf den Weg in das türkisch-irakische Grenzgebiet machen wird, um die Gräber der Kurden zu zählen. Fragen wir den Brandenburger Bischof Forck, der mit »klugen, freundlichen Worten« Saddam entwaffnen wollte, was ihm jetzt zu Saddam Hussein einfällt. Fragen wir die engagierten jungen Leute, die überall in Berlin während des Golfkrieges Tag und Nacht Mahnwachen hielten, warum sie jetzt eine Hand-

* Der Artikel entstand zusammen mit Henryk M. Broder. (A.d.H.)

voll Kurden allein im Regen an der Gedächtniskirche stehen lassen.

Fragen wir Walter Jens, der zwei amerikanische Deserteure in seinem Haus versteckte und darüber sogleich die dpa informierte, wie viele kurdische Flüchtlinge er nun bei sich aufnehmen wird. Er hat neulich den bemerkenswerten Satz geschrieben: »Die kleinen Leute in Kuwait und Israel, Juden und Araber, zahlen die Zeche..., wir sollten ihrer gedenken. Ihr Schicksal ist auch unseres.« Wer sich aus der Sicherheit seines Reihenhauses dermaßen schamlos zum Opfer stilisiert, sollte seine Interlübke-Wohnlandschaft umgehend gegen eine Pritsche in einem Notzelt des Technischen Hilfswerks tauschen.

Fragen wir die Friedenskämpfer, die sich vor Ausbruch des Krieges als »lebende Schutzschilder« nach Bagdad begaben, ob sie nicht ein kleines Friedenslager im kurdischen Siedlungsgebiet aufschlagen möchten, um die irakische Armee von weiteren Angriffen auf die wehrlosen Zivilisten abzuhalten. Fragen wir Lothar Baier, der so hervorragende Essays schreibt und der sich darüber beklagte, daß die Bilder, die uns im Fernsehen gezeigt wurden, »viel zu unspezifisch« wären, »um als Bilder dieser Kriegsrealität zu gelten«, fragen wir ihn, ob die Bilder der fliehenden Kurden, der Menschen, die sich um ein Stück Brot schlagen, der Mütter, die hilflos ihren Kindern beim Sterben zusehen, der Väter, die ihre toten Kinder begraben, ob diese Bilder spezifisch genug sind, um seine Anteilnahme zu provozieren.

Oder fragen wir ganz allgemein: Warum gehen heute nur ein paar klägliche tausend auf die Straße, um gegen den Völkermord an den Kurden zu demonstrieren, während sich zur Zeit des Golfkrieges täglich Zehntausende durch die Straßen wälzten und »USA – internationale Völkermordzentrale« skandierten? Oder noch allgemeiner: Was wäre in diesem Lande los, wenn die Bilder, die wir täglich im Fernsehen sehen können, mit der Erklärung geliefert würden, für dieses Elend seien die Amerikaner bzw. die Israelis verantwortlich? Vielleicht könnte uns der Philosoph Ernst Tugendhat eine überzeugende Antwort auf diese Frage geben, der sich vor gut zehn Jahren für den »atomaren Erstschlag« aussprach, noch im letzten Jahr die Vorzüge der Euthanasie anpries (»... im negativen Interesse der Behinderten, im positiven Interesse aller«) und heuer, im begründeten Vertrauen auf das kurze Gedächtnis der Zeitungsleser, zu einem Friedensapostel mutierte, der es den Amerikanern nicht verzeihen kann, daß sie ihn vor den Nazis gerettet haben.

Wer angesichts des Völkermordes an den Kurden, mit süffisantem Grinsen und klammheimlicher Genugtuung, aus dem Stillhalten der Amerikaner den Schluß zieht, deren militärisches Eingreifen im Irak sei politisch sinnlos und moralisch verwerflich gewesen, der will sein Ressentiment neu verputzen. Ebenso gut könnte man den Alliierten im WK 2 die Invasion in der Normandie verübeln, weil sie es unterlassen haben, gleich danach oder davor Auschwitz zu bombardieren. Es ist absurd, wenn jene, die zur Zeit des Golfkrieges die weißen Bettlaken aus den Fenstern hängten, nunmehr die Amerikaner auffordern, zum Schutze der Kurden militärisch einzugreifen. Wer eben noch erklärt hat, es könnte keinen gerechten Krieg geben, der soll sich mit einem Bild von Mutter Teresa und einem Buch von Franz Alt in die nächste alternative Teestube verziehen und die nächsten zehn Jahre drin bleiben. Allein die Kriegstreiber und Bellizisten, die dafür plädierten, Saddam Hussein in den bewaffneten Arm zu fallen, haben das Recht, jetzt die amerikanische Politik zu kritisieren, den Amerikanern Versäumnisse vorzuwerfen.

Wenn die Souveränität Kuwaits und die Sicherheit Israels Kriegsgründe waren, dann ist es das Leben der Kurden nicht minder. Der Einwand, man wolle sich nicht in die inneren Angelegenheiten des Irak einmischen, ist sachlich falsch und moralisch unhaltbar. Jede Bombe, die auf Bagdad abgeworfen wurde, war eine Einmischung in die inneren Angelegenheiten des Landes.

Der Völkermord an den Kurden gehört nicht zu der Kategorie der »domestic affairs«, die vom Recht auf ungestörte Entfaltung der staatliche Souveränität geschützt werden. Wenn ein Hausbesitzer seine Kinder totschlägt, dann werden ihn seine Nachbarn daran zu hindern versuchen, auch wenn sie sein Recht auf eine geschützte Privatsphäre massiv verletzen müssen.

Nicht, daß die Alliierten den Krieg angefangen haben, ist ihnen anzulasten, sondern daß sie ihn zu früh beendeten. Zu den »nötigen Grausamkeiten«, die gleich zu Anfang hätten begangen werden müssen, hätte der Sturz von Saddam Hussein gehört. Das kann, das muß nachgeholt werden. Wer einem Faschisten eine zweite Chance gibt, der darf sich nicht wundern, daß er sie auch ergreift.

1991

Kreuzzug mit Haken

»Der häßliche Deutsche – Israel sieht uns an«

Meine Damen und Herren,

Gestatten Sie mir einige Vorbemerkungen zum Titel dieser Veranstaltung, den nicht ich formuliert habe. Ich weiß nicht, um bei der ersten Hälfte dieses Titels zu bleiben, wer oder was der häßliche Deutsche ist. Meist wird darunter ein moralischer Defekt, eine typische innere Unansehnlichkeit verstanden, worüber man meist vergißt, wie häßlich die meisten Landsleute schon von außen sind. Ihre Gesichter, deren Besitzer es nicht mehr bis zur Physiognomie bringen, sind meist baby-face und Greisenantlitz in einem. Bestenfalls gleichen sie, wie es kürzlich in einer Glosse über das Erscheinungsbild führender deutscher Politiker hieß, dem neuesten Mercedes-Modell von hinten: robust, ausdruckslos und zu allem fähig.

Weniger witzelnd beschrieben Emigranten einmal ihre Begegnungen mit diesem habituellen Phänomen: sie bezeichneten es als den deutschen Blick, als die gegen Erfahrung abgedichtete Visage derjenigen, die regungslos noch den nächsten Weltkrieg überstehen werden. Wenn wir aber nicht von der ins Physiologische verfestigten Abschreckung reden, die von diesen Menschen ausgeht, wer ist dann gemeint? Handelt es sich dabei um jenen Sozialcharakter, der regelmäßig im Sommer ganz Südeuropa in ein einziges Recklinghausen verwandelt, um jenen Typus also, dessen Umgangsformen im umgekehrten Verhältnis zur Kaufkraft der Mark stehen. Oder handelt es sich dabei um die Überreste jenes Rohstoffs, welcher nach dem zweiten Weltkrieg notdürftig in zivilisierte Formen gezwungen wurde. Ist »Educating Fritz«, wie das Thema eines Symposiums in Los Angeles lautete, mißlungen? Gibt es also, obwohl er nun zwischen verschiedenen Parteien, zwischen Regierung und Opposition und auch noch zwischen Müller-Thurgau und Dornfelder unterscheiden gelernt hat, immer noch den häßlichen Deutschen?

Die Frage stellen kann nur, wer logisch das Gegenstück mitdenkt, nämlich den anständigen, den guten Deutschen. Und hierbei geraten wir offensichtlich in noch größere Schwierigkeiten. Denn so wenig natürlich die für diese Veranstaltung gewählte Überschrift vom Himmel gefallen ist, so wenig wird der Verruf, in welchen deutsche Politik während der Golfkrise überall, vor allem aber in Israel, geraten ist, von Schaftstiefelträgern, Schäferhundebesitzern oder gar Sturmtruppen personifiziert. Gegenstand der ausländischen Kritik und Empörung waren im Gegenteil die Angehörigen der ehrbaren Gesellschaft in Deutschland, zum Beispiel Giftgasfabrikanten, Raketentechniker und Exportkaufleute. Oder Politiker wie der Außenminister, der nach den ersten Scud-Einschlägen in Tel Aviv zu einem Betroffenheitsbesuch erschien, um mit einem Scheck – nebenbei eine lächerliche Summe – die aufgebrachte israelische Öffentlichkeit zu beschwichtigen, anstatt sich bei der Bevölkerung zu entschuldigen. Daß jedoch die Empörung in Israel schließlich in Abscheu umschlug, lag daran, daß nun der offenkundig im Titel gemeinte »häßliche Deutsche« auf den Plan trat, nämlich die deutsche Friedensbewegung, die sich bemühte, ihre eigene Regierung wie das irakische Regime moralisch nachzurüsten. Für Demonstrationsparolen wie »USA – Internationale Völkermordzentrale« bedankte sich deshalb auch Saddam Hussein ausdrücklich bei den »edlen Seelen« Deutschlands. Diese edlen Seelen halten sich selbst für das andere Deutschland, für dessen moralisch integren Kern, für dessen bessere Hälfte. Insofern gehen hier der anständige und der häßliche Deutsche eine innige Verbindung ein, die, wovon später die Rede sein soll, nichts Faustisches an sich hat; hier ringen nicht zwei Seelen in einer Brust, hier bedrängt nicht das Fleisch den Geist. Hier herrscht ein drittes: friedfertige Brutalität.

Meine zweite Anmerkung betrifft die andere Hälfte unseres Titels, nämlich die eigentümliche Formulierung: »Israel sieht uns an«. Damit soll zum Ausdruck gebracht werden, daß »wir«, also auch ich als »wir Deutsche« hier auf dem Prüfstand stehen, womit ich als Person automatisch jener gemeinschaftsfördernden Segnungen teilhaftig würde, auf die ich gerne verzichten kann, und womit ich vom Kritiker zum Verteidiger anvanciert wäre. Ich ziehe es vor, in eigenem Namen und andererseits von »den Deutschen« zu sprechen. Verfährt man so, dann wird man regelmäßig von jenen angegriffen, die darin eine unzulässige Verallgemeinerung sehen, aber gleichzeitig sich selbst eilfertig durchstreichen und bei jeder Gelegenheit »Wir« oder »wir als Deutsche« sagen.

Max Horkheimer schrieb in den »Notizen« unter dem Stichwort »Wir Nazis«:

> »Immer wieder zu formulieren: das Schuldbekenntnis nach der Niederlage des Nationalsozialismus 1945 war ein famoses Verfahren, das völkische Gemeinschaftsempfinden in die Nachkriegsperiode hinüberzuretten. Das Wir zu bewahren war die Hauptsache ... Die Anderen sind nicht die Nazis, sondern die Amerikaner und

der Widerstand ... Das Wir ist die Brücke, das Schlechte, das den Nazismus möglich machte. Der Unterschied zwischen dem Einzelnen und dem Kollektiv wird eingeebnet, wer ihn bewahrt, steht draußen, gehört nicht zu ›uns‹. Wer in der Politik und vielen anderen Sparten von sich selbst spricht und die Landsleute als ›sie‹ bezeichnet, erscheint, auch wenn die Hörenden es nicht realisieren, ihnen als Verräter – nur im Zufall als anständiger Mensch.«

In der Formulierung »Israel sieht uns an« hat der Titel eines erfolgreichen Nazipamphlets überlebt. Es hieß »Juden sehen dich an« und enthielt einige Dutzend Portraits bekannter Persönlichkeiten, darunter auch die Nichtjuden Brecht und Adenauer. Wenn es das gäbe, dann müßte man sagen, waren diese Fotos mit dem Auge über Kimme und Korn und nicht mit dem Kameraobjektiv aufgenommen. Die Bilder dieser erkennungsdienstlichen Sonderbehandlung zeigten keine Gesichter, sondern die bedrohlichen Visagen zum Abschuß freigegebener Typen, die durch die starken Retouchen doch alle irgendwie nur Streicher und Himmler ähnlich geworden waren. Sozusagen die Juden in bester Absicht sonderzubehandeln und jene Untat mit der Kamera wiedergutzumachen, hat die Fotografin Herlinde Koelbl gegenwärtig eine Sammlung von Portaitfotos zusammengestellt. Die Portraitierten sind Nobelpreisträger, Schriftsteller, Psychiater, Musiker, Philosophen und Philantropen. Die Fotos sind in einem Buch unter dem Titel »Jüdische Portraits« erschienen und transportieren die Botschaft: Gute Juden sehen dich an.

Adorno hat in seinen »Minima Moralia«, ohne daß er jene Nazi-Broschüre eigens erwähnte, eine »Menschen sehen dich an« überschriebene Passage verfaßt, in welcher es heißt: »Vielleicht ist der gesellschaftliche Schematismus der Wahrnehmung bei den Antisemiten so geartet, daß sie die Juden überhaupt nicht als Menschen sehen, daß (sie) als Menschen nur ihr eigenes Spiegelbild wahrnehmen, anstatt das Menschliche gerade als das Verschiedene wahrzunehmen.«

Dies alles vorausgeschickt, erhält der Titel dieser Veranstaltung eine neue Wendung: der häßliche Deutsche, wenn wir es bei dieser Wendung belassen wollen, den schaut Israel so an, wie er auf es blickt. Der häßliche Deutsche sieht an Israel das, was er auf der Großhirnrinde, der Festplatte seines pathischen Projektors, gespeichert hat:

Zum Beispiel die Mitschuld Israels am Golfkrieg. Mit dieser Auskunft war eine Delegation der Grünen »erhobenen Hauptes« nach Tel Aviv gefahren, ohne daß es beim Aufbruch dieses Kreuzzugs der Unschuld in der Bundesrepublik zu Protesten gekommen war. Der Eklat kam in Israel. Die beiden Mitglieder des Bundesvorstands der Grünen, Renate Damus und Christian Ströbele mußten zurücktreten. Damit gab es die beiden ersten deutschen Gefallenen im Golfkrieg. Daß sie ihrer eigenen makellosen Dummheit zum Opfer gefallen waren, verziehen sie freilich den Juden nicht. Aus dem Schaden wurden sie nämlich so klug, ihre Schande als Schändung auszugeben: begangen an zwei rechtschaffenen Deutschen durch den israelischen Geheimdienst. Es gab in jenen Tagen kaum eine öffentliche Veranstaltung, auf der Personen, die nicht dem keimfreien Gesinnungspazifismus das Wort redeten, nicht als »Mossadagenten« beschimpft wurden. »Kaffeehaus-Zionist« war ein anderer Titel, der Kritikern der Friedensbewegung verliehen wurde, wobei die Erfinder dieses offenkundigen Ersatzwortes vorerst noch darauf verzichten mußten, die damit verbundenen Gedanken in die Tat umzusetzen.

Die *Emma*-Herausgeberin Alice Schwarzer, immer dabei, wenn es darum geht, die »Wer ist Jude«?-Frage zu lösen, entlarvte einen Autor mit dem Hinweis, dieser habe sich bei seiner Polemik gegen den Pazifismus der Deutschen auf sein Judentum berufen. Das hatte jener zwar mit keiner Silbe getan, aber er hatte sich ohne die szeneüblichen Vorbehalte für das Existenzrecht Israels ausgesprochen. Das war ein Fehler, sein Geburtsfehler, wie die frei praktizierende Judenreferentin diagnostizierte. Nur als Antisemit wäre der Autor sicher vor Nachstellungen solcher Art gewesen.

Vergleichbare Selbstauskünfte aus dem im weitesten Sinne linken Milieu – und nicht der Straßenterror nazistischer Schlägertrupps – veranlaßten kluge Köpfe Anfang 1933, sofort aus Deutschland wegzugehen. Alternativ zu sein, das hat sich mittlerweile herumgesprochen, heißt, alles genau so gut zu können, nur ein bißchen dilettantisch, überall dabei zu sein, nur ein bißchen unbeholfen, überall mitzumachen, nur ein bißchen plump. Wie ein Remake des Jenninger-Abgangs von 1988 nahm sich daher der Rücktritt der beiden grünen Funktionäre aus, die – aus allerdings etwas anderen Gründen – auch meinten, in Deutschland ließe sich nicht alles sagen. Dabei lassen die Alternativen keine Gelegenheit aus, in Deutschland alles zu sagen. Wie es den notorischen Kleptomanen in den Fingern juckt, wenn er ein Kaufhaus betritt, so kribbelt es in ihrer Seele, wenn sie mit Juden zu tun haben. Und ohne Israel wäre ihre Adrenalinzufuhr blockiert. Vergleichbar einem Serieneinbrecher, für den jeder neuartige Safe eine unwiderstehliche Herausforderung darstellt und der deshalb im strikten Sinn als Gesinnungstäter handelt, nehmen sie zwanghaft jede Gelegenheit wahr, sei es die israelische Besatzungspolitik, der Überfall auf den Libanon, der Besuch eines israelischen

Politiker in der Bundesrepublik oder nun der Golfkrieg, um vermittels der Juden oder vermittels Israel etwas herauszufinden. Doch sie finden, wie das bei Gesinnungstätern der Fall ist, nur das, was sie bereits wissen.

Der pathologische Safeknacker entdeckt hinter jeder geöffneten Panzerschranktür im Grunde nur die nächste, die es zu öffnen gilt, also außer so angenehmen Nebensächlichkeiten wie Geld und Schmuck eigentlich immer nur wieder sich selbst und seine leere Besessenheit. Im Unterschied dazu läßt sich der Krankheitsgewinn des alternativen Zwangscharakters nicht versilbern, denn dessen Besitzer kehren immer nur wieder zu ihrem Anfang, also zu sich, zurück. Weil sie sonst mit leeren Händen dastünden, schätzen sie dieses Fundstück, das sie doch selbst sind und das doch den Ausgangspunkt ihrer Suche bildete, besonders hoch ein und müssen deshalb auch den immergleichen Prozeß der Selbstfindung und Selbstvergewisserung, gute Menschen zu sein, endlos perpetuieren. Egal, welche Ausflüge sie unternehmen, sie bleiben immer zu Hause. Wie der Hamster im Laufrad, so rotieren sie um sich selbst, sie kommen immer da an, wo sie schon waren. An welchem Juden auch immer sie kratzen, es kommt nur ihr eigenes verzerrtes Ebenbild zum Vorschein; gleichviel, welche israelische Untat sie auch »hinterfragen«, es tritt bloß ihre eigene Geschichte hervor. Vom ehemaligen Kanzler Schmidt stammt die der Völkerpsychologie oder einem Diktum Stalins abgelauschte Bemerkung, daß sich der deutsche Volkscharakter nicht ändere; und wie um zu beweisen, daß es derartiges gäbe, verhält sich die übergroße Mehrheit der Bevölkerung. Daß Antisemitismus ein konstitutives Element dieses Charakters bildet, ist längst schon keine bloß logische Ableitung, oder anders gesagt, keine bloße Befürchtung mehr, sondern gesamtdeutscher Alltag.

Die offizielle »Entsorgung der Vergangenheit« hat die Täter in Opfer verwandelt und aus offenkundig antifaschistischem Nachholbedarf die Bevölkerung der ehemaligen DDR zu befreiten Lagerinsassen erklärt, wobei bis heute nicht klar geworden ist, ob die Mitarbeiter der Staatssicherheit eine Unterabteilung der Bevölkerung oder ob die Bevölkerung ein besonderes Glied dieses Apparates war. Jetzt allerdings bleibt vielen das Lob der neuen Freiheit im Halse stecken. Denn von ihr machen die Brüder und Schwestern im deutschen Osten nicht nur dadurch Gebrauch, daß sie CDU wählen und BMW fahren, sondern daß sie Ausländer verprügeln und totschlagen dürfen. Angesichts dieser neuen politischen Freizügigkeit, zu der weltweit die Stammesgemetzel im Namen der nationalen Selbstbestimmung gehören, erscheint das zugrunde gegangene starre Blocksystem nachgerade als erstrebenswerte und vernünftige Weltordnung.

Im Unterschied zur offiziellen Beseitigung der historischen Altlasten konzentrierte sich das Alternativprogramm der Geschichtsentsorgung auf die Wiederaufbereitung der Vergangenheit: aus den Opfern wurden Täter gemacht. Hierbei erleben wir heute eine Reprise dessen, was Mitte der 80er Jahre veranstaltet wurde, als nach dem israelischen Überfall auf den Libanon in Deutschland mit vergleichbarer Heftigkeit die doch bloß rhetorische Frage behandelt wurde: gibt es eine Wahlverwandschaft zwischen Israelis und Nazis?

Im Recycling-Verfahren der alternativen Resteverwerter spielt die Formel vom »provozierten Antisemitismus« eine wichtige Rolle. Oberflächlich betrachtet scheint es sich bei diesem Vorwurf, dessen aktuelle Variante die Grünen formuliert haben, nur um einen Ladenhüter der antisemitischen Propaganda zu handeln, derzufolge die Judenverfolgung ein Akt der Notwehr sei. Aus der alternativen Wiederaufbereitung der deutschen Geschichte ist jedoch ein Produkt hervorgegangen, das im Arsenal der traditionellen Begründungen jener Notwehr aus begreiflichen Gründen fehlte: der jüdische Faschismus. In einem linken Stadtmagazin hieß es dazu: »Faschismus ohne Antisemitismus war und ist für Juden nicht nur erträglich, er paßt auch durchaus in manche jüdische Staatsvision. Das war und ist historische Wirklichkeit, das ist ein Fakt in Israel.« Die allgemeine Enttäuschung darüber, daß es keine Nürnberger Gesetze mehr gibt, schon gar nicht mit einem Geltungsbereich, der den Nahen Osten einschlösse, verwandelte sich unter der Hand in die alternative Befriedigung darüber, daß man die Sonderbehandlung der Juden dennoch fortsetzen kann: diesmal als Antifaschist. Wenn Juden, so der Gedankengang der progressiven Sittsamkeit, nichts gegen Faschismus ohne Antisemitismus einzuwenden haben, andererseits aber als Juden und Faschisten den Antisemitismus provozieren, dann geschieht ihnen mit Faschismus plus Antisemitismus bloß recht. Was also den alternativen vom gewöhnlichen Antisemitismus unterscheidet ist der Umstand, daß der eine den anderen antifaschistisch rehabilitiert. So hat auch der neue Kreuzzug gegen die Juden einen Haken.

Der traditionelle Antifaschismus in Deutschland, so ephemer er auch sein mag, hat trotz der seinem Begriff innewohnenden Tendenz, vom bestimmten Charakter des Nationalsozialismus abzusehen, nie vergessen, Produkt und Widersacher welcher konkreten geschichtlichen und gesellschaftlichen Verhältnisse er ist. Aus der radikalen Kritik an der Fortzeugung dieser Verhältnisse, einer Kritik, die für kurze Zeit Denken und Handeln der Protestbewegung in der Bundesrepublik bestimmt hat, erwuchs auch die Freiheit, die Politik anderer Staaten, natürlich auch Israels, kritisieren zu können. Seit es allerdings wieder Deutschland und bestenfalls eine deutsche Linke gibt, seit deren Angehörige, die keinen Grund mehr haben »ich« zu sagen, ihre Nichtigkeit durch Einordnung ins Kollektiv aufwerten wollen mit der Phrase »Ich als Deutscher«, hat sich der Antifaschismus zum abstrakten guten Gewissen gemausert.

Die politische Logik ist ergreifend einfach: Antifaschist kann nur sein, wer zuvor oder zugleich Israel ablehnt oder den Zionismus verurteilt. Man erwirbt durch dieses Bekenntnis sozusagen den antifaschistischen Ariernachweis, das Gegenstück zum Entreebillet in die Freie Welt, welches die Deutschen Anfang der 60er Jahre für ihre Unterstützung Israels erhalten hatten. Die neue außenpolitische Vergangenheitsbewältigung ist jedoch eine nationale Pflichtübung wie die alte.

Als Mitte der 80er Jahre der israelische Ministerpräsident bei einem Staatsbesuch in der Bundesrepublik auch nach Berlin kommen wollte, beschäftigte sich die Alternative Liste, ansonsten von politisch so bedeutsamen Fragen wie der Planung von Radwegen in Anspruch genommen, mit Fragen der politischen Moral, die diese Visite für sie aufwarf. In einem der damals verfaßten Antragspapiere hieß es: »(Wir müssen) immer wieder betonen, daß für uns die Konsequenz aus dem Holocaust nicht die Vertreibung der palästinensischen Bevölkerung sein kann, sondern eine prinzipielle und auch in kleinsten Ansätzen bei uns und weltweit zu vertretende Ablehnung von Rassismus, Verfolgung und Nationalismus sein muß.«

Weil der israelische Ministerpräsident vor dem eigens für ihn formulierten weltumspannenden Sauberkeitsprogramm nicht hätte bestehen können, hielt es ein sogenannter »Ausländerbereich« der Alternativen Liste »für unsere politische Pflicht, gegen seine zionistische Politik zu protestieren«. Andererseits hatte sich der israelische Politiker mit der Absicht, die ehemalige Hinrichtungsstätte Plötzensee zu besuchen, in ihren Augen als nicht ganz ungelehriger Schüler erwiesen. Ein Jahr zuvor hatte eine Israel-Delegation der Grünen bei ihrem Besuch in Yad Vashem moniert, daß dort nur der ermordeten Juden, nicht aber der umgebrachten Widerstandskämpfer gedacht werde. Um auf diesen Makel der Opfer, nur als Juden getötet worden zu sein, hinzuweisen, hatten die Grünen ins Besucherbuch der Gedenkstätte geschrieben: »Nie wieder Faschismus!« – und die Israelis durften raten, wie das gemeint war. Sie erfuhren es genau, als einer der Sprecher dieser ersten blamablen Inspektionsreise nach Israel wenig später erklärte, daß sich die Grünen als eine »echte antifaschistische Partei um die Opfer der Opfer kümmern müßten«.

Wie durchtränkt der Begriff des Antifaschismus vom Rehabilitierungsbedürfnis ist und andererseits der Bock sich zum Gärtner berufen fühlt, ging auch aus einer anderen Passage des bereits erwähnten internen Diskussionspapiers der Alternativen Liste in Berlin hervor: »Aufgrund der deutschen Verbrechen nur eine von – zustimmend bis zurückhaltend geäußertem – Verständnis bestimmte Position für die israelische Politik zu beziehen, ist eine Konsequenz aus der deutschen Geschichte, die mit dem Schlagwort vom ›hilflosen Antifaschismus‹ umschrieben worden ist.«

Über derlei Unfug hinweg kann nur die Hoffnung trösten, daß die Welt auch weiterhin dafür Sorge trägt, daß es »aufgrund der deutschen Verbrechen« bei einem hilflosen Antisemitismus bleiben wird. Diese Hilflosigkeit hält die Alternativen allerdings nicht davon ab, sich um so verbissener immer wieder an den Juden zu versuchen, um zu ergründen, was deutsche Identität, also alternativer Volkscharakter, eigentlich sei. Und dabei gelingt ihnen – was zuvor noch niemandem gelungen war – zu beweisen, daß Pinsker, ein zionistischer Schriftsteller Ende des letzten Jahrhunderts, mit seiner Behauptung, der Antisemitismus sei eine Erbkrankheit, recht hatte. Im Unterschied zum antisemitischen Hirngespinst vom Ewigen Juden treibt ein ganz realer Ewiger Goy sein Unwesen.

Denn wie jeder Wahn ist auch der Drang, die Zionisten als die Nazis von heute zu identifizieren, vielfach überdeterminiert. Die Nazis, so der pathologische Gedankengang, haben die Juden verfolgt, also verfolgen die Zionisten als Nazis nicht nur Palästinenser, sondern auch Juden. Daß die Israelis einen deutschen Vorbehalt beseitigt hatten, der Juden von der Verfolgung anderer Menschen ausschloß, das nahm man ihnen besonders übel. Allein als Objekte von Verfolgung waren sie geduldet, ja geliebt. Man konnte sich ganz einmalig als Antifaschist und fast als jüdisches Opfer des Zionismus fühlen, wenn man sich nun, wie gelegentlich zu lesen war, mit »den vielen verfolgten Juden, die in Opposition zur heutigen Politik Israels stehen«, solidarisierte. Da hatte man zwei Fliegen mit einer Klappe, aber nicht die Wahrheit. In Israel nämlich stehen vergleichsweise mehr Bürger in Opposition zur Politik ihrer Regierung als hierzulande; und alles was die linke und friedensbewegte Szene in Deutschland über Israel zu sagen weiß, das wurde vorher und besser in israelischen Zeitungen gesagt.

Im Unterschied zur Bundesrepublik ist in Israel noch kein »verfolgter Jude«, den deutsche Schutzpatrone so umgehend adoptieren, wie sie sich von politischen Häftlingen im eigenen Land lossagen, in einem Hochsicherheitstrakt zu Tode gekommen. Anders als in der von nichts und niemandem bedrohten Bundesrepublik ist in

Israel der Umstand, daß jemand – notabene ein jüdischer Jemand – wegen »staatsgefährdender Handlungen« verurteilt worden ist, kein Hinderungsgrund, daß derselbe später unbehelligt seinen Beruf ausüben kann.

Die Alternativszene hat ihre eigenen Fellners und Kerschenbroichs. Sie dilettieren in der *taz*, halten eine Diskothek für »gaskammervoll« und befürchten bei der schrecklich betroffenen Auseinandersetzung über die Meinungsfreiheit eine »Endlösung der Dudenfrage«.*

Einer, der sich nicht mit Stilfragen aufhielt, war der Berliner Abgeordnete Reimund Helms, die Alternativausgabe des CSU-Antisemiten Fellner. Letzterer hatte sich gerade im Bundestag und beim Zentralrat der Juden für seinen rüden antisemitischen Klartext entschuldigt, um kurz darauf seinen mentalen und moralischen status quo ante wiederherzustellen. »Ich hätte mir«, sagte er, »von den Juden mehr Sensibilität gewünscht. Ich habe wirklich den Eindruck, daß die Juden dadurch, daß sie uns ständig und immer wieder, ich frage, wie lange noch, uns unter Druck setzen, daß sie dadurch eine Gegenreaktion erzeugen. Vielleicht dient es auch unserer weiteren Verständigung, wenn man auf jüdischer Seite sieht, daß es gerade in der jungen Generation viele Kollegen gibt, die herzlich darum bitten, jetzt doch einmal mit diesen ständigen Forderungen in Ruhe gelassen zu werden.«

* Diese Formulierung stammt von Wiglaf Droste, der unter der Überschrift »Tazionalsozialismus. Die Fortsetzung des Holocaust mit liberal-humanistischen Mitteln« auf eine Debatte in der *taz* Bezug nahm, die von Thomas Kapielski mit einem Artikel in der *taz* vom 17.10. 1988 ausgelöst wurde, in der er eine Diskothek als »gaskammervoll« bezeichnete. Der Debattenbeitrag von Wiglaf Droste, in dem er Kapielski vorwirft, »nicht ganz metapherndicht« zu sein, sich aber vor allem gegen die gratismoralische Verlogenheit seiner Kollegen wendet, kann nachgelesen werden in: »Die schweren Jahre ab dreiunddreißig«, Berlin 2019. (A.d.H.)

Reimund Helms, der Kollege aus der jungen Generation, wußte mit »diesen ständigen Forderungen« zu leben: »... das ist ein Einschüchterungsversuch, der nicht neu ist«, erklärte er der *taz* angelegentlich der nicht unberechtigten Vermutung der Jüdischen Gemeinde, es gehe in der Alternativen Liste antisemitisch zu. Schon in den 60er Jahren, sagte er, sei dieser Vorwurf gefallen, man habe damals nicht einmal die Frage aufwerfen dürfen, ob es denn nicht ein palästinensisches Volk gebe, um dann fortzufahren: »Aus unserer Schuld aus der Vergangenheit sollten wir das Problem zumindest stillschweigend übersehen. Ich finde es ehrenwert, daß man sagt, das ist ein sensibler Bereich, mit dem man sich auseinandersetzen muß. Aber daß man jetzt vor lauter Sensibilität nicht mehr in der Lage ist, die israelische Politik per Demonstration zu kritisieren, das finde ich absurd.«

Es war kein Zufall, daß Fellner wie seine Doublette die Nachwirkungen der neueren deutschen Geschichte mit einer Analogie aus der Reaktortechnik als »sensiblen Bereich« bezeichneten, denn im Kampf gegen die Kernenergie war immer auch die Furcht enthalten, die Masse der eigenen Geschichte könnte kritisch werden und in Gestalt der Bombe oder als Verseuchung die ausgebliebene Rache nachholen. Andererseits war die verächtliche Rede von der Sensibilität, will heißen von der jüdischen Wehleidigkeit, nur eine auf die Überlebenden bezogene Neufassung der alten Formel vom Schuldkomplex, derzufolge Erinnerung und Gedächtnis krankhafte Regungen und das Erinnerte selbst bloße Wahngebilde sind. Nicht zuletzt aber trat in dieser Wendung gegen Erinnerung, Gedächtnis und Urteilsvermögen die Kehrseite alternativer Gefühligkeit, die Kehrseite der »neuen Sensibilität« hervor: sie taugte als intellektueller Weichspüler wie als Verdikt von Hartgesottenen.

So wenig die grüne Parole von den »Opfern der Opfer« etwas mit Sympathie für die wirklichen Leiden der palästinensischen Bevölkerung, sondern mit der leidenschaftlichen Einbildung ihrer deutschen Sachwalter zu tun gehabt hatte, so wenig scherte sich nach dem Ende des Golfskriegs der friedensbewegte Anstand um die nächsten Opfer der Opfer: um die Kurden. Hätte Israel die Leichenberge aufgehäuft und nicht Saddam Hussein, das Opfer der amerikanischen Aggression, dann hätten die Kurden vielleicht auf Mitgefühl und die Demonstranten in Deutschland nicht nach Dutzenden, sondern nach Tausenden zählen können. Doch die Kurden sind nicht einmal ein ökologisches Problem, sondern bloß Flüchtlinge. Und Flüchtlinge waren schon immer weniger als gar nichts. Das Wissen die Deutschen nicht erst seit heute.

Ende der 30er Jahre versuchten Hunderttausende von Juden dem Zugriff der Nazis zu entkommen. Die Heimat- und Staatenlosen waren in den Augen der Regierungen wie der Einheimischen schon damals eine ansteckende Gefahr, der passende Ort für sie deshalb das Internierungslager, die Abschiebehaft. In genau dieser Lage befinden sich heute die Kurden. Nur eine erneute Intervention der Alliierten kann die Überlebenden der Massaker vor dem Tod durch Hunger und Erschöpfung, vor einem Massenmord, der ohne Tötungspersonal, aber nicht ohne die verantwortungsfreien Zuschauer auskommt. Doch die Kurden sind schlecht dran: sie verschmutzen keine Badestrände, sie vergrößern auch das Ozon-Loch nicht, sie werfen nur einen Schatten auf das reine Gewissen.

Dies ist schlimmer als Öko-Terrorismus am Persischen Golf, und dies nimmt ihnen die Friedensbewegung besonders übel. Deswegen hält sie ihr Maul so entschieden, wie sie es vorher gegen die Amerikaner aufgerissen hat. Denn dem Reinheitsgebot der Friedensbewegung zufolge waren die Deutschen die eigentlichen Opfer des Golfkriegs – diese Rolle wollen sich die Besitzer des Gewissens, das so rein ist wie die ausgehängten Bettlaken, nicht auch noch von den Kurden streitig machen lassen. Schon gegen die Juden mußten sie sich seit Auschwitz gegen diese Art moralischen Diebstahls zur Wehr setzen und immer wieder richtigstellen, daß nicht dort, sondern in Dresden die Bevölkerung unter dem Krieg zu leiden hatte. Doch so heftig sie sich auch in ihrer niederträchtigen Tugendhaftigkeit und vor Selbstrührung winden, die Friedensfreunde haben keinen Krieg verloren, sondern sie haben sich bloß blamiert.

Dafür rächen sie sich nun gelegentlich, indem sie mit anderen Mitteln nachahmen, was Saddam Hussein vorgeführt hat. Vor kurzem erschien in großer Auflage ein Taschenbuch, das den Titel trägt: »Ich will reden von der Angst meines Herzens«, und das rund zwei Dutzend Beiträge aus der Sparte Betroffenheitsliteratur enthält. Hätte statt Herzensangst guter Geschmack im Luchterhand-Verlag geherrscht, wäre dieses Bändchen konfektionierter Sensibilität, diese bunte Mischung aus Gefühl und Hertie, wohl nicht erschienen. Doch offenbar eingedenk des Wahlspruchs »Unsere Furcht ist unsere Kraft«, mit dem Goebbels schon erfolgreich gewesen war, ließ der Lektor neben anderen Beiträgen, die allein durchzublättern schon feuchte Finger macht, auch folgende freie Rhythmen in die Sammlung aufnehmen:

»Ich hoffe als Deutsche, daß die Amerikaner nun aus Deutschland rausgehen / Ich will aus der jüdischen, aus der russischen, aus der amerikanischen Geschichte raus, die immer einen masochistischen Nationalitäteneros schaffen mit Anspruch auf Weltherrschaft / Ich will endlich zu meiner Geschichte kommen .../ ich habe den Friedensnobelpreis beantragt für die Bürgerkomitees der

DDR/ Die ein totalitäres Regime mit dem Volk gemeinsam ohne weitere Menschen- und Naturopfer abbauten / Für mich ist das ein Zeichen neuer deutscher Geisteskultur.«

So genau habe er den Text nicht gelesen, meinte der Verlagslektor auf die telefonische Anfrage, wie dieses Zusatzprotokoll zu den »Weisen von Zion« in die Sammlung Luchterhand geraten sei. Er bat um Verständnis für die Autorin mit dem Hinweis, sie habe in der DDR im Gefängnis gesessen. Man muß annehmen: wegen rechtsradikaler Umtriebe.

Für die Frauenlyrikerin Gaby Kachold aus Erfurt mag das ein Zeichen neuer deutscher Geisteskultur sein; für andere, die statt Angst im Herzen ein Gehirn im Kopf haben, sind diese literarischen Einsatzbefehle bloß der alte deutsche Dreck. Schon einmal wollten Angehörige einer deutschen Frauengruppe raus aus der jüdischen Weltherrschaft. Doch Frau Irma Greese, KZ-Wächterin in Bergen-Belsen, war anschließend bescheidener. Sie verlangte nicht den Nobelpreis, sondern bat um ein mildes Urteil.

In Bagdad waren die »chirurgischen Eingriffe« nur begrenzt wirksam. In Deutschland dagegen muß man angesichts solcher Reaktionen annehmen, daß die Lobotomie im Selbstversuch erfolgreich durchgeführt worden ist.

1991

Die verfolgende Unschuld

Der Skandal, so heißt es bei Karl Kraus, beginnt dann, wenn die Polizei ihm ein Ende setzt. Manchmal fängt er auch dann erst richtig an, wenn er gerichtlich aus der Welt geschafft werden soll.

Ende Mai 1991 demonstrierte Christian Ströbele, der zurückgetretene Israelexperte der Grünen, wie eine Blamage mit jedem Schritt, diese aufzuhalten, nur zunimmt. Nachdem er die klammheimliche Freude der deutschen Friedensbewegung über die irakischen Raketenangriffe auf Israel in einem Interview mit Henryk Broder öffentlich gemacht hatte, tat er, was alle deutschen Politiker tun, wenn sie dabei ertappt werden, wie sie an der Tradition naschen und mit allen Dementis immer deutlicher sagen, was sie meinen: kaum haben sie ihrem antisemitischen Herzen Luft gemacht, da verlangt es sie nach einem jüdischen Persilschein. Filbinger beispielsweise ließ ihn sich seinerzeit vom obersten Repräsentanten der jüdischen Gemeinschaft ausstellen.

Bis in solche Höhen drang Ströbele mit seinem Entlastungsbegehren jedoch nicht vor. Zwar gelang es ihm problemlos, den Kanzler nachzuäffen, indem er, wie Kohl in einer vergleichbaren Situation, sich mit dem Hinweis, er habe während des Interviews einen »blackout« gehabt, für unzurechnungsfähig erklärte. Doch weil er nicht der Kanzler, sondern nur wie dieser ist, mußte Ströbele mit dem Hinterzimmer einer Berliner Kneipe Vorlieb nehmen, wo er den Versuch unternahm, sich von einem alternativen Zirkel namens »Jüdische Gruppe« für koscher erklären zu lassen.

Danach fuhr er zum Parteitag der Grünen in der Gewißheit, daß dort keine zweite Beate Klarsfeld aufstehen und ihm die angemessene Antwort erteilen würde. Mit standing ovations wurde er, noch ohne ein Wort an die Versammelten gerichtet zu haben, als Märtyrer, als erstes Opfer des israelischen Geheimdienstes auf deutschem Boden gefeiert. Doch daß ihm sein eigener antijüdischer Trachtenverein folgte, daß er in den eigenen Reihen mit weißer Weste dastand, genügte ihm nicht. Wie jeder Vertreter partikularer Interessen, ganz gleich ob es sich um organisierte Kleintierzüchter, Ladendiebe oder Gesinnungstäter handelt, erst dann seine Seelenruhe findet, wenn sein Sonderinteresse gesellschaftlich nobilitiert wird, so wollte Ströbele nun auch als Staatsbürger die Ehrbarkeit seines Ressentiments beglaubigt haben.

Er wandte sich also, um offiziell attestiert zu bekommen, er sei unschuldig verfolgt, an ein deutsches Gericht. Zu diesem Schritt entschloß er sich, nachdem er einige Vorbehalte überwunden hatte, welche die *taz* aus der berechtigten Befürchtung heraus, es handle sich um rechtsradikalen Originalton, erst gar nicht veröffentlichen wollte. In einem bereits satzfertig gemachten, aber dann aus fürsorglichen Gefühlen für den Mitbegründer der Zeitung nicht abgedruckten Interview, heißt es: »Unternehmen Sie rechtliche Schritte gegen Broder?« – Ströbele: »Ich überlege das noch. Aber einem Juden durch ein deutsches Gericht verbieten zu lassen, daß er einen Deutschen als Antisemiten bezeichnet, das ist eine äußerst heikle Geschichte.«

Noch heikler allerdings wäre es andernorts geworden. Denn wohlweislich klagte Ströbele schließlich Broder nicht am Gerichtsort der *Jerusalem Post* an, in welcher auszugsweise einige der schwachsinnigen Verlautbarungen des grünen Politikers wiedergegeben worden waren. Unter den obwaltenden Umständen hätte er bei einer Verhandlung vor dem Landgericht in Jerusalem vielleicht in einem Glaskasten Platz nehmen müssen, wie ein viel bekannterer Deutscher dreißig Jahre zuvor; da waren ihm deutsche Richter doch lieber.

Noch vor Jahren hätte Ströbele das Unterfangen, in einem solchen Fall die Gerichte zu bemühen, als Kumpanei mit der Justiz des bürgerlichen Staates denunziert. Doch angesichts des publizistischen Ritualmordversuchs, als welchen er seine selbstverschuldete Bauchlandung interpretierte, verflüchtigten sich die damaligen Diskrepanzen wie von selbst; und nachgerade versteht man die Verachtung, mit welcher die RAF ihren Anwälten gelegentlich begegnete.

Von den Richtern wurde Ströbele für diese Anpassungsleistung nicht belohnt, auch nicht dafür, daß er den Verteidiger Broders, Otto Schily, in der aus den Stammheimer Prozessen bekannten Staatsschutzmanier zu diffamieren suchte.

Klaus Eschen, der Anwalt Ströbeles, ließ das Gericht wissen: »So war es der Herr Prozeßbevollmächtigte des Beklagten, der, seinerzeit unkommentiert von diesem, den libyschen Diktator Ghaddafi mit einer Delegation der Grünen in Tripolis besucht und sich in durchaus sympathisierender Weise über diesen Politiker geäußert hat, von dessen Seite die Bedrohung Israels durch eine von deutschen Firmen gelieferte Giftgasfabrik keineswegs weit geringer war, als in der Zeit vor Beginn des Golfkriegs.«

Doch diesem sprachlich verkorksten und überaus professionellen Entlastungsversuch, nämlich die Dämlichkeit des eigenen Mandanten durch einen ausgestreckten Finger auf den gegnerischen Anwalt erst recht zu bestätigen, war vor Gericht kein Erfolg beschieden. Mehr Glück wurde Anwalt Eschen außerhalb des Gerichtssaals zuteil: in einem Beitrag für die *taz* hatte er seinen Mandanten Ströbele zum Opfer einer Mossad-Intrige stilisiert und – wie öffentliche Diskussionsveranstaltungen seither zeigen – damit erfolgreich zur alternativen Wiedergeburt der Weisen von Zion beigetragen.

Doch ähnlich komisch wie der Jahre zurückliegende Versuch eines SPD-Vorsitzenden, der sich demoskopisch bescheinigen lassen wollte, sein Gesicht sei nicht vom Intellekt durchfurcht, scheiterte auch das Verlangen Ströbeles, sich gerichtlich bestätigen zu lassen, er sei ein guter Mensch. Die Richter des Berliner Landgerichts machten im Gegenteil deutlich, daß Ströbeles Blamage die logische, fast zwingende Konsequenz seiner eigenen Äußerungen war. Er war keinem jüdischen Journalisten zum Opfer, sondern in die Jauchegrube gefallen, die er für jenen ausgehoben hatte: »Perfide gestaltet« habe dieser das Interview mit ihm, hatte Ströbele bei seiner Rückkehr nach Deutschland gesagt, weil hier das Wort »perfide« einen besonderen Geruch hat.

In Israel hätte er kaum anzudeuten gewagt, er sei in eine jüdische Falle getappt. Denn dann hätte er wirklich die Prügel bezogen, die man ihm dort nur angedroht hat für seine mit typisch deutscher Feigheit verleugnete Beschuldigung, Israel habe die irakischen Raketenangriffe selbst zu verantworten.

Aber um schließlich doch noch den Zipfel einer Verschwörung zu erhaschen, mit dem er künftig dann öffentlich wedeln könnte, widerrief Ströbele gleich zu Prozeßbeginn den Anlaß seines Vorgehens. Hatte er zuvor noch voller Entrüstung getönt, Antisemitismus sei »der schlimmste Vorwurf, den man mir überhaupt machen kann. Vieles andere nehme ich gelassen hin, das nicht«, so zeigte sich nun, daß er den Vorwurf des Antisemitismus, der traf, weil er zutraf, ganz gelassen hinnahm.

Er kaprizierte sich nämlich bei seiner Klage gegen Broder auf einen gänzlich unwichtigen Nebensatz, der beim Eklat der grünen Israelexpedition überhaupt keine Rolle gespielt hatte. Er habe, sagte Ströbele, der noch bei keiner seiner Verlautbarungen sprachliche oder intellektuelle Skrupel an den Tag gelegt hatte, den irakischen Präsidenten Saddam Hussein ein »schlimmes Großmaul« und nicht, wie Broder in der *Jerusalem Post* geschrieben habe, bloß ein »Großmaul« genannt.

Es ist schlimm genug, daß einer ein Trottel ist. Was hat er da noch nötig, Antisemit zu werden? Man wird sich künftig davor hüten müssen, Ströbele nur als Schwachkopf zu bezeichnen. Man könnte sich nämlich wegen eines überflüssigen und daher eingesparten Adjektivs leicht eine Klage einhandeln.

Nachsatz:

Jüdische Intellektuelle in Deutschland machen derzeit eine Erfahrung, die Hannah Arendt im Rückblick beschrieben hat: »Das Problem war doch nicht etwa, was unsere Feinde taten, sondern was unsere Freunde taten.«

Und was tun die Freunde Henryk Broders? Was tut die *taz*? Verteidigt sie Broder, indem sie Ströbele und dessen völkische Beobachterin Damus gebührend abfertigt, nämlich wegen Verleumdung anzeigt? Nichts dergleichen, sondern schweigen, wegsehen, stillhalten. Ströbele anzugreifen sei eine heikle Sache, er sei schließlich der Gründer- und Ziehvater dieser Zeitung, meinte »unter uns gesagt« eine Redakteurin.

Unter uns?

Broder war über ein Jahrzehnt der nicht wohlgelittene, sondern der schwärmerisch hofierte journalistische Vorzeigejude der *taz*, von dessen Glanz sich die kleinen Leuchten in der Kochstraße etwas borgen wollten. Nun glänzen sie selber. Nun leuchten sie sich selber heim – ins neue Reich, daß ihnen – wie gehabt – solche Vorleistungen nicht honorieren wird.

1991

»Jüdische Lebenswelten«

Interview zu einer Ausstellung

Lovink: Die »Jüdischen Lebenswelten«, die Ausstellung im Martin-Gropius-Bau in Berlin, wird wahrscheinlich wieder Besucherrekorde brechen und wie man hört, werden noch mehr Leute diese Ausstellung besuchen als die Preußen-Ausstellung. Warum ist das so?

Geisel: Also bei den Besucherrekorden ist der Vergleichsmaßstab eher die »Grüne Woche« oder die Rundfunkausstellung, die ungefähr 400.000 bis 500.000 Besucher hatten. Ob die »Jüdischen Lebenswelten« diesen Rekord erreichen, da bin ich skeptisch. Im Moment sind es, glaube ich, 200.000 Besucher. Das ist die Halbzeit dieser Ausstellung. Der Vergleich mit der Preußen-Ausstellung ist natürlich zutreffend, aber in anderer Hinsicht, weil, die Gestaltung der Ausstellung viel mit der Preußen-Ausstellung zu tun hat oder mit der Ausstellung »Chinesische Lebenswelten«. Die hieß gar nicht so, aber ich meine die China-Ausstellung. Bei der Preußen-Ausstellung ist Friedrich II. einfach durch Schlomo ersetzt worden. So ungefähr hat man das gemacht. Alle großen Leuten in Preußen, ob sie nun Friedrich oder General XY hießen, wurden durch Albert Einstein oder durch Woody Allen oder durch andere jüdische, prominente Personen ersetzt. Das ist eine Ausstellung, die »nicht kleckert, sondern klotzt«, wie das ein preußischer General sagte. Es ist also das Teuerste und das Feinste aus der ganzen Welt, aus der ganzen jüdischen Welt, was immer das sein mag, für 11 Millionen Mark zusammengebracht worden. Das ist eine erstaunliche Leistung. Es gab noch nie in Deutschland eine derart große Ausstellung über Juden in der ganzen Welt und man muß konstatieren, wenn man das etwas böse sagen möchte, die Deutschen haben es nach Auschwitz geschafft, die Juden aus der ganzen Welt hierher zu bringen. Und das ist eigentlich der Traum, wenn Sie so wollen, von Eichmann gewesen, der ja vorgehabt hat, in Prag ein Museum der untergegangenen jüdischen Rasse einzurichten. Und das, was Eichmann nicht geschafft hat, ist heute – mit guten Absichten natürlich – in Berlin geschafft worden. Es gibt eine Art letzten Befehl, eine letzte Direktive, die Himmler Eichmann noch hat ausrichten lassen, aber Eichmann war nicht mehr in der Lage, das durchzuführen. Diese letzte Direktive, die im Eichmann-Prozeß auch zur Sprache gekommen ist, hieß, wenn ich mich richtig erinnere, wörtlich: »Wenn Sie bis jetzt Juden vernichtet haben, so werden Sie ab jetzt Judenpfleger sein.« Und Eichmann, der ja einige judaistische Grundkenntnisse hatte wie heute jeder deutsche Philosemit, der immer besser weiß, was Juden sind, als die Juden selber, also Eichmann wäre durchaus in der Lage gewesen, für das jüdische Museum heute einiges beizutragen.

Lovink: Er wäre ein guter Direktor.

Geisel: Ein guter Verwaltungsdirektor zumindest, ja.

Lovink: Nun hast du eine Besprechung geschrieben und da gehst du ein auf dieses Verhältnis zwischen Todeslagern und Ausstellungen. Gibt es diese Verbindung wirklich? Hängt das mit dem Sammeln zusammen?

Geisel: Auf jeden Fall sind es zwei Spitzenleistungen, also die Sechs-Millionen-Rekordmarke, auf die die Deutschen im Historikerstreit erst richtig stolz geworden sind, als sie gesagt haben: »Auschwitz ist eine einmalige Leistung und darauf bestehen wir. Wir lassen uns das Erstgeburtsrecht in dieser Massentötungsfrage nicht von den Russen nehmen, sondern wir bestehen darauf, daß Auschwitz ein deutscher Rekord ist.« Der zweite Rekord, der damit zusammenhängt, ist diese Ausstellung »Jüdische Lebenswelten«. Mit einer Akribie sondergleichen sind Dinge, wie es in manchen Zeitungen hieß, in der ganzen Welt wieder eingesammelt worden, also eine Formulierung, die im Unterbewußten des Journalisten, der das geschrieben hat, erkennen läßt, daß es etwas mit dem Einsammeln der Juden in Europa zu tun hatte. Diese Verbindung existiert. Der Gedanke, der mir gekommen ist, als ich mich etwas ausführlicher mit der ganzen Sammelwut, die ja nicht neu ist – sie hat nur gerade ihren Höhepunkt erreicht oder zumindest ihren ersten Höhepunkt, man weiß ja nicht, was noch alles kommt –, der Gedanke also, der mir bei dieser Sammelwut gekommen ist, hat mit der Akribie zu tun, mit der das geschieht. Es lag ja auf der Hand, daß ohne das organisierte, perfekte Töten diese Ausstellung überhaupt nicht zustande gekommen wäre. Können Sie sich vorstellen, daß in Holland eine Ausstellung in diesem Umfang stattfindet? »Jüdische Lebenswelten«, also auch schon mit diesem Titel, man weiß gar nicht, was damit gemeint ist. Es kann eine Ausstellung über Juden in Holland geben, über die Geschichte der Juden in Holland. Und es kann in den Vereinigten Staaten eine Ausstellung über Geschichte der Juden in den Vereinigten Staaten geben. Aber daß die Amerikaner oder daß die Holländer oder daß die Franzosen auf den Gedanken kämen, also Juden von Plato bis Nato oder Juden von Abraham bis Menachem Begin oder wie auch immer unter einem Dach zu versammeln, dieser Gedanke, der ist nur hier geboren worden und zwar mit der Absicht, die man vorsichtshalber einen jüdischen Professor hat öffentlich bekanntgeben lassen, mit der Absicht, man müßte endlich »aus dem Schatten Hitlers heraustreten«, eine Formulierung, die ursprünglich gar nicht von diesem jüdischen Professor ist, sondern schon vor einigen Jahren von Franz-Josef Strauß benutzt wurde. Man hat es also satt, man möchte nicht nur tote Juden sehen, sondern man möchte die umgebrachten Juden in Kultur verwandeln, die heute fehlt. Das ist ganz wichtig dabei.

Lovink: Spürt man einen Verlust?

Geisel: Das ist mit Sicherheit auch die Absicht, also zu zeigen, das Verbrechen, das die Deutschen begangen haben, ist deshalb so schlimm gewesen, nicht weil lebendige Menschen umgebracht worden sind, sondern weil eine Kultur untergegangen ist, was ja nebenbei wirklich zu verschmerzen wäre. Es ist völlig egal, ob irgendwelche Kulturen untergehen. Das ist in der Geschichte des öfteren passiert. Aber daß systematisch Menschen umgebracht werden, dieser Gedanke verschwindet natürlich bei dieser Ausstellung oder er wird umgebogen in den tröstlichen Gedanken, daß man einen Kulturverlust erlitten hat. So ist man selber sozusagen der Leidtragende.

Lovink: Ich glaube, daß es so gemeint ist. Das wird auch offen gesagt, daß diese Ausstellung positive Werte vermitteln soll.

Geisel: Das ist die alte Geschichte, die charakteristisch ist für den Kampf gegen Antisemitismus, den die Liberalen seit ungefähr 100 Jahren führen und als sinnvoll verstehen. Liberale gehen immer davon aus, die Antisemiten davon zu überzeugen, daß Juden auch Menschen sind. Und wenn ich sage: »auch Menschen sind«, dann würde ich mich, wenn ich Jude wäre, dafür bedanken. Ein solcher Mensch möchte ich wirklich nicht sein. Das gleiche gilt natürlich auch, wenn jemand sagt: Neger sind auch Menschen. Und sie sind nicht nur auch Menschen, sondern – noch viel wichtiger – sie sind natürlich Kulturträger, wie das im Deutschen heißt, ein Wort, das immer an Hosenträger erinnert. Man will zeigen: Juden sind nicht nur nicht geldgierig, sie sind nicht nur nicht krummnasig, sie sind nicht nur nicht alles das, was bei der Positivierung immer sofort beim Adressaten mitgedacht wird, aber nicht nur beim Adressaten, sondern bei demjenigen, der es sagt. Also Juden sind sozusagen das Kulturferment der Moderne. Und mit dieser guten Absicht gehen die Ausstellungsmacher ans Werk. Sie drehen das traditionelle, antijüdische Stereotyp einfach um und sagen: »Nein, nein, bei Juden gibt es keine Verbrecher. Bei Juden gibt es keine Homosexuellen. Bei Juden gibt es keine Gangster, keine Gauner, keine Proleten.« Schauen Sie sich das Plakat an von den »Jüdischen Lebenswelten«. Da sucht man vergeblich die Mehrheit der Juden, nämlich die Arbeiter und Angestellten. Stattdessen sind da sozusagen lauter Nobelpreisträger drauf. Also die normalen Menschen kommen da überhaupt nicht vor. Und damit also will man den Antisemiten oder den durchschnittlichen Deutschen überzeugen, die ja, wie eine neue *Spiegel*-Untersuchung gezeigt hat, zu 13 bis 14 Prozent hochgradig antisemitisch sind – der *Spiegel* bezeichnet das nicht als antisemitisch, sondern als judenkritisch –, diese sogenannten judenkritischen, potentiellen Totschläger also sollen davon überzeugt werden, daß die Juden alle gut und kulturvoll und zumindest alle phantastisch Violine spielen oder hervorragende Filme drehen wie Woody Allen. Und diesen Irrtum begehen liberale Aufklärer und Politiker in Deutschland schon seit ungefähr 100 Jahren. Es wird aber durch diese Ausstellung keinen einzigen Antisemiten weniger geben.

Lovink: Man behauptet, diese Ausstellung würde eine Rückkehr der Juden nach Berlin vorbereiten.

Geisel: Ja, das hätten sie gerne. Sie hätten gerne Einstein zurück und sie hätten gerne eine Reihe von Schriftstellern zurück wie Lion Feuchtwanger und so weiter. Das hat natürlich was mit der Mittelmäßigkeit der vorherrschenden Kultur und Politik zu tun. Ich meine, nach Berlin müssen nicht diese hochgebildeten oder hochkultivierten Juden zurückkommen, viel besser wäre es, es würde eine ganze Reihe von anderen Leuten hier weggehen. Es hat was mit der Dürftigkeit und mit der Durchschnittlichkeit und mit der unsagbaren Langeweile, auch mit der Provinzialität dieser Stadt zu tun, die durch die Wiedervereinigung nicht gewonnen hat. Die Dummköpfe haben sich in dieser Stadt durch die Wiedervereinigung einfach verdoppelt, das ist alles. Der Alkoholpegel hat sich erhöht, solche Dinge eben. Die Rückkehr, wenn man von der Rückkehr der Juden nach Berlin redet, ist natürlich Unfug, keiner wird hier zurückkehren. Es gibt eine Reihe von Juden, die tatsächlich hierher kommen wollen, und das sind Juden, die aus der Sowjetunion aus guten Gründen weg wollen. Aber wehe, sie stehen hier auf der Matte. Wehe, sie stehen hier vor der Tür und sagen: »Ich bin nicht Einstein, sondern ich bin Herr Schlomo Rabinowitsch aus Moskau und mein Beruf ist Taxifahrer«, die Leute hat man nicht gerne. Natürlich, wenn sie Mitglied der Leningrader Philharmonie gewesen sind, dann kümmern sich gleich dutzendweise die alternativen Kulturpolitiker um sie oder der *Spiegel* veröffentlicht einen ausführlichen Artikel, um zu zeigen: Genau solche Leute möchte man wiederhaben. Oder die Theaterdirektoren unterschreiben Anzeigen in den Zeitungen und reden von der »Blutauffrischung des deutschen Theaters«. Alexander Granach, ein großer jüdischer Schauspieler, die Elisabeth Berken, eine große jüdische Schauspielerin, also lauter Immigranten, die tatsächlich das deutsche Theater und den deutschen Film am Ende der Weimarer Republik zu dem gemacht haben, wo sie theaterhistorisch und filmhistorisch auch hingehören, nämlich an die Weltspitze, diese Namen werden in der Erinnerung, nein, nicht in der Erinnerung, sondern heute in der Propaganda beschworen mit Begriffen, die eher im Zusammenhang mit der Ausweisung dieser Leute damals stehen. Wenn ein Theaterdirektor wie Jürgen Flimm aus Hamburg in der Zeitung eine große Anzeige veröffentlicht, in der steht, die Bundesregierung oder der Berliner Senat oder die deutschen Theater sollten osteuropäische, jüdische Künstler auffordern, nach Deutschland zu kommen, weil das deutsche Theater eine »Blutauffrischung« nötig hätte, dann kann man sagen, das deutsche Theater hat keine Blutauffrischung nötig, sondern die Direktoren eine Gehirntransplantation. Das wäre wahrscheinlich der erste Weg, den man beschreiten müßte.

Lovink: Nun hat es auch Kritik gegeben aus orthodoxen Kreisen. Diese Gruppe heißt »Adass Jisroel«, und sie hat gesagt, daß die Ausstellung »Jüdische Lebenswelten« das Leben der Juden in der Nachkriegszeit gar nicht erwähnt. Was hältst du von dieser Kritik?

Geisel: Diese Kritik an der Ausstellung kam aus mehreren Ecken. Auch von der orthodoxen Gemeinde »Adass Jisroel«. Das ist eine alte Berliner, separate, jüdische Gemeinde. Ich weiß nicht, wie es in Holland ist, ob es da eine staatliche verfaßte, eine jüdische Einheitsgemeinde gibt oder ob jede jüdische Richtung ihre eigene Gemeinde einrichten kann, wie sie möchte. Das ist in Holland wahrscheinlich wie in den Vereinigten Staaten oder wie in jedem zivilisierten Land, wo Staat und Kirche bzw. Staat und Synagoge strikt getrennt sind. Hier in Berlin gab es seit 1945 nur eine Einheitsgemeinde, wie es auch eine einheitsevangelische oder -katholische Kirche gibt. Also der Staat treibt die Steuern ein und gibt sie dann der Kirche oder der jüdischen Religionsgemeinde. Und diese Fortsetzung oder Wiederaufnahme dieser orthodoxen Separatgemeinde, die hier tatsächlich einmal bestanden hat, kritisiert die »Jüdischen Lebenswelten« aus einem ganz trivialen Grunde – weil sie nämlich selber nicht in der Ausstellung vorkommen, weil ihre eigene Politik in dieser Ausstellung nicht vorkommt und weil ihre eigenen Interessen dabei nicht berücksichtigt worden sind. Aber das ist eine zu vernachlässigende Angelegenheit. Das ist ein innerberliner, ein innerjüdischer Streit, der seine Pikanterien vor allem daraus zieht, daß der Vorsitzende dieser orthodoxen Separatgemeinde ein ehemaliger Linksradikaler ist und früher ein begeisterter Vertreter der israelischen, linksradikalen Matzpen, die sich für einen unabhängigen Palästinenser-Staat eingesetzt und zum bewaffneten Kampf gegen Israel aufgerufen haben.* Es zeigt nur, daß die Juden in Deutschland genau denselben Tendenzen unterliegen wie auch deutsche, ehemalige Linksradikale, die plötzlich – wie der ehemalige Terrorist Horst Mahler – zu 150-prozentigen Vertretern des bürgerlichen Staates werden.** Das ist in diesem Fall die besondere Note.

Lovink: Nun mußt du aber noch näher erklären, warum

* Gemeint ist Mario Offenberg, mit dem Eike Geisel 1977 im Rotbuch Verlag Isaac Deutschers »Die ungelöste Judenfrage. Zur Dialektik von Antisemitismus und Zionismus« übersetzt, herausgegeben und mit einem Nachwort versehen hat: »Die gegenwärtige Vergangenheit. Zur Aktualität von Isaac Deutschers Schriften zur jüdischen Frage«. (A.d.H.)

** 1992 war Horst Mahler noch nicht zum dem Antisemiten und Rechtsradikalen mutiert, zu dem er sich später entwickelte. (A.d.H.)

dieses normale Leben zum Beispiel von Leuten, die damals im Scheunenviertel gewohnt haben oder in anderen Ecken Berlins, gar nicht in dieser Ausstellung vorkommt. Warum ist das so beschränkt auf Kunst und Kultur?

Geisel: Die Auffassung, es müßte eine Ausstellung über die armen und unterdrückten Juden geben oder diese müßten zumindest gleichberechtigt in dieser Ausstellung vorkommen oder die Ausstellung dürfte nicht in diesem Tenor gehalten sein und müßte eine andere Betonung erfahren, diese Kritik an der Ausstellung ist natürlich genauso unsinnig wie die Ausstellung selbst. Was die einen mit der hohen Kultur und mit den großen Kulturleistungen der Juden dokumentieren wollen, um den Antisemitismus abzuwehren, um das traditionelle Judenbild und den Eindruck zu korrigieren, die Juden seien nur Opfer gewesen, ist auf der anderen Seite einfach folkloristisch zurechtgerückt. An diesen armen Elendsgestalten aus Osteuropa gibt es nichts zu bewundern und gibt es auch nichts zu dokumentieren, sieht man davon ab, daß diese Leute allen Grund gehabt haben, entweder wegzugehen oder die Verhältnisse zu ändern, aber was daraus gemacht wird, ist aus einem Stein, um es in einem Bild zu fassen: während die einen einen Stein in den Vordergrund stellen, schieben die anderen Tewje, den Milchmann, in den Vordergrund. Das sind ethnopopulistische Variationen der Hochkultur, die von solchen Kritikern wie Dresen in den Vordergrund geschoben werden. Und sie übertreiben dann auch gleich wieder maßlos. Während also die einen die Juden ausschließlich zu Vertretern der Hochkultur und zu Nobelpreisanwärtern machen, sind bei den anderen mindestens drei oder vier Mal so viel Juden arm gewesen, wie tatsächlich hier in Berlin gelebt haben. Sie machen also aus den 10.000 bis 15.000, die im Scheunenviertel gewohnt haben, 50.000 bis 100.000. Und aus den kulturellen Äußerungen dieser Leute, die in Berlin gelebt haben, aus den kulturellen Äußerungen der Unterschicht und des Lumpenproletariats und der Zwischenklassen und den Leuten, die auch geographisch eine Zwischenexistenz geführt haben, weil sie ja weiter wollten, machen sie sofort eine klassenkämpferische, eine soziale und dominante Erscheinung, die es so überhaupt nicht gegeben hat.

Lovink: Nun hast du Anfang der 80er Jahre selbst ein Buch herausgegeben, das »Im Scheunenviertel« heißt. Bedauerst du das im nachhinein, daß du damals dieses Buch mit Fotos herausgegeben hast?

Geisel: Nein, ich bedauere es überhaupt nicht. Ich nehme auch keinen Satz von dem, was ich damals geschrieben habe, zurück. Im Gegenteil, ich müßte all das, was ich geschrieben habe, heute noch einmal betonen und in die Auseinandersetzung mit einbeziehen, daß ich mit dem Buch, das ja nicht nur aus Text besteht, sondern leider auch aus Bildern, daß ich also, ohne es zu wollen und zu wissen und vorherzusehen, mit zu dieser ethnofolkloristischen Betrachtungsweise der Geschichte beigetragen habe, insofern als dieses Buch, weil es Bilder hatte, leider auch für Analphabeten war. Die sehen sich nur die Bilder an und lesen die Texte nicht. Und das war auch eine Zeit lang so. Ich erinnere mich, Mitte der 80er Jahre war dieses Buch das beste Geschenk, das Linke sich zu Weihnachten machen konnten. Es galt als etwas besonders Feinsinniges über Juden, weil es eben nicht von Einstein handelte, sondern von Personen, die – wie Marx geschrieben hat – irgendwo »in den Poren der Gesellschaft« nisten. Alles, was ich damals über Staatenlosigkeit und über Fremdenfeindlichkeit geschrieben habe, das interessierte niemanden, das haben sie alles gar nicht gelesen, sondern sie haben nur diese merkwürdig verkleideten Personen auf den Photos gesehen. Das hat auch was damit zu tun, daß alte Fotografien eine merkwürdige Anziehungskraft ausüben, daß das alles in einem nostalgischen Nebel von »Es war einmal...« verschwindet und daß solche ärmlichen Verhältnisse, wie sie im Scheunenviertel geherrscht haben, wo jeder einen guten Grund hat, wirklich wegzugehen und alles hinter sich zu lassen, daß diese ganze Gegend, die schon damals hätte abgerissen werden sollen – was sicher gut gewesen wäre –, daß das Ganze sich verklärt in einer Romantik, in der DDR würde man heute sagen, in einer Nischengesellschaft. Das ist genau das, was die DDR-Bürger, wenn sie heute den kapitalistischen Westen beklagen, alle vermissen. Auf einmal ist die Nestwärme, dieser Mief, dieser kollektive, warme Gestank, der für die Nischengesellschaft kennzeichnend war, auf einmal weg. Und das sieht man auf diesen alten Bildern. Die heile Welt bedeutet arm sein und glücklich sein. Der Reichtum kommt von innen her, wie das bei Rilke heißt. Also diese Sehnsucht nach der Geborgenheit und nach der Kindheit, wie das in Blochs »Prinzip Hoffnung« im letzten Satz vorkommt, also all diese Dinge haben damals eine Rolle gespielt und das Buch so erfolgreich gemacht. Die Juden wiederum wurden im Umkehrbild entweder zu Reichen oder zum Kulturträger, sie waren sozusagen der Hort der Familie, der Hort der Geborgenheit in diesen ärmlichen Verhältnissen, weil man sie auch immer mit vielen Kindern herumlaufen sieht, und man erkennt auf den Fotos, daß sie bestimmte Traditionen pflegen. Das war auch die Zeit, als Linke angefangen haben, ihre Kinder wieder taufen zu lassen, weil die sagten: »Man braucht ja eine Tradition und man sieht das bei den Juden, die haben immer die Tradition gepflegt.« Der Gedanke, daß im 20. Jahrhundert unter tätiger Mithilfe der deutschen Vorfahren dieser Linken jede Tradition irreparabel zerstört worden ist, dieser Gedanke ist natürlich etwas unangenehm, denn er hatte auch störende und aufreibende und desaströse und destruktive Konsequenzen, und dieser Gedanke ist damit weggeschoben worden.

Lovink: Du kuratierst in der Akademie der Künste zur Zeit selbst eine Ausstellung. Sie handelt vom jüdischen Kulturbund. Kannst du uns sagen, weshalb du das gemacht hast und was da zu sehen ist?

Geisel: Weshalb ich sie gemacht habe, kann ich vielleicht dadurch erklären, daß ich den Anlaß schildere, wie es dazu gekommen ist. Vor einigen Jahren, das muß vier oder fünf Jahre her sein, gab es in Berlin die europäische Erstaufführung eines israelischen Theaterstücks mit dem Namen »Ghetto«. Ich denke, das Stück ist auch in Holland aufgeführt worden. Es ist von Joshua Sobol und handelt von Kabarett und dem Amüsement im Wilnaer Ghetto. Ich habe damals gemeinsam mit einem Freund aus Israel mit Sobol viel diskutiert, wie dieses Stück in Deutschland aufgenommen werden würde und wie es dann auch aufgenommen worden ist. Ich habe dann eine Reihe von Beiträgen dazu geschrieben. Und während dieser Überlegungen, warum dieses Stück damals in Deutschland so erfolgreich gewesen ist, nämlich wegen des Tenors, die Opfer hätten sich gut amüsiert, und der Wahlverwandtschaft zwischen Opfern und Tätern, die heute schon fast zur geistigen Normalkost in der Vergangenheitsbewältigung gehört, da ist mir damals durch reinen Zufall – ich bin ja kein Historiker – aufgefallen, daß es mitten in Berlin so etwas schon einmal gab. Da mußte man nicht nach Osteuropa gehen, das gab es auch mitten in der Befehls- und Kommandozentrale des Dritten Reiches, ein jüdisches Theater von Juden für Juden unter der Aufsicht der Gestapo, und zwar bis 1941. Erstmal war das für mich eine Sache, die ich mir überhaupt nicht vorstellen konnte. Wie war das möglich? Ich wußte, daß alle jüdischen Künstler 1933 rausgeworfen wurden aus Theatern und Konzertbetrieben, das wußte ich alles. Aber ich wußte nicht, daß die eine Art Selbsthilfeunternehmen gegründet haben, daß Tausende von Schauspielern, Musikern, Tänzern, Sängern, Dirigenten, also alles, was zum Betrieb eines großen Opern- oder Theaterhauses gehört, daß die das alles selbst organisiert haben. Dann habe ich auch wieder durch reinen Zufall einen ehemaligen Schauspieler dieses Theaters kennengelernt, der hier in Berlin gelebt und immer noch Theater gespielt hat und zwar an der Berliner Schaubühne. Ein alter Mann, ungefähr 70 Jahre. Er hieß Martin Brandt. Und er spielte zusammen mit einem älteren Kollegen namens Bernhard Minetti, ein großer Nazi. Vor dem lag die ganze linke Belegschaft der prominenten Berliner Schaubühne auf dem Bauch, verehrte Bernhard Minetti. Keiner dieser politisch engagierten Schauspieler hat jemals Martin Brandt gefragt: »Was hast du in den 30er Jahren gemacht?« Bei Minetti hat es sie auch nicht interessiert, aber aus anderen Gründen. Und dieser Schauspieler wurde dann im Lauf der nächsten beiden Jahre unsere Hauptauskunftsquelle für dieses Unterfangen. Wir wollten das nun etwas genauer recherchieren. Dann hat eine Sendeanstalt sich davon überzeugen lassen, daß wir, also Henryk Broder, dieser Kollege von mir aus Jerusalem, mit dem ich das zusammen gemacht habe, einige dieser Mitarbeiter aufsuchen, die im Jüdischen Kulturbund gearbeitet haben und daß wir daraus einen Dokumentarfilm machen. Das war die Vorrecherche für die Ausstellung, die jetzt stattfindet. Am Schluß der Dreharbeiten, als der Film fertig war, hatten wir eine ganze Menge von Dokumenten in der Hand oder wußten, wo die Dokumente liegen. Uns kam der Gedanke: Diese Dinge können doch nicht einfach verlorengehen. Denn häufig hatten die Kinder der Emigranten überhaupt kein Interesse mehr an der Geschichte ihrer Eltern, sie sprechen oft kein Deutsch und wußten oft weit weniger über die Geschichte ihrer Eltern als wir, die wir das recherchiert haben. Und ein zweiter Grund kam hinzu: Als wir die Emigranten darauf ansprachen, ob sie sich nicht mit dem Gedanken anfreunden könnten, ihr Material in ein Archiv zu bringen, empfanden sie diese Aufforderung als eine Art späte Rehabilitierung ihrer Tätigkeit und waren erst einmal baß erstaunt, daß überhaupt jemand kam und sich für ihre Geschichte interessierte, weil es fünf nach zwölf war. Die meisten waren schon tot und die Geschichte hätte zwanzig, dreißig Jahre früher geschrieben oder dokumentiert werden müssen. Also die waren zunächst furchtbar erstaunt, daß da zwei junge Figuren aus der Bundesrepublik und aus Israel kamen und sich für ihre Theater- oder Konzertlaufbahn interessierten. Aber dann sahen sie auch, wenn die Dokumente in einem Archiv liegen, daß sie das zwar spät, aber nicht zu spät noch rehabilitiert. Nie haben sie irgendeine Anerkennung dafür bekommen. Nie hat sie ein deutsches Theater aufgefordert: »Kommt zurück an unsere Bühne«, wie überhaupt keiner von den Emigranten aufgefordert worden ist, nach Deutschland zurückzukommen. Ein Beispiel: Da gab es einen Schauspieler, der bei der Premiere des jüdischen Theaters 1933 die Hauptrolle in »Nathan, der Weise« gespielt hat, das einzige Mal, daß überhaupt dieses Stück in der Nazizeit gespielt worden ist, und dann noch in einem jüdischen Theater. Eine wirklich bizarre Geschichte. Ausgerechnet dieses Aufklärungsstück, das die Toleranz beschwört und die ganzen Illusionen, die in der deutsch-jüdischen Kultur- und Geistesgeschichte geherrscht haben.

Lovink: Unter Aufsicht?

Geisel: Unter Aufsicht der Nazis natürlich. Die Gestapo saß immer im Parkett. Und dieser Schauspieler ging nach Hollywood. Der hat das, wie Gott sei dank sehr viele aus diesem Theater, noch geschafft zu emigrieren und ging nach Hollywood. Dort suchte man zu dieser Zeit Leute mit deutschem Akzent, die in Anti-Nazi-Filmen mitspielen sollten. So kam es, daß der jüdische Nathan aus dem jüdischen »Ghetto«-Theater in Berlin innerhalb kurzer Zeit ein viel gefragter Nazi-Darsteller in Hollywood wurde. Als er nach 1945 nach Deutschland zurück wollte, schrieb er an sein ehemaliges Theater, nämlich an die Frankfurter Städtischen Bühnen, er möchte gern wieder ein Engagement in seinem Theater. Daraufhin schrieb ihm der Intendant des Theaters, Harry Bockwitz, damals ein bekannter Regisseur, zurück, sein Charakterfach könne man an einer deutschen Bühne nicht gebrauchen. Der Intendant kannte ihn nur als Nazi-Schauspieler aus Hollywood. Erst mußte er – so könnte man sagen – als Jude aus Deutschland raus und durfte als Nazi nicht mehr zurück. Im Film würde man sagen, er hatte ein verbrauchtes Gesicht. Und so erging es einer ganzen Reihe von deutschen Schauspielern, die im jüdischen Theater gespielt haben und die, wenn sie in Amerika weitermachen konnten, Rollen als Nazi-Knallchargen bekamen, die man aus amerikanischen Filmen kennt und die teilweise sehr witzig gespielt worden sind. Ich habe mir eine ganze Reihe von diesen Filmen in Amerika angeguckt, und die leben tatsächlich von diesen Immigranten-Schauspielern. »To be or not to be« oder selbst in »Casablanca«. Da sagt einer: »How much watch?« – »Such much watch?« Diese kleinen Nebenrollen, die das Flair dieser Filme dann auch ausmachen, die kamen hier zum großen Teil aus Berliner Theatern, aus dem jüdischen Theater, wenn sie immigrieren konnten. Eine ganze Reihe von Schauspielern und Musikern hat das nicht mehr geschafft und ist bei der Schließung des Theaters 1941 dann innerhalb kurzer Zeit nach Osten deportiert worden.

Lovink: Gibt es einen Grund, warum diese Geschichte nicht geschrieben wurde? Ist diese Geschichte so voller Widersprüche oder Paradoxe, daß man das nicht so eindeutig lesen kann? Oder was für einen Grund gibt es?

Geisel: Es gibt eine Reihe von Gründen, warum die Geschichte nie geschrieben worden ist. Ein Grund ist mit Sicherheit der, daß es bis heute keine Geschichte der nationalsozialistischen Kulturpolitik gibt. Es gibt wenige Untersuchungen über die Nazifizierung des deutschen Theaters. Wenn es eine solche Geschichte gäbe, läge offen auf dem Tisch, was mit den jüdischen Kollegen damals passiert ist, wie sie aus den Theaterbetrieben entfernt wurden, wie die künstlerischen Kriegsgewinnler schon 1933 in den Startlöchern saßen und wie die mit allen Mitteln versucht haben, ihre jüdischen Konkurrenten auszubooten. Es ist ja erst vor einigen Jahren die Geschichte der Nazi-Juristen erschienen.* Daß diese Untersuchungen so spät unternommen wurden hat einsichtige Gründe und mit der Kontinuität des deutschen Verwaltungsapparates zu tun. Wenn ein Staatssekretär bei Adenauer Globke hieß, ein hoher Nazibeamter, dann ist klar, daß solche Dinge immer unter den Teppich gekehrt wurden. Erst recht galt das für die Hochschulen oder für die Ärzte oder auch für das Theater und den Musikbetrieb. Da gibt es relativ wenige Untersuchungen bislang, also wenige empirische Untersuchungen. Über die Nazi-

* Ingo Müller »Furchtbare Juristen. Die unbewältigte Vergangenheit unserer Justiz«, 1987. (A.d.H.)

Ästhetik gibt es genügend Untersuchungen. Das ist relativ ungefährlich, denn das sind formale Fragen. Aber das andere sind politische und personelle Fragen. Es gab ein kleines Büchlein eines am jüdischen Theater Beteiligten, »Jüdisches Theater in Nazideutschland«. Er lebt in Jerusalem und ist der Korrespondent der *Frankfurter Rundschau*. Er wurde, heute würde man sagen, als zionistischer Partisan in diesen Betrieb reingeschleust, denn er sollte dieses jüdische Theater auf eine zionistische Linie bringen. Er ist damit natürlich kläglich gescheitert und hat in den 60er Jahren ein kleines Büchlein geschrieben, die erste Arbeit überhaupt, die aber kaum und von den Historikern ohnehin nicht beachtet wurde. Von den Theaterwissenschaftlern wurde sie auch überhaupt nicht zur Kenntnis genommen. Ohne mir auf die Schulter klopfen zu wollen, wir haben mit dieser Ausstellung und mit diesem Film einen Anstoß zu Hunderten von Doktorarbeiten, Dissertationen und Magisterarbeiten gegeben. Im Augenblick kann sich, glaube ich, das Archiv der Akademie der Künste vor Anfragen von Wissenschaftlern nicht nur aus Deutschland, sondern aus der ganzen Welt kaum retten. Daß die Ausstellung zum Jüdischen Kulturbund zur selben Zeit wie die »Jüdischen Lebenswelten« stattfindet, das ist sehr schade, denn die Ausstellung war für das letzte Jahr geplant. Aber die Leitung der Akademie der Künste hat sich überlegt, es wäre möglicherweise besser, sie im Zusammenhang mit dieser Großausstellung zu machen, damit sie nicht untergeht. Es ist eine thematisch und zeitlich begrenzte Ausstellung. Sie geht von 1933 bis 1945, weil ein Kapitel über die Vernichtung und die Deportation vieler Künstler mit angeschlossen ist. Der Kulturbund selbst hat ja nur bis 1941 existiert. Sie ist also zeitlich begrenzt. Es gibt nicht 3.000 Jahre jüdische Geschichte wie im Gropius-Bau, sondern wie ich glaube die für Deutschland und für die Gegenwart entscheidenden zwölf Jahre, die mit Sicherheit eine nachhaltigere Wirkung haben als die 3000 Jahre jüdische Geschichte vorher. Diese Ausstellung hätte vorher, zu einem anderen Zeitpunkt stattfinden sollen. Sie war eigentlich für 1991 gedacht zur 50. Wiederkehr der Schließung des Theaters. Im Unterschied zu den »Jüdischen Lebenswelten«, wo diese zwölf Jahre zwischen 1933 und 1945 kaum vorkommen und eingebettet sind in die Geschichte des ewigen Antisemitismus und in die jüdische Geschichte, als wäre 1933 bis 1945 jüdische Geschichte, das ist europäische und deutsche Geschichte. Das alles spielt keine Rolle bei unserer Ausstellung. Sie versucht vielmehr auf ein ganz paradoxes, groteskes Kapitel hinzuweisen, das aus dem Grunde, den ich vorher schon erwähnt habe, nicht im Vordergrund stand. Aber es gab auch noch einen anderen Grund. In Deutschland gab es wie in anderen Ländern auch eine jüdische Vertretung, von den Nazis installiert und beaufsichtigt. In Holland heißt das »Judenrat«, in Osteuropa heißt es auch »Judenrat«. In Deutschland hat es immer den etwas keimfreien Namen »Die Reichsvereinigung« oder »Die Reichsvertretung«. Noch nie hat ein Historiker gewagt zu sagen: »Diese Reichsvertretung mit dem prominenten, berühmten Rabbiner Leo Baeck an der Spitze, das ist ein Judenrat.« In der Literatur käme nie jemand auf den Gedanken, daß der Judenrat tatsächlich mit fortschreitender Zeit ein Erfüllungsorgan der Nationalsozialisten geworden ist. Damit soll niemand beschuldigt werden, und es nimmt Leo Baeck oder den anderen Vertretern der deutschen Juden kein Gramm von ihrer Würde und ihrem Ansehen. Aber darüber gibt es keine Arbeit. Es gibt nicht einmal eine Geschichte der Reichsvertretung, und das aus mehreren Gründen: Wegen des Berührungstabus und natürlich auch deshalb, weil die Akten zu einem großen Teil in den Archiven der ehemaligen DDR lagern und erst seit anderthalb Jahren zugänglich sind. Ich habe mich da drei Monate lang umgesehen und es gibt, wenn man die Dokumente der Verwaltungstätigkeit des Judenrates in Amsterdam anschaut und das, was die jüdischen Funktionäre in den letzten Jahren machen mußten, überhaupt keinen Unterschied. Das ist ein Grund mehr, warum die Geschichte dieses jüdischen Kulturbundes nie geschrieben wurde, der ja nicht nur eine großartige, sondern auch quantitativ eine große Organisation war. Ungefähr 70.000 bis 80.000 Juden waren als Abonnenten dort eingeschrieben. Das war ähnlich wie die Volksbühne eine organisierte Bewegung, das heißt, von den Mitgliedern finanziert. Und dieses Unternehmen war von Anfang an ein zwieschlächtiges Unternehmen.

Lovink: Kann man sagen, daß der Kulturbund Unterhaltung geboten hat und damit auch dieses Groteske, das du beschrieben hat, eine Rolle spielte?

Geisel: Grotesk ist es ja auch im Konzentrationslager. Grotesker kann man sich das gar nicht vorstellen, wenn in Theresienstadt das Verdi-Requiem aufgeführt wird und direkt nach der Aufführung die Sänger in den Zug gesteckt und nach Auschwitz verfrachtet werden, oder wenn in Westerbork ein Kabarett mit dem Titel »Leichen am laufenden Band« gespielt wird. Mel Brooks kann es nicht grotesker machen als es in dieser Wirklichkeit gewesen ist. Das war natürlich am Anfang, also 1933, nicht abzusehen. Es war wohl etwas zu sehen, aber wie man das sah, hing natürlich vom politischen oder gesellschaftlichen Standort ab. Ein Großteil der mittelständisch orientierten Juden, die das Theater gegründet haben, die alle zu den Theater- und Kulturinstitutionen in Berlin oder in Deutschland gehörten, waren erfahrene Leute.

Julius Bab zum Beispiel, der ein großer Theaterwissenschaftler und Kritiker war, oder auch die Dirigenten, die mitgewirkt haben, das sind alles Leute gewesen, die über lange Erfahrung verfügten oder noch eine große Karriere vor sich hatten. Also das waren keine Leute, die blind durch die Geschichte liefen, aber sie liefen, wenn man so will, auf *einem* Auge vielleicht doch blind durch die Gegenwart, weil sie zu einem großen Teil glaubten, es ließe sich so etwas wie ein Arrangement mit den Nazis treffen, so im Tenor: Die Nazis haben uns lange gequält, aber nach einigen Jahren werden sie einsehen, wir machen gute Kultur, wir sind gute Menschen. All das, was die »Jüdischen Lebenswelten« zu ihrem Thema machen, das haben diese Juden verzweifelt versucht, den anderen zu erklären. Sie sind nicht nur Menschen, sie sind vor allem Künstler. Aber das hat ihnen alles nichts genutzt. Von Tucholsky kam die Kritik, daß die Leute freiwillig ins Ghetto gehen und auch noch stolz darauf sind. Den Deutschen werden wir zeigen, was wir können. Einer der Hauptbeteiligten sagte: »Wir werden etwas machen, daß die Deutschen sich schämen müssen.« Die Illusionen, die in solchen Vorstellungen zum Ausdruck kamen, waren, muß man sagen, letztlich ausschlaggebend. Diejenigen, die politisch bewußt waren, sind 1933 aus ganz anderen Gründen aus Deutschland weggegangen, weil die Nazis auch einen Grund hatten, denn diese Juden haben den Nazis auch einen Grund gegeben, was gegen sie zu haben, während die anderen, die da geblieben sind und diese Kulturarbeit gemacht haben, natürlich dachten, es ließe sich – im schlimmsten Fall oder in der schlimmsten Illusion – so etwas wie ein jüdisches Staatstheater im Dritten Reich etablieren. Das haben tatsächlich manche geglaubt. Das ging über den Gedanken der Nothilfe hinaus, weil es darum ging, arbeitslos gewordene Schauspieler und Musiker zu beschäftigen, die ja sonst ein lebender Skandal auf der Straße gewesen wären. Das Ausland hätte sich gerührt und es wäre Empörung da gewesen, vielleicht sogar in der deutschen Öffentlichkeit, wo man auch nicht alles wußte, also über diesen Gedanken der unmittelbaren Nothilfe, mit dem man den Nazis sozusagen die Kosten abgenommen hat, nämlich die Kosten der Sozialfürsorge für diese Leute, dieser Gedanke hat sofort eine Art Ideologie hervorgebracht, es mit diesem Theater den Deutschen zu zeigen. Und diese Illusion hat sich als sehr tragischer Irrtum herausgestellt, als es nämlich schon viel zu spät war, nämlich nach 1938, als es nur noch darauf ankam, aus Deutschland wegzugehen und die nackte Haut zu retten, da wurde dieser Betrieb mehr und mehr eine gespenstische Institution, die von dem, was sich in den Lagern dann abgespielt hat, eigentlich nicht mehr sehr viel unterschied.

Lovink: Ich kann mir vorstellen, daß während der historischen Arbeit, als du mit diesen Leuten geredet hast und so viel Material aufgetaucht ist, diese Ambivalenz wieder hochkam. Haben viele, mit denen du gesprochen hast, noch im nachhinein geglaubt, sich dir gegenüber verteidigen zu müssen? Oder haben sie dieses Engagement verteidigt? Wie wichtig war das für sie?

Geisel: Sie mußten sich nicht verteidigen, weil ich sie auch nicht angegriffen habe.

Lovink: Nein, sie mußten sich nicht verteidigen, aber verspürten sie von sich aus den Wunsch?

Geisel: Das Interessante ist, daß das Meinungs- oder Einstellungsspektrum zu diesem Unternehmen von damals sich bis heute gehalten hat. Manche sagen Dinge, da bleibt einem erstmal der Mund offen stehen. Die sagen: »Das war die schönste Zeit meines Lebens«, wenn sie im Kulturbund gewesen sind. Da unterscheiden sie sich nicht von der Mehrheit der deutschen Bevölkerung im gleichen Alter, die aus guten Gründen sagen, die Nazizeit war die schönste Zeit ihres Lebens, denn anschließend ging es schließlich mit ihnen bergab. Aber diese Schauspieler oder die Musiker und anderen Beteiligten, die reflektieren sozusagen die ganze Bandbreite der Einstellungen, die man zu diesem Unternehmen damals haben konnte. Manche sagen, es war eine gute Sache, es war wichtig. Die anderen sagen, es war eine große Illusion von Anfang an. Und da frage ich natürlich zurück: »Ist das Ihre Einstellung von heute oder von damals?« – »Nein«, sagen sie, »mir war von Anfang klar, das ist eine Überbrückung. Ich bleibe hier nur solange, bis mein Affidavit kommt, bis ich mein Visum habe. Ich möchte weg. Es war für mich von vornherein klar, daß ich weggehe.« Und es gab auch wiederum andere, deren Verwandte aus Amerika geschrieben haben: »Was willst du in Amerika? Es gibt eine Depression in den Vereinigten Staaten. Bleibt da, du hast doch einen Job.« Da sagten sie: »Also bin ich geblieben, bis ich nach 1938 gemerkt habe, was los ist.« Mit den brennenden Synagogen sind auch ihre Illusionen verbrannt. Solange sind sie geblieben, leider war es für viele dann zu spät. Dann brach der Krieg aus. Selbst diejenigen, die nach Holland geflüchtet sind, die Holland auch nur als Durchgangsstation betrachtet haben und von dort auf ihr Affidavit gewartet haben, für die war es mit dem Einmarsch der Deutschen in Holland plötzlich aus. Und in Holland, das ist ein besonderer Appendix zu unserer Ausstellung und auch zu der ganzen Kulturbund-Geschichte, in Holland hat sich innerhalb eines einzigen Jahres die ganze Geschichte des jüdischen Kulturbundes wiederholt. Dort ist auf ein Jahr zusammengedrängt, was acht Jahre in Deutschland gedauert hat. Da war die Crème des deutschen Kabaretts versammelt, die größten

Unterhaltungskomiker aus Deutschland, teilweise auch Schauspieler aus dem jüdischen Kulturbund wie Max Ehrlich und der Komponist Willy Rosen oder Kurt Gerron, sie haben tatsächlich das alles noch mal als Reprise erlebt. Und es ist fast nicht zu verstehen, warum der Generalsekretär dieses jüdischen Kulturbundes, also der Manager, wie man heute sagen würde, der das alles aufgebaut hat, die Verwaltung geleitet hat, mit den Nazis die ganzen Verhandlungen geführt hat über jedes Stück, das zensiert wurde, der also diese unsägliche, entwürdigende Tätigkeit über Jahre hinweg gemacht hat, daß der in Holland tatsächlich genau dasselbe noch mal getan hat. Also das sind Dinge, die sind nicht leicht zu verstehen.

Lovink: Letzte Aufzeichnung, andere Ausstellung. In Berlin wurde jetzt die Wannsee-Villa eröffnet, wo Anfang 1942 auf der Wannsee-Konferenz alles anfing. Viele haben gesagt, daß erst sehr spät dort eine Erinnerungsstätte eröffnet wurde. Was hat sich da eigentlich im Vorfeld abgespielt?

Geisel: Die Vorgeschichte dieser Wannsee-Villa, wie sie heute ist, das ist ein Kapitel, in dem diese ganze deprimierende und schäbige Verhaltensweise der offiziellen Institutionen zur Frage der Dokumentation – nicht Aufarbeitung, das ist was anderes – der Nazi-Verbrechen zeigt. Dazu gehört ein Name, der sehr wichtig ist. Joseph Wulf, ein jüdischer Historiker in Berlin, der das gemacht hat, was die Deutschen hätten tun sollen. Er hat jahrzehntelang darauf gedrungen, es sollte eine Dokumentationsstelle in Berlin eingerichtet werden und zwar in dieser Wannsee-Villa, eine Dokumentationsstelle, in der alle verfügbaren Dokumente ähnlich wie in Amsterdam gesammelt und für die Öffentlichkeit zugänglich werden sollten. Es gibt einen zweiten Aspekt dieser schäbigen und beschämenden Verhaltensweise der offiziellen Politik in Deutschland. Das ist das Berlin-Document-Center, wo bis heute unter der Aufsicht der Vereinigten Staaten das gesamte Nazipartei-Archiv liegt, während sich die deutschen Behörden, also die Bundesregierung, sich weigert beziehungsweise es hinauszögert, daß das Archiv in deutsche Verwaltung übergeht, weil es dann Teil des Bundesarchivs würde, denn noch vor 15 Jahren wäre dann ganz offenkundig gewesen oder geworden, wo überall in den letzten 20 bis 30 Jahren alte Nazis in der Verwaltung und in Behörden saßen. Diese Vorgeschichte zur Wannsee-Villa ist deshalb so besonders grotesk, weil Joseph Wulf, als alle Bemühungen beim Berliner Senat nichts fruchteten, sich das Leben genommen hat. Er hat sich das Leben genommen, weil er gesehen hat, daß keiner sich für seine Arbeit interessiert. Seine Bücher sind damals Flops gewesen. Heute werden sie in Taschenbuch-Ausgaben nachgedruckt und werden sogar gekauft. Davon hat er nichts mehr. Damals ist er von Pontius zu Pilatus gelaufen, damit jemand sein Material nimmt, das er gesammelt hat. Er hatte mehrere Bücher herausgebracht, gut fundierte Quellenbücher, wie »Das Dritte Reich und seine Denker«, »Die bildenden Künste im Dritten Reich«, »Musik im Dritten Reich«, »Das Dritte Reich und seine Diener«, also wirklich Standardwerke, die jeder Geschichtsstudent oder jeder Lehrer oder wer auch immer sich dafür interessiert, hätte benutzen müssen, dieses Material, das bei ihm zuhause bergeweise rumlag, ist nie benutzt worden. Es ist jetzt auch nicht in der Wannsee-Villa, vielmehr wurde die Wannsee-Villa eröffnet, ohne daß bei dem Festakt und bei den Reden, die dort gehalten wurden, irgendein Wort über Joseph Wulf und seinen Vorschlag gefallen wäre. Die Schäbigkeit setzt sich noch fort im Gründungsakt, weil Joseph Wulf derjenige war, der 20 Jahre hier in Berlin tatsächlich hausieren gegangen ist. Und als er gemerkt hat, ein Jude bekniet die Deutschen: »Bitte beschäftigt euch mit meiner Geschichte«, denn er hat Auschwitz überlebt, »also bitte beschäftigt euch damit«, und es nichts brachte, da hat er sich das Leben genommen. Es war, auch wenn das jetzt das falsche Wort ist, »angebracht«. Stattdessen wurden die üblichen Sonntagsreden bei der Eröffnung der Gedenkstätte gehalten, die personell und finanziell ganz schwach ausgestattet ist und deren erste Publikation – und das ist wirklich ein Treppenwitz – eine Architekturgeschichte dieser Villa ist. Sie haben zwar mittlerweile zwei andere Bände hinterhergeschoben, aber das Gründungsdokument ist die Geschichte dieser Villa. Wen interessiert das? Warum ist das wichtig? Programmatisch hätte ein wichtiges Buch über die deutsche Geschichte am Anfang stehen müssen, stattdessen ein Architekturbuch.

Lovink: Was ist in dieser Villa zu sehen? Handelt es sich um eine Dauerausstellung?

Geisel: Es gibt eine Dauerausstellung, die auf einem Buch basiert, das der Direktor dieses Instituts Gerhard Schoenberner vor vielen Jahren geschrieben hat, eine sehr verdienstvolle Sache damals. Das Buch heißt »Der gelbe Stern«, das in mehrere Sprachen übersetzt worden ist, und wenn Sie so wollen, ein erster Anstoß war zur Auseinandersetzung mit den Nazis in Deutschland. Seit diesen 15 Jahren hat sich inzwischen einiges getan in der Auseinandersetzung mit dieser Geschichte und es sind einige Quellen zugänglich geworden, und Bildmaterial ist auch aufgetaucht. Das spielt leider in der Ausstellung keine große Rolle. Dort sind immer noch die Leichenberge zu sehen und die Bilder, die die Deutschen auch sehr lieben, weil die Opfer anonymisiert sind, weil die Namen der Täter nicht genannt werden. Es wäre heute doch angebracht, man könnte Globke zeigen als den Kommentator der Nürnberger Gesetze. Also solche Dinge spielen in der Ausstellung keine so große Rolle. Es ist eher eine der Ausstellungen, die in den 60er und frühen 70er Jahren gang und gäbe gewesen sind, wo der anonyme Verwaltungsmord noch mal dokumentiert ist.

1992

Cohn und Biedermann

Sie verabreden sich nicht vor dem Pergamonmuseum und nicht vor Schinkels Neuer Wache; sie treffen sich nicht am Gendarmenmarkt und auch nicht am Brandenburger Tor. Sie wollen in die Seitenstraße und den Nebenschauplatz entdecken. Sie sammeln sich vor einem S-Bahnhof, der seit der Wiedervereinigung der Stadt zum Treffpunkt für Touristen der neuen Art, zum Ausgangspunkt einer ganz eigenen Bedürfnisbefriedigung geworden ist. Nicht der »geilen Meile«, wie die Oranienburger Straße im Jargon der Szene heißt, streben sie zu; sie verspüren einen historischen Kitzel. Nicht dem betriebsamen Nachtleben gilt ihr Interesse, sie wollen die historischen Schattenseiten des Viertels abschreiten. Vom Hackeschen Markt aus machen sich regelmäßig und unter eindringlicher Unterweisung kleine Gruppen auf den Weg, um in der Umgebung »Auf den Spuren jüdischen Lebens« zu wandeln. Unter diesem Titel annoncieren Tageszeitungen und Programmzeitschriften die neuerdings so beliebten Veranstaltungen des flanierenden Geschichtsinteresses, das beim Gang durch die alten Straßen, Häuser und Hinterhöfe sozusagen en passant Grauen und Genre aufs trefflichste zusammenbringt.

An den in unmittelbarer Nähe des Hackeschen Marktes gelegenen Stätten, die von der einstigen Größe der Berliner Judenheit zeugen, geht der Schritt rasch vorbei. Das sind keine Spuren jüdischen Lebens, sondern eher Erinnerungszeichen für dessen Vernichtung. Friedhof und

Synagoge sind die Wegmarken für die kleine Betroffenheit zwischendurch, denn das Ziel der Vergangenheitsflaneure liegt im ehemaligen Scheunenviertel. Dort hatten einst die ostjüdischen Einwanderer Quartier bezogen, weil es hier die billigsten Wohnungen und die wenigsten Antisemiten gegeben hatte. Heute liegt dort das »Gelobte Land« für ein ganz anderes Bedürfnis. Die Spurensucher wollen, daß dort Milch und Honig zum Zwecke der Erbauung fließen. Sie haben genug von den Mendelssohns, den Einsteins und den Warburgs. Man will Geschichte von unten. Keine Nobelpreisträger, keine Künstler, keine Bankiers und keine Philanthropen, sondern deren jüdischen Vetter aus Dingsda: Tewje, den Milchmann aus der Grenadierstraße.

Doch die Spaziergänger kommen mit leeren Händen aus dem Scheunenviertel zurück. Nichts erinnert an das bunte Völkchen, zu welchem die armen Schlucker aus Galizien geworden sind im Verlauf der Verwandlung von Geschichte in Heimatkunde. Nicht der geringste Hinweis ist zu entdecken, mit dem sich das folkloristische Gegenbild des deutschen Blicks auf die Juden anreichern ließe. Die ansässige Szene kennt dieses Manko, und sie macht aus diesem Verlust eine doppelte Tugend. Kaum war die Mauer gefallen, da war eine Häuserwand des Viertels mit großen Fotos tapeziert, die ostjüdische Immigranten aus der Zwischenkriegszeit zeigten. Deren Geschichte bemächtigen sich nun die Bürgerinitiativen, die darum bangen, die instandbesetzten Häuser zu verlieren, womöglich noch an die Nachkommen oder Verwandten der einst verjagten Eigentümer.

Diese frivole Aneignung, deren profaner Zweck darin besteht, die historische Arisierung auf alternative Weise heute zu bekräftigen, hat freilich auch eine ebenso frivole Innenseite. Die »Betroffenen«, wie sie sich im Viertel gerne nennen, wenn alte Eigentümer auftauchen, fühlen sich nach der Wiedervereinigung als die Opfer des Westens, als die neuen Verdammten dieser Erde – eben als die Nachfahren der Ostjuden. Mit deren Schicksal wird die eigene Schäbigkeit erbaulich aufgeputzt.

Die zweite Art der Nothilfe bestand darin, die Abwesenheit jeglicher Erinnerungsspur durch die Imagination des jüdischen Viertels zu kompensieren. Von Anfang an gescheitert war der Versuch, ein putziges Remake des Ghettos ins Leben zu rufen. »Bald soll hier wie früher das Leben toben«, hieß es über das Wiederbelebungskonzept einer Bürgerinitiative, die das Viertel in ein für kaufkräftige Touristen gedachtes jüdisches Disneyland verwandeln wollte. »Die Stiftung hat bereits millionenschwere Gönner in Berlin, New York und Israel auf ihre Seite gebracht«, war in einer Berliner Zeitung über das phantasierte »Neue Zentrum jüdischer Kultur« zu lesen. Damit war nicht nur klargestellt, wer das ostjüdische Freilichtmuseum finanzieren sollte, sondern auch, daß dieser Stiftung keine müde Mark zufließen würde. Also besann man sich auf Kultur, um die abwesenden Juden geistig ins Reservat zurückzuholen, denn auch die Neuankömmlinge aus der zusammengebrochenen Sowjetunion zeigten wenig Neigung, bei der beabsichtigten Wiederaufführung des jüdischen Scheunenviertels mitzuwirken.

Jiddische Folklore in Wort, Ton und Bild hat nun bei der Szene Konjunktur. Unweit vom Hackeschen Markt, in der Rosenthaler Straße Nr. 36, logiert der ehemalige DDR-Verlag »Neues Leben«, das vermittels einer »Edition Scheunenviertel« ersatzweise nun literarisch aus den Ruinen blühen soll. Zu den ersten Veröffentlichungen, die dieses von der damals umtriebigen Commerzbank arisierte Wohnhaus verlassen haben, gehört die Neuauflage einer 1923, während der Hochzeit des völkischen

Antisemitismus erschienenen Schmonzette. In »Das Ghetto von Berlin« wird gejüdelt, daß sogar noch die erfahrensten Nachäffer jüdischer Witze dazulernen können. Da gibt es schmierige Devisenschieber, schachernde Mädchenhändler, wulstige Lippen, müheloses Einkommen, polnische Schlamperei, kurz: alles, was die grassierende Lust begehrt, auch andere als tribalistisches Kollektiv, als Stamm oder als Rasse wahrzunehmen. Angelegentlich dieser Wiederauflage lobt die Berliner *tageszeitung*: »Das Verdienst des Romans ist es, die Normalität jüdischen Lebens zu beschreiben.«

Die wirkliche Normalität jüdischen Lebens in Berlin war freilich nur insofern normal gewesen, als die heute folkloristisch bekräftigte Drohung, die Juden ins Ghetto zurückzuschicken, nie eigentlich zurückgenommen war. Gerade die kurze Geschichte des einträchtigen Miteinanders rund um den Hackeschen Markt zeigt, wie prekär diese Normalität in Wahrheit war. Am Beispiel der Hackeschen Höfe, einer Art Mikrokosmos der deutschen Gesellschaft in ihrer berlinisch-jüdischen Mischung, läßt sich ersehen, wie gefährdet diese Eintracht war, wie umstandslos diese Normalität zerstört werden konnte und wie leicht aus guten Nachbarn gute Nazis wurden.

Anders als die Vergangenheitssucher von heute kam Franz Biberkopf, der jämmerliche Held von Döblins »Alexanderplatz«, Ende der zwanziger Jahre zum Hackeschen Markt. Er hatte gerade einen Totschlag in Tegel abgesessen und raste nun, auf der Flucht vor sich selbst, durchs Viertel. »Er wanderte die Rosenthaler Straße am Warenhaus Tietz vorbei«, heißt es bei Döblin über die Ecke, an der Wertheim stand, »nach rechts bog er ein in die schmale Sophienstraße. Er dachte, diese Straße ist dunkel, wo es dunkel ist, wird es besser sein.« Dort begegnete ihm ein Jude, mit Kaftan und Bart. »Der Jude folgte ihm auf der Straße, nahm ihn beim Arm, zog ihn unter unendlichem Gespräch weiter, bis sie in die Gormannstraße einbogen, der Jude und der starkknochige Kerl im Sommermantel, der den Mund zusammenpreßte, als wenn er Galle spucken müßte.«

Am Hackeschen Markt hält sich Biberkopf nur kurz auf, die Hackeschen Höfe betritt er nicht, dort ist nicht sein Revier. Er läßt sich von einem Zeitungshändler am Hackeschen Markt schlüpfrige Broschüren aufschwatzen, handelt aber schließlich mit völkischen Zeitungen: »Er hat nichts gegen die Juden, aber er ist für Ordnung.« In der Folgezeit treibt er sich in den verrufenen Seitenstraßen des Viertels zwischen Alexanderplatz, Rosenthaler Tor und Hackeschem Markt herum. Wenn ihm Gesellschaft und Cognac aufhelfen sollen, dann geht er nicht in die Neumannschen Säle der Hackeschen Höfe, sondern in die Destillen des Distrikts, die »Alexanderquelle« oder »Mokkafix« heißen. Er zieht durch jene dem Hackeschen Markt zwar benachbarten, aber strikt davon geschiedenen Straßen, die, wie etwa in Manhattan, von Häuserblock zu Häuserblock eine andere Welt beherbergen, in diesem Fall eine Welt, von der es 1932 in einer nazistischen Kampfbroschüre heißt: »Die chicageske und moskowitische Invasion überschneiden sich sichtbar in der – *Unterwelt*.«

Auch diejenigen, die nicht nur drunten, sondern auch draußen waren, mieden das gediegene Ambiente am Hackeschen Markt. Für viele Ostjuden der Grenadierstraße war diese Gegend schon Exil. Joseph Roth schrieb in seinem Essay »Juden auf Wanderschaft« über die unmittelbare Nähe von ostjüdischem Scheunenviertel und Alexanderplatz: »Der Altkleiderhandel grenzt an Propaganda.« Die Nachbarschaft zum Hackeschen Markt war die Nähe zur bürgerlichen Solidität. Im Gewerbeensemble der Hackeschen Höfe und seiner unmittelbaren Umgebung fand die im nachhinein oftmals verklärte deutsch-jüdische Symbiose im Namen eines ihrer Akteure einen vollendeten Ausdruck: Gegenüber den Hackeschen Höfen wohnte ein Justizrat Dr. Cohn-Biedermann.

Wie die ostjüdische Vergangenheit und die galizische Gegenwart in jenes Geviert deutsch-jüdischer Bürgerlichkeit dennoch hineinwirkten, wie die Hackeschen Höfe als mittelständische Drehscheibe von Ost nach West fungierten, zeigen nicht nur die im Namen mancher Gewerbetreibender aufbewahrten Germanisierungslaunen preußischer oder österreichischer Offiziere: Bella Schornstein, Korsetthandlung, verzeichnet das Adreßbuch bis 1941. Ein Herr Pommeranzenbaum betrieb in den zwanziger Jahren eine Wachstuchtaschenfabrik. Sie hatten den Aufstieg bereits geschafft. Andere waren erst dabei, sich in der Hauptstadt zurechtzufinden und kamen vom Scheunenviertel herüber.

Schon 1906 war der junge Alexander Granach, nachdem er die wöchentlichen Einnahmen aus der Kasse einer Bäckerei in Lemberg entwendet hatte, in Berlin angekommen, um im Scheunenviertel als Bäckergeselle zu arbeiten (»... da gab es noch keinen Bülowplatz, keine Volksbühne ...«) und um mit anarchistischen Freunden eine Amateurtheatergruppe zu gründen, die von einem professionellen Schauspieler geleitet wurde und Stücke ostjüdischer Autoren spielte. Einige Jahre später, Granach war inzwischen der Star des Berliner Theaterlebens, fungierte er in der Rolle seines ehemaligen Mentors und nahm die Theatergruppe eines sozialistisch-zionistischen Kulturvereins unter seine Fittiche. »Er hatte die künstlerische Leitung unseres Studios für Laienspiel – wie wir es großspurig nannten – übernommen«, liest man in der Lebensbeschreibung des Fotografen Pisarek. »Es bestand aus sechs Mitgliedern, und ich war der jugendliche Liebhaber. Unser Probenraum lag in der Rosenthaler Straße 40-41 am Hackeschen Markt, hinten rechts auf einem der Fabrikhöfe.« Von einem ostjüdischen Restaurant im nämlichen Gebäudekomplex berichtet Pisarek ebenfalls: »Tagelang bin ich über Mittag ins Restaurant Krimolowski am Hackeschen Markt gegangen ... auf den Hof von Nummer 40-41, wo später das Kino ›Imperial‹ eingerichtet wurde ... Bei Krimolowski gab es meine heimatliche Küche.«

Damit die jüdischen Bewohner und Gewerbetreibenden der Hackeschen Höfe nicht vergessen sollten, wie möglicherweise vergeblich ihr mühevoller Aufstieg gewesen war, veranstaltete der Mob im November 1923 einen Pogrom im Scheunenviertel. Das lag nur einen Steinwurf weit entfernt. »Schlagt die Juden tot«, war damals der Schlachtruf, den man im Westen der Stadt schon gar nicht mehr gehört haben wollte. »Alle Nachrichten von Judenpogromen in Berlin und Deutschland sind frei erfunden«, lautete die offizielle Anweisung zur Imagepflege, die vom Wolffschen Telegrafenbüro in alle Welt gekabelt wurde.

Rund ein Viertel der Gewerbetreibenden und Kaufleute in den Hackeschen Höfen wurde 1929/30 im Jüdischen Adreßbuch verzeichnet. In der unmittelbaren Nachbarschaft sah es ähnlich aus, und folglich war die Gegend, in der zahlreiche jüdische Gemeindeeinrichtungen wie Synagoge, Schulen, Altersheim, Gemeindeverwaltungen beheimatet waren, auch von jüdischem Leben im Alltag geprägt. In einem gegenüberliegenden Haus hielt die Berliner Zionistische Vereinigung regelmäßig ihre Vereinsabende und ihre Gottesdienste ab. In den Hackeschen Höfen selbst unterhielt der Jüdische Frauenbund bis 1933 ein Mädchenwohnheim, an der Eingangstür das achteckige blaue Emailleschild mit den silbernen Initialen: J.F.B. So selbstverständlich, wie die Nachbarn Weihnachten einen Tannenbaum aufstellten, errichteten die Bewohnerinnen dieses Heims zum jährlichen Laubhüttenfest die dazugehörige Hütte in einem der Höfe.

Die zionistische Minderheit der deutschen Juden, aber auch der national orientierte »Reichsbund jüdischer Frontsoldaten« pflegten in der Umgebung ihr Vereinsleben. Die benachbarten Sophiensäle waren ein ebenso häufig gewählter Veranstaltungsort wie das Kino Babylon oder das Lehrervereinshaus am Alexanderplatz, wo im Juni 1933 eine »Feier der jüdischen Jugend« stattfand, bei der als Hauptgewinn einer Tombola eine Palästina-Reise winkte. Vermutlich kehrte der Gewinner wieder nach Berlin zurück.

Einige Schritte entfernt von den Hackeschen Höfen, in der Rosenthaler Straße 55, war die Zentralstelle einer neuen und gefährdeten Gruppe von Menschen eingerichtet worden: Der Verband der Staatenlosen hatte hier 1932 sein Büro. Im selben Haus war das Kontor der Volksbank »Ivriah«, der Bank der »jüdischen Selbsthilfe«, wo die zionistisch gesonnenen Juden Berlins ihren Schekel für den Palästinaaufbau entrichten konnten.

1932 war das Jahr, in dem in der *Jüdischen Rundschau* noch Heirats- und Verlobungsanzeigen erschienen, deren Platz wenige Jahre später von Auswanderungsgesuchen eingenommen wurde. Chanukka 5693, Ende 1932, gaben Eva Birnbaum und Paul Apfelbaum ihre Verlobung bekannt, und Bekannte und Verwandte grüßten das junge Paar: An ihren Früchten sollt ihr sie erkennen.

Doch 1932 erschien auch die Kritik nach einem »Gastspiel des weltberühmten Tenors Maurice Schwartz« im Kino Babylon, in der es hieß: »Und dann kommt er. Nervös, mit geröteten Augen, fremd im Frack und fremd in der Naziluft da draußen ... Feine Kabinettkunst, Kammermusik aus der ›Wilnaer Gasse‹ und aus der Grenadierstraße.« Gastgeber des Direktors vom jüdischen Künstlertheater New York war Alexander Granach. Einige Monate später mußte Granach Deutschland verlassen.

Anfang 1933 fand in der »Ostjüdischen Tee- und Lesehalle« in der Rosenthaler Straße 55 ein Vortrag statt. Ein Dr. Taubes referierte über das Thema: »Was versteht man unter Kultur?« Vier Wochen später erschien in der *Jüdischen Rundschau*, die diesen Vortrag annonciert hatte, die Antwort auf diese Frage: »In der Buchhandlung Gonzer, Berlin, Oranienburger Straße, wurden in der Nacht vom 7. zum 8. Februar zum zweiten Male die Schaufenster eingeschlagen, die Bücher auf die Straße geworfen und zum Teil zerrissen. Die Täter ließen folgenden Zettel zurück: ›Heil Hitler! Juda verrecke!‹« Wie wenig die Redaktion glauben wollte, was da in Deutschland geschah, kam in der empörten Verwunderung zum Ausdruck: »Ist der Reichskanzler einverstanden, daß sein Name für ein derartiges Bubenstück in Anspruch genommen wird?«

Ende 1933 erschienen in der *Jüdischen Rundschau* erstmals Anzeigen von Filmtheatern. Vermutlich gehörten die inserierenden Kinos alle zur Fortuna-Betriebsgesellschaft, deren einer Geschäftsführer Heinrich Isaac hieß. Sein Kompagnon Franz Wieninger war bald der glückliche Alleinbetreiber der Kinokette, zu dem auch das »Imperial« in den Hackeschen Höfen und das draußen am Platz gelegene »Bio« gehörten. Heinrich Isaac sorgte dafür, daß im Kinosaal gelegentlich Matineen der Berliner Zionistischen Vereinigung stattfinden konnten, denn die Anmietung städtischer Veranstaltungsorte wurde Juden bald verboten. »Zwei im Sonnenschein« mit Charlotte Ander und Victor de Kowa kündigte das »Imperial« Anfang 1934 an mit dem ausdrücklichen Verweis auf das »große Beiprogramm«.

Ein Beiprogramm besonderer Art gab es im Spätsommer 1934, nach dem Tod Hindenburgs. Die beiden Chefs des »Imperial« wurden angewiesen, das Programm gegebenenfalls zu unterbrechen, um einen Propagandafilm abzuspielen. Hitler wollte sich am 19. August 1934 in einer Volksabstimmung die Übernahme des Reichspräsidentenamtes und des Oberbefehls über die Reichswehr bestätigen lassen: »Dieser Abstimmungsfilm«, so lautete das Schreiben an das Kino »Imperial«, »muß ab Sonntag, den 12. August d. J. auf Anordnung der Reichspropagandaleitung der NSDAP in allen Lichtspielhäusern und in jeder Vorstellung vorgeführt werden. Der Film ist ›staatspolitisch wertvoll‹ ... Wir bitten ... dadurch beizutragen, daß die Abstimmung zur gewaltigen Vertrauenskundgebung des deutschen Volkes für den Führer ausgestaltet wird.« Da sich das »Imperial« die Kopie des Propagandafilms mit drei anderen Kinos in der Nähe teilen, dieser aber bei jeder Vorstellung gezeigt werden mußte, kam es eine Woche lang regelmäßig zu Unterbrechungen des Hauptfilms.

Noch zwei größere jüdische Veranstaltungen konnten, solange Isaac Geschäftsführer des Kinos war, in den Hackeschen Höfen stattfinden. Ende 1935 fand eine »Öffentliche Kundgebung« des Verbandes der polnischen Juden in Berlin statt, »zu der weit über 1000 Besucher erschienen waren. Wegen Überfüllung des Saales konnten viele Hunderte keinen Einlaß mehr finden« (*Jüdische Rundschau*, 26.11.35). Gerade waren die Verordnungen zu den berüchtigten Nürnberger Gesetzen erlassen worden. Und wenige Tage, nachdem das Kino »Imperial« den jugendfreien Spielfilm »Soldaten, Kameraden« ins Programm genommen hatte, nutzte die Zionistische Vereinigung den Kinosaal für eine demonstrative Protestversammlung gegen die arabischen Unruhen in Palästina, die 1936 den Bestand der jüdischen Siedlungen gefährdeten. »Die Ereignisse in Palästina – Unsere Antwort« war die gleichfalls überfüllte Veranstaltung überschrieben.

Auf die Ereignisse in Deutschland gab es nur noch eine Antwort: Rette sich, wer kann. Einige der jüdischen Bewohner in den Hackeschen Höfen verließen den Gewerbehof bald. Auch die Umgebung wurde anders. Anwälte in der Rosenthaler Straße waren nun nicht mehr als Notare im Adreßbuch verzeichnet, die Namen der Hausbesitzer wechselten auffällig. Wo Wertheim war, saß nun die Arisierungsgewinnlerin »Awag«, die Allgemeine Warenhandelsgesellschaft. Im Haus direkt gegenüber von den Hackeschen Höfen hieß nun der Besitzer nicht mehr Oppenheimer, sondern er trug den zweifelsfreien Namen Löhr.

Das Adreßbuch von 1941 verzeichnet, wie ein Fahndungsprotokoll, noch acht jüdische Mieter in den Hackeschen Höfen, indem es ihnen die Zwangsnamen Sara und Israel verpaßt. Im ganzen Adreßbuch sind diese Namen die einzigen, die ausgeschrieben werden. Ein Jahr später ist kein jüdischer Mieter mehr zu finden. Die Deportationen der Berliner Juden haben bereits eingesetzt, und die Bewohner der Hackeschen Höfe können aus den Rückfenstern zusehen, wie die Juden ins Sammellager in der Großen Hamburger Straße getrieben werden. Es gibt keine Offenbergs, keine Wallersteins, Jacobis oder Blumenthals mehr. Der kaufmännische Angestellte Wuttke bleibt. Der Kaufmann Marcus muß weg, eine Wohnung wird frei für Dr. phil. Habetin, Beruf Schriftsteller.

1993

Zur Vorgeschichte der Bücherverbrennung

1.

Drei Jahre nach einer flammenden Protestveranstaltung deutscher Studenten schrieb Heinrich Heine 1820 im ersten Akt seines Trauerspiels »Almansor«:

> »Das war ein Vorspiel nur, dort wo man Bücher
> Verbrennt, verbrennt man am Ende auch Menschen.«

Heine hinterließ mit diesen beiden Zeilen keine poetischen Verse, sondern eine futurologische Prognose. Was auf das Vorspiel folgte, weiß man inzwischen, denn wir kennen das Ende.

Wäre also, wenn man von der organisierten Zerstörung und Vernichtung sprechen muß, von Büchern nicht zuallerletzt zu reden? Denn nicht die Kultur, wie es die feuilletonistische Sicht auf die Politik der verbrannten Erde und der vergasten Menschen will, wurde ermordet, sondern deren lebendige Voraussetzungen. Die Beschäftigung mit Literatur oder gar mit dem Los einzelner Literaten scheint angesichts der vollendeten Barbarei daher bloß frivol zu sein. In der beliebten und dem antijüdischen Ressentiment verwandten Auflistung verbotener, vertriebener oder ermordeter Schriftsteller, im Gerede von der Austreibung des Geistes liegt diese Frivolität offen zutage: der Terror des Nationalsozialismus sei deshalb so schlimm, weil er die Verdienstvollen getroffen habe. Und noch im gegenwärtigen Bündnis von Mob und Elite lebt diese Ansicht als rassistische Maxime fort: ein tragisches Schicksal wie das des Schriftstellers Walter Benjamin dürfe sich nicht wiederholen, erklärte vor einiger Zeit ein Sprecher der Bundesregierung. Damit wies er gleichzeitig alle Welt darauf hin, daß, falls sie benötigten es, 99 Prozent aller Deutschen eigentlich nirgendwo auf der Welt Asyl bekommen dürften.

In der selektierenden Erinnerung, mit der etwa die großen Autoren beschworen werden, ist kein Platz für die Namenlosen; und die regelmäßig bekundete Trauer über die verjagte oder ermordete Intelligenz wird mit gleicher Regelmäßigkeit zu einer Kundgebung des Selbstmitleids, bei der die Deutschen sich als Opfer Hitlers betrachten, nämlich als kulturell von ihm zur Ader gelassene und nun schutzlos der – neuen – Überfremdung preisgegebene Nation.

Die Klage über den Kulturverlust ist jedoch hoffnungslos unbegründet. Man redet dabei von Kultur im Gegensatz zur Barbarei, als sei jene nicht schon längst in dieser aufgegangen. Denn es gab keine zwei Reiche im Dritten. Der berüchtigte und bei hohen Funktionären beliebte Satz des Nazi-Schriftstellers Hans Johst – »Wenn ich das Wort Kultur höre, entsichere ich meinen Browning« – wird bis heute vorsätzlich mißverstanden als Siegesmeldung der Borniertheit über die Bildung, als Auskunft über einen unversöhnlichen Gegensatz. Friedlich vereinbart lebten diese beiden angeblich feindlichen Welten, für welche die Ortsnamen Weimar und Buchenwald stehen, in Gestalt von zahllosen SS-Kadern, die nach dem Streß der Vernichtungsarbeit Entspannung bei klassischer Musik suchten, ins Theater gingen oder selbst

Verse schrieben, um sich erhebende Gefühle zu verschaffen. Die friedliche Koexistenz von Goethe und Gaskammer war freilich keine in einzelnen Monstern verkörperte faustische Marotte, sondern nur extremer Ausdruck dieser ersten wirklich bürgernahen Form moderner Herrschaft. Zu ihren charakteristischen Betriebsmomenten gehörte das Ineinander von Kultur und Terror. Die Naziauskunft über Kultur und Revolver bezeichnet daher keinen schroffen Gegensatz von hohen Werten und niederen Instinkten, sondern die beiden Seiten einer sich ergänzenden Einheit. Nichts fiel dem Führerstaat leichter als zu demonstrieren, wie beschränkt die zeitgenössische Kritik war, die den Nazis fehlende Manieren und primitives Kulturleben vorwarf. Es gab prunkvolle Wagner-Opern, Gründgens-Inszenierungen oder hochkarätige philharmonische Konzerte, Beethovens Neunte etwa: »Alle Menschen werden Brüder« ließen sich die Angehörigen der Einsatzkommandos vorsingen, und es dirigierte Wilhelm Furtwängler.

Kultur hieß zwar immer auch Herrschaft, sie ging aber nie restlos darin auf. Doch seit jener störungsfreien Liaison von Kunst und Konzentrationslager, seit der organisierten Verschränkung von Kultur und Grauen, die in Kultur *als* Grauen mündete, ist die Kultur irreparabel beschädigt; jede Verteidigungsrede auf sie wird zur Lüge, jede Klage über den Kulturverlust zum Schwindel.

Jede Erinnerung heute an die Bücherverbrennung hat daher das von Heine bloß befürchtete, von den Deutschen aber verwirklichte Ende mitzudenken.

2.

Von heute aus gesehen ist die Bücherverbrennung nur ein Glied in einer Kette flammender Anschläge. Die Brandspur zieht sich vom Reichstagsbrand über die Scheiterhaufen vor den Universitäten und die in Schutt und Asche gelegten Synagogen bis zum europäischen Flächenbrand, den die Nazis entfachten, und der schließlich bis zur Selbstvernichtung geschürt wurde. Die »Aktion wider den undeutschen Geist«, wie die Bücherverbrennung im nazistischen Jargon genannt wurde, gehört der Frühphase des Nationalsozialismus an, der Phase der Machtergreifung, die sich sukzessiv vollzog und im Sommer 1933 abgeschlossen war. Entgegen einem weitverbreiteten Mißverständnis ist der 30. Januar nicht das Datum einer gar putschistischen Machtübernahme durch die Nazis, sondern das Datum einer legalen Regierungsübergabe. Die Nazis regierten nun, aber sie herrschten noch nicht. Die Machtübernahme begann am 30. Januar 1933 und vollzog sich in einzelnen, nachfolgend skizzierten Schritten.

Gleich nach dem 30. Januar begannen die Nazis mit dem Wahlkampf für die Neuwahl des Reichstags, die für den 5. März angesetzt war. Die NSDAP, der jetzt staatliche Hilfsmittel zur Verfügung standen, behinderte, verbot oder terrorisierte die Aktionen der anderen Parteien. Straßenkämpfe und Saalschlachten kosteten viele Tote.

Am 27. Februar brannte der Reichstag. Die offizielle Version, die Kommunisten hätten den Brand gelegt, war eine propagandistische Lüge. Mit ihr begründeten die Nazis die dem Reichspräsidenten vorgelegte und schon am 28. Februar erlassene Notverordnung »zum Schutz von Volk und Staat«, mit welcher die wichtigsten Grundrechte der Weimarer Verfassung »bis auf weiteres« außer

Kraft gesetzt wurden. Diese Verordnung wurde bis 1945 nicht aufgehoben und bald nicht nur gegen Kommunisten, sondern gegen alle Gegner des Nationalsozialismus angewandt. Auf »legalem« Weg war damit der Rechtsstaat abgeschafft und der Ausnahmezustand als verfassungsmäßiger Normalzustand hergestellt.

Das Ergebnis der Wahl vom 5. März, ein knapper Erfolg der Regierungsparteien, wurde von den Nazis, die 43,9 Prozent erhielten, als grandioser Sieg gefeiert. Mit dem »Tag von Potsdam«, der Referenz der Nazis vor den Vertretern und Symbolen des preußischen Staates, wurde am 21. März 1933 – ohne Kommunisten und Sozialdemokraten – der neue Reichstag eröffnet. Zwei Tage später, bei dessen erster Sitzung, fehlten die Kommunisten wiederum. Ihre Abgeordneten waren verhaftet und ihnen die Parlamentssitze aberkannt worden. Auch mehrere SPD-Abgeordnete befanden sich bereits in Haft. Auf der Tagesordnung stand das »Gesetz zur Behebung der Not von Volk und Staat«, das Ermächtigungsgesetz. Es wurde mit 441 Stimmen der NSDAP, der Deutschnationalen Volkspartei, des Zentrums und der kleineren Mittelparteien gegen die 94 Stimmen der SPD angenommen. Damit machte der Reichstag sich selbst überflüssig. Die Trennung von gesetzgebender und exekutiver Gewalt war aufgehoben. Nur noch ein verschwindend kleiner Teil der Gesetze, nämlich sieben, wurden noch durch den Reichstag verabschiedet, hunderte dagegen durch die Regierung. Wenige Tage nach Regierungsantritt erließ die Regierung mehrere Verordnungen, die die Presse- und Versammlungsfreiheit einschränkten, um die politische Opposition zu behindern und auszuschalten. Nach der Wahl vom 5. März verschärfte sich der Terror gegen wirkliche und angebliche Gegner. Auch Juden wurden aus ihren Stellungen entfernt, verfolgt, mißhandelt, erschlagen oder ohne jegliches Gerichtsverfahren in »Schutzhaft« genommen.

Am 1. April 1933 rief die Parteileitung der NSDAP zu einem reichsweiten Boykott jüdischer Geschäfte, Ärzte und Rechtsanwälte auf. Diese pogromartige Aktion, mit der die antisemitischen Rachegelüste der SA befriedigt werden sollten, wurde in der Folgezeit auf dem Verwaltungswege kalt fortgesetzt.

Juden, Sozialdemokraten und Kommunisten, aber auch private Feinde von NS-Funktionären wurden in »wilden KZ«, in »Bunkern«, meist Kellerräumen von SA-Lokalen eingesperrt, mißhandelt und erschlagen. Weil diese Räume bald nicht mehr ausreichten und die SA nicht daran dachte, ihre Gefangenen der Polizei oder den Gerichten zu übergeben, wurden »ordentliche« Konzentrationslager eingerichtet. Im April 1933 wurden allein in Preußen etwa 30.000 Personen willkürlich festgehalten. Nachdem die Parteien durch den Terror und das Ermächtigungsgesetz weitgehend ausgeschaltet waren, verblieben als einzige nichtnationalsozialistischen Organisationen die Gewerkschaften. Mit der Umwandlung des 1. Mai, des alten Kampf- und Feiertags der Arbeiterbewegung zum »Tag der nationalen Arbeit«, wurde die Gewerkschaftsbewegung ohne nennenswerten Widerstand verstaatlicht. Unmittelbar darauf, am 2. Mai, besetzte die SA die Gewerkschaftshäuser in ganz Deutschland. Die Gewerkschaftsfunktionäre wurden verhaftet und ins KZ eingeliefert, die Verbände aufgelöst.

Der nächste Schritt war die Auflösung und das Verbot politischer Parteien außerhalb der NSDAP. Mitte Juli 1933 gab es als »einzige politische Partei in Deutschland« nur noch die NSDAP, und im *Völkischen Beobachter* erklärte Hitler am Monatsende: »Die Revolution ist kein permanenter Zustand, sie darf sich nicht zu einem

Dauerzustand ausbilden. Man muß den frei gewordenen Strom der Revolution in das sichere Bett der Evolution hinüberleiten.«

Zu den Maßnahmen, die für die Machtergreifung und -sicherung ebenso wichtig waren wie die gewaltsame Ausschaltung jeglicher Opposition, gehörten die »Revolution auf dem Verwaltungswege« und die Verstaatlichung der Öffentlichkeit. Das wichtigste und dabei äußerlich legale Mittel war die sogenannte »Gleichschaltung«. Ende März und Anfang April wurden die Einzelländer mit dem Reich gesetzlich gleichgeschaltet, das heißt, sie wurden als selbständige politische Körperschaften beseitigt.

Das wichtigste innenpolitische Instrument war die Polizei, besonders die politische Polizei, welcher der erste Zugriff der Nationalsozialisten galt. Mit der Schaffung der reichseinheitlichen »Geheimen Staatspolizei« war neben dem Einheitsstaat und dem Einparteienstaat die dritte Säule nationalsozialistischer Herrschaft etabliert.

In der staatlichen Verwaltung legalisierte das »Gesetz zur Wiederherstellung des Berufsbeamtentums« vom 7. April 1933 die bisher willkürlich gehandhabte Entlassung von Beamten und anderen öffentlichen Bediensteten. Der im Gesetz enthaltene »Arierparagraph« sah die Entlassung jüdischer Beamter vor. Unter Anwendung dieses Paragraphen wurden in der Folgezeit Tausende von Juden aus dem öffentlichen Dienst entfernt, darunter auch alle jüdischen Künstler, technischen und wissenschaftlichen Mitarbeiter, die an staatlichen oder städtischen Bühnen, Orchestern oder Museen beschäftigt waren. Dieser Beutezug ging einher mit dem Angriff auf die Unabhängigkeit des geistigen Lebens, auf die publizistischen und wissenschaftlichen Institutionen der Öffentlichkeit, auf die Presse und die Universitäten, die schrittweise staatlicher Kontrolle, vor allem dem seit März unter der Führung von Goebbels eingerichteten Propagandaministerium, unterstellt wurden.

Die Bücherverbrennung vom 10. Mai war, ähnlich wie die antijüdische Boykottaktion vom April, nur der spektakuläre Auftakt zu einer bürokratischen Zensur- und Indizierungspraxis des Nationalsozialismus.

3.

In der schrittweisen Abfolge der Machtergreifung spielt die Bücherverbrennung eine eher untergeordnete Rolle, denn die Gleichschaltung an den Hochschulen war – zumindest auf studentischer Seite – längst vollzogen. Die Weimarer Republik hatte bei der Studentenschaft nie eine Chance besessen, und schon 1931 wurde ein NS-Funktionär zum Vorsitzenden der Deutschen Studentenschaft gewählt. Schon zwei Jahre vor Hitler verlangte der Vorstand die Umgestaltung des Studentenverbandes nach dem »Führerprinzip«. Unter diesen Voraussetzungen bedurfte es keines gewaltsamen Eingriffs zur Gleichschaltung des Hochschulwesens. Die meist konservative Professorenschaft zog größtenteils freiwillig selbst nach. Zu Hitler fiel ihnen, wie Hannah Arendt einmal bemerkte, erstaunlich viel ein. Andererseits wurde keine Empörung über die Einschränkung der akademischen Freiheit laut, kein Protest gegen die Entlassung jüdischer Dozenten wurde geäußert, und keine juristische Fakultät protestierte gegen die offenkundigen Verfassungsbrüche.

Der »Aktion wider den undeutschen Geist«, propagandistisch als »Volkszorn« ausgegeben, fehlte jedes spontane Moment. Sie war dem antijüdischen Boykott bis in Einzelheiten nachgebildet und von der Studentenschaft und Rosenbergs »Kampfbund für deutsche Kultur« planmäßig mit »Schwarzen Listen«, Sammelstellen, Rundschreiben und Zeitungsartikeln planmäßig vorbereitet, ohne Anleitung durch die NSDAP oder das Propagandaministerium. Es handelte sich um keine Aktion des Mobs, sondern um ein diszipliniertes Schauspiel, dessen Protagonisten dem bildungsbürgerlichen Milieu entstammten.

Der für die Verbrennung der verfemten Literatur ausgewählte Ort lag in unmittelbarer Nachbarschaft zum geistigen Zentrum der Stadt. Und nur bei Strafe der Verharmlosung kann Erinnerung heute diese Nähe unterschlagen.

4.

Das entscheidend Neue am Nationalsozialismus ist dessen Vorsatz, mit den technischen und politischen Mitteln des 20. Jahrhunderts jede beliebige Wahnvorstellung wahr zu machen. Die Wahnvorstellungen selbst waren nichts Neues. Sie waren so wenig originell wie alle anderen ideologischen Versatzstücke des Nationalsozialismus. Auch die Bücherverbrennung war nur die propagandistisch inszenierte Neuauflage eines alten völkischen Rituals, das seinerseits wiederum die säkularisierte Fortsetzung des Autodafés der Inquisition darstellte. In Deutschland kann man den Übergang vom religiösen zum politischen Exorzismus mit Feuer und Flamme anhand der Wandlung des Reformators Luther zum Antisemiten ziemlich genau datieren. In keiner der nachfolgenden Bücherverbrennungen in Deutschland fehlt deshalb der Hinweis auf Luther. In seiner 1543 veröffentlichten Schrift »Von den Juden und ihren Lügen« hieß es, man solle die Synagogen verbrennen und noch »höllisches

Feuer hineinwerfen, damit Gott unseren Ernst und alle Welt solches Exempel sehe.«

Der Göttinger Dichterbund, ein Zusammenschluß schwärmerischer Poeten der Sturm- und Drangperiode, feierte 1773 den 49. Geburtstag des Dichters Klopstock mit einer Bücherverbrennung. Bei dem feierlichen Akt stieß man auf Hermann des Cheruskers und Luthers Andenken an, hielt Reden über die Freiheit und über Deutschland und verbrannte zum Abschluß das Bildnis und einen Roman des Schriftstellers Christoph Martin Wieland. Wieland galt in den Augen der »teutschen Jünglinge« als »Verderber der Sitten« und als undeutscher, den französischen Geschmack repräsentierender Literat.

Wenige Jahrzehnte später kam es im Oktober 1817 zu einem spektakulären Autodafé auf der Wartburg. Die nationalgesinnten Burschenschaften, die sich an den Universitäten nach dem Sturz Napoleons konstituierten, sahen die Ideen der Aufklärung als welsch und dem deutschen Geist unzuträglich an. Etwa 500 meist protestantische Studenten inszenierten anläßlich des vierten Jahrestags der Schlacht von Leipzig und gleichzeitig der 300-jährigen Wiederkehr von Luthers Thesenanschlag eine Bücherverbrennung mißliebiger Autoren, welche ausdrücklich die Verbrennung der päpstlichen Bannbulle durch Luther nachahmen sollte. Unter den Schriften, die die deutschtümelnden Studenten ins Feuer warfen, gehörte neben dem Code Napoleon, auch ein Werk des Berliner jüdischen Schriftstellers Saul Ascher mit dem Titel »Germanomanie«. In dieser Schrift hatte Ascher den Philosophen Fichte wegen dessen Judenhass scharf kritisiert und den romantischen Deutschtumswahn und Überwertigkeitsdünkel der Burschenschaften verspottet. Mit einer wütenden antisemitischen Vernichtungsdrohung wurde Aschers Schrift den Flammen übergeben:

»Wehe über die Juden, so sie festhalten an ihrem Judentum und wollen über unser Volkstum und Deutschtum schmähen und spotten.« Mit diesem Ritual, auf welches Heines Diktum gemünzt war, waren die Feuersprüche der Bücherverbrennung von 1933 vorgebildet: »Gegen volksfremden Journalismus demokratisch-jüdischer Prägung ... Gegen Frechheit und Anmaßung, für Achtung und Ehrfurcht vor dem unsterblichen deutschen Volksgeist!«

Im Ausland wurde die mit modernen Aktions- und Agitationsformen inszenierte Bücherverbrennung in Berlin, ähnlich wie die beginnende Verfolgung der Juden als bloß archaischer Spuk verstanden: »Das Mittelalter ist lebendig.« Nur wenige Kommentatoren begriffen, daß hier die Barbarei nicht gegen die, sondern mit der Zivilisation aufstand, daß die Verbrennung der Autoren in effigie nicht bloß eine symbolische Ermordung war, sondern daß das Feuer von Berlin den Beginn einer neuen Ära beleuchtete: Vernichtung als Zweck schien zum ersten Mal auf.

Nachgeahmt wurde das nazistische Spektakel im August 1936 in Athen. Dort fand eine nächtliche Verbrennung von marxistischen Schriften vor der Universität statt anläßlich der Ausrufung der Diktatur und des Kriegsrechts in Griechenland. Und in Salzburg wurde, wenige Wochen nach dem »Anschluß« auf dem Residenzplatz eine »öffentliche Verbrennung von Büchern jüdischen und klerikalen Inhalts« veranstaltet.

Selbst in der Bundesrepublik. wo der wahnhafte Gedanke an die reinigende Kraft des Feuers gegenwärtig auf mörderische Weise in Brandanschlägen und auf milde Weise in Lichterketten fortlebt, kam es zu einer Bücherverbrennung, die meist schamhaft verschwiegen wird. Mitte der 60er Jahre wurden am Rheinufer in Nordrhein-Westfalen Romane von Grass und Böll verbrannt.

5.

Das Vergangene ist nicht vergangen. Diese störende Auskunft, die täglich erneut ins Gedächtnis gerufen wird, liegt am Grunde jeder Erinnerung heute. Wenn es dabei heißt, man solle den Anfängen wehren, so ist zu bedenken, daß es sich nicht mehr um Anfänge handelt. Die liegen ein gutes halbes Jahrhundert zurück. Wie angesichts flammenden Hasses und gutgemeinter Kerzenbeleuchtung daher eine den Ort, die Tat und die Täter bezeichnende mahnende Erinnerung gestaltet werden soll, ist nicht nur ein ästhetisches Problem. Fraglich jedenfalls ist, ob die bislang in der Auseinandersetzung mit der jüngeren deutschen Vergangenheit vorherrschende Tendenz noch fortgeführt werden kann, das Ausmaß der dauerhaften Beschädigung dadurch zu begreifen, daß man eine zerstörte Kultur beschwört. Erst als Deutschland so aussah wie die abgebrannten Synagogen, begriffen viele, wohin eine Politik führt, die sie als Biedermänner mit Beifall bedachten, ehe sie selbst zum Brandstifter wurden. Vielleicht ist es an der Zeit, mit der Erinnerung vom Ende her zu denken.

1993

Käthe Kruse gegen Walt Disney

Die Errichtung von Holocaust-Museen in den USA war von einer über zehnjährigen Kontroverse begleitet, neben der sich der deutsche »Historikerstreit« ausnahm wie ein dröges Oberseminar. Von jener Debatte ist in Deutschland so gut wie nichts bekannt geworden, allenfalls die aus dem Amerikanischen ins Ressentiment übersetzten Zweifel jüdischer Kritiker. Wenn jüdische Autoren oder Repräsentanten in den USA über die Frage stritten, wie der Opfer des Massenmordes gedacht werden könnte, dann taten sie dies nicht als Seelsorger der Täter, die gelegentlich dann doch aus erster Hand getröstet wurden mit der Auskunft, das Washingtoner Museum sei ein antideutsches Denkmal: »Deutschland sollte nicht der Kollektivbeschuldigung ausgesetzt werden und als ewiger Schurke sozusagen, in Stein gehauen, in Granit gemeißelt und in Holz geschnitzt, für alle Zeiten präsentiert werden«, schrieb Pinchas Lapide in der *Welt* vom 26. Mai 1993. Damit hatte er sich ein Lob der Redaktion verdient, die ihm Besserungsfähigkeit bescheinigte: »Pinchas Lapide (70), jüdischer Religionsphilosoph in Frankfurt/M. ... bemüht sich um einen christlich-jüdischen Dialog.«

Wie fortgeschritten diese Bemühungen auf christlicher Seite bereits waren, und in welcher Form die Bedenken jüdischer Autoren in den USA ins Deutsche übertragen wurden, zeigten die Äußerungen des CDU-Hofpredigers Basilius Streithofen, der Anfang des Jahres stellvertretend für seine Herde blökte, »daß einmal Schluß mit der Vergangenheitsbewältigung sein muß« und »daß die Juden die deutschen Steuerzahler ausbeuten«. Letzteres war die deutsche Übersetzung des in der amerikanisch-jüdischen Debatte heftig umstrittenen Einwandes, die Musealisierung des Massenmordes, die Errichtung von Gedenkstätten und Mahnmalen sei Ausdruck des Bedürfnisses, der eigenen geistigen Obdachlosigkeit durch eine Art spirituellen Vernichtungsgewinn abzuhelfen. Im Land der wirklichen Vernichtungsgewinnler wurde diese Kritik auf die Formel von der finanziellen und moralischen Erpressung eingedeutscht.

Während die amerikanischen Juden in dieser Debatte über ihre eigene Gegenwart diskutierten, waren die Deutschen von einem historischen Selbstzweifel ergriffen. Sie konnten sich trotz der »Einzigartigkeit«, die sie ihrer jüngeren Geschichte schließlich attestierten, immer noch nicht entscheiden, ob sie damals Täter oder Opfer oder ein bißchen beides gewesen waren. Noch in einem überaus wohlwollenden Bericht der *Süddeutschen Zeitung* über die Eröffnung des »Holocaust Memorial Museum« in Washington hieß es: »Natürlich (!) wird der Völkermord als ein Werk der unter die Nazis gefallenen Deutschen gezeichnet – nichts anderes war er«. Ebenso natürlich hatte Lea Rosh gedacht, daß der Massenmord keineswegs das Werk der mit den Nazis zusammengefallenen Deutschen gewesen war, sondern »daß uns die Alliierten von Adolf Hitler und den Nazis befreit haben«. (»Wegen unserer Kriegsschuld« plädierte sie dann für den Einsatz der Bundeswehr in Bosnien: »Gerade weil wir dort soviel Unheil angerichtet haben, wäre es eine wunderbare Umkehrung der Rollen.« Aber irgendwie ist bei ihr die Befreiung und der Rollentausch mißglückt; sie kam nur vom Gröfaz auf den Grifaz: »Wir Frauen haben gerade den größten internationalen Frauenkongreß aller Zeiten in Zagreb veranstaltet.«) Die Initiatorin eines nationalen Holocaust-Mahnmals mit unterirdischen »Erlebnisräumen« neben dem Führerbunker muß nun zusehen, wie der Kanzler ihre Gedanken ratifiziert und ihr Projekt in der Versenkung verschwinden läßt, indem er die preußische Neue Wache zum nationalen Familiengrab umrüstet. Strittig ist bei dieser symbolischen Zusammenlegung von Tätern und Opfern nur noch das künstlerische Zubehör. Soll es von Käthe Kollwitz oder darf es von Käthe Kruse sein?

Phillip Lopates Essay erschien im Frühsommer 1989 unter dem Titel »Resistance to the Holocaust«* in der linksliberalen jüdischen Zweimonatsschrift *Tikkun* (Tikkun, hebr. = Verbesserung, Korrektur). Der Text löste damals heftigen Widerspruch aus, und manche Reaktionen erinnerten an jenen berühmten Brief, mit dem Gershom Scholem 1963 Hannah Arendt und deren »Bericht von der Banalität des Bösen« angegriffen hatte. Jenseits aller sachlichen Differenzen hatte sich die Kritik Scholems hauptsächlich gegen den »herzlosen, ja oft geradezu hämischen Ton« Hannah Arendts gerichtet. Sie habe keinen »Herzenstakt« und ermangele der »Liebe zu den Juden«. Ähnliche Vorwürfe wurden gegen Lopates Bericht von der Trivialisierung des Monströsen und dessen Kehrseite laut, der Mythologisierung des Banalen. Der bekannte israelische Historiker Yehuda Bauer monierte weniger die sachlichen Irrtümer Lopates als dessen »Ton«. Lopate könne, so schrieb er, über alles »aus ironischer Distanz« reden, aber bitte nicht über den nazisti-

* Auf deutsch und übersetzt von Eike Geisel erschien der Essay von Philip Lopate unter dem Titel »Der Holocaust als rhetorische Figur. Einwände gegen eine Sinnstiftung« in *Konkret* 1/94. (A.d.H.)

schen Massenmord. Von diesem freilich handelt der Text Lopates nicht; er handelt vom Gebrauch der Erinnerung an ihn. Die amerikanische Historikerin Deborah E. Lipstadt vermißte Beispiele geglückter Unterrichtsentwürfe über die Massenvernichtung und warf Lopate vor allem vor, er besitze kein Zugehörigkeitsgefühl, er habe sich mit diesem Essay selbst von der jüdischen Gemeinde losgesagt.

Auch die Redaktion von *Konkret* hat Bauchschmerzen mit Lopates Essay gehabt, der in ihren Augen einige Passagen enthält, die »political correctness« vermissen lassen. Kann man den Text eines Autors abdrucken, der schreibt, Weizsäcker sei eine integre Person? Auf diesen Fauxpas hätte der Redakteur natürlich gerne verzichtet, ohne dabei zu bedenken, daß die nachfolgenden Bemerkungen Lopates über die feierliche Phraseologie des Bundespräsidenten (»einzigartig, unvergleichbar« usw.) zeigen, wie nah verwandt ehrbare Exotisierung und böswillige Leugnung des Massenmords sind. Unangenehm berührt hat den *Konkret*-Redakteur erst recht, was Lopate zu Reagan und Bitburg eingefallen war. Auch in Amerika hatte man dem Autor übelgenommen, daß er sich nicht am kostenlosen »Reagan-bashing« beteiligt hatte.

Die USA, so war neulich im *Spiegel* zu lesen, befänden sich gegenwärtig in einem »Holocaust-Rausch«. Was die deutschen Abstinenzler derweil tun, wurde dabei geflissentlich verschwiegen. Und wie recht amerikanische Kritiker mit der Bemerkung hatten, der Grundfehler des neuen Holocaust-Museums bestehe darin, daß es nicht in Deutschland errichtet worden sei, begreift man erst, wenn man sich vor Augen führt, was die anonymen Melancholiker der *Zeit* an Suchtprävention betreiben. Die Gegenentwürfe reichen vom Abfackeln jüdischer Erinnerungsorte über die »erforderliche Neugestaltung« von antifaschistischen Monumenten bis zu Gedenkstättenkonzepten, mit denen verglichen noch der disney-landhafteste Holocaust-Erlebnispark sich ausnimmt wie die verwirklichte Vernunft. [...]

Ganz ohne Baugrund, Architektur und Design kommt ein anderes Holocaust-Projekt aus, das sich dem Aufbau eines Diskurs-Denkmals verschrieben hat, dessen postmoderne Inschrift lautet: »Die Juden als Text« oder »Auschwitz als Chiffre«. Entsprechend kündigt das Frankfurter »Lern- und Dokumentationszentrum des Holocaust« seine »workshops« an: »Das Bild von Auschwitz beherrscht das Bewußtsein der Nachkriegsgeneration, es durchzieht die Literatur wie eine negative Spur, die Kunst als mitgedachtes Dementi jedweden Pathos, die politische Rhetorik und die politische Polarisierung als Synonym für das Böse schlechthin. Das Auschwitz der Gegenwart ist eine vielschichtige und widersprüchliche Phantasie des Schreckens.« Schlimmer ist offenbar nur noch der reale Schrecken dieser Ankündigung oder die Zumutung, daß vom nämlichen Institut Jürgen Fuchs (ja, der mit »Auschwitz in den Seelen«) als Referent zum Thema »Der Mißbrauch der Geschichte im Nachkriegsdeutschland« annonciert wird.

Daß auch der richtige Gebrauch, den man davon machen könnte, seine Tücken hat, weiß der Architekt Daniel Libeskind, der kürzlich einen Vorschlag zur »Neugestaltung des ehemaligen KZ Sachsenhausen« vorlegte. Der Berliner *Tagesspiegel* berichtete am 2. Mai 1993, Libeskind wolle »einen kleinen Teil der Kasernenfundamente unter Wasser setzen und diesen Ort damit neu weihen«. Vermutlich dachte er dabei weniger an einen Weihwasser- als an einen Löschwasserteich.

1993

»...streitet für Deutschland«

Weil das Heil von innen ausblieb, soll es nun von oben kommen. Es war nur eine Frage der Zeit, wann die Lichterketten ihre logische Fortsetzung fänden, wann das gefühlige Kollektiv nach einer Lichtgestalt verlangen würde, die es nun hat: Ignatz Bubis. Der Vorsitzende des Zentralrats der Juden ist, wie es in der *Zeit* hieß, »in Deutschland binnen weniger Monate zu einer moralischen Instanz geworden«. Aber damit, daß ihr unausrottbares Bedürfnis gestillt worden ist, sich als Klippschüler gegenüber einem Lehrer verhalten zu dürfen, damit wollen sich die Landsleute mit den guten Absichten diesmal nicht zufrieden geben. Sie wollen nicht nur den erhobenen Zeigefinger, diesmal wollen sie die Faust.

Ignatz Bubis soll nach dem Willen der *Woche*, die sich zum Sprachrohr des leuchtenden Konformismus gemacht hat, Nachfolger von Richard von Weizsäcker werden. Bubis roch den Braten und lehnte, wie man überall lesen konnte, die Offerte dankend ab. Die *Woche* indes ließ sich davon nicht beeindrucken. Sie erinnerte Bubis an die politische Etikette: »Wie könnte ein Jude sich in diesem Land selbst um die Präsidentschaft bewerben?« und nahm ihn in publizistische Schutzhaft. Am Schreibtisch entstand nun »der Mann der Stunde« – und zwar der Mann für die Stunde der moralischen Machtergreifung. Beim Spiel um Weizsäckers Nachfolge meldeten sich zwar auch andere Zeitungen zu Wort und präsentierten der diffusen Sehnsucht nach dem starken Mann unterschiedliche Vorschläge, aber nur die *Woche* schrieb, als sei in Deutschland schon der vom Kanzler beschworene Notstand ausgerufen und die verfassungsmäßige Beschränkung des Bundespräsidenten nur noch ein Fetzen Papier: »Keiner ist in ihren Reihen zu erkennen, der die Größe hätte, dem Land inmitten der Vereinigungskrise neue Orientierung zu geben ... zu mobilisieren ... die politische Lähmung in einem qualitativen Sprung zu überwinden.« Früher nannte man diesen »qualitativen Sprung« einfach Staatsstreich.

Über eine ähnliche Situation schrieb Max Horkheimer vor 25 Jahren: »Daß allenthalben in Deutschland, keineswegs allein in der NPD, der Ruf nach dem starken Mann erklingt, anstatt bei noch so kritischer Einstellung zu Erhard ihm wenigstens zugute zu halten, daß er keiner ist, beweist den unausrottbaren Hang zum Führertum. Mag in anderen Ländern angesichts der steigenden Fragwürdigkeit der Demokratie ... der Schrei nach Stärke nur die Sturheit der künftigen Gesellschaft verraten, in Deutschland bedeutet er zugleich das unbewußte und bewußte Trauern um die Zeit des Massenmordes: Ein Volk, ein Reich, ein Führer.«

Eingedenk der Maxime, keine nationale Frage den Rechten zu überlassen, okkupiert die *Woche* den Führerwunsch und macht sich, indem sie den zu schaffenden Posten mit einem Juden besetzt, das gute Gewissen dazu: Ein Volk, ein Reich, ein Jude.

Ein paar kosmetische Operationen allerdings muß Bubis über sich ergehen lassen, ehe er als Führerfigur durchgehen kann. Der Jude ist nämlich nur so lange willkommen, wie es darum geht, den Führerwunsch moralisch zu verkleiden. Der Führer selbst, versteht sich, darf dann kein Jude mehr sein. Und deshalb wird Bubis eingedeutscht: »Im wohlverstandenen Sinne ist keiner mehr deutsch als Ignatz Bubis«, heißt es in der Zeitung, die aus dem erfreulichen Umstand, daß die Nürnberger Gesetze keine Geltung mehr haben, die Pflicht ableitet, Juden in einer Art Rache für Auschwitz zu besonders qualifizierten Angehörigen der Volksgemeinschaft aufzunorden. Und wenn es nach dem Willen der Chirurgen ginge, dann sähe Bubis, der diesen »wohlverstandenen Sinn« am eigenen Leib erfahren hat, am Schluß wie Jesus aus, der das Kreuz der deutschen Geschichte trägt: »Dieser Mann schleppt ... die ganze Last der deutschen Geschichte seit Weimar mit sich. Wahrhaft ein deutsches Leben!« Das hätten sie gerne, die doch genau wissen, daß die Last der Geschichte die Belästigung ist, die von solchen Schreibtischen ausgeht.

»Für Deutschland streiten« überschrieb Hans-Ulrich Jörges sein Plädoyer für Bubis, der nun als Willy Birgel der deutschen Reputationspflege für Olympia in Berlin Reklame machen darf. »Schon die Diskussion (über die Nominierung von Bubis) kann ein Lehrstück werden. Sie wird verborgenen Rassismus und Antisemitismus bloßlegen und uns gerade dadurch befähigen, diese Pest der Zeit niederzuhalten.« Wie meinen? Gerade dadurch? Solchen Seuchenexperten möchte man nicht in die Hände fallen, ganz abgesehen von der Unverfrorenheit, mit der Deutsche einen Juden für ihre trüben Zwecke in Dienst nehmen wollen.

»Die Debatte ist eröffnet«, verkündete die *Woche*, nachdem sie ihre Leserschaft ausführlich mit Bubis und der bildungs- wie karrierefördernden Wirkung von Terror und Verfolgung bekanntgemacht hatte: »In Ignatz Bubis ist eine Wachheit, als habe die eisige Periode im Ghetto seinen Behauptungswillen verdoppelt. Der kaum an einer Schule Gebildete lernt sieben Sprachen, trotzt sich Optimismus ab.« Zur »Debatte« präsentierte die Zeitung einige Bekennerschreiben, die das Schlimmste befürchten lassen. »Zehn Personen bekennen sich hier öffentlich zur Nominierung von Ignatz Bubis«, hieß es, als handle es sich um eine Mutprobe. Das Outing der zehn zumeist aus der Schöner-Leuchten-Bewegung bekannten Jasager wurde eröffnet von Will Quadflieg, der von der »schicksalhaften« Verbundenheit zwischen Deutschen und Juden schwadronierte. Mit Bärbel Bohleys Plädoyer wurde nochmals bestätigt, um welch hanebüchene Einrichtung es sich bei der Stasi gehandelt haben muß, wenn sie eine Person von so entschlossener Einfalt verfolgte: Bubis Lebensgeschichte habe diesen »nicht hart, sondern offen gemacht: er ist einer, der versteht«. Giovanni di Lorenzo, der Erfinder des Protests mit Tropfschutz, hatte sich vor Wochen noch über den Vorschlag mokiert, den er jetzt als »dringend benötigtes Zeichen« unterstützte. Rezzo Schlauch von den Grünen, irgendwie der Entwicklung voraus und mit dem Prozedere trotz seiner Qualifikation als Anwalt nicht vertraut, schrieb: »Mit der Nominierung von Ignatz Bubis als Kandidat für die Bundespräsidentenwahl wurde ein bedeutsames Zeichen gesetzt.« Jürgen Flimm, der Intendant des Thalia-Theaters in Hamburg, entdeckte die »seltene Würde«, die Weizsäcker dem Amt verliehen hatte, und wünschte sich, daß der Nachfolger »mitten aus der Gesellschaft käme und nicht aus den Gewächshäusern der politischen Kasten«. Weniger dem populistischen Gedanken verbunden, daß der Führer wie du und ich sein müßte, sondern strikt theologisch plädierte hingegen Friedrich Schorlemmer. Seiner Meinung nach soll Bubis zur Wiederauferstehung der Gefühlswelt von gestern beitragen: »Ignatz Bubis hat ein sicheres Gefühl für das, was bei uns schlummert und was – in bester Absicht – wiedererweckt werden kann.« Gert Heidenreich, der Präsident des PEN-Zentrums, ließ den Leser wissen, daß er nicht bloß mit Dummköpfen freundschaftlich verkehre, er habe einen »kritischen Freund, der Jude ist«. Und Willy Wimmer, der tatsächlich so heißt und Bundestagsabgeordneter der CDU ist, beanspruchte für sich das Copyright an der Initiative: »Ich habe Ignatz Bubis ... als erster öffentlich für das Amt des Bundespräsidenten vorgeschlagen.« Den Grund verriet er auch. Für ihn ist Bubis der deutsche Staatsjude bürgerlichen Glaubens par excellence: »(Er hat sich) vor diesen Staat gestellt, und zwar mit einer Grundsatztreue, die diese freiheitliche Demokratie verdient.«

»Die Initiative sollte sich nun schleunigst eigenständig konstituieren«, schloß Jörges seinen Aufruf, »sie muß die Nische und das Konkurrenzfeld der Medien verlassen.« Nur ist weit und breit keine Konkurrenz in den Medien zu sehen; und sollte, wie nach der Münchener Lichterkette, wieder ein »Bambi« für öffentlichkeitswirksame Gesinnungspflege verliehen werden, dann braucht er sich diese Auszeichnung nicht, wie seinerzeit Lorenzo, mit anderen PR-Agenten zu teilen. Aber wie die Nische verlassen? Giovanni di Lorenzo könnte ihm weiterhelfen. Er sei davon beeindruckt gewesen, erzählte er im *Spiegel*, wie spontan im Ausland, in Italien, Menschen auf die Straße gegangen seien mit dem Ruf »Wir sind alle Juden!«, nachdem Faschisten jüdische Geschäfte in Rom mit der Aufschrift beschmiert hatten »Kauft nicht bei Juden!« Den Wink mit dem Stern verstanden? Nach dem großen Erfolg des 30. Januar, als der Nazi-Fackelzug von 1933 mit einer »Lichterspur« 1993 doch noch ein gutes Ende fand, könnten die Mitstreiter für Deutschland, die vermittels eines Juden das Gute im Führer beerben wollen, zu einer »Judenspur« aufrufen. Als Termin böte sich der 1. April, der 60. Jahrestag des Naziboykotts, an. »Deutsche wehrt euch, kauft bei Juden!« könnte die Parole dann lauten, oder eben, wie Lorenzo empfiehlt: »Wir sind alle Juden« – ein Bekenntnis, das den vielen eingebildeten Juden schon längst auf der Zunge liegt. Dann bleibt die Kerze kalt, und der Stern wird herausgeholt. Dann könnten alle sein, was sie schon immer wollten: Opfer. Dann stünden auch die Chancen für Bubis nicht schlecht, Präsident des größten jüdischen Volkes zu werden – des deutschen.

1993

Auferstanden aus Ruinen*

In einem Berliner Verlag, der den bezeichnenden Namen »Neues Leben« trägt, kam es jüngst zu einer unerfreulichen Auferstehung. Eine Buchreihe, die sich »Edition Scheunenviertel« nennt, läßt man mit dem Reprint einer antisemitischen Schmonzette aus den zwanziger Jahren beginnen. Der Titel dieser verlegerischen Wiederbelebung der Vergangenheit lautet »Das Ghetto von Berlin. Ein Kriminalroman aus dem Scheunenviertel.«

Vom Ende der siebziger Jahre datiert die Verwandlung von Geschichte in Heimatkunde. Im Verlauf dieser neuen Aneignung der Vergangenheit wurden auch die ostjüdischen Einwanderer Berlins wiederentdeckt, die sich in den Straßen hinter dem Alexanderplatz niedergelassen hatten. Sie fungierten fortan als folkloristisches Gegenbild des deutschen Blicks auf die Juden. Genug Nobelpreisträger, genug Bankiers, genug Philantropen, man wollte Tewje, den Milchmann aus dem Scheunenviertel. Jetzt war auch hier Geschichte von unten angesagt. Kaum war die Mauer gefallen, da war eine Häuserwand des Viertels mit Großfotos ostjüdischer Einwanderer aus den zwanziger Jahren tapeziert. Touristengruppen pilgern durch die Gegend. Sie wollen ihr Bedürfnis, andere als buntes Völkchen, als Stamm oder als Rasse wahrzunehmen, an den spärlichen Zeugnissen ostjüdischer Vergan-

* Adolf Sommerfeld, »Das Ghetto von Berlin«, Verlag Neues Leben, Berlin 1993.

genheit befriedigen. Und ihr Brevier kommt aus dem Verlag Neues Leben.

Ein Autor der *taz* lobte vor Jahresfrist diesen Dreck: »Verdienst des Romans ist es, die Normalität jüdischen Lebens zu beschreiben«, las man im Dezember 1992. Auch die Namen der Protagonisten des Romans hatten es dem Rezensenten angetan: »Schön sind die Namen der Akteure«, hieß es über die Resultate der Germanisierungslaunen von deutschen Beamten. Diese hatten Juden einst Namen wie Butterfaß oder Feigenbaum verpaßt; Namen, die schon damals zu Zielscheiben geworden waren.

Zur behaupteten Normalität, von welcher der Roman berichtet, gehört alles, was das radau-antisemitische Herz begehrt: anständige Deutsche als Opfer, hinterhältige Juden als Täter; schmierige jüdische Devisenschieber, gerissene Betrüger, Mädchenhändler und Frauenschänder, meist krummnasig, mit Triefaugen und wulstigen Lippen. Es wird gejüdelt, daß sogar die auf jeder Fete unvermeidlichen Nachäffer jüdischer Witze noch dazulernen können. Es wird geschachert, es gibt mühelose Einkommen und polnische Schlamperei, kurz: was man schon immer über Juden wußte, aber sich nicht mehr zu sagen traute.

Es dauerte fast ein Jahr, aber dann beschwerte sich dieser Tage jemand beim Verlag »Neues Leben«. Das läßt hoffen. Es hatte ja sonst in der Regel zwölf Jahre gedauert, bis jemand dagegen gewesen war. Eine Frau aus Berlin wollte vom Verleger wissen: »Aus welchem Grund haben sie dieses denunziatorische Machwerk veröffentlicht ... Was beabsichtigten Sie damit, als Sie den Prototyp des Goebbelsschen Mädchenschänders ... erneut aus der Trickkiste der Geschichte holten?« Sie erwähnte in ihrem Brief nicht, daß Angehörige ihrer Familie von den einstigen Verfechtern jenes nun zu neuem Leben erweckten Judenbildes ermordet wurden. Sie schrieb nicht, daß sie ihre umgebrachten Angehörigen verhöhnt oder sich persönlich beleidigt sehe. Sie wollte nur wissen, ob der Verlag sich vorstellen konnte, was er da anstellte.

Er konnte. Der Verlagsleiter Rolf Chowanetz kam in seinem Antwortschreiben rasch zur Sache. Er beförderte die Kritik der Leserin mit einer Handbewegung ins Abseitige. Ihr Brief sei, schrieb er zurück, »übrigens die einzige Reaktion dieser Art, die bei uns eintraf«, womit er andeuten wollte, daß das Buch eine ganze Reihe artgerechter Reaktionen ausgelöst hatte. Aber trotzdem nahm er den singulär gebliebenen Einwand übel. »Mich macht Ihre Auslegung betroffen«, umschrieb er seinen Ärger. Die empörte Leserin habe wohl gar nicht zur Kenntnis genommen, daß es, wie er sie belehrte, »seitdem es unseren Verlag gibt, sein unbedingtes Anliegen war und geblieben ist, gegen Rassismus, Faschismus und Antisemitismus mit Literatur und Publizistik anzugehen.« Daß bei diesem Dauerlauf gegen Rassismus, Faschismus undsoweiter vor allem er selbst die Wand war, die im Wege stand, teilte er auch gleich mit: »Werke von über 100 Autoren und Künstlern jüdischer Herkunft, gleich welcher Weltanschauung, wurden in diesem Hause hervorgebracht.« Eine Bemerkung, die er wohl der Reichsschrifttumskammer abgelauscht hatte.

Der Autor jenes im Verlag Neues Leben wiederaufgelegten Romans heißt Adolf Sommerfeld. Er war ein Schriftsteller, der sich schon vor vielen Jahrzehnten mit Themen und Fragen befaßt hatte, die offenkundig nichts von ihrer Aktualität eingebüßt haben. Was katholische Bischöfe oder der Ex-Präsidentschaftskandidat etwa zur Rolle der Frau zu sagen wissen, war von Sommerfeld längst abgehandelt worden unter dem Titel »Die Entartung des Weibes«; und daß, wie von Sommerfeld beschrieben und wie es dann bei den Nazis hieß, im Berliner Scheunenviertel »sich der Deutsche wie im Feindesland fühlen mußte«, ist ja auch keine originäre Regung Heitmanns,* selbst wenn diese ihn an einem anderen Ort überkam.

»Ich verstehe Empfindlichkeit in hohem Maße«, schrieb der sturzbetroffene Verlagsleiter, »aber das sollte den Blick vor gelebter Realität in vergangenen Zeiten ... nicht verschließen.« Selten liest man heute Sätze, die so deutlich von der Langzeitwirkung nationalsozialistischer Propaganda zeugen wie diese ernst gemeinte Bemerkung, in welcher der Wahn die Wirklichkeit ersetzt hat. Dem Autor des »Kriminalromans aus dem Scheunenviertel« hat das damals alles nichts genutzt, weder sein Vorname noch das Nachtreten gegen die Glaubensgenossen aus dem Osten. Sommerfeld wurde 1943 deportiert und ermordet. Mit der Neuauflage von »Das Ghetto von Berlin« wurde nicht der Ermordete, sondern der Unfug, den er geschrieben hat, rehabilitiert, ganz so, als wäre er wegen seiner Ressentiments vergast worden.

Gute Absicht und Infamie liegen hier eng beisammen. Die Deutschen sind gerade überbeschäftigt, Ausländer zu verprügeln und umzubringen. Da haben sie wenig Zeit, auch noch für Nachschub beim Antisemitismus zu sorgen. Da darf nun auch mal ein toter Jude einspringen.

1993

* Steffen Heitmann war 1993 Helmut Kohls Wunschkandidat für das Bundespräsidentenamt und äußerte immer wieder konservative Ansichten über die Rolle der Frau, zum Holocaust und über Ausländer, die ihn in der Öffentlichkeit für das Amt nicht »tragbar« machten, auch wenn seine Ansichten von der Bevölkerung weitgehend geteilt wurden. (A.d.H.)

Die ganz normale Sonderbehandlung

Über einige Judensternstunden der deutschen Presse

Eine epochale Eiszeit entdeckte der *Spiegel* im Herbst 1992. Da brannte es gerade lichterloh in Deutschland. Doch die *Spiegel*-Redakteure fröstelten und veröffentlichten als Aufwärmer ein Sonderheft über »Juden und Deutsche«. Wie sich in den nachfolgenden Wochen zeigen sollte, war dieses Heft die Initialzündung für eine kollektive Manifestation des guten Willens. Angesichts malträtierter und ermordeter Ausländer entdeckten die Deutschen einmal wieder ganz besonders heftig ihre meist ebenfalls ermordeten, aber pflegeleichten Inländer: die Juden.

Die »überwiegend jüdischen Autoren«, wie die Hamburger Redaktion in feinsinniger Anspielung auf ordinäre Nürnberger Bruchzahlen die diversen Verfasser charakterisierte, ließen die alte Geschichte von der deutsch-jüdischen Schicksalsgemeinschaft zwischen Plato und Nato erneut Revue passieren. Je toter die Juden sind, so konnte man aus diesem Sonderheft erfahren, desto lebendiger wird der Dialog mit ihnen. Vor allem die rund achtzig im *Spiegel Spezial* annoncierten Neuerscheinungen zur deutsch-jüdischen Geschichte kündigten von der Lebendigkeit, die der eine Gesprächsteilnehmer aus dem

Dialog mit dem anderen, dem toten Partner, schöpft. Und bisweilen treibt dieses Zwiegespräch geradezu komische Blüten: »Der vorliegende dritte Band«, hieß es etwa über ein neues Jahrbuch für deutsch-jüdische Geschichte, »behandelt die Themenbereiche: Kulturelle Herausforderungen, Alltagskultur, Essen, Trinken, Handel; Deutschland und die Juden nach 1945.« »Jüdisches Leben auf dem Lande« versprach ein anderer Titel, und man fragte sich unwillkürlich: Eine neue Alternativbewegung? Jüdische Joghurts? Juden auf dem Lande – aber in welchem? Das konnte man möglicherweise aus einer Art Reiseführer für ein noch ganz unbekanntes neues Bundesland erfahren. Denn im Herbst 1992 wurde auch ein »Wegweiser durch das jüdische Rheinland« als Neuerscheinung angezeigt. Das jüdische Rheinland – bloß, wo liegt es? Gab es hier einen Touristenführer mit den Adressen von koscher geführten Hotels? Fand man darin die Anschriften der jüdischen Stadtverwaltungen, Schulen, Krankenhäuser, Gefängnisse und Universitäten? War das Rheinland etwa schon wieder besetzt – oder handelte es sich bei dieser Neuerscheinung nicht eher um einen Michelin für den Mars?

Erfreulicherweise waren die Titel anderer Neuveröffentlichungen präziser gehalten. Als »Aspekte jüdischen Lebens« kündigte der Berliner Nicolai-Verlag die Autobiografie »Ich war Hitlerjunge Salomon« an. Da wußte man gleich, was man schon immer geahnt hatte: Auch bei den Pimpfen gab es die deutsch-jüdische Symbiose. Die Hitlerjugend war keinesfalls bloß ein Aspekt deutschen Lebens gewesen. Und der Dietz-Verlag, bei dessen gedruckter Auskunft: »Das schützende Tabu ist gebrochen« man raten durfte, ob es sich dabei nicht vielleicht um eine Erfolgsmeldung handelte, ließ mit einer seiner Neuerscheinungen die ganze Republik wissen: »Onkel Max ist jüdisch«. Für Onkel Max mußte man sich einfach erwärmen.

Den Grund der epochalen Kälte sahen die Herausgeber des *Spiegel Spezial*, die nun den publizistischen Wärmestrom andrehten, in der »Menschheitserfahrung Holocaust«. Mit dieser schönen Formel gaben sie zu verstehen, daß die Deutschen generös auf das Privateigentum an Auschwitz verzichteten. Aber wie alles auf der Welt, so hat auch dieses Geschenk an die Menschheit zwei Seiten: »Das Ergebnis der Menschheitserfahrung Holocaust«, hieß es im Editorial, »bleibt [...] zwiespältig: Sie hat das absolut Böse sichtbar gemacht und insofern die Gewissen geschärft – aber gleichzeitig Eiseskälte hinterlassen.« Ob »die Gewissen geschärft«, wurden, mag dahingestellt bleiben, sicher ist jedenfalls, daß die gewissen Journalisten scharf darauf waren, die im Herbst 1992 einsetzende Kampagne zur Pflege des deutschen Ansehens in der Welt anzuleiten.

Wo es vorher noch Antisemiten gab, sah der *Spiegel* nun Personen mit »judenkritischer Ansicht«, sozusagen intelligente, nachdenkliche Zeitgenossen. Dieser Charakterisierung zufolge müßte die SS als Vereinigung von Personen mit lebenskritischen Ansichten gelten. Und des Kanzlers »judenkritische« Äußerungen, er lasse sich die Wiedervereinigung nicht vom Jüdischen Weltkongreß vermiesen, dürften nicht mehr korrekt als dumpfes Ressentiment bezeichnet werden.

Abschließend hieß es im Editorial der Sondernummer, durch die Geschichte seien »die Grundlagen der Überzeugungen von Juden und Deutschen« erschüttert. Wie felsenfest freilich die kritische Judentheorie des Hamburger Magazins ist, das hatte es schon vor einigen Jahren unter Beweis gestellt, als es angelegentlich der Theateraufführung »Ghetto« mit Erleichterung von der »Wahlverwandtschaft« zwischen Henkern und Opfern sprach. Von einer anderen Fortsetzung dieser deutsch-jüdischen Symbiose, einer Art Schicksalshaft, die regelmäßig mit dem Titel »Deutsche und Juden« beschworen wird, berichtete der *Spiegel* wenige Wochen, nachdem er seine Leser auf die Geschichte des deutsch-jüdischen Doppelgängertums eingestimmt hatte: »Ein jüdischer Emigrant bricht mit dem Tabu der Holocaust-Forschung: [...] Stella – eine Jüdin auf Judenjagd im Berliner Untergrund.« So wurde die Serie eines amerikanischen Journalisten eingeleitet, der kein Tabu gebrochen, sondern den längst bekannten Fall einer Berliner Gestapo-Greiferin recherchiert hatte. »Meet the ultimate betrayer« lautete die frivole, gleichwohl von deutschen Hintergedanken gänzlich freie Reklame für das Buch in den USA. Wohingegen im *Spiegel* endlich der Wahrheit von der Mitschuld eine Gosse gebahnt wurde. Es hieß dort: »[...] die Aktivitäten der jüdischen Gestapo-Greifer, die mit perfiden Methoden ihrer Auftraggeber gegen die eigenen (!) Leute vorgingen, sind bislang, soweit überhaupt bekannt, verschämt in Fußnoten versteckt [...] worden.«

Das war die gar nicht mehr verschämte Steigerung einer deutschen Fußnote, nämlich des bislang in eine Frage gekleideten Vorwurfs, warum die Juden sich damals nicht gewehrt hätten, warum sie wie Schafe zur Schlachtbank gegangen seien. Anstatt die Frage zu beantworten, warum die Deutschen wie eine Hammelherde hinter ihren Führern hergetrottet waren, phantasierte vor einiger Zeit ein Berliner Professor, wie vorbildlich die Juden sich verhalten hätten, wenn sie, statt sich abtransportieren zu lassen, ein sit-in veranstaltet hätten: dann wäre das System am »massiven passiven Widerstand« zerbrochen. Wenn sich freilich tatsächlich einer zur Wehr setzt angesichts der illuminierten Dämlichkeit, mit der Hunderttausende guten Gewissens durch die Straßen trotten, dann bricht eine hysterische Reaktion aus, als habe eine Jüdische Armee Fraktion bereits den Innenminister exekutiert. Denn Juden sollen gefälligst, wenn sie nicht tot sind, leiden, mahnen und warnen, aber nicht zurückschlagen, wie in Rostock.

Auf die Lichterketten folgten die Judensternstunden. Wollten die moralischen Glühwürmchen unter der Anleitung von Redaktionen und Werbeagenturen aus dem Ausland zeigen, daß es gute Deutsche gibt, so kam es nun darauf an, auch sich selbst zu zeigen, daß sie gute Juden haben. Die mißbrauchen weder das Asylrecht, noch liegen sie in Vorgärten, sondern sie spielen Klavier und haben hübsche Feiertage. Und wie der *Stern* seinen Lesern im Dezember erklärte, handelt es sich bei den Juden nicht nur um zivilisierte Menschen, die keinesfalls im Supermarkt klauen, sondern meist um illustre Persönlichkeiten: »Zum Beispiel Einstein...«

Der *Stern* (Nr. 52/92) kündigt sein Juden-»Extra« mit einer plumpen Lüge an: »Zerstörte Gedenkstätten, geschändete jüdische Friedhöfe – der Antisemitismus in Deutschland erfährt eine beschämende Renaissance.« Dabei weiß jeder, in Wahrheit hat er nie aufgehört. Neu ist nur, daß die Juden, wenn sie angegriffen werden oder wenn ein Denkmal zerstört wird, eher unter sich bleiben, als daß die Öffentlichkeit einen Einzelfall zu ihrer Angelegenheit machte. Erinnert sich noch jemand an das traurige Häuflein jüdischer Demonstranten, die gegenüber den Friedensfreunden hilflos auf den Umstand hinwiesen, daß im Golfkrieg Israel bedroht war und nicht Dresden? Als in Berlin das Denkmal zur Erinnerung an die Deportation der Juden durch einen Bombenanschlag beschädigt wurde, da kamen eine Handvoll Leute, um gegen den Naziterror zu demonstrieren. Immerhin stand das Monument einige Monate unbeschädigt, in Rostock hätte es, wie man von der Gedenktafel weiß, die französische Juden dort anbrachten, keine 24 Stunden gestanden. Doch frei nach dem Motto »Rostock ist überall« platzierte der *Stern* als Titelfoto seiner Judenbeilage ein Bild des zerstörten Berliner Mahnmals mit der Unterschrift: »Ehemalige jüdische KZ-Häftlinge demonstrieren in Rostock gegen Ausländerhaß und Antisemitismus.« Rostock – das waren prügelnde Polizisten gegen jüdische Demonstranten und nicht ein alter Mann und drei jüngere Leute, die neben dem Denkmal stehen.

Der *Stern* wollte, so der Untertitel, »über ganz normales jüdisches Leben in Deutschland heute und über ein stilles Phänomen« berichten: Über »das wachsende Interesse der Bundesbürger am Judentum«. Womit in der Form einer Diagnose festgestellt war, was der *Stern* selbst beförderte: die Sonderbehandlung, die wohlmeinende natürlich. Nun ist, was hier »ganz normal« heißt, zumeist ein Hochsicherheitstrakt, vom Kindergarten bis zum Synagogenbesuch, und was in Anlehnung an kohlensäurearmes Tafelwasser ein »stilles Phänomen« genannt wird, meist ziemlich lautstark. Doch die penetrante Neugier, mit der die Illustrierte sich einzelner Juden annahm, förderte nur Trivialitäten zutage. Eine Jüdin, deren größter Wunsch es ist, mal einen Weihnachtsbaum schmücken zu dürfen – womit sie sozusagen endgültig eingemeindet ist –, ist ebenso interessant wie eine Nichtjüdin, deren heimliche Sehnsucht dem Bauchtanz gilt. Wer einmal einen selbstgebastelten Seder-Abend in Deutschland über sich ergehen ließ, der weiß, es ist wie nach Weihnachten, da kommt einem der Besuch bei McDonald's wie eine würdevolle Zeremonie vor.

Daß auch bei Juden die Wiederentdeckung der Religion vom Wunsch politischer Bankrotteure nach Trost geprägt ist, konnte man im *Stern-extra* ebenfalls nachlesen. Voller Bewunderung für die Stärke der jüdischen Religion, die, wie alle Religionen, ins subjektiv Religiöse abgerutscht ist, wurde von Irene Runge, der »Tochter jüdischer Kommunisten in der DDR«, berichtet. Sie sei »links und atheistisch« aufgewachsen, und jetzt sei sie zum Judentum zurückgekehrt. Daß dies nicht so leicht ist, wie den Marxismus zu vergessen, erfuhr der Reporter auch. Irene Runge sagte, zum Lernen »brauchen wir die Frommen. Denn wir versiegen. Die Orthodoxie nicht.« Wie schnell ihre eigene ehemalige Orthodoxie versiegt war, verriet der *Stern* nicht. Mit dem herrlichen Satz über Gysi: »Gregor, du giltst als der bestangezogenste Mann der DDR« hatte sie auch ganz persönlich einen Beitrag zum Zusammenbruch des Sozialismus geleistet. Die philosemitische Neugier auf die Juden unterstellt deren Identität, weshalb der *Stern* auch ausführlich vom jüdischen Brauchtum, von Riten und Feiertagen berichtete. Als hätten die Leser überhaupt eine Ahnung von ihren eigenen Feiertagen, als wüßten sie, was etwa Karfreitag anderes wäre als ein Tag, an dem die Betriebe und Kaufhäuser geschlossen sind. Aber gerade den sogenannten Sinn wieder zu finden, ist der Zweck der Übung. Es soll nicht zum hundertstenmal – und wie immer ergebnislos – darüber aufgeklärt werden, daß es sich bei jüdischen Riten nicht um Voodoo handelt, daß Juden an Pessach bei der Herstellung von Matze kein Blut christlicher Kinder, sondern Mehl und Wasser verwenden; auf all dies kommt es nicht an. Die vorgeblich homogene Identität der Juden wird als *Spiegel* benutzt, mit dem man sich selber einer Einheitlichkeit versichern möchte, die man längst eingebüßt hat, wenn sie denn überhaupt je vorhanden gewesen war. Der folkloristische Blick auf Brauchtum und Riten der Juden ist nur ein Vehikel der eigenen Retribalisierung. Und eigentlich wollte der *Stern* auch nur dazu beitragen, daß man durch den neidvollen Blick auf die Juden endlich herausfindet, was deutsch sei. Es widersprach dem »Juden-Extra« also überhaupt nicht, daß eine Hausmitteilung im selben Heft die Entstehung eines »zeitgeschichtlichen Gesamtkunstwerks« ankündigte: die Fotoaktion »Deutsche sehen Deutsche«. In einer »umfassenden visuellen Demoskopie« soll Auskunft gegeben werden, »wie wir uns in einem Deutschland gefühlt haben, das als wiedervereinte Nation [...] eine neue Identität sucht«.

Wie der *Spiegel* so präsentierte auch der *Stern* eine Umfrage, von der sich allenfalls sagen ließe, sie hätte in Holland oder in Dänemark nicht stattfinden können. Wer dort Passanten mit der Frage belästigt, ob ihrer Meinung nach Juden zu viel Einfluß hätten, bekommt keine Antwort, sondern höchstens eine aufs Maul.

Unter der Überschrift »Zum Beispiel Einstein...« konnte man schließlich die 36 Gerechten der deutsch-jüdischen Geschichte besichtigen, eine sinnige Fortsetzung der Portraitgalerien à la »Ich habe abgetrieben« oder »Ich bin schwul«. Unter den Portraits berühmter jüdischer Künstler und Wissenschaftler fehlt ein Bild Adornos mit einer passenden Unterzeile. Er hatte in Erinnerung an die infame Galerie der Nazis unter dem Titel »Juden sehen dich an« vor der gutgemeinten Wiederholung, vor dem Verweis auf die großen Leistungen von Juden gewarnt. »Propaganda aber«, schrieb er in diesem Zusammenhang, »ist die rationale Manipulation des Irrationalen [...] das Vorrecht der Totalitären.«

Zum »Spezial« und zum »Extra« gesellte sich das »Dossier«. Auch die *Zeit* stellte im Dezember 1992 fest, »ein Wissensdurst sei vorhanden bei der nichtjüdischen Bevölkerung«. Die Redaktion stillte diesen Durst mit einem drögen Dossier und einem jubelnden »Magazin«-Beitrag über Ignatz Bubis. Neben den vielen Kerzen war er die strahlende Erscheinung des zu Ende gehenden Jahres geworden, eine dynamische und vor allen Dingen telegene Persönlichkeit. Bubis trat genau in dem Augenblick in Erscheinung, als die mediale Inszenierung des besseren Deutschland eines talkshowfähigen jüdischen Funktionärs bedurfte. Dafür, daß er, der bald auf jedem Kanal und zu jeder Tageszeit zu sehen war, nicht den bekannten Genscher-Effekt auslöste, waren ihm alle dankbar. Die anständigen Deutschen statteten ihm in Gestalt der Autorin Eva Demski nun Dank ab.

Unter der schon immer falschen Annahme, der Antisemitismus in Deutschland sei Ausfluß der fehlenden persönlichen Beziehungen zwischen Nichtjuden und Juden, fragte im Juden-»Dossier« der *Zeit* eine Journalistin: »Wer kennt schon einen Juden in Deutschland?« Und aus dem *Zeit-Magazin* tönte es überschwenglich zurück: Ich.

Eva Demski war ganz hingerissen von dem neuen Vorsitzenden des Zentralrats der Juden und leistete ausführlich Abbitte dafür, daß sie ihn nicht schon immer als guten Juden angesehen hatte. Zur Strafe für ihren Sehfehler machte sie Bubis zum Büttenredner der deutschen Judenheit. Im Frankfurter Häuserkampf sei Bubis, schrieb sie, »einer unserer Hauptfeinde« gewesen. Jetzt aber saß ihr einer gegenüber, von der Art, wie sie und Millionen anderer Frauen sich schon immer einen Politiker gewünscht hatten: ein echter Mensch. Weg mit der Politikverdrossenheit. Da saß kein kalter Funktionär, allerdings auch, wie sie pikiert anmerkte, kein Kultur-, wenngleich doch immerhin ein Sympathieträger: »Bubis sitzt ruhig da«, kupferte sie aus einem bekannten Filmdrehbuch ab, »schaut gerade ins Gesicht des Gegenübers und antwortet.« Nein, nicht was der geneigte Leser jetzt vielleicht denken mag, er sagt nicht »Schau mir in die Augen, Kleines«. Aber Bubis erzählt, er »erzählt farbig, aber nicht leicht«, sozusagen mit einem schweren Buntton. »Bubis macht es sich nicht leicht«, wiederholte Frau Courths-Demski, »deswegen sind seine Zuhörer bereit, seine Sätze anzunehmen«. Es käme »nie das Gefühl des Überdrusses auf, den man bei Politikern so schnell empfindet, jenes Gefühl, mit dem man Wortstanzen und Empfindungstalmi wahrnimmt.« Mit dem Gespür fürs Echte und Unverfälschte ging sie nach dieser Passage aus Gefühl und Hertie kurz zu Jacobs-Kaffee und borgte sich dort die Formulierung aus: der Vorsitz im Zentralrat sei die »Krönung seines Lebens«.

Das standardisierte Menscheln der Autorin bestätigte im nachhinein, wie begründet die Vermutung von Faßbinder gewesen war, der Frankfurter Häuserkampf sei ein deutschnationaler Klassenkampf gewesen. Frau Demski spürt, läßt sie uns wissen, »ein gewisses Zögern«, eine Art Beißhemmung, wenn es um die antijüdische Sache geht, zu der sie dann doch noch kam: »Mein unbehagliches Gefühl«, notierte sie im betroffenen Tagebuchstil, der Literatur vortäuschen soll, »ich könnte meine vielleicht sentimentalen, fortschrittskritischen und nostalgischen, sicher aber von ferner Kapitalismusschelte beeinflußten Argumente nicht scharf und logisch genug an seine Adresse bringen, wächst.« Von ferner Kapitalismusschelte beeinflußt? Diese so liebevoll charakterisierte Sozialrüffelei bezeichnete Bebel einmal als Sozialismus der dummen Kerls.

Wie man erfahren konnte, hatte Frau Demski Bubis schon länger im Visier: »Vor Jahren habe ich ihn einmal in der Oper beobachtet und mir, weil ich über das Bild, das er bot, so erstaunt war, den Eindruck notiert.« Da muß ein Jude nur mal nicht in die Synagoge, sondern in die städtische Oper gehen, und schon ist eine literarische IM zur Stelle, um festzuhalten, was er dort treibt. Ganz fakultätsfremd sei er da im Tempel der Nichtjuden: »Von der manchmal sehr verführerischen, immer etwas gewissensbelasteten Süße von Wagner bis Wenders weiß er wahrscheinlich gar nichts. Dafür hat er kein Wahrnehmungsorgan, glaube ich.« Das hatte Richard Wagner den Deutschen auch schon mal erklärt, das mit dem Organ.

»Am Anfang unserer Gespräche scheint es«, gestand Frau Demski sich und uns, »als glaubten wir beide an die Kraft der Vernunft.« Am Ende des Gesprächs, sicher aber nach diesen Auskünften, wird Bubis überzeugt gewesen sein, daß seine Forderung nach abschreckenden Strafen berechtigt war.

1993

Objekte einer Begierde

Sozusagen als krönenden Abschluß einer Woche »geballter Erinnerung« wollte Christoph Stölzl, Geheimer Zeremonienmeister des Kanzlers und Direktor des Deutschen Historischen Museums, die Eröffnung der Ausstellung »Mahnmale des Holocaust« verstanden wissen. Knall auf Fall oder Zapfenstreich und Massenmord, diese Reihenfolge klingt einleuchtend, sie folgt der Logik der jüngeren deutschen Geschichte.

Während jedoch die Riefenstahl-Parade am Pariser Platz eine gelungen inszenierte Absichtserklärung war, neuerlich Kriegsgräbervorsorge zu betreiben, weist die Ausstellung im Historischen Museum in ihrer ganzen Fülle auf ein einziges Manko hin: es gibt noch kein Holocaust-Denkmal in Deutschland. Seit Jahren blicken die Verfechter eines nationalen Denkmals neidvoll nach Israel oder nach Amerika, denen der Holocaust doch eigentlich gar nicht gehört. Stellvertretend für alle, die daran leiden, daß es vielleicht ein Volk, aber noch keine richtige Volksgemeinschaft gibt, schrieb Tilman Fichter, einst SDS, jetzt Abteilung Vaterland in der SPD: »Der wirkliche Skandal ist: 40 Jahre nach Ende des Krieges wird in allen Ländern Europas der ermordeten Juden gedacht, nur im Land der Täter gibt es bis heute keine nationale Gedenkstätte.«

In der Ausstellung können die meist ausländischen Objekte dieser obskuren Begierde besichtigt werden, und die Zusammenschau ist gewissermaßen als Aufwärmer für den Berliner Wettbewerb gedacht. Vom pompösen Heldendenkmal bis zum modernen Sakralbau, bei dem man nicht mehr unterscheiden kann, ob es sich um ein Flughafenrestaurant oder eine Kapelle handelt, ist alles vertreten, wie um zu dokumentieren, daß Auschwitz zuallerletzt eine Frage der Kunst ist.

Die Ausstellung »The Art of Memory. Holocaust Memorials in History« wurde vom Jewish Museum in New York übernommen. Sie wird hier nicht nur auf einer größeren Fläche und unter größerem Polizeischutz, sondern auch unter dem Andacht wie Obacht heischenden Titel präsentiert: »Mahnmale des Holocaust. Motive, Rituale und Stätten des Gedenkens«.

Die deutschen Veranstalter haben einige Ergänzungen vorgenommen, die andeuten, was eine Ausstellung über Gedenkstättenprojekte in Deutschland tatsächlich belegen könnte: den Judenneid und den Versuch, mit den Opfern in ein inniges Verhältnis zu treten.

Neuerdings und im Unterschied zu politischen Entscheidungen von oben, gibt es verschiedene Versuche, auch in der Erinnerung an die Vernichtung mehr Demokratie zu wagen. Das volkstümliche Element, das »Wir« von damals soll darin aufbewahrt werden. Ein Zwischenergebnis dieser künstlerischen Bürgerbewegungen kann man gleich am Eingang der Ausstellung besichtigen. Dort steht der ausbaufähige, kostengünstige und aus dem Neid auf die kollektive jüdische Erinnerung geborene Vorschlag, sich mit einem bloßen Handgriff in einen Hinterbliebenen der Ermordeten zu verwandeln.

In mehreren Blechkisten präsentiert ein Kasseler Künstler rund eintausend von Schülern zusammengetragene kleine Steine. Diese sollen an die deportierten und umgebrachten Juden Kassels erinnern. An jedem Stein ist ein handgeschriebener Zettel mit dem Namen eines Opfers befestigt, mit dessen persönlichen Daten und der Unterschrift des Schülers. Die Schüler, so der Künstler bei der Vorstellung seiner Installation, hätten damit eine »Patenschaft« übernommen; sie seien dadurch in eine »individuelle Beziehung zu den Opfern« getreten. Daß es sich bei dieser postmortalen Adoption freilich eher um standardisierten Hokuspokus handelt, kann man bei genauerem Hinsehen leicht feststellen. Die beigefügte Notiz der Schüler besteht in der Regel aus der mechanischen, besinnungslosen Abschrift von Eintragungen aus einem offiziellen Gedenkbuch der Stadt Kassel. Dieses Buch, auch wenn es nicht eigentlich zu den Exponaten zählt, sei allen Besuchern zur Ansicht empfohlen. Es handelt sich um ein Dokument der Koexistenz von guter Absicht und dem Geist des Vernichtungsapparates, der seine Opfer überlebt hat.

Und folglich schreiben die Schüler in der vom Magistrat der Stadt Kassel übernommenen Tarnsprache des Reichssicherheitshauptamtes. Statt »deportiert« heißt es bei ihnen »verbracht«; »gilt als verschollen« verwenden sie für »wurde umgebracht«; und über die Ermordung ihrer Wahlverwandten schreiben sie das, was damals die Nazibehörden den Angehörigen mitgeteilt haben könnten: »ist verstorben«.

Die Steinekollektion, so der Initiator, der um Nachahmung warb, sei erweiterungsfähig: von eintausend auf sechs Millionen. Wenn sich so viele Deutsche an einer von jüdischen Friedhöfen her bekannten Gedenktradition vergriffen und Bausteine für ihre eingebildete Dazugehörigkeit sammelten, dann wäre die Sehnsucht der Judenneider insofern gestillt, als sie den Juden etwas entwendet hätten, was sie an ihnen nur als völkischen Charakterzug wahrnehmen können: die Erinnerung.

1994

Alle Jahre wieder

In den vergangenen Tagen bin ich wiederholt und von verschiedener Seite eingeladen worden, etwas über das Duo Broder / Hrdlicka zu schreiben.* Ich wollte nicht, und ich werde nicht. Der beste Kommentar über diese Form wechselseitiger Zuneigung ist ohnehin längst geschrieben worden, nämlich vor rund 150 Jahren. Zur Erinnerung und als Leseempfehlung für die Feiertage: Heinrich Heines »Disputation«, ein Gedicht über zwei Vorläufer des deutsch-jüdischen Patientengesprächs.

Einige Worte verlieren muß man freilich über die geheuchelte Empörung, welche die Tageszeitung *junge Welt* in dieser Sache an den Tag gelegt hat. Aus der Konkursmasse der FDJ übriggeblieben, zappelt diese Tageszeitung mit Hilfe einiger aus Hamburg und von der Zeitschrift *Konkret* abgestellter Redakteure seit Mai dieses Jahres unentschieden zwischen Aufschwung Ost und Rolle rückwärts.

Innerhalb der letzten Tage konnte man gleich einige der dabei entstandenen gymnastischen Verrenkungen besichtigen: Vor einer Woche erschien dort ein Text des Satiri-

* Nachdem Ende 1994 Wolf Biermann Gregor Gysi als »100prozentigen Verbrecher« bezeichnet hatte, wünschte der Wiener Bildhauer Alfred Hrdlicka Biermann »die Nürnberger Rassegesetze an den Hals«, weshalb Broder wiederum Hrdlicka als »linken Nazi« bezeichnete und die »Abräumung des Wiener Denkmals« forderte, ein »Mahnmal gegen Krieg und Faschismus«, das in der Öffentlichkeit heftig angefeindet wurde. (A.d.H.)

kers Wiglaf Droste. Sein Beitrag war überschrieben »Bruder Broder« und transponierte den deutsch-jüdischen Pas de deux von einer Schrei- in eine Lachnummer. Doch neben diesem Text, sozusagen als Abmahnung wegen mangelnden Ernstes, ergriff der Chefredakteur das Wort. Oliver Tolmein, dem auf dem Chefsessel der *jungen Welt* seine Herkunft aus der Jungen Union endlich sprachlich zugute kommt, sinnierte über die »sprachliche Einebnung der NS-Verbrechen«.

Kirchentagsmäßig betroffen, also mit bebender Stimme und belegter Zunge, verwahrte er sich gegen den witzigen Kommentar zu einer hitzigen Affäre und warnte vor der »Abgestumpftheit der deutschen Medien«. Das Ansehen von Auschwitz dürfe nicht, so Tolmein, »herabgewürdigt« werden. Würde und Auschwitz, das hat außer der *jungen Welt* noch niemand zusammengebracht. Und seine Abmahnung schloß: »Der Streit zwischen Hrdlicka und Broder ist ... eben doch einer zwischen einem, der im Nationalsozialismus aufwachsen ... konnte, und einem der vom NS-Regime ermordet worden wäre.«

Eine berühmte Publizistin, die im Unterschied zum Chefredakteur der *jungen Welt* etwas von der jüngeren deutschen Geschichte verstand, reagierte auf derlei dämliche Konstruktionen immer mit derselben Auskunft: »Wenn meine Großmutter Räder hätte, dann wäre sie ein Autobus«, pflegte Hannah Arendt zu sagen.

Man könnte nämlich ähnlich zurückfragen, was aus dem nach dem deutschen Reinheitsgebot gezeugten Oliver Tolmein geworden wäre. Wahrscheinlich Chefredakteur der *jungen Welt*. Oder vielleicht eher der *Jungen Freiheit*?

Die *Frankfurter Rundschau* bedauerte neulich in einer Richtigstellung, diese beiden Zeitungen verwechselt zu haben. Das kann passieren. Vielleicht war der *Rundschau* eine am vergangenen Wochenende in der *jungen Welt* erschienene doppelseitige Reportage über Israel vorab in die Finger gekommen. »Massada darf nie wieder fallen«, war der Bericht überschrieben.

Es ist eine Art ehernes Gesetz. Es ist wie Weihnachten: Alle Jahre wieder findet einer im Heiligen Land den Stern der Erlösung. Und dieses Jahr leuchtet er der *jungen Welt*. Da reiste eine begnadete Spät- und Spottgeburt nach Israel und schrieb für die Zeitung auf, was einer dort wahrnimmt, der ohne Augen, ohne Ohren und ohne den Teil, der beides zusammenhält, unterwegs ist.

»Wie erkennt man ein Palästinenser-Auto auf Anhieb?« fragt er. Und dann führt er den Schlag vor, mit dem er die Israelis in die Ecke der Nazis drischt: an den besonderen Nummernschildern erkenne man die Palästinenser. Diese würden damit »gebrandmarkt« – wie eben die Juden mit dem gelben Stern damals von den Nazis.

Der falscheste Einwand gegen diesen neofaschistischen Dreck wäre, daß es sich dabei um Unfug handelt: daß die in Israel lebenden Palästinenser genau die gleichen Nummernschilder haben wie alle anderen Staatsbürger auch: daß – eben weil die besetzten Gebiete besetzt und nicht annektiert sind – Palästinenser von außerhalb des israelischen Staatsgebiets selbstverständlich andere Autokennzeichen haben müssen. Derlei Einwände wären ganz unangebracht, denn dieser debile Geschichtstourist recherchierte nicht, er dachte über die Verwandtschaft von »deutschen Nazis« (welcher Pleonasmus!) und Israelis nach und schrieb: »Das darf man nicht vergleichen? Ich denke doch: Der Satz vom Zweck, der die Mittel heiligt, wird – zur politischen Leitlinie gemacht – nie richtiger, wenn die andere Seite ihn benutzt.«

Nie richtiger? Spätestens bei diesem Satz, der die Widerwärtigkeit des Einfalls grammatikalisch und stilistisch angemessen widerspiegelte, hätte freilich die *Frankfurter Rundschau* merken müssen, daß es sich nicht um die *Junge Freiheit* handeln konnte.

Doch wo war am vergangenen Samstag der Kommentar des Chefredakteurs? Wo dessen selbstbeglaubigte Moral und dessen gespreiztes Verantwortungsgetue? Gibt es in der Redaktion keine Mülleimer, wohin solcherart Texte gehören?

Heute nun erfährt der Leser der *jungen Welt*, daß der Chefredakteur auf Distanz zu dem miesen Pamphlet vom Wochenende geht. Genauer gesagt: auf vorsichtige Distanz. Er will, wie er sagt, eine »notwendige Richtigstellung« vornehmen und klärt sich und seine Leser über den Unterschied zwischen Autokennzeichen und Judensternen auf. Weder entschuldigt er sich für den Abdruck der Gemeinheit, noch sieht er irgendeinen Grund, sich selbst oder die anderen Redakteure dafür zur Rechenschaft zu ziehen. Statt etwas »notwendig richtigzustellen«, sollte er besser sich selbst notwendig ruhigstellen. Alles andere ist geschwollener Unernst.

1994

Bauch- und Büttenredner

Über das Kursbuch »Verräter«

Ihre Niederlagen waren noch ihre besten Zeiten. Jetzt, wo sich die Alt-Linken auf die Seite der Sieger stellen, machen sie sich nur noch lächerlich. Je inniger sie den Feind von einst umarmen, den sie nun statt Kapitalismus zärtlich Zivilgesellschaft rufen, desto unverblümter schlägt ihnen gerade dort Verachtung entgegen, wo sie gelegentlich ihren neophytischen Eifer zur Schau stellen dürfen und nachplappern, was schon immer in der *FAZ* stand. Wenn Claus Leggewie im *Kursbuch* (Nr. 116) von der »hegemonialen Omnipräsenz des Achtundsechzigertums in heutigen Meinungskämpfen« spricht, dann reagiert das Zentralorgan in Frankfurt angewidert ob solcher Zudringlichkeit. Dort sitzen keine Leninisten, die nützliche Idioten brauchen, sondern instinktsichere Herrschaften, die derlei Avancen bloß höhnisch abbügeln. Über den ehemaligen Straßenkämpfer und wiedergeborenen Demokraten Josef Fischer etwa hieß es vor einiger Zeit in der *FAZ*: »Was sollen wir eigentlich von der Urteilsfähigkeit eines Politikers halten, dessen bisherige Analysen alle falsch waren und der dem verdutzten Publikum nunmehr die Positionen des politischen Gegners als neueste Einsichten anpreist?«

Diverse Anpreisungen sind nun als *Kursbuch* unter dem bombastischen Titel »Verräter« erschienen. Genauso gut könnten Ladendiebe ihre Erinnerungen unter dem Titel

»Das Millionending« herausbringen. Leute, die niemandem etwas zuleide getan haben, sondern nur ihre linke Vergangenheit loswerden wollen, schmücken sich nun mit diesem abenteuerlichen Titel, um ihrem Wandel durch Anbiederung den Anschein unabhängigen Denkens zu verleihen. Herausgekommen ist ein Sammelband von Konformisten, die sich für Abweichler halten.

Ähnlich wie ihre Eltern laufen die Protagonisten der zweiten erfolgreichen Resozialisierung der Bundesrepublik ihrer eigenen Geschichte davon. Während jene jedoch meist verdrückt schwiegen, können die jüngeren Vergangenheitsbewältiger den Mund nicht voll genug nehmen. »Vergeßt 68!« fordert Claus Leggewie, als müßte man noch irgend jemanden zum Vergessen oder gar zum Verrat ermuntern. Und dem konformierenden Nachvollzug folgt die der Marlboro-Reklame abgelauschte Aufforderung: »Denkt gefährlich!«

Im Tratschteil der *Woche* gibt es regelmäßig einen Fragebogen. Der Kandidat wird unter anderem gefragt: »Wie würden Sie einem Blinden Ihr Äußeres beschreiben?« Eine Auskunft könnte lauten: »In der Syntax streift die gegenwärtige Zeit mit einem kurzen Knirschen die Zeitlosigkeit des gegenwärtigen Diskurses. Es scheint daher keinen Realwiderstand zu geben beim Sprung von einer Zeitscholle zur nächsten.« Die Antwort des Blinden wäre: »Dann müssen Sie Klaus Hartung sein.«

Lichtet sich der Nebel, den Hartung (früher beim Kummerkasten der *taz*, später in der Abteilung Waber & Laber der *Zeit*) aus dem »zerbrochenen Gehäuse Utopie« entweichen läßt, dann hört das Volk die Signale: »Der Schutz der Minderheiten wäre sicherer, wenn es als Schande für die Deutschen begriffen würde, daß Ausländer auf der Straße gejagt werden. Das aber setzt eine Identifikation mit der eigenen Nation voraus.« Doch leider ziehen die Landsleute den Originalton vor, sie wünschen kein Plagiat; sie wollen die Trompeter, nicht die Bauchredner des Nationalen.

Auch die Bekenntnisse einer Sybille Tönnies machen einen nachgerade dankbar, daß die Protestbewegung in Deutschland gescheitert ist. Früher war sie in einer »Basisgruppe«, heute sitzt sie im Überbau. Aber sie hat von dort noch immer die »Nöte der heimischen Massen« im Blick: sie ist voller »Skepsis gegenüber zu großer Permissivität angesichts des Ausländerzustroms«. Ein Artikel für die *FAZ*, den sie, »ohne das Beiwerk von Rassismus und Egoismus als die moralische Zuwendung zu den Nöten der einheimischen Massen« verstand, brachte ihr zwar eine Einladung »in die besseren Kreise«, aber ungerechterweise nicht deren Zuwendung.

Als verspätetes BDM-Mädchen bei einer Vietnam-Demonstration »der ›Bewegung‹ sehr nahe gekommen« (»ich hatte das ›Komm, komm lockt ihr Schritt‹ wohl verspürt«), weiß sie im geläuterten Zustand einer Hochschullehrerin die Zeiten von einst zu schätzen als frühen intellektuellen Vitaminstoß. »So folgenlos dieses Denken praktisch war, es wirkte doch nachhaltig aufräumend auf den Geist.« Aber »kleine Fünkchen glimmen noch«, nämlich die »verstreuten ethischen Fünkchen«. Womit es das Funkenmariechen bis zur Büttenrednerin gebracht hat: »Was aber bleibt, ist ein etwas freierer Mensch.« Das sollte man doch vertonen.

1994

Im Schatten Hitlers*

Wenn israelische Siedler in den besetzten Gebieten sich einen Stern an die Brust heften, dann greifen sie gelegentlich auch zur Maschinenpistole. Der Amoklauf von Baruch Goldstein, der im vergangenen Jahr in Hebron mehrere Palästinenser umbrachte, war nur der jüngste und indivudell gräßlichste Ausdruck eines fatalen Ineinanders von historischer Erinnerung und aktueller Wahrnehmung, einer mitunter katastrophischen Verschränkung, deren Entstehung, Verlauf und Äußerungsformen Tom Segev in seinem Buch »Die siebte Million«. Die Israelis und der Holocaust« ausführlich beschreibt und kommentiert.

Tom Segev ist Historiker und Journalist. Seine wöchentliche Kolumne in *Ha'aretz* garantiert ein Publikumsverhalten, das bei uns längst ausgestorben ist. Wer kauft schon eine Zeitung regelmäßig, weil er den Beitrag eines bestimmten Autors nicht verpassen möchte? Segevs wöchentliche Kolumne ist überschrieben mit »Katav sar«, was in seinem Fall soviel heißt wie Auslandskorrespondent im Inland. Auch seinen nun auf deutsch erschienenen historischen Reportagen über die Rolle der Erinnerung an den Holocaust in der israelischen Gesellschaft, Politik und Kultur sind gekennzeichnet von diesem fremden, fast ethnologischen Blick auf das eigene Land. Was

* Über Tom Segevs »Die siebte Million. Der Holocaust und Israels Politik der Erinnerung«, Reinbek 1995.

Wunder, daß man ihm in Israel gelegentlich vorwirft, er gehöre nicht dazu.

Auch das vorliegende Buch hat ihm, weil es die Gründungsmythen des Staates und den Säulenheiligen jener Ära, Ben Gurion, demontiert, nicht nur heftige Kritik, sondern auch äußerst feindselige Äußerungen vor allem von seiten des historiographischen Establishments eingetragen. Yehuda Bauer, ein renommierter israelischer Historiker, und Tuvia Friling, der Direktor des Ben-Gurion-Archivs, veröffentlichten einen gemeinsam verfaßten Text im Organ der israelischen Schriftstellervereinigung, worin sie Segevs Kritik an der Instrumentalisierung des Holocaust für politische Zwecke brandmarkten. »Sein Buch«, so ihr Resümee, »ist mit der Absicht geschrieben, die Geschichte im Geist des Revisionismus zu interpretieren. Bei den Antisemiten führt der Revisionismus zur Leugnung von Auschwitz, bei uns richtet er sich gegen die damalige politische Führung.«

Segev, ein Nolte aus Jerusalem? Ein Auschwitz-Relativierer aus Israel? Tuvia Friling fügte noch eine eigene fünfzigseitige Anklageschrift gegen Segev hinzu. Sie erschien in einem akademischen Jahrbuch und bezichtigte den Autor, er schiele mit seiner Veröffentlichung auf den ausländischen, insbesondere den deutschen Leser. Segev spreche dem Zionismus humanistische Qualitäten, ja überhaupt jede Legitimation ab.

Segevs Buch ist keine Geschichte der Judenverfolgung und keine neue Darstellung des Holocaust. Es handelt von den Folgerungen, die von der israelischen Politik daraus gezogen wurden. Eine dieser Folgerungen, deren Ausdrucksformen Segev in Portraits einzelner Protagonisten, aber auch anhand zahlreicher schriftlicher Quellen schildert, ist die seitenverkehrte Antwort auf die traumatische Erfahrung der absoluten Weltverlassenheit der

Juden unter dem Naziterror. Nun wurde die Welt aus der Politik ausgeschlossen: Wir gegen den Rest der Welt, und dieser Rest, das sind alles Feinde der Juden – so lautete eine politische Richtlinie, die am Ende direkt in eine Sackgasse führte. Heute schon wieder vergessen ist, daß selbst über dem strahlenden Sieg von 1967 der Schatten Hitlers lag. »Auschwitz-Linien«, berichtet Segev, hätten die Grenzen des Landes damals beim Militär geheißen.

Segevs Buch ist keine Geschichte des Zionismus, sondern eine Konfrontation einiger zu Mythen erstarrter Ideologeme des Zionismus mit der jüngeren Geschichte. Zur Empörung vieler seiner Landsleute weist er detailliert nach, daß die zionistische Führung immer eine Priorität im Aufbau des Landes, nicht aber in der Rettung bedrohter Juden in Europa gesehen habe (daß sie kein Machtmittel gehabt hätte, eine größere Zahl von Gefährdeten zu retten, steht auf einem anderen Blatt). Am Schluß seiner facettenreichen Schilderung resümiert Segev, daß etwa die Vorstellung vom »neuen Menschen«, eine dem Leninismus abgeschaute Idee, endgültig der Vergangenheit angehöre. Nicht zuletzt aufgrund einer veränderten Sichtweise auf den Holocaust ist das Ideal vom starken Aufbauhelden im Gegensatz zum schwächlichen und dekadenten Juden der Diaspora endgültig zu den Akten gelegt worden.

Der Titel »Die siebte Million« steht als Metapher für die Überlebenden der Massenvernichtung. Der Schriftsteller Elie Wiesel ist einer von ihnen. 1949 kam er nach Israel zu einem längeren Besuch und wollte darüber berichten, wie die Davongekommenen sich in ihrem neuen Leben eingerichtet hätten. Unter der Überschrift »The Land That Broke Its Promise« rezensierte er 1993 die amerikanische Ausgabe von Segevs Buch in der *Los Angeles Times* und bestätigte mit Hinweis auf seine eigene traurige Erfahrung von damals, wie gleichgültig und mit oft offener Verachtung das menschliche Strandgut Europas behandelt wurde. Segev beschreibt diese Verachtung, die im Schimpfwort *sabon* (Seife) und im Vorwurf »wie Lämmer zur Schlachtbank« gipfelte, als den Versuch der zionistischen Führung, die eigene Macht- und Tatenlosigkeit angesichts der Massenvernichtung zu kompensieren.

Die Überlebenden hatten zu schweigen und sollten ihr Schicksal wie das ihrer ermordeten Angehörigen als notwendige Strafe für ihre Uneinsichtigkeit begreifen, nicht frühzeitig genug Zionist geworden zu sein. Und die bis Kriegsausbruch geretteten deutschen Juden mußten sich bei ihrer Ankunft die spöttische Frage gefallen lassen: »Kommen Sie aus Zionismus oder aus Deutschland?« Oder man nannte sie einfach »Hitler-Zionisten«. Der Geschichte der deutschen Einwanderer widmet Segev mehrere Kapitel, weil sich hier einige nicht allein im Rückblick erschreckende Vorstellungen der zionistischen Führung in praktische Politik verwandeln konnten. »Wertvolles Menschenmaterial« war gefragt im Gegensatz zu »unbrauchbarem Menschenmaterial«.

Die vielen Versuche, den Holocaust zu deuten oder für die Politik zu instrumentalisieren, beschreibt Segev als Versuche, dem Sinnlosen Sinn zu verleihen. Ob Ben Gurion den Massenmord als einen Angriff auf den Zionismus betrachtete, dem künftige Siedler (und künftige Wähler) entzogen wurden, ob der Opfer als »Märtyrer und Helden« gedacht wird, wie es im entsprechenden gesetzlichen Feiertag heißt, alle Erinnerung hatte Sinn- und Traditionsstiftung zum Ziel. Deren völkisch-chauvinistische Ausrichtung als einer immanenten Gefahr verschweigt Segev nicht. Und jeder, der hierzulande sich auf Denkmäler und Gedenkstätten kapriziert, sollte, ehe er –

wie kürzlich die Jury in Berlin – über etwas entscheidet, die Schlußkapitel in Segevs Buch lesen, die von einer Erinnerungskultur handeln, welche von Deutschland aus neidisch verfolgt wird. Wer diese Ausführungen mit Verstand gelesen hat, wird kaum auf die Schnapsidee kommen, den Entwurf für ein Holocaust-Denkmal zu prämieren, das mit Felsblöcken aus Massada garniert ist, dem Ort des jüdischen Massenselbstmordes zur Zeit der römischen Besatzung.

Vor allem freilich sollten jene Israel-Experten in Deutschland das Buch lesen, die immer als Bewährungshelfer zur Stelle waren, wenn die Israelis sich danebenbenahmen. Mit dem Wegfall des Ost-West-Gegensatzes hat ja nicht nur die deutsche Rechte, sondern auch die Linke einen Lieblingsfeind verloren. Seit Rabin und Arafat sich vor dem Weißen Haus die Hand schüttelten, haben die ansonsten übereifrigen Israel-Kritiker den Nahen Osten aus dem Auge verloren. Jetzt hätten sie Zeit nachzulesen und nachzudenken.

Dafür hätte man ihnen freilich eine bessere Ausgabe gewünscht als die vorliegende. Sie ist schlampig lektoriert. Die hebräischen Namen sind freihändig transkribiert, manchmal sind sie ganz falsch. Falsch sind auch die deutschen Übersetzungen einiger israelischer Organisationsnamen. Die Histadrut kennt jeder als die israelische Gewerkschaft, hier heißt sie »Arbeiterbund«. Die Mapai wird als »die linksliberale Arbeitspartei« präsentiert. Ganze Zitate wurden nicht übersetzt. Und unter den vielen Ungenauigkeiten ist auch eine hübsche Dummheit zu finden: In Israel sei »die Trennung von Staat und Kirche« nicht vollzogen.

1995

Der Meinungsfreiheit eine Gosse

Nach den zaristischen Pogromen Ende des vergangenen und Anfang dieses Jahrhunderts fragte ein besorgter Zeitgenosse in einer russischen Tageszeitung: »Den Pogrom haben die Juden weder erfunden noch betrieben. Aber wären sie dazu in der Lage? Die hypothetische Antwort muß lauten: Ja.« Es ist zwar nicht ausgeschlossen, daß es schon damals Leute gab, die den Juden nicht verzeihen wollten, daß sie massakriert wurden – aber diese Anekdote ist frei erfunden.

Nicht erfunden hingegen ist, was ein um das deutsch-jüdische Verhältnis besorgter Zeitgenosse am vorvergangenen Freitag (10.2.1995) im *Tagesspiegel* schrieb. Sein programmatischer Kernsatz zur Endlösung der deutsch-jüdischen Versöhnungsfrage hieß: »Den industriellen Massenmord haben Juden weder erfunden noch betrieben. Aber wären sie dazu in der Lage? Eine widerliche Frage: die hypothetische Antwort muß lauten: Ja.«

Was war geschehen, daß sich ein Redakteur zu einem derart flammenden Plädoyer für eine neue Gleichberechtigung von Deutschen und Juden hinreißen ließ? Auschwitz als Fluchtpunkt deutsch-jüdischer Egalität? Unter der Überschrift »Das Wasser auf den Mühlen der Lügner« kommentierte Thomas Lackmann die Entscheidung des Piper Verlags, das bereits fertiggestellte Buch »Auge um Auge – Opfer des Holocaust als Täter« von John

Sack nicht auszuliefern. Der Verlag hatte erklärt, Sacks Buch könne Anlaß zu einem Mißverständnis bieten: nämlich zu der vom Autor mit einem sadistischen Politporno illustrierten wie vom Piper Verlag geteilten Auffassung, jüdische Überlebende der Massenvernichtung in Polen hätten die »Rolle ihrer Peiniger übernommen«.*

Einerseits über jedes Mißverständnis erhaben, schlummerte dieser Gedanke andererseits als Vorverständnis im Kopf eines Feuilleton-Redakteurs. Er wird deshalb die beklagte Zensur leicht verschmerzen. Er kennt das Buch nicht, aber schon längst dessen Botschaft: »Die Umstände«, heißt es im *Tagesspiegel* über eines der Internierungslager in Polen, »unterschieden sich nicht vom Niveau eines Nazi-KZ«. Irgendwann, wir werden es noch erfahren, muß also eine jüdische Wannsee-Konferenz stattgefunden haben. Bei *dpa* freilich war diese Vermutung schon zur sicheren Tatsachenfeststellung geworden. Die Agentur vermeldete den Rückzug des Piper Verlags unter der Überschrift: »Piper zieht Holocaust-Buch zurück.«

Weder von der Sache selbst noch von der fraglichen Publikation hatte der *Tagesspiegel*-Kolumnist auch nur die geringste Kenntnis. Mehrere amerikanische Zeitschriften, unter ihnen *The New Yorker*, so berichtete Lackmann, hätten John Sacks Recherche mit Vorschüssen finanziert, aber das Ergebnis dann abgelehnt zu drukken. Nur: *The New Yorker* hat nie etwas mit John Sack zu tun gehabt. Dort würde man einen Autor, dessen Ruf sich auf die Memoiren von Leutnant William Calley, des Kil-

* Dass der Piper Verlag das Buch von John Sack zurückzog war dem Artikel »Die Protokolle der Rächer von Zion« von Eike Geisel zu verdanken, der in *Konkret* und der *Frankfurter Rundschau* erschien und eine große Denatte auslöste. Der Artikel ist enthalten in »Die Wiedergutwerdung der Deutschen«, Tiamat, Berlin 2015. (A.d.H.)

lers von My Lai, gründet, nicht einmal mit dem Pförtner reden lassen. Als Sacks Bericht, so Lackmann weiter, schließlich als Buch unter dem Titel »An Eye for An Eye – The Untold Story of Jewish Revenge against Germans in 1945« erschienen sei, »wurde er von den meisten Rezensenten ignoriert«. In Deutschland haben derartige Auskünfte ihren besonderen Reiz, nicht erst seit Bitburg, als wieder öffentlich über den jüdischen Einfluß auf die amerikanische Presse räsoniert wurde. Gegen derlei hilft die Wahrheit wenig. Dennoch: Rezensionen, Kommentare oder Berichte über Sacks Buch erschienen in: *New York Magazine, Daily News (New York), New York Times, The New York Observer, Los Angeles Times, San Francisco Chronicle, The Washington Post, The New Republic, The Nation*, um nur die wichtigsten Zeitungen zu nennen.

Im *Tagesspiegel* ist offenbar keines dieser durchweg besseren Blätter bekannt. Man weiß nun, wie es auch kulturell um die vielbeschworene Westbindung bestellt ist: Sie reicht bis zum nächsten Kiosk in der Potsdamer Straße,* denn dort gibt es die *Zeit*, in der vor einigen Monaten eine fünfseitige und John Sacks Bericht abgelauschte Infamie erschienen war. Aus ihr hat Lackmann abgeschrieben, was er seinen Lesern auftischte.

Wie damals die *Zeit,* wurde nun auch der *Tagesspiegel* angesichts eines Buches, das Überlebende als SS-Doubletten schildert, von einer aus der neuen deutschen Selbstfindung bekannten Frage bedrängt. Waren die Opfer der Deutschen, die »Märtyrer auf dem Sockel«, wirklich so unschuldig? Und sind die Überlebenden nicht so wie wir? Erst mit der Anverwandlung an Deutsche hat offenbar ein

* In der Potsdamer Straße befand sich damals des Verlagshaus des *Tagesspiegel*. (A.d.H.)

Ende, was Lackmann die »Ikonisierung der Opfer« nennt. Erst also, wenn man nicht nur die unermeßliche Unschuld der Opfer anzweifelt, sondern die in diesem Zusammenhang entdeckte Übereinstimmung von Massenmördern und Überlebenden bekräftigt, erst dann erhält man die Antwort auf die Frage: »Sind etwa Juden Menschen wie du und ich?« Das hätte Thomas Lackmann gern.

Nach der Lektüre seines Textes wird Juden bestimmt die Frage immer noch egal sein, ob sie sich von den nichtjüdischen Mitbürgern unterscheiden. Andererseits muß man kein Jude sein, um Wert darauf zu legen, sich von Thomas Lackmann zu unterscheiden.

Aus freilich ganz anderen Gründen muß man bedauern, daß der Verlag das Buch zurückgezogen hat. Hätte er es ausgeliefert, wäre der verdiente Schaden für den Verlag und der Unterhaltungsgewinn für die Öffentlichkeit noch viel größer geworden. Denn amüsanter als der Einspruch eines Redakteurs, der der Meinungsfreiheit eine Gosse bahnen möchte, wäre doch die Neuauflage der beliebten Lichterketten gewesen. Sie hätten wieder einmal das Ansehen Deutschlands retten können. Mit leuchtenden Davidsternen und einer Rede des Bundespräsidenten, der nach den Alliierten nun auch den Juden verzeiht.

1995

Mehr Friseure als Juden

Während Christo die Vergangenheit verpackte, waren andere radikal zeitgenössisch und entblößten ihr Herz. In der Berliner Senatskoalition brach ein erschütternder Richtungskampf über die lebenswichtige Frage aus, ob man das Brandenburger Tor mit dem Auto durchqueren oder umfahren müsse, um den eingewickelten Reichstag als abgewickelte Geschichte zu besichtigen. Angesichts der Professionalität, mit der Christo zu Werke ging, wurde Berliner Politikern erneut vorgehalten, sie führten sich auf wie bösartige Kleingärtner.

Wie unbegründet freilich der Vorwurf des vorsätzlichen Dilettantismus ist, erfährt, wer sich mit der von Berliner Politikern betriebenen Verhüllung eines anderen herausragenden Bauwerks des Senats beschäftigt. Verglichen mit den Verpackungskunststücken, die der Senat am Neubau des Jüdischen Museums ausprobiert hat, ist Christo ein blutiger Anfänger. Denn dieser käme nie auf den Gedanken, dem Publikum weiszumachen, unter den Planen sei nicht der Reichstag, sondern etwa eine Filiale von Aldi verborgen. Der Berliner Senat hingegen, insbesondere seine Gauklertruppe um den Kultursenator Roloff-Momin, führt seit Jahren und angesichts der bevorstehenden Wahlen eine möglicherweise folgenreiche Zaubernummer vor. Der Titel des kulturpolitischen Varietés heißt: Ein Museum verschwindet.

Auf dieses Programm wäre selbst der Magier Copperfield neidisch, der es bisher nicht geschafft hat, etwas zu verwandeln, was es noch gar nicht gibt. Das Jüdische Museum gibt es noch nicht. Es gibt in der Kreuzberger Lindenstraße neben dem Berliner Museum einen Rohbau nach den Plänen des Architekten Daniel Libeskind. Der Bau, der wie ein Blitz in die öde Umgebung aus alter Dürftigkeit und neuer Putzigkeit einschlägt, gilt bei internationalen Architekturkritikern als das herausragendste Projekt der Stadt.

Der Kulturkorrespondent der *New York Times*, Paul Goldberger, der den Pulitzerpreis für seine Architekturkritiken erhalten hatte, stimmte eine Hymne auf den Libeskind-Bau an. Das Jüdische Museum, so fügte er hinzu, sei in jeder Hinsicht das Gegenteil der Auffassung des fast allmächtigen Senatsbaudirektors Hans Stimmann, bei dem heute weder Mies van der Rohe Gehör fände noch die Philharmonie Scharouns eine Chance hätte. Stimmann, der beamtete Kämpfer gegen architektonische Überfremdung – »Wenn es bei uns aussieht wie in Hongkong oder in Tokio, dann kommt niemand. Berlin muß aussehen wie Berlin.« –, verteidigte einst vehement die einheimische Traufhöhe und Blockbebauung gegen Libeskinds Museumsentwurf. Es handle sich um den »Furz eines mittelmäßig begabten Architekten«, so nannte der Senatsbaudirektor einmal Libeskinds Konzept, den irreparablen Bruch deutsch-jüdischer Geschichte durch ummauerte Leerräume (»Voids«) in Architektur zu übersetzen.

Zwar wurde Libeskinds Vorschlag im Januar 1989 von einer Jury einstimmig angenommen, doch Stimmanns Verteidigung des Berliner Stallgeruchs, des lokalen Miefs, prägte seitdem den Unernst, mit dem Berliner Politiker das Projekt »Jüdisches Museum« betrieben. Und diese Geschichte ist die Geschichte eines einzigartigen Etikettenschwindels. Nach außen verkauft man das

Projekt, das 1991 wieder eingefroren werden sollte und erst auf internationalen Protest hin in Angriff genommen wurde, als »Jüdisches Museum«. Intern bedient man sich einer Fülle bürokratischer Tarnbegriffe: »Jüdische Abteilung des Berliner Museums«, »Jüdische Hauptabteilung«. An der Baustelle liest man: »Erweiterungsbau des Berliner Museums mit Jüdischem Museum«. Diese Konstruktionen verraten freilich alle nur, daß man die Emigranten (auf deren Schenkung man spekulierte), das Ausland (aus Reputationsgründen) und die deutsche Öffentlichkeit dreist belogen hatte.

Ein hoher Senatsbeamter, der Wert darauf legte, nicht namentlich genannt zu werden, erklärte kürzlich dem Londoner *Observer*: »Wir mußten damals die jüdische Karte spielen, um Geld für die Erweiterung des Berlin Museums zu bekommen. Wir hatten nie die geringste Absicht, ein eigenes jüdisches Museum zu bauen.« Jörn Merkert, der Direktor der Berlinischen Galerie, sah durch die mögliche Attraktivität eines Jüdischen Museums seine eigene Institution schon vollends in die Bedeutungslosigkeit herabsinken und war weniger darum besorgt, daß seine Auskunft anonym blieb. Er erklärte: »Das Friseurmuseum ist auch nur eine Abteilung, und schließlich gibt es hier mehr Friseure als Juden.« Er hat recht, und schließlich gibt es hier mehr Merkerts als Juden.

Seit die verschiedenen lokalgeschichtlichen Museen (u.a. Märkisches Museum, Berlin Museum, Landwirtschaftliches Museum Marzahn, Domäne Dahlem, Museumsdorf Düppel) unter einem Dach, in der »Stiftung Stadtmuseum« vereinigt sind, gieren alle bloß nach neuen Räumen und Ausstellungsflächen. Sie würden auch die architektonische Kröte schlucken, wenn nur diese Zumutung nicht mehr Jüdisches Museum heißt und erst recht keines ist, sondern eine folkloristische Abteilung mit Kulturgerät. Gegen dieses ganze Ensemble einer Sternheimschen Posse steht Amnon Barzel alleine auf weiter Flur. Der Gründungsdirektor des Jüdischen Museums, ein aufgewiesener Fachmann aus der internationalen Kunstszene, hatte sich 1994 nach Berlin berufen lassen, ohne sich vorher genau über die Berliner Mischung aus Vereinsmeierei, neidvoller Zwergenhaftigkeit, vertrödelter Schäbigkeit und schnöder Berechnung zu informieren.

Jetzt steht er alleine im Rohbau des Jüdischen Museums, dessen Inneres einer Kulisse aus einem expressionistischen Stummfilm gleicht. Es ist eine One-man-Show: Er hat keine festen Mitarbeiter und keinen Etat. Seine vom Märkischen Museum ihm zugeteilte Sekretärin spricht keine Fremdsprache. Mit läppischen 100.000 Mark Jahresetat soll er sich an die Arbeit machen, von der er genaue Vorstellungen hat, die wiederum auf ressentimentgeladene Abwehr im Senat stoßen. In einem internen Papier hat Reiner Günzer, Referatsleiter für Museen, bereits die Ablösung von Barzel gefordert. Er fürchtet, die Dominanz jüdischer Themen über Fragen der Berliner Geschichte, eine Überfremdung, mit der doch Schluß gemacht worden war. Der von Sachkenntnis nicht beschwerte, aber mit Strebsamkeit ausgestattete Kulturpolitiker möchte zu gern Generaldirektor der »Stiftung Stadtmuseum« werden. Dann wird er noch entschiedener verhindern können, daß das geplante Restaurant des Museums eine jüdische Speisekarte hat. Dann wird er auch verhindern können, daß die ausdrücklich für das Jüdische Museum bereits gestifteten Gelder diesem auch zugute kommen.

Der aus der Emigration zurückgekehrte Felix Simenauer etwa hatte nicht nur seine große Sammlung zur Geschichte jüdischer Sportvereinigungen dem Jüdischen Museum hinterlassen, sondern dieser Institution auch einen Geldbetrag in Höhe von über einer Million Mark testamentarisch vermacht. Diese Summe steht Amnon Barzel nicht zur Verfügung, sie wurde von der Kulturverwaltung im April diesen Jahres unter dem Namen »Stiftung Stadtmuseum« bei einer Bank angelegt.

Amnon Barzel wird gegen diese Riege Hilfe brauchen, und diese Unterstützung wird allenfalls aus dem Ausland kommen. Hier möchte man, wie es aussieht, lieber mit toten Juden zu tun haben. Für ein Denkmal ist Geld da. Als museale Objekte sind Juden willkommen, als leibhaftige Personen, die wie Barzel ein Zentrum der lebendigen Auseinandersetzung planen, sind sie bloß Störenfriede. Nicht einmal beim Richtfest des Jüdischen Museums sollte der zum Abteilungsleiter degradierte Barzel sprechen. Erst als die Parlamentspräsidentin Hanna-Renate Laurien von dieser Schäbigkeit erfahren und auch der Vorsitzende der Jüdischen Gemeinde dem Kultursenator Nachhilfeunterricht im öffentlichen Benehmen erteilt hatte, durfte Barzel eine Rede halten.

Amnon Barzel ist Israeli. Daß er Jude sei, sagte er, habe er in Israel nie verspürt. Das sei einfach selbstverständlich. Dem Mangel an jüdischem Bewußtsein versuchen israelische Politiker und Pädagogen dadurch abzuhelfen, daß sie Schulklassen zu einer Besichtigungstour durch die ehemaligen Vernichtungslager schicken. Sie fahren, wie es in Berichten darüber oft heißt, als Israelis hin und kehren als Juden zurück. Amnon Barzel hat an keiner dieser Touren teilgenommen. Er tourt durch die Berliner Politik. Und seit er sich auf diesem Marsch durch die Institutionen befindet, sagt er, fühle er sich als Jude.

1995

Die Befreiung von den Befreiten

Es gab in der deutschen Nachkriegsgeschichte mal eine kurze Zeit, da nährte sich die Empörung über die bestehenden Verhältnisse am Haß auf deren Herkunft. In der Bundesrepublik war kurzfristig einmal ein Bewußtsein darüber vorhanden, woher diese Gesellschaft kam und weshalb sie so beschaffen war, daß sie von der Ermordung von 6 Millionen Juden umstandslos zur Herstellung von 6 Millionen Volkswagen übergehen konnte.

50 Jahre nach Kriegsende freilich sieht es aus, als gäbe es nur noch Klippschüler. Wie anders soll man verstehen, daß selbst Leute, die es einmal besser wußten, nun rätseln, ob der 8. Mai 1945 ein Datum der Befreiung oder ein Tag der Niederlage war. Und ehemalige Linksradikale, für die früher jede Niederlage der deutschen Fußball-Nationalmannschaft Anlaß zu einem Straßenfest bot, haben inzwischen vergessen, daß die militärische Niederlage Deutschlands 1945 die erfreulichste Niederlage der Menschheitsgeschichte war. Wenn Alfred Dregger dieses Datum für einen Tag der Trauer hält, gut so. Er und seinesgleichen haben damals verloren, gut so. Man sollte ihnen jährlich eine kleine Statue des britischen RAF-Generals Harris überreichen: zur Erinnerung daran, was passiert, wenn sie es nochmals versuchen sollten.

Doch seit sich herausgestellt hat, daß die Deutschen langfristig den zweiten Weltkrieg doch noch gewonnen haben, wollen auch die Kritiker von einst ganz zur siegreichen Mannschaft gehören. Aber sie trotten bloß den

Spielmachern hinterher. Während der Bundeskanzler am 9. Mai nach Moskau fährt und mit einem alten Spruch von Wolfgang Neuss (»Wir schaffen es – auch ohne Waffen-SS«) sich als fairen Gewinner feiern läßt, entdecken dessen langjährige Opponenten plötzlich, daß die ehemaligen Gegner der Deutschen die Spielregeln nicht immer eingehalten haben. Zwar hatte der Bundespräsident kürzlich in Dresden den einstigen Alliierten verziehen, daß sie mit der kriminellen Vereinigung Deutschland Schluß gemacht hatten, aber nun sind auf einmal andere so nachtragend wie vordem bloß die Rechtsradikalen.

Man dürfe die »Vertreibungsverbrechen« nicht tabuisieren, tönt es aus der *taz*, als habe es dieses Tabu je gegeben. Und je toter der Kommunismus ist, desto eifriger wollen viele bei seiner historischen Hinrichtung dabei sein. Die 50jährige Wiederkehr der Befreiung von Buchenwald wurde allerorten als Aufforderung verstanden, sich von den Überlebenden zu befreien, endlich die ehemaligen Häftlinge zu entnazifizieren.

»Elite des Grauens« war etwa ein Bericht im Berliner *Tagesspiegel* überschrieben. Und damit waren nicht die SS-Wachmannschaften, sondern die inhaftierten Kommunisten gemeint. Im Untertitel des Berichts hieß es: »Die roten Kapos waren diszipliniert, gehorsam, zuverlässig und halfen der SS, das Lager zu verwalten.« Welche Neuigkeit. Ähnliches war längst aus allen Konzentrations- und Vernichtungslagern bekannt. Eigentlich, so durfte man nun aus den aktuellen Rückblicken schließen, saßen die Kommunisten nicht ganz zu Unrecht im Lager. Sie waren weniger Opfer als vielmehr eine vielleicht etwas benachteiligte Unterabteilung der SS gewesen. Die »300 roten Kapos«, so erfuhr man, hätten der SS bei Selektionen zugearbeitet und es so geschafft, zur erfolgreichsten Überlebensgruppe zu werden. »Haben sich die

Kommunisten«, so fragte ein schreibender Kapo, »die nationalsozialistische Rassenideologie zu eigen gemacht. Kann man das, was sie taten, überhaupt als Widerstand bezeichnen? ... Was die Nazis ›minderrassig‹ nannten, hieß für die Kommunisten ›völlig undisziplinierbar‹. Das Ergebnis war dasselbe: Zigeuner, Ostjuden, Russen.« Der Umschuldungshistoriker Ernst Nolte hatte immer behauptet, die Verbrechen der Nazis seien Nachahmungen bolschewistischer Untaten gewesen. Seine Schüler korrigieren ihn nun vorsichtig: nicht Kopie, sondern Joint Venture.

Mit solcher Auskunft freilich enthüllt sich ein nur notdürftig verborgener Sinn der »Befreiung«, deren Jahrestag jetzt gefeiert wird. Auf den ersten Blick scheint das Erinnerungsfestival ein bloßer Schwindel zu sein, denn bekanntlich wurden die übbriggebliebenen Insassen von Lagern und Gefängnissen befreit. Die anderen, die diese betrieben oder die Welt in Schutt und Asche legten, wurden militärisch besiegt: sie wurden gegen ihren Willen und mit Gewalt allenfalls davon befreit, ihren Massenmord bis zur völligen Selbstvernichtung fortzusetzen. Nur durch ihre Niederlage blieben sie am Leben. Daß man den 8. Mai dennoch als Tag der Befreiung begreifen darf, ist die gute Nachricht, welche Historiker und Publizisten angelegentlich der Feier in Buchenwald verkündeten: Befreit wurde nicht, wen die Nazis noch übriggelassen hatten, befreit wurde das Lager Buchenwald von kommunistischer Herrschaft. Und damit hatten die Alliierten einen Fehler wiedergutgemacht, nämlich die Torheit, damals das verläßlichste Bollwerk gegen den Bolschewismus zu zerstören. Mit ihrem Sieg über die kommunistischen Kapos hatten sie begonnen, dieses Bollwerk wiederaufzurichten.

Und die Überlebenden? Weil davongekommen, waren

sie doch mindestens halbe SS-Leute. Jean Améry, Primo Levi und viele andere hätten wahrscheinlich Gnade vor den Augen des publizistischen Volksgerichtshofs gefunden. Denn ganz offensichtlich hatten sie die richtige Konsequenz gezogen. Doch leider folgten zu wenige ihrem Beispiel. »In der DDR drängte diese rote KZ-Elite in Ordnungsfunktionen« erläuterte der *Tagesspiegel* die Herkunft der nicht nur beim Kanzler beliebten Ansicht, die DDR sei ein einziges KZ gewesen. Im Westen andererseits hatte man die Überlebenden konsequent entnazifiziert. Heuss etwa hatte dem Ermächtigungsgesetz zugestimmt, aber daß er Häftling eines Lagers gewesen wäre, das konnte man ihm nun wirklich nicht vorwerfen. Lübke hatte von außerhalb etwas mit den Lagern zu tun gehabt, aber doch nicht als deren Insasse. Und um etwa der Peinlichkeit zu entgehen, ein ehemaliger KZ-Häftling könnte der erste Botschafter in Israel werden, schickte man vor genau 30 Jahren einen einwandfreien ehemaligen Wehrmachtsoffizier dorthin. Seit Stasi gleich Nazi ist, muß für den nachholenden Antifaschismus die Gleichung auch rückwirkend stimmen. Stimmig freilich an dieser neuerlichen Geschichtsentsorgung, die nicht von rechts kommt, ist nur, daß die Gnade der späten Geburt wie so oft mit der Strafe der frühen Verblödung einhergeht.

Die Kapos von einst, ob deutsche Juden in Westerbork, polnische Juden in Auschwitz oder deutsche Kommunisten in Buchenwald – sie wurden, was sie waren, unter mörderischem Druck und im Angesicht des Henkers. Die schreibenden Kapos von heute freilich verüben ihre Schäbigkeiten freiwillig und stehen damit bloß in der Tradition der selbstlosen Gemeinheit ihrer Väter (und Mütter!).

1995

Hannah Arendt und die Menschenrechte

Meine Damen und Herren,

gerade angesichts der Hochkonjunktur inszenierter Erinnerung gilt: die Rede vom Nationalsozialismus hat etwas Antiquiertes. In der Regel dient sie zum Unterfutter guter Gesinnung. Das Jahrhundert geht seinem Ende entgegen, und die organisierte Vernichtung der Juden scheint, wie Jean Améry einmal geschrieben hat, in einem »summarischen Jahrhundert der Barbarei« unterzugehen. Die Juden sind in dieser Bilanz die bedauerlichen, aber keineswegs einzigartigen Opfer eines globalen, verbrecherischen Tuns, das in Deutschland lieber Völkermord als Massenmord genannt wird, weil man ein Volk gerne hat, nicht aber den Gedanken, daß Massenmord nicht nur der Mord *an*, sondern auch der Mord *von* Massen gewesen war. Wer heute auf dieses unabgegoltene Kapitel der jüngsten Geschichte und dessen doch in jeder Hinsicht erfolgreichen Fortgang hinweist, der scheint, um noch einmal Améry zu zitieren, zu den »wirklich Unbelehrbaren« zu gehören, zu den »geschichtsfeindlichen Reaktionären im genauen Wortverstande«. Im Unterschied zu politischen Reaktionären und Schlimmeren können diese »wirklich Unbelehrbaren« nicht auf Verständnis hoffen.

Ein jüngerer Berliner Autor, ein Vertreter des unbefangenen, jugendfrischen Tons im Umgang mit der Geschichte (Bodo Morshäuser) legte vor einiger Zeit ein Buch vor mit dem Titel »Hauptsache Deutsch«. Daß dieser Buchtitel *nicht* als Ironie, sondern als Programm zu verstehen war, erfuhr man aus einem Interview mit der *Zeit*. Dort zog der Autor eine Art Bilanz und sagte: »In den ersten Jahrzehnten nach dem Krieg mußten die jungen Deutschen mit den Altnazis fertig werden, und sie haben es geschafft. Eine Generation später müssen wir mit den alt gewordenen Nachkriegsjugendlichen fertig werden, mit ihrer Fixiertheit aufs Dritte Reich, und es wird kein Problem, mit ihnen fertig zu werden.«

War der auf die sogenannten Altnazis rückblickende Teil dieser Erklärung nur eine treffende Bestätigung des Diktums von Adorno, der einmal notiert hatte: ein Deutscher sei ein Mensch, der keine Lüge aussprechen könne, ohne diese selbst zu glauben, so war der zweite Teil, der die kollektive Drohung aussprach »wir müssen mit ihnen fertig werden«, nur verblasener Zeitgeist von gestern, nur spätes Echo eines der Wirklichkeit hinterherhinkenden Mitläufers. Denn im Wortsinn »fertig geworden« mit der Handvoll Leute, die in der Öffentlichkeit bloß noch als Querulanten erscheinen, ist man längst. Die bronzene Trauerhenne in der Berliner Neuen Wache, die nun Deutsche zu Opfern ausbrütet, ist hierbei ein symbolischer Schlußpunkt für den Hausgebrauch, andererseits jedoch die Aufforderung, generös nach außen zu sein und etwa, wie kürzlich vom Bundespräsidenten in Dresden bekräftigt, den Alliierten den Zweiten Weltkrieg nicht mehr nachzutragen.

Jetzt ist Stasi in und Nazi out. Auf dem Spielplan steht jetzt Stasi *als* Nazi, womit der ganze offenkundige antifaschistische Nachholbedarf befriedigt werden soll. Und es wird nicht mehr lange dauern, bis Honecker und Hitler in einem Atemzug genannt werden und etwa die Verstaatlichung von Produktionsmitteln als verschärfte Arisierung gelten wird. Da ist jeder ein Störenfried, der ernsthaft die Hinterlassenschaft des Nationalsozialismus *in* der Demokratie prüft. Auch Hannah Arendt, lebte sie noch, bekäme von begnadeten Spätgeborenen eine Lektion darüber erteilt, was zeitgemäß und was antiquiert sei.

Einer aus der jungen Garde belehrte Hannah Arendt und ihresgleichen sozusagen rückwirkend: »Die großen linken Köpfe, von denen es heute wenig genug gibt«, sagte Cohn-Bendit in der *taz*, »sie haben versagt. Punktum. Aufgrund der unerträglichen Inzucht-Auseinandersetzung mit der deutschen Vergangenheit.«

Das waren vor Jahresfrist noch Töne, an die man sich erst noch gewöhnen mußte. Die alternative Schlußstrich-Variante beinhaltete auch noch den folgenden Hinweis des grünen Politikers: »Durch den Nationalsozialismus ging die unsägliche Debatte in Deutschland immer ein Stück weg von der alltäglichen Realität hin zu absolut moralischen Kategorien im Angesicht von Auschwitz. Ich kritisere das beileibe nicht, es erschwert aber die Public-Relations-Arbeit für unseren Ansatz der multikulturellen Lebenswirklichkeit.« Auschwitz, der Name, ist schlecht fürs Geschäft, mit diesem trademark kann man nicht Politik oder – wie es in diesem Fall austauschbar heißt – Reklame machen. Vielleicht aber könnte man nachdenken. Zur »multikulturellen Lebenswirklichkeit«, wie der Werbeslogan bei Cohn-Bendit heißt, steht Auschwitz möglicherweise in einem bestimmbaren Verhältnis.

Hannah Arendt, ganz persönlich von diesem Verhältnis tangiert, hat dazu die bedenkenswertesten Überlegungen hinterlassen. Sie hat den Zusammenhang der zahlenmäßig zunehmenden Anwesenheit von Flüchtlingen, Emigranten, Staatenlosen mit der wachsenden Abwesenheit von Rechtsgarantien dieser Menschengruppen analysiert und als schrittweisen Niedergang des Nationalstaats im 20. Jahrhundert beschrieben. Am Ende dieses Prozesses hat sich der Nationalstaat in ein System des organisierten Terrors verwandelt und die nicht oder nicht mehr einer Nation Zugehörigen in Lagerinsassen. Insofern ist die Frage, was Auschwitz mit Rechtsgarantien, was Lager mit Menschenrechten zu tun haben könnten, nur auf dem ersten Blick eine irrwitzige Frage. Der Zusammenhang liegt im Irrwitz der Sache selbst, in den Aporien der Menschenrechte, also in jener universellen Rechtskonvention, auf die sich alle demokratischen Gemeinwesen berufen.

Beginnen wir mit dem Anfang, nämlich mit dem historischen Umstand, daß am Beginn des 20. Jahrhunderts plötzlich massenhaft Menschen auftauchen, denen der Stallgeruch der Nation fehlt.

Georg Simmel hat in seinem »Exkurs über den Fremden« die im 20. Jahrhundert neuen Irritationen, welche den populistischen Demokratismus außer Fassung bringen, präzise bezeichnet:

> »Es ist hier also der Fremde nicht in dem bisher vielfach berührten Sinn gemeint, als der Wandernde, der heute kommt und morgen geht, sondern als der, der heute kommt und morgen bleibt, sozusagen der potentiell Wandernde, der, obgleich er nicht weitergezogen ist, die Gelöstheit des Kommens und Gehens nicht ganz überwunden hat.«

Diese Qualität, so bedeutet Simmel, sei gekennzeichnet durch eine Synthese von Nähe und Ferne, durch reflektierte Distanz, Beweglichkeit und Objektivität. Mit anderen Worten: die Träger derartiger Eigenschaften eignen sich nicht für den öffentlichen Dienst, sondern für die Rolle des Schuldigen, den jener braucht. Schon in einem Spottgedicht von Heine heißt es: »... Ausländer, Fremde sind es meist, die unter uns gesät den Geist der Rebellion ...« Nicht verwachsen, verwurzelt, verankert, nicht in der Erde festgemauert und auf keiner Grundordnung stehend, demonstriert die Anwesenheit des Fremden in seiner je besonderen Gestalt die eingebüßten Chancen auf Freiheit. Beweglich, weil auf der Hut, gelassen und engagiert zugleich, freischwebend, weil nicht an den Boden gefesselt, und den Horizont der Gesellschaft kühl ausmessend, vertrauenswert aber nicht vertraulich, blitzen in der Erscheinung des Fremden die Möglichkeit oder der Nachglanz des besseren Lebens auf.

Nur, in der Regel ist dieses partielle Glück ein ganzes Unglück. Selten, daß einer freiwillig zum Fremden wird und selten, daß es ihm dabei gut geht. Am Flüchtling, der kollektiven Gestalt des Fremden im 20. Jahrhundert, scheitert die optimistische Theorie vollends, die besagt, der geschichtliche Prozeß, der Fortschritt, produziere aus sich heraus die Mittel zur Lösung der von ihm verursachten Probleme. War dies schon zweifelhaft zur Geburtsstunde der bürgerlichen Gesellschaft, angesichts der Millionenzahl von Flüchtlingen, die seit dem Ersten Weltkrieg die elende und ständig wachsende Manövriermasse der großen Politik bilden, verwandelt sich jene Behauptung in uneingeschränkte Affirmation.

Die Freisetzung der historischen Potenzen der Arbeit setzte den freien Arbeiter voraus, frei von natürlichen Verwirklichungsbedingungen, befreit vom Despotismus der Natur und von der Natur des Despotismus. Irgendwo zwischen diesen blutig ausgefochtenen Voraussetzungen und den blutrünstig ausgefochtenen Resultaten, wo die Arbeiterklassen sich gegenseitig abgeschlachtet haben, lag, mittlerweile unauffindbar verloren, die Chance, den katastrophischen Gang der Geschichte zu wenden. Je näher wir der Gegenwart kommen, desto kürzer werden die spekulativen Verschnaufpausen zwischen Ursache und Wirkung, bis wir schließlich in eine ununterscheidbare Abfolge kollektiver Untaten geraten.

In diesem, so scheint es, ausweglosen Zirkel, den niemand so eindringlich beschrieben hat wie Hannah Arendt, sind die Flüchtlinge gefangen. Abgestoßen von zerfallenden Nationalstaaten, deren Überlebtheit in den Chefetagen längst anerkannt war, ehe in Regierungskonferenzen über die Neuaufteilung der Erde verhandelt wurde, wird der millionenfache Beweis für die Notwendigkeit, daß sich die tatsächlich zu »einer Welt« verwebten Menschen als eine Menschheit begreifen müssen, von einem Land ins andere verschoben, bis eines Tages entdeckt wird, daß die Heimat der Heimatlosen das Internierungslager, schließlich das Konzentrationslager sein soll.

Mit den Heimatlosen, produziert im Schoß einer maroden Ordnung und doch, wenn auch im Gewand der Schande, nämlich der Rechtlosigkeit, einen vernünftigen Zustand der Welt antizipierend, entbindet diese zerrüttete Ordnung auch, was diese Antizipation verschlingt. Dem hochaktuellen Begriff »Bevölkerungsexplosion« nicht unähnlich, fallen Diagnose und Therapie in eins. Jede Staatsgründung, jede Revolution und jeder Krieg im 20. Jahrhundert hat bislang Menschenmassen vertrieben, deren einziges Fehl darin besteht, nicht daß sie einer gestürzten Klasse oder einer besiegten Partei angehörten, sondern daß sie überhaupt existierten. Mit genau dieser Qualität, nur Menschennatur zu besitzen, wurden sie verjagt und ausgesetzt. Und nur Mensch zu sein, nichts weiter, das ist gar nichts; das wußten schon die Griechen sehr genau, für die alle Fremden Barbaren waren.

Die als Gipfel zeitgenössischer Humanität ausposaunte Maxime, daß ein Jude oder ein Neger auch ein Mensch sei, gerät unter diesem Aspekt zu einer doppelten Schamlosigkeit. Mensch zu sein ist, als würde man dem Affen bescheinigen, er sei ein Tier, es ist die unterschiedslose Bestimmung, die den Verhungernden in Indien wie die Hausfrau im *Brigitte*-Diät-Club umfaßt. Jemandem attestieren, Mensch zu sein, kommt einer einverständlichen Todeserklärung gleich; jemandem unter den obwaltenden Umständen versichern, auch er sei ein Mensch, ist bestenfalls eine verachtungsvolle Geste und in den Augen eines angesprochenen Schwarzen etwa sicher ein höchst fragwürdiges Verdienst.

An den Juden wurde frühzeitig vollstreckt, was die Völker vorgesehen haben als Strafe für die widerspenstige Eigenschaft, nicht in der überholten Dreieinigkeit von Territorium, Volk und Staat aufzugehen: als unerwünschte Minderheit, lästige Ausländer, rechtlose Fremde und verächtliche Staatenlose wurden sie zum Strandgut einer Epoche; schließlich wurde der ganze Kontinent zum Totenschiff.

Einmal Emigrant, immer Emigrant lautet der böse Fluch, der, wo immer sie auftauchen, an ihnen hängt wie ein schlechter Geruch. Der Akzent, in welchem sie verlangen, wonach alle verlangt, nach einer gesicherten Bleibe, verrät den Einheimischen, an wem sie die Drohung, es möchte ihnen morgen ebenso ergehen, entkräften könnten. In jeder verweigerten Tür, in jeder Kündigung, in jeder polizeilichen Ausweisung, den kleinen Anweisungen auf den großen Transfer in die Lager, wird insgeheim die erste Abschlagszahlung auf das eigene Schicksal verbucht.

Am Ende des Ersten Weltkriegs stehen sie im Nichts: die Minderheiten, die Flüchtlinge und die Staatenlosen.

Die Wanderung der Völker ohne Staat effektiv zu steuern, ersinnen die Bürokratien der durch wechselnde Grenzen mit wechselnden Minderheiten konfrontierten Staaten ein ganzes Arsenal halb- und illegaler Zwangsmittel. Darunter Denaturalisierung und Entzug der Staatsbürgerschaft, Maßnahmen, die zu den wirksamsten Waffen totalitärer Regimes sich entwickeln sollten. Die Nazis haben, in früher Perfektionierung demoskopischer Mittel – die Regierung tut, was die Bevölkerung will, daß die Regierung befiehlt –, genau gewußt, daß sich keiner regen würde, wenn es gegen Menschen ging, die außer auf ihr menschliches Antlitz auf nichts verweisen konnten. War erst einmal die juristische Person durch Entzug der Staatsbürgerschaft und anderer Rechte zerstört, dann erwies sich die Behauptung von den eingeborenen Rechten eines jeden Menschen als hohle Phrase; nur im Besitz sogenannter unveräußerlicher natürlicher Rechte waren die schutzlosen Individuen geradezu die personifizierte Einladung für den Schrecken. »Ihre Unbezogenheit zur Welt, ihre Weltlosigkeit ist wie eine Aufforderung zum Mord«, schreibt Hannah Arendt über die Aporien der Menschenrechte, »wenn man sie mordet ist es, als sei niemandem ein Unrecht oder auch ein Leid geschehen.«

Aber nicht erst 1933, als Flüchtling und Staatenloser meist identisch werden und die Nazis befriedigt zur Kenntnis nehmen können, daß die Hinausgeworfenen im Ausland als Auswurf ankommen, nicht erst mit der planmäßigen Koordination der Willkür wankt die verläßlichste Bastion, in welcher der schutzsuchende Flüchtling sich verschanzen könnte; sie ist längst geschleift. Das Asylrecht, vom Anbeginn politischer Gemeinwesen herrührend und aus der Idee der solidarischen Gattung geboren, ist unter der Massenflucht im ersten Drittel des Jahrhunderts zusammengebrochen. Seine Anwendung ist, wie fast alle Artikel, die Ausländer betreffen, zu einer Polizeiangelegenheit geworden. Über diese Fragen hat sich die Polizei der verschiedenen Länder dahin entwickelt, wozu es die Arbeiterbewegung nie gebracht hat: zu einer wirklichen und effektiven Internationale.

Unter diesen Umständen hat sich, was dem Flüchtigen Schutz und Recht gewähren sollte, verwandelt in eine prekäre Gnade, der er jederzeit verlustig gehen konnte, denn Gnade ist nur das Schmunzeln der Willkür, eine Laune der Macht, die ihn beständig mit dem Schreckgespenst der Abschiebung bedroht. Und Abschiebung in ihrer schlimmsten Form heißt nun auf paradoxe Weise Repatriierung, Rückverbringung in ein Vaterland, das keines ist. Damit wird Heimat zur Strafe für Heimatlosigkeit, sie erscheint gar als der äußerste Punkt der Fremde. Das hat mit Entfremdung, die mittlerweile für jeden vegetativen Aufstoß der neuen Betroffenheit herhalten muß, wenig zu tun. Entfremdung nähme der Fremde gern in Kauf, hätte er nur eine sichere Bleibe. Heimführung meint ihr genaues Gegenteil: für den politischen Flüchtling bedeutet sie den Weg aus einer unsicheren Freiheit in die sichere Unfreiheit.

Daß der Staat den Zustand der ihm unliebsamen Ausländer nicht legalisiert und das Dasein der Flüchtlinge, Heimat- und Staatenlosen nur widerruflich duldet, hat zwei bedenkliche Konsequenzen: Es entsteht ein Vakuum der Legalität, das die Behörden mit administrativen Willkürakten anfüllen; darin findet am besten sich zurecht, wer angemessen reagiert und selbst zur Illegalität Zuflucht nimmt.

Die zweite Konsequenz besteht in dem Umstand, daß aus der almosenhaften Gewährung des Aufenthalts jede Spur von Politik und Recht getilgt und die Flüchtlinge zu Sozialfällen erklärt werden. Für sie gibt es keinen Appelationsgerichtshof, sondern das Wohlfahrtsamt. So ehrenhaft die Motive der ausländerfreundlichen Fürsorger auch sein mögen, so unerschöpflich sich Ligen und Hilfsvereine um den Flüchtling auch mühen, so zweifelsfrei ihre Erfolge in der Abwendung des schlimmsten Elends wie der unmittelbaren Ausweisung oft auch feststehen, als Objekt von Caritas bleibt die Lage des Flüchtlings zweifelhaft. Fürsorge kann ihm zur Winterkleidung, aber nicht zur Würde verhelfen, zur Erbensuppe, aber nicht zur Einbürgerung, sie verschafft ihm durch einen Arbeitsplatz vielleicht kurzfristig Respekt, aber nicht dauerhaft sein Recht.

Keine Heimat zu haben ist kein Unglück, wenn es Städte gibt, und deshalb ziehen die Flüchtlinge vornehmlich in die großen Städte. Beide, Großstadt und Immigranten, tauchen als Bestandteil totalitärer Ideologie deshalb regelmäßig zusammen auf, wenn es ums gesunde Leben und gegen den Asphalt, gegen die Entwurzelung, aber für das Dasein des Menschen als Rettich geht. Keinen Staat zu haben, weil einen dann kein Staat haben kann, ist allerdings ein Unglück, weil einen nämlich kein Staat will. Was vordem ein Kuriosum war, ein Mensch ohne Staatsangehörigkeit, wird nach dem Ersten Weltkrieg ebenfalls zur Massenerscheinung. Des notdürftigen Schutzes, den andere Flüchtlinge unter Umständen genießen konnten, muß der Staatenlose von vornherein entbehren. Noch stärker das Objekt der illegalen Zwangsmaßnahmen als die übrigen Flüchtlinge sucht er, am Rande der Legalität, jenen Zugriffen zu entgehen. Jede Polizei verstößt zwar bei seiner häufig bei Nacht und Nebel über die grüne Grenze durchgeführten Abschiebung gegen die Gesetze eines anderen Staates, er selbst aber ist hier wie dort eine nicht genehmigte Erscheinung, die unerlaubte Verkörperung der Gesetzlosigkeit. Die Empörung Clemenceaus, die Staatenlosen seien die letzten Sklaven Europas, ist schon überholt, ehe sie ausgesprochen wird; die Sklaven hatten es besser als die massenhaften Vorboten einer neuen Vogelfreiheit. Erst den Nazis gelingt es, diesen von ihnen vergrößerten Bevölkerungsteil deportationsfähig zu machen und ins wirkliche Niemandsland zu verschleppen, das geographisch nicht sehr fern, aber politisch doch Lichtjahre entfernt wie auf einen anderen Stern liegt, auf dem noch kein Mensch je war und Erfahrung gemacht hat. Der inkriminierte Zustand der Nichtzugehörigkeit illustriert zum ersten Mal einen bislang unbekannten und paradoxen Sachverhalt; an ihr zeigt sich, daß absolute Rechtlosigkeit und vollkommene Unschuld zusammengehen können. Jene scheint die Strafe für letztere, wenn man diesen Zusammenhang bis in die Konzentrations- und Vernichtungslager verfolgt.

Und nach Auschwitz? Diese offenbar beständig aus der Zivilisation, oder wie Marx gesagt hätte, »aus den Eingeweiden der bürgerlichen Ordnung« heraus produzierte Kategorie von Menschen verkörpert heute millionenfach einen Zustand, der von den Advokaten der Menschenrechte nicht erahnt werden konnte. »Die Verdammten dieser Erde«, wie die lautlos vegetierenden und klaglos und stumm verlöschenden Menschenmassen in den Elendsgebieten dieser Welt einmal genannt wurden, sie sind heute der aus der Menschheit ausgeschlossene Überhang. Sie sind »Luftmenschen« in der schließlichen Bedeutung dieses Wortes. Einst eine im jüdischen Milieu entstandene spöttische Bezeichnung, die nichts mit dem burschikosen »Luftikus« zu tun hatte, zielte dieses Wort auf die vielen gesellschaftlich frei flottierenden Zwischenexistenzen, deren dürftige Lebensgrundlage in sogenannten »Luftgeschäften« bestand. Abhilfe für diesen beklagten unproduktiven Zustand hat bekanntlich die zionistische Bewegung versprochen, die mit dem unsäglichen Wort vom »Muskeljuden« ganz im Geist der Zeit das produktive Gegenbild zum Luftmenschen propagierte.

Im Wortsinne »Luftmenschen« geworden sind all jene, die heute nichts als ihr bloßes Menschsein vorweisen können, die alle politischen und gesellschaftlichen Qualitäten verloren oder noch nie besessen hatten. Ihre eingeborenen Menschenrechte sind nichts als abstrakte, leere Qualitäten angesichts des konkreten Hungers. Sie sind »Luftmenschen«, nicht weil sie schlecht für sich, sondern weil sie überhaupt nicht für andere, das heißt für die zivilisierte Welt existieren. Für diese sind sie, wie es umgangssprachlich hieß – Luft. Sie sind schon nicht mehr da, ehe es sie nicht mehr gibt. Sie sind die Staatenlosen schon im eigenen Land, die Flüchtlinge, die ihre Heimat nicht mehr zu verlassen brauchen, um deren Rechtlosigkeit zu teilen. Und wenn sich die Hungernden und Elenden doch auf den Weg zu den Satten machen, um wenigstens die Brosamen vom Tisch der Herren der Welt zu ergattern, dann steht diesen Herren ein ganzes Arsenal von Instrumenten zur Verfügung, die Bettler draußen zu halten oder sie zu internieren.

Die Deutschen haben der Welt erfolgreich vorgeführt, wie man sich einer Gruppe von Menschen für immer entledigen kann. Im Weltbild des Nationalsozialismus waren die Juden das negative Gegenprinzip, die Gegenrasse, die ausgeschlossen und liquidiert werden mußte. An der Judenfrage, so die Nazis, sollte sich das Schicksal Deutschlands entscheiden.

Die zivilisierte Welt heute, unfähig die von ihr selbst produzierten Krisen vernünftig zu lösen, ist nach dem – verdienten – Zusammenbruch des Ostblocks auf dem

Weg, in den Hungernden, Elenden und Armen der Dritten Welt ihr negatives Gegenprinzip zu sehen und zu beseitigen. Doch abgesehen von den regelmäßigen Abschreckungsmaßnahmen der Polizeien der westlichen Einwanderungsländer gibt es kaum Maßnahmen, die das Wort »Kampf« rechtfertigen könnten. Es ist eher die um vieles verheerender wirkende Verabredung, einen Teil der Menschheit, zu dem nun auch die Massen Osteuropas und die Einwohner der Ruinen des russischen Imperiums gehören, stillschweigend aus der Menschheit auszuschließen. Diese Kategorie von Menschen ist abgeschrieben, als Produzent, als Konsument, als Gegner wie als Verbündeter. Diese Menschen sind drunten und deshalb draußen. Man muß sie einfach ihrem Schicksal überlassen und nur dafür Sorge tragen, daß der Naturzustand, in den jene zurückgeworfen werden, nicht in der Gestalt lebendiger Barbaren in die Metropolen der Zivilisation eindringt wie einst die wilden Germanenstämme ins kultivierte Rom.

Es ist ganz einfach: Die Hungernden verschwinden dadurch, daß sie verhungern. Und verglichen mit dem angestrebten und teilweise schon realisierten Abschottungsprogramm der Industrienationen nimmt sich das nazistische Erfassungs- und Liquidationsprogramm umständlich aus und überaus veraltet. Auch Eichmann, das letzte Geschenk der Deutschen an die Welt, erfährt dadurch eine späte Würdigung. Er ist uns näher als uns lieb ist. Nicht der miese Charakter, den Gruppenseminare zur Selbsterforschung gelegentlich als »den Eichmann in uns« geortet haben. Denn wovon hier die Rede war, das ist zuallerletzt eine Frage der Moral. Nebenbei, für Eichmann war die Deportation und Vernichtung der Juden keine Frage der Moral, sondern ein Problem der Effizienz, also eine Frage der Arbeitsmoral.

Hannah Arendt hat darauf aufmerksam gemacht, daß die überkommene Konzeption der Menschenrechte in genau dem Augenblick vollständig zusammengebrochen ist, als sie scheinbar ihre radikale Zuspitzung erfuhr, als Menschen tatsächlich nichts anderes vorweisen konnten als ihr Menschsein. Und dieser Zusammenbruch hat vor aller moralischen Implikation eine politische Bedeutung, nämlich dergestalt, daß mit den Lagern erstmals modellhaft vorgeführt wurde, daß schlimmer und entsetzlicher noch als jede partikulare Verletzung von Menschenrechten der Zustand absoluter und vorher nicht gekannter Rechtlosigkeit ist, d.h. wenn Gruppen und Klassen von Menschen aus dem Begriff der Menschheit getilgt und damit zur physischen Tilgung freigegeben werden.

»Der Verlust der Menschenrechte«, schreibt Hannah Arendt, »findet also nicht statt, wenn dieses oder jenes Recht, das gewöhnlich unter die Menschenrechte gezählt wird, verloren geht, sondern nur, wenn der Mensch den Standort in der Welt verliert, durch den allein er überhaupt Rechte haben kann und der die Bedingung dafür bildet, daß seine Meinungen Gewicht haben und seine Handlungen von Belang sind.«

Diese Gewichtslosigkeit von Meinungen und Belanglosigkeiten von Handlungen machen das Zentrum der Lebensumstände ungezählter Millionen von Menschen aus, von denen Hannah Arendt sagt, sie glichen essentiell denen »wilder Volksstämme außerhalb aller Zivilisation lebender Barbaren.«

Die Rückwirkungen der Ausstoßung ganzer Gruppen aus einem Gemeinwesen auf dieses selbst hat Hannah Arendt ausführlich in ihrer Studie über den Totalitarismus beschrieben: eine solche Gesellschaft wird zu einer hochgradig kriminellen Vereinigung, deren Elexire organisierter Terror und Krieg sind.

Daß die zivilisierte Welt bei der Verwandlung der Menschheit in eine wattierte Wagenburg auf totalitäre Maßnahmen ganz verzichtete, läßt sich kaum mit Bestimmtheit sagen. Noch bekommen die Schläge nur die Ausgeschlossenen zu spüren. Doch ähnlich wie sich die Nichtsnutzigkeit der Opfer in der Nichtigkeit der nazistischen Täter wiedergespiegelt hat, die doch dem auf die Juden projizierten Bild vom Untermenschen in Wirklichkeit immer ähnlicher werden, ganz diesem Mechanismus verwandt drückt sich die den Rechtlosen dieser Welt zugedachte naturhafte, flüchtige, konsequenzlose Daseinsweise in der zunehmenden Regression der Zivilisierten aufs bloße Überleben aus. Die Barbarei, die sie sich vom gesellschaftlichen Leib halten wollen, hat diesen längst durch eben diese Abwehr infiziert.

1995

Die frühen Jahre

Eike Geisels Weg zum Kritiker des linken Antisemitismus

Klaus Bittermann

Es war ein langer, verschlungener und nicht immer einfacher Weg, den Eike Geisel zurücklegte hin zum Kritiker des linken Antisemitismus in Deutschland, der ihm eine gewisse Reputation einbrachte in jüdischen und antideutschen Kreisen, aber auch bei Linksliberalen, die die antisemitische Verfasstheit großer Teile der Gesellschaft nicht im vornherein leugneten. Der 1945 geborene Geisel gehörte wie viele aus seiner Generation der Protestbewegung an, für die die Kritik des Zionismus und der israelischen Regierungspolitik zunächst ein selbstverständlicher Teil der Kritik am kapitalistischen System war und eine notwendige Voraussetzung, um für das Selbstbestimmungsrecht des palästinensischen Volkes einzutreten. Im kurzen Moment der Unschuld der Revolte, als nur wenige wirklich einen Begriff davon hatten, dass es Hitler und die Deutschen waren, die den Juden jedes Recht auf die Gründung eines eigenen Staates verschafft hatten, der wie jeder Staat zur Wahrung seiner Interessen Gewalt anwendete, glaubte man noch, auch als Deutscher Israel nach den gleichen Kriterien beurteilen und kritisieren zu können wie Südafrika oder die USA.

Die Forderung der Zionisten nach einem »freien und

demokratischen jüdischen Gemeinwesen« auf dem Kongress 1944 in Atlantic City gab für jüdische Intellektueller wie Hannah Arendt schon damals Anlass zur Kritik. Zwei Jahre vorher noch wollte nämlich, wie sie spöttisch anmerkte, »die jüdische Minderheit der arabischen Mehrheit Minderheitenrechte« zugestehen, während auf der Konferenz in Atlantic City die Araber schlicht unerwähnt blieben, »so daß ihnen offenkundig nichts anderes bleibt, als zwischen freiwilliger Emigration und einer Existenz als Bürger zweiter Klasse zu wählen«. Konsterniert registrierte sie den »bisher unbekannten Nationalismus«, in den »die von Ben Gurion geführte Mehrheit [...] durch zahlreiche Ungerechtigkeiten in Palästina und durch die schrecklichen Katastrophen in Europa getrieben wurde«. Arendt war überzeugt davon, dass dieser Nationalismus den Konflikt mit den Arabern verschärfen würde, weshalb sie die Gründung eines jüdischen Staates ablehnte und für eine »jüdische Heimstätte« in friedlicher Koexistenz mit den arabischen Nachbarn plädierte. Aber daraus wurde nichts, weil weder die arabischen Staaten noch die arabische Bevölkerung ein Interesse daran hatten.

1975 ist Eike Geisel noch ein dezidierter Kritiker des Zionismus, wie es in der israelischen Linken viele gibt, zu der er Kontakt hat und an deren Diskussionen er teilnimmt, da er Hebräisch spricht. Der Befreiungskampf der Palästinenser ist für ihn aus einer internationalistisch-kommunistischen Perpektive eine notwendige Folge der Unterdrückung durch den israelischen Staat. Zusammen mit Mario Offenberg hat er das Buch von Nathan Weinstock »Das Ende Israels? Nahostkonflikt und Geschichte des Zionismus« übersetzt, bearbeitet und herausgegeben. Geisel und Offenberg referieren in einem Vorwort die heute eher etwas schwer nachvollziehbaren Diskussionen der radikalen Linken in Palästina und Israel, wo die Ansicht vertreten wird, dass die Juden »ähnlich wie die Kurden im Irak und die Süd-Sudanesen keine religiöse, sondern eine nicht-arabische *nationale Minderheit*« sind, was immer das in der Konsequenz konkret heißen mag. Aus der Sicht des palästinensischen Befreiungskampfes kann es nicht darum gehen, »den Zionismus zu akzeptieren und Israel anzuerkennen«, sondern vielmehr geht es darum, im »Verlauf der revolutionären Auseinandersetzung« um das Recht auf Selbstbestimmung, den Zionismus abzuschaffen und den gegenwärtigen israelischen Staat zu stürzen, wobei man diese Position mit einem Artikel stützt, der in *die internationale* 3/1974 steht und »Arabische Revolution und nationale Probleme im arabischen Osten« heißt. Auch wenn sich hinter einer gewissen stilistischen Verquastheit Propaganda verbirgt und andeutet, wie wenig man sich der eigenen Argumentation sicher ist, ist die Kritik der zionistischen Politik in manchen Punkten nicht von der Hand zu weisen, wenn es um die Übereinkünfte Ben Gurions mit der Adenauer-Regierung geht, die sich gegen Waffenlieferungen und Wiedergutmachungszahlungen vom israelischen Staatspräsidenten einen Persilschein ausstellen lässt, der sogar hochrangige ehemalige Nazis wie Globke einschließt. Dass die politische Zwangslage der Israelis in ihrem Kampf ums Überleben einen Pakt mit dem Teufel notwendig macht, wird allerdings nicht reflektiert.

Nathan Weinstock hat 2002 eine Wiederauflage seines Buches untersagt, als er feststellen musste, dass er von Antizionisten wie Daniel Bensaïd und Michael Warshawsky eingemeindet werden sollte. Er hatte, wie er in einer ausführlichen Stellungnahme darlegte, über Jahre hinweg die Erfahrung gemacht, dass die arabische Seite ausschließlich daran interessiert war, ihn für ihre Sache einzuspannen, während sie das Unrecht, das Juden in arabischen Ländern zugefügt wurde, völlig ignorierte. Im Laufe der Zeit bekam Weinstock einen abgeklärteren und klügeren Blick auf die Motive seines eigenen Antizionismus und es wurde ihm klar, dass er seine enttäuschten revolutionären Hoffnungen auf die Dritte Welt projiziert und sogar »schlimmste Gräuel« beweihräuchert hatte.

In seinem Buch »Der zerrissene Faden. Wie die arabische Welt ihre Juden verlor 1947-1967« (dtsch: ça ira Verlag, 2019), in dem seine Reflexionen nachzulesen sind, geht es ihm um die Legende, wonach eine Million Juden die arabischen Länder angeblich »allein aus Liebe zu Israel verlassen« hätten. In einem Nachwort versucht Tjark Kunstreich, die antizionistische Sicht Nathan Weinstocks Ende der sechziger Jahre in »Das Ende Israels?« als »Nachdenken über das Scheitern der proletarischen Weltrevolution am Judenhass« zu interpretieren. Die Herausgeber Geisel und Offenberg hätten es hingegen als Manko empfunden, dass Weinstocks »Kritik des Zionismus eine universell-kommunistische und keine antiimperialistische, d.h. eine auf ›nationale Befreiung‹ beschränkte Perspektive einnimmt«. Das ist nicht sonderlich gerecht, weil Kunstreich den Antizionismus Weinstocks durch den angeblich schlimmeren Antizionismus Eike Geisels schönzureden versucht. Zudem hatte Weinstock in der »Einleitung« sich mit den Positionen der Herausgeber ausdrücklich einverstanden erklärt, was er nicht hätte tun müssen, wenn er das nicht auch so gemeint hätte.

1977 erscheint von Isaac Deutscher »Die ungelöste Judenfrage« (im Original »The non-Jewish Jew«), übersetzt und mit einem Nachwort versehen ebenfalls von Eike Geisel und Mario Offenberg. In diesem Nachwort ist der Ton klarer und man merkt, dass Geisels Stil an Schärfe und Eindeutigkeit gewonnen hat. Deutscher arbeitete nach dem Krieg als Historiker und verfasste große Biographien über Stalin und Trotzki. In seiner Aufsatzsammlung zeigt er, dass sich viele Juden vom Judentum emanzipiert haben, aber »die feindselige jüdische Umwelt [...] das Judentum permanent aufs neue erzeugt«, d.h. ohne Antisemitismus »hätten die Juden kaum bis in unsere Tage als gesonderte Gemeinschaft überlebt.« Deutscher, der aus einem orthodoxen jüdischen Elternhaus stammt und seine nächsten Angehörigen in Auschwitz verlor, schloss sich bereits mit 19 der Kommunistischen Partei Polens an, kämpfte im Untergrund gegen die Pilsudski-Diktatur und setzte sich rechtzeitig nach England ins Exil ab. Er gehörte wie Hersch Mendel (dessen Buch »Erinnerungen eines jüdischen Revolutionärs« Geisel euphorisch besprochen hat) der untergegangenen Welt der osteuropäischen jüdischen Arbeiterbewegung an, die zwischen Stalin und Hitler zerrieben wurde.

Als das Buch Deutschers erscheint, wird Geisel gerade mit der pathischen Normalität im Alltag konfrontiert, mit Geschichtslosigkeit und Desinteresse an der Vergangenheit, die er als Dozent in seinen Seminaren der Uni Lüneburg immer wieder erdulden muss:

> »Über Nacht fangen sie in den Hörsälen wieder an zu stricken, wenn man aus den Verhören des Eichmann-Prozesses zitiert oder den sentimentalen Verwaltungsmörder Rudolf Hess zu Wort kommen läßt. Die Alltäglichkeit jenes Grauens pflanzt sich noch in der Banalität der gegenwärtigen Reaktionen fort. Hat man im Rahmen eines politikwissenschaftlichen Seminars den Nazi-Film ›Der ewige Jude‹ angesehen, geht man ein Bier trinken. Daß jemand erschüttert ist, läßt sich selten sagen.«

Auch in Geisels Kritik an der Linken, die auf erste Risse hinweist, zeigen sich bereits Übereinstimmungen zu Wolfgang Pohrt, die möglicherweise schon Ergebnis einer Auseinandersetzung sind, die die beiden seit 1975 in Lüneburg geführt haben dürften, als sie sich an der Universität kennenlernten. Dort exponierte sich Geisel häufig mit polemischen Flugblättern, was ein Grund gewesen sein könnte, dass sich Geisel im Kollegium auf einer Sitzung scharfen Angriffen ausgesetzt sah, so dass berufliche Konsequenzen zu befürchten waren. Pohrt ergriff, wie er einmal erzählte, jedoch vehement Partei für Geisel, drehte den Spieß um und wehrte die Anfeindungen eines Kollegen ab.

Der Beginn einer wunderbaren Freundschaft, bei der die Zionismuskritik Geisels keine Rolle spielte, aus dem einfachen Grund, weil Pohrt damals vermutlich ähnlich dachte, wenngleich er Mitte der Siebziger noch nichts darüber geschrieben hatte. Man kann also davon ausgehen, dass es zu Pohrt keinen Dissenz gab, als Geisel in den beiden von ihm mit herausgegebenen Büchern die Position eines Zionismuskritikers und internationalistischen Linken einnimmt, der sich gegen den vom politischen Gegner erhobenen »infamen Antisemitismus-Verdacht« wehrt und der Ulrike Meinhof in Schutz nimmt (»Gegen die erdrückende prozionistische Übermacht versuchte sie damals eine sozialistische Position zu formulieren«). Meinhof hatte zwar noch nach dem Sechstagekrieg 1967 das »Existenzrecht Israels« verteidigt (was innerhalb der Linken nicht selbstverständlich war und womit sie in der *Konkret*-Redaktion auch alleine stand), aber schon die Geiselnahme in München 1972 durch ein palästinensisches Kommando als revolutionäre Tat zu feiern und Israel vorzuwerfen, seine Sportler »verheizt« zu haben »wie die Nazis die Juden«, ganz zu schweigen von ihrer Duldung der schon früh erkennbaren bedingungslos propalästinensischen RAF-Ideologie, dieser militante Antizionismus enthielt bereits alle rhetorischen Figuren, die Pohrt, Geisel und Broder in der Folge als linken Antisemitismus entschlüsselten.

Retrospektiv ist es einfach, dergleichen zu kritisieren und vermutlich hätte Eike Geisel das selbst getan, aber Geisels Position war damals auch in der israelischen Linken, zu der er Kontakte hatte, weit verbreitet. Damals trat die PLO für eine Zwei-Staaten-Lösung ein und war 1974 von der UN als »Repräsentantin des palästinsensischen Volkes« anerkannt worden. Für Pohrt und Geisel hatte der Antiimperialismus als wesentliches und konstitutives Element in der Politik der Protestbewegung nach wie vor Bedeutung. Sie begriffen sich selbst zu einem Zeitpunkt noch als Teil dieser Politik, als sich für die beiden die von der Protestbewegung ausstrahlenden theoretischen Gewissheiten allmählich auflösten, ohne dass sich etwas anbot, das die vakante Stelle hätte einnehmen können. Noch bestimmte die stramme Pro-Israel-Haltung von *Bild* und Regierung die öffentliche Meinung. Zu Recht hatte Ulrike Meinhof 1967 die Berichterstattung nach dem Vormarsch der israelischen Truppen als »Blutrausch« bezeichnet, weil *Bild* in Sinai 25 Jahren nach der eigenen Niederlage stellvertretend »doch noch die Schlacht von Stalingrad« gewonnen hatte. Und diese die militärischen Erfolge der Israelis feiernden Alt-Nazis aus den Zeitungsredaktionen und der Regierung waren Pohrt und Geisel noch suspekter als der nicht nur bei der Linken immer offener zu Tage tretende Antisemitismus.

In einem längeren Text (»Alle sind Sieger«) von 1982 hat Geisel seiner Kritik an der deutschen Linken und ihr Verhältnis zur PLO eine neue Ausrichtung und neue Gewichtung gegeben, da die PLO Anfang der Achtziger durch verschiedene Anschläge auf Synagogen und andere jüdische Einrichtungen in vielen europäischen Metropolen ihren Judenhass erst gar nicht mehr politisch zu begründen versuchte. Dabei fängt für Geisel der Antisemitismus der Linken bereits 1969 mit einem Anschlag auf das Jüdische Gemeindehaus in Berlin an, dessen politische Bedeutung damals kaum reflektiert wurde:

> »Lange bevor die westdeutsche Linke ihren sympathischen Geburtsfehler mit der Wendung zum Nationalstaat kollektiv wettmachen wollte, hatte die PLO erkannt, daß in der Bundesrepublik ein historisches Entlastungsbedürfnis schlummerte, das es zu wecken galt. Damals, als die Jüdische Gemeinde in Berlin vorsätzlich mit dem israelischen Verteidigungsministerium verwechselt und zum Angriffsobjekt wurde, und die Akteure zur Belohnung mit Kefia und Kalaschnikov in Jordanien trainieren durften* – damals entstand der neue Antisemitismus. Andere wußten immer besser Bescheid über die Linke als diese über sich selbst und ließen sich von deren antiimperialistischen Theaterdonner nicht beeindrucken. Es führen viele Wege nach Palästina, das war jahrelang die taktische Devise der PLO. Warum also nicht auch über Paris, Antwerpen, Berlin, Wien oder Rom, dem Ort des vorerst letzten Verbrechens in einer Serie von Attentaten, die in Europa die

* Als »Belohnung« für den Anschlag ist nicht ganz korrekt, weil einige Mitglieder der Anfang November 1969 gegründeten Tupamaros West-Berlin bereits Ende September 1969 nach Jordanien reisten, um sich an Schusswaffen ausbilden zu lassen. Dennoch bedurfte der Anschlag auf die Jüdische Synagoge am 9. November 1969 keiner ideologischen Indoktrinierung der Palästinenser. Darauf waren Kunzelmann und die Tupamaros von ganz allein gekommen.

> blutige Spur eines neuen Antisemitismus hinterlassen haben. Warum also nicht über Entebbe mit der deutschen Linken und über Nürnberg mit der deutschen Rechten?*«

Für Geisel ist die PLO schon länger keine Befreiungsbewegung mehr, sondern nur noch von nationalen Interessen gesteuert, was zur Folge hatte, dass sich in jenem Halbdunkel, in dem sich die PLO aufhält, »sich das politische Strandgut aller Richtungen zusammenfindet, wo sich Gescheiterte aller Projekte und Hasardeure jeder Couleur auf einen gemeinsamen Nenner verabreden: Auf die bare Bezahlung oder die wechselseitige Versicherung, daß eine Hand die andere wasche. Und bei jedem schändlichen Coup hatte die PLO eine blütenreine Weste und immer ein Dementi parat.« Der Einsicht, dass Auschwitz und der weltweite Antisemitismus ganz entscheidend waren für die Gründung Israels und damit auch für das über das Land hereinbrechende Leid verantwortlich sind, verweigert sich die PLO. Geisel erkennt immer noch die Berechtigung seines ursprünglichen Motivs für die Sache an, auch wenn die PLO alles tut, um dieses Motiv zu diskreditieren.

Vermutlich stellt sich ähnlich wie bei Weinstock eine Ernüchterung über die Befreiungsbewegungen ein, so-

* Im Juli 1976 wurde eine Passagiermaschine von einem palästinensischen Kommando entführt, an dem sich auch zwei deutsche RZ-Mitglieder beteiligten, um 53 inhaftierte Genossen zu befreien und Lösegeld zu erpressen. Die Entführer selektierten die zum Teil fälschlicherweise für Juden gehaltenen Passagiere von den anderen, die freigelassen wurden. Israelische Streitkräfte beendeten die Entführung in Entebbe. Mit den »deutschen Rechten« ist die damals in der Nähe Nürnbergs wohnende rechtsradikale Wehrsportgruppe Hoffmann gemeint, die sich nach ihrem Verbot 1980 teilweise in den Libanon absetzte und dort gute Kontakte zur PLO unterhielt.

bald diese unter Beweis stellten, dass es mit ihnen an der Macht nicht besser wird, sondern nur blutiger. Noch hatte er nicht das Augenmerk darauf gerichtet, was ihm Ende der Siebziger, Anfang der Achtziger wesentlich wurde, nämlich der Unterschied, der darin besteht, ob sich Israelis für die Rechte der Palästinenser einsetzen oder Deutsche, bei denen das Engagement für die palästinensische Sache eine andere Bedeutung bekommt, sobald die Argumentation darauf hinausläuft, dass man als Deutscher eine besondere Verantwortung für die Juden habe.

Vor diesem Hintergrund und mit Blick auf die Rolle der deutschen Linken, bei der in ihrer standhaften Sympathie für die Palästinenser immer mehr der Entlastungsgedanke zum Vorschein kommt, beschäftigt sich Eike Geisel mit der deutschen Nazi-Vergangenheit und versucht, den inneren Beweggründen auf die Schliche zu kommen, die die deutsche Linke in ihrer Palästina-Solidarität antreibt. Er setzt sich mit den Büchern von Hannah Arendt, Bruno Bettelheim, Primo Levi, Jean Améry, H.G. Adler und anderen auseinander.

Auf einem Vortrag im Beck-Forum in München am 5. Mai 1991 über »Der häßliche Deutsche. Israel sieht uns an« kommt er auf diesen Punkt zurück und benennt die Voraussetzung, an der Kritik an Israel noch möglich war und wann sie ins anrüchig Antisemitische kippte:

> »Aus der radikalen Kritik an der Fortzeugung dieser Verhältnisse, einer Kritik, die für kurze Zeit Denken und Handeln der Protestbewegung in der Bundesrepublik bestimmt hat, erwuchs auch die Freiheit, die Politik anderer Staaten, natürlich auch Israels, kritisieren zu können. Seit es allerdings wieder Deutschland und bestenfalls eine deutsche Linke gibt, seit deren Angehörige, die keinen Grund mehr haben ›ich‹ zu sagen, ihre

> Nichtigkeit durch Einordnung ins Kollektiv aufwerten wollen mit der Phrase ›Ich als Deutscher‹, hat sich der Antifaschismus zum abstrakten guten Gewissen gemausert.«

Allerdings stellt sich natürlich die Frage, wann genau der Umschlag zu einer »deutschen« Linke stattfand, ob nicht bereits das fatale Sprechen vom »Volk« (das selbst in den Reden Krahls herumgeisterte) ein erstes Anzeichen war, oder ob man den Umschlag selbst erst registrierte, als er bereits stattgefunden hatte. Da Geisel später die Geburtsstunde des linken Antisemitismus auf den missglückten Anschlag auf das jüdische Gemeindehaus 1969 datiert, ist die Annahme ziemlich plausibel, dass er selbst lange Zeit die antisemitischen Konnotationen in der Politik der Linken ignoriert hat. Letztlich handelt es sich um die gleiche Frage wie die, wann die Protestbewegung ihr emanzipatorisches Moment verloren hat und wann sie selbst zum Gegenstand der Kritik wurde.

Bei Geisel setzt die Skepsis gegenüber den neuen Tönen in der Israel-Kritik durch die neue deutsche Linke in der 2. Hälfte der siebziger Jahre ein. Eine entscheidende Rolle bei der Neujustierung der Kritik spielt dabei vermutlich, als Geisel zusammen mit Pohrt Anfang 1978 die kommunistische Jüdin Hanna Lévy-Hass in Tel Aviv kennenlernt, ihr »Tagebuch aus dem KZ Bergen-Belsen« übersetzt und zusammen mit einem längeren Gespräch dann bei Rotbuch veröffentlicht.

Daran sieht man, dass die systematische Ermordung der Juden als Motiv der Protestbewegung bis Ende der siebziger Jahre kaum eine Rolle spielte wie häufig behauptet wird. Man stritt, wie Eike Geisel schrieb, mit Eifer darüber, »ob die Judenvernichtung im Interesse des Kapitals gewesen sei oder diesem widersprochen habe«, aber daraus spräche nur Kälte und »gelangweilte Abwehr des Grauens«. Selbst das »Antisemitismus«-Kapitel aus der »Dialektik der Aufklärung«, das ja nicht wenige gelesen hatten und das geschrieben wurde, als das Ausmaß der Vernichtung noch nicht wirklich erfasst worden war, klärte die Studenten zwar darüber auf, dass Juden »heute die Gruppe [sind], die praktisch wie theoretisch den Vernichtungswillen auf sich zieht, den die falsche gesellschaftliche Ordnung aus sich heraus produziert«, aber Adornos und Horkheimers Antisemitismus-Kapitel blieb merkwürdig abstrakt, in der Analyse präzise, aber nicht wirklich die Augen öffnend vor dem unbeschreiblichen Grauen, weil im Alltag und der Öffentlichkeit dieses Kapitel deutscher Geschichte systematisch verdrängt wurde.

Selbst Intellektuelle wie Isaac Deutscher, die keinen Grund hatten, den Völkermord zu verharmlosen, schrieben von Massaker, wenn sie die Vernichtung der Juden meinten, und in den Nürnberger Prozessen wurde das extra für die Nazi-Verbrechen eingeführte »crime against humanity« von den Deutschen als »Verbrechen gegen die Menschlichkeit« (statt Menschheit) übersetzt, als wäre ein philosophisches Prinzip ruiniert worden, wie Hannah Arendt spottete. Noch hatte man keine Vorstellung vom Mikrokosmos der Macht in den Lagern, kein Begreifen der verdrängten Tatsache, dass die Deutschen und nicht bloß die Nazis für die so reibungslos funktionierende Eliminierung der Juden verantwortlichen waren. Hinweise, dass die Deutschen nicht immer unbedingt mit den Verbrechen der Nazis einverstanden, dennoch aber bereit waren, sie auszuführen, konnte man höchstens bei Arendt nachlesen, also an eher entlegenen Stellen.

Der Nationalsozialismus wurde vom Faschismus nicht wirklich unterschieden und wirkte in der bundesrepublikanischen Gesellschaft nach als autoritär ausgetragener

Generationenkonflikt, der die aufbegehrenden Studenten mit Strukturen konfrontierte, die auch während des Nationalsozialismus Bestand und Tradition hatten, aber nicht von ihm erfunden worden waren. Diese Feindlichkeit wurde erlebt als repressive Einschränkung der eigenen Freiheit, es war die psychisch deformierte und autoritär verfasste Gesellschaft, es war der »Muff von 1000 Jahren unter den Talaren«, es war die pathische Normalität, die Pohrt so grandios beschrieben hatte, die einem zu schaffen machte und gegen die sich der Widerstand zunächst richtete. Die Vernichtung der europäischen Juden war in der antiimperialistischen Sicht der Studenten nur ein Verbrechen von vielen Verbrechen, für die das faschistische System verantwortlich war, ohne dabei zu reflektieren, dass der Nationalsozialismus nur unter der großen Zustimmung der Deutschen funktionieren konnte. Der Nationalsozialismus war nur eine etwas anders ausgeprägte Form des Faschismus, unter den auch die vielen Diktaturen subsumiert wurden, die damals existierten.

Der unmittelbare Zusammenhang zwischen den Verbrechen der Nazis und deren Verdrängung in der Nachkriegszeit blieb undurchschaut. Zudem gab es kaum Literatur über die Nazi-Zeit, vor allem keine, die das Singuläre der nationalsozialistischen Judenvernichtung thematisiert hätte, nicht nur weil die deutschen Historiker kein Interesse hatten, sondern auch, weil sie dezidiert über das Münchner Institut für Zeitgeschichte Einfluss nahmen und Standardwerke wie Raul Hilbergs »Die Vernichtung der europäischen Juden« verhinderten, indem sie negative Gutachten für interessierte Verlage erstellten.

1977 treibt Geisel und Pohrt noch anderes um. Im Sommersemester organisieren sie zusammen mit Günther Mensching ein Seminar mit dem Titel »Zehn Jahre danach«, es geht also um die Zeit, als alles anfing, und es ist bezeichnend, dass 1967 und nicht wie üblich 1968 gemeint war, denn es war der 2. Juni 1967, als die vom SDS organisierten Proteste gegen den Vietnamkrieg mit der gezielten Erschießung Benno Ohnesorgs durch einen Polizisten (der, wie sich später herausstellte, ein Stasi-Agent war) plötzlich massenhaft Zulauf bekamen und militante Aktionen, wie der Boykott der Springer-Presse, eine Legitimation bekamen. Das Seminarpapier enthielt den Untertitel »Jugend nach der Protestbewegung. Zum Verhältnis von Ohnmacht, Apathie und Wahn im Spätkapitalismus« und in einem Papier von Eike Geisel, der den »Arbeitsplan« und die »Literaturliste« vorlegte, hieß es:

> »Wir werden Ihnen zu Beginn des Seminars zwei Bücher vorstellen, an denen man sich unbedingt festgebissen haben muß, wenn man den spätkapitalistischen Spuk nicht verharmlosen und dennoch enträtseln will. Die Wahnphänomene, die wir hier thematisieren wollen, stellen die psychische, moralische und intellektuelle Integrität desjenigen, der sich mit ihnen befaßt, auf eine harte Probe. Das massive, dreiste und skrupellose Auftreten der Verrücktheiten ist der Schlüssel zu deren Erfolg gemäß der aus Wahlkämpfen, aus der Reklame und speziell aus dem Nationalsozialismus gewonnenen Erfahrung, daß man eine faustdicke Lüge eher als eine kleine, einem unverfrorenen Lügner eher als einem zaudernden glaubt. Der Gewalt des Wahns korrespondiert die Gefahr, daß man ihm wider bessere Absicht erliegt, wofür es verschiedene Möglichkeiten gibt: Man ignoriert ihn, und erleidet dabei selbst jenen Realitätsverlust, der für den Wahn konstitutiv ist; man kapituliert vor ihm, indem man ihn verharmlosend plötzlich gar nicht mehr so furchtbar findet (...), oder man neu-

tralisiert seine universelle Bedeutung, indem man ihn als Produkt einiger unverbesserlicher Spinner deklariert. Wenn man sich mit dem Wahn befassen und gleichzeitig resistent gegen ihn bleiben will, ist man auf solche Bücher angewiesen, wie wir sie Ihnen zu Beginn vorstellen werden.«

Und an dieser Thematik lässt sich unschwer erkennen, dass Pohrt und Geisel schon von Beginn an über den vom Spätkapitalismus hervorgebrachten Wahn, wie ihn Pohrt im 1974 entstandenen Text über die »Manson-Family« beschrieb, als theoretischen Schwerpunkt ihrer Überlegungen diskutiert haben.

Beim ersten Buch auf seiner Literaturliste weist Geisel darauf hin, dass es im Exil erschienen ist und zunächst zwanzig Jahre lang ignoriert wurde, bevor es in der Studentenrevolte ein Publikum erreichte, ein Buch, wie Geisel gerne wissen lässt, »von dem der gewöhnliche Fachwissenschaftler immer noch prahlerisch behauptet, er verstünde es nicht, und mit diesem Eingeständnis seiner Borniertheit stets meint, einen besonders originellen Witz gemacht zu haben«. Es handelt sich um »Die Dialektik der Aufklärung«. Besonderer Schwerpunkt: »Elemente des Antisemitismus. Grenzen der Aufklärung«. Das zweite Buch, dessen Lektüre im Seminar zur Pflicht gemacht wird, ist Hannah Arendts Hauptwerk »Elemente und Ursprünge totaler Herrschaft«.

Und diese beiden Literaturempfehlungen zeigen, dass Geisel bereits zwei Jahre, nachdem das von ihm übersetzte und editierte Buch von Weinstock herauskam, den Schwerpunkt seiner theoretischen Auseinandersetzung verlagert hatte. Darauf weist auch seine Auseinandersetzung mit den NS-Tätern im KZ hin, die Ende 1945 in Lüneburg im »Bergen-Belsen-Prozeß« angeklagt waren und worüber das Nachrichtenblatt der alliierten Militärregierung *Lüneburger Post* berichtete. Geisel versucht hier zum ersten Mal, das Wesen des Nationalsozialismus anhand der Aussagen der Angeklagten zu entschlüsseln, also nicht wie bisher üblich durch eine Beschäftigung mit den staatlichen, bürokratischen oder ökonomischen Strukturen des Systems, sondern mit dem Verhalten von Menschen am Ende der Befehlskette, die immer nur den Anordnungen von oben folgten.

Weiterhin empfiehlt Geisel Hans-Jürgen Krahls »Angaben zur Person«, deren »analytische Kraft« und »moralisches Engagement« er bewundert. Geisel weist noch auf ein weiteres Buch und eines der »wichtigsten Dokumente zur Geschichte der Protestbewegung« hin mit dem Titel »Wie alles anfing« von Bommi Baumann, eine authentische Darstellung des Strudels, in den man damals als Jugendlicher gezogen werden konnte, faszinierend auch wegen der kaum zu glaubenden Abenteuerlichkeit, aber auch wegen der politischen Dummheit und Naivität.

Im April 1978 reisen Pohrt und Geisel zusammen nach Tel Aviv und werden dort Zeugen einer tiefgreifenden Erschütterung der israelischen Öffentlichkeit, nachdem ein Kommando von neun Palästinensern einen Monat zuvor, am 11. März, einen von Haifa nach Tel Aviv fahrenden Bus gekapert hatten, der schließlich kurz vor Tel Aviv gestoppt worden war. Die neun Palästinenser und 37 Fahrgäste, darunter viele Kinder, starben im Kugelhagel. Nur drei Tage später startete die israelische Armee mit der »Operation Litani« eine Vergeltungsaktion, bei der zwischen 1000 und 2000 Menschen getötet wurden.

Geisel hält über diesen Vorfall zu Hause in Berlin einen Vortrag, in dem er im Unterschied zu seinem sonst eher apodiktischen und polemischen Stil sehr zurückhaltend die Widersprüchlichkeiten benennt und versucht, die neue Qualität des Konflikts zu beschreiben. Zwar zeugt das palästinensische Selbstmordkommando für ihn immer noch von der Verzweiflung der Terroristen, aber sie enthält für Geisel keine revolutionäre Dimension, die es zu bejubeln gäbe, schon gar nicht in Deutschland, wo der Palästinenserschal zum modischen Accessoire von Leuten wird, die in der Sache unreflektiert sind, und er verweist auf die Losung der spanischen Frankisten, deren Schlachtruf »Viva la muerte!« war. Aber auch im KZ gab es Häftlinge, die den sicheren Tod vor Augen die Verzweiflung dazu trieb, Selbstmord zu begehen und dabei noch einen SS-Mann mit in den Tod zu reißen.

Nicht anklagend, sondern skrupulös verweist er auf die Lebensumstände in den Flüchtlingslagern, die einen gewaltsamen Widerstand legitimieren, nicht nur, weil man dem Elend nicht beteiligungslos gegenüberstehen kann, sondern weil es wie in allen großen Befreiungskriegen um »eine bessere Zukunft« geht. Gleichzeitig kreidet er – ohne allerdings näher darauf einzugehen – der deutschen Linken »das peinliche Schweigen« zu Entebbe ab, als das aus Deutschen und Palästinensern bestehende Entführungskommando einer Passagiermaschine eine Selektion von Juden vorgenahm.

Vermutlich wurde der Vortrag nicht in der Öffentlichkeit gehalten, sondern vor Publikum, bei dem sich ein Interesse an einer Reflexion des brüchigen Verhältnisses voraussetzen ließ und das bereit war, die verhängnisvolle und besonders nach der israelischen Vergeltungsaktion immer wieder behauptete »Ineinssetzung von Zionisten und Juden« in Frage zu stellen.

Das Besondere an diesem Vortrag ist das Bemühen, in diesem Konflikt nicht irgendeiner ideologischen Linie zu folgen, sich nicht auf die bedingungslose Solidarität mit den Palästinensern festnageln zu lassen, sondern Zweifel und Widersprüche zu benennen, ohne dem Widerstand der Palästinenser oder der Kritik des Zionismus die Berechtigung abzusprechen. Jedenfalls geht mit diesen noch vorsichtigen Überlegungen eine intensive Auseinandersetzung mit dem Nationalsozialismus einher, also mit dem Ursprung eines Konflikts, der in Palästina ausgetragen wurde. Im gleichen Jahr exzerpierte er in einem Archiv Berichte über den Bergen-Belsen-Prozess und studierte die Psyche des KZ-Personals, das trotz des von ihm verwalteten und betriebenen Grauens ohne das geringste Bedauern sich auf den Befehlsnotstand berief.

Da Pohrt zusammen mit Geisel in Tel Aviv war, sah er sich mit Sicherheit konfrontiert mit den Fragen, die auch Eike Geisel beschäftigten. Es sind leider jedoch weder Briefe noch sonstige Papiere erhalten, die Aufschluss darüber geben, ob Pohrt sie kommentierte oder glaubte sich damit auseinandersetzen zu müssen. Erst 1982 schrieb Pohrt einen von der *taz* veröffentlichten Artikel, in dem er einige zentrale Punkte in der immer wieder aufköchelnden Debatte zu Israel und Palästina benannte. Zwar würden Palästinenser von Israel unterdrückt, »dies aber unter Bedingungen, unter denen es in Deutschland längst keine parlamentarische Demokratie, keine Opposition und keine bürgerlichen Freiheitsrechte mehr gäbe«, denn in Deutschland hat erst fünf Jahre zuvor – 1977 – »eine fiktive Bedrohung genügt, um die ganze Bevölkerung in ein Volk von Häschern und Denunzianten zu verwandeln«. Die Unterdrückung der Palästinenser würde deshalb »so genau beobachtet und so leidenschaftlich angeprangert, weil sie beweisen soll: es gibt keinen Unterschied« zwischen einem Genozid als einen planmäßig und systematisch betriebenen Mord und einem Massaker. Und er erinnert daran, dass die Frage, wer einen historischen Anspruch auf Palästina hat, schlicht Unsinn ist, weil Landnahme schon immer mit Mitteln der Gewalt erreicht wurde und es immer jemanden gab, der vorher auf einem Landstrich gewohnt hat, bevor er wieder vertrieben wird, und Pohrt stellt fest, dass es zwar deprimierend, aber eben leider so sei:

> »Wenn Menschen sich als Volk zusammenrotten und einen eigenen Staat bekommen, sind alle humanitären Traditionen und ist die ganze Leidensgeschichte vergessen. Als Patrioten fügen sie anderen zu, was sie erlitten, als sie als vaterlandslose Gesellen galten. Kein Grund zur Annahme, die Palästinenser würden sich, wenn sie Erfolg hätten, anders verhalten als die Israelis.«

Das heißt, würden die Palästinenser tatsächlich die Machtverhältnisse umkehren, wäre nicht nur das Schlimmste für die Israelis zu erwarten, sondern die gesamte ideologische Legitimation der deutschen Linken würde zusammenbrechen, die an einer Fortdauer des Unterdrückungsverhältnisses in Israel interessiert sein muss, um weiterhin das Unrecht beklagen und behaupten zu können, dass die Israelis auch nicht besser seien als die Nazis.

Und dieses kleine Geheimnis der Linken war es dann auch, mit dem sich Eike Geisel immer wieder auseinandersetzte, weil er immer wieder von den Grünen und den anderen linken Zerfallsprodukten der Protestbewegung darauf gestoßen wurde. Seine ehemaligen Genossen haben die alten Überzeugungen zum Zionismus und der Unterdrückung des palästinensischen Volkes einfach beibehalten, ohne zu reflektieren, dass sich die politischen Positionen unter veränderten Vorzeichen nicht halten lassen, ohne dort zu landen, wo sich der BDS heute befindet, bei einer ressentimentgesteuerten Boykottpolitik und einem ordinären Antiimperialismus.

Es gibt von Eike Geisel kein Papier und keinen Artikel, in dem er sich mit seinen »Irrtümern« oder seiner »Vergangenheit« befasst, aber das ist auch nicht unbedingt nötig. Nicht nur sind Irrtümer dazu da, damit man sie begeht, es kommt danach einfach darauf an, sie intellektuell zu durchdringen und inhaltlich zu kritisieren. Geisel hat darauf verzichtet, öffentlich abzuschwören und sich auf die Seite des Kulturestablishments zu schlagen, wie das viele Genossen seiner Generation aus einer gewissen Bequemlichkeit und schließlich auch aus Karrieregründen heraus taten.

Eike Geisels Kritik der Linken, gerade was ihr antisemitisches Geheimnis betraf, war schärfer und präziser als die seichten und pauschalen Vorurteile derjenigen, die irgendwann die öffentliche Meinung beherrschten, aber es bestand für ihn kein zwingender und einsichtiger Grund, die pathische Normalität der Gesellschaft als hinnehmbaren Zustand zu akzeptieren, der keine sezierende Analyse und keine polemische Invektive mehr zugemutet werden konnten. Für ihn waren Armut, Unrecht, Unterdrückung und Leid immer auch Kriterien, wonach sich eine Gesellschaft beurteilen lässt und um deren Abschaffung es letztlich geht, wenn sie Minderheiten unterdrückt. Und ich glaube nicht, dass sich für Eike Geisel daran wesentlich etwas geändert hätte, wenn er heute noch leben würde.

Ausgewählte Bibliographie*

Diplomarbeit:

»Zum Begriff der Nation. Genese des bürgerlichen Nationalstaats und der ›Nationalen Frage‹«, eingereicht bei Professor Dr. Rolf Ebbinghausen am 10. November 1972.

Buchveröffentlichungen:

Als Herausgeber: »Vielleicht war das alles erst der Anfang«, Hanna Lévy-Hass, Tagebuch aus dem KZ Bergen-Belsen 1944-1945. Mit einem Gespräch mit Hanna Lévy-Hass, Rotbuch, Berlin 1979.

»Im Scheunenviertel. Bilder, Texte und Dokumente.« Mit einem Vorwort von Günter Kunert. Severin und Siedler, Berlin 1981.

»Lastenausgleich, Umschuldung. Die Wiedergutwerdung der Deutschen. Essays, Polemiken, Stichworte.« Edition Tiamat, Berlin 1984.

»Premiere und Pogrom. Der Jüdische Kulturbund 1933-1941. Texte und Bilder.« (Zusammen mit Henryk M. Broder) Siedler Verlag, Berlin 1992.

»Die Banalität der Guten. Deutsche Seelenwanderungen.« Edition Tiamat, Berlin 1992.

»Triumph des guten Willens. Gute Nazis und selbsternannte Opfer. Die Nationalisierung der Erinnerung«, Hrg. und mit einem Nachwort versehen von Klaus Bittermann, Edition Tiamat, Berlin 1998.

* Es handelt sich um eine ergänzte und überarbeitete Bibliographie, die bereits in »Die Wiedergutwerdung der Deutschen« veröffentlicht wurde. Dabei konnten auch Texte und Informationen aus dem Nachlass berücksichtigt werden. (A.d.H.)

»Die Wiedergutwerdung der Deutschen. Essays & Polemiken«, Hrg. und mit einem Vorwort versehen von Klaus Bittermann, Edition Tiamat, Berlin 2015.

Übersetzungen:

Nathan Weinstock, »Das Ende Isreals? Nahostkonflikt und Geschichte des Zionismus«, (zusammen mit Mario Offenberg), Wagenbach, Berlin 1975.
Isaac Deutscher, »Die ungelöste Judenfrage. Zur Dialektik von Antisemitismus und Zionismus«, (zusammen mit Mario Offenberg), Rotbuch Verlag, Berlin 1977.
Naomi Shepherd, »Wilfrid Israel«, Berlin 1985.
Hannah Arendt, »Zur Zeit«, Rotbuch Verlag, Berlin 1986.
Hannah Arendt, »Nach Auschwitz. Essays und Kommentare Bd. 1«, Edition Tiamat, Berlin 1989.
Hannah Arendt, »Die Krise des Zionismus. Essays und Kommentare Bd. 2«, Edition Tiamat, Berlin 1989.
Jane Kramer, »Eine Amerikanerin in Berlin. Ethnologische Spaziergänge«, Edition Tiamat, Berlin 1993.
Phillip Lopate, »Der Holocaust als rhetorische Figur. Einwände gegen eine Sinnstiftung«, in: *konkret* 1/1994.

Filme:

»Im Scheunenviertel«, Dokumentarfilm, 45 Minuten, SFB Berlin 1987.
»Es waren wirklich Sternstunden«, Dokumentarfilm, 90 Minuten (zusammen mit Henryk M. Broder), SFB/BR Berlin/München 1988.
»Erbschaft eines Angestellten. Hannah Arendt, Eichmann und die Banalität des Bösen«, Dokumentarfilm, 45 Minuten, SFB/BR Berlin/München 1990.

Vorträge:

»Befreiungsnationalismus/Antiimperialismus«, Vortrag in Freiburg auf Einladung des ISF, 11. Dezember 1985

»Zweimal 9. November«, Redebeitrag auf den Berliner Autorentagen am 7. Dezember 1989.

»Entsorgung der deutschen Geschichte«, Vortrag an der Technischen Universität Berlin, 8. November 1990.

»Moralischer Antisemitismus«, Diskussion über den Golf-Krieg in Hamburg, 20. Februar 1991.

»Der häßliche Deutsche. Israel sieht uns an«, Beck-Forum, München, 5. Mai 1991.

»Der hilflose Antisemitismus«, Vortrag auf einem Symposium der GEW, Hamburg, 30. Oktober 1992.

»Schuld als erhebendes Gefühl«, Vortrag in Wien am 21. Januar 1994.

»Alle Wege führen nach Westerbork«, Vortrag über das System der Konzentrationslager, Jüdisches Museum Frankfurt, 3. Februar 1994.

»Stumme Zeugen«, Vortrag zur Eröffnung der Fotoausstellung von Erich Hartmann. Neue Gesellschaft für Bildende Kunst, 12. April 1994.

»Das Verschwinden der Lager im Gedenken«, Diskussion, Stadtmuseum München, 23. Juni 1994.

»Regierungsfeiertag oder: Wem gehört der 20. Juli«, Diskussion, in der französischen Buchhandelskette FNAC, Berlin 20. Juli 1994.

»Sein Name ist ein Ärgernis«, Vortrag an der Humboldt Universität, Berlin, 20. Juli 1994.

»Deutschland und seine Exilanten«, Diskussion mit Jacob Hessing aus Jerusalem, Kammerspiele Hamburg, 4. September 1994.

»Myth and Reality in Multicultural Societies«, Vortrag auf der Konferenz »Multiculturalism in an Age of Xenophobia«, American Jewish Archives/Goethe-Institute/Interfaith Holocaust Foundation, Cincinnati, 10. Oktober 1994.

»Revenge and Collective Fear in Post-War Germany«, Vortrag, American Jewish Archives, Cincinnati, 31. Oktober 1994.

»Jews and Germans after the War«, Vortrag in der Maine State University, Orono, 3. November 1994.

»Germany after the Fall of the Wall«, Vortrag in der Maine State University, Orono, 4. November 1994.

»Photography and Memory: The Jewish Absentees in the German Present«, Vortrag im German House, Columbia University, New York, 14. November 1994.

»Verdrängung und Identifikation – Judenfeindschaft und Judenfreundschaft in Deutschland heute«, Diskussion, Aktion Sühnezeichen/Friedensdienste, Berlin, 23. November 1994.

»Die Wiedervereinigung mit der deutschen Geschichte oder: Wie Auschwitz doch noch gut ausgegangen ist«, Vortrag anläßlich der Ausstellung »Juden im Widerstand« in Hamburg am 15. Dezember 1994 und in Kiel am 29. März 1995.

»Hannah Arendt und die Menschenrechte«, Vortrag in München, 16. März 1995.

»Die Wut über den verlorenen Groschen«, Einleitungsvortrag am 22. März 1995 im Hamburger Literaturhaus zu Wolfgang Pohrt und seinem Buch »Harte Zeiten«.

Ausgewählte Artikel und Essays:

»Zwei griechische Lyriker in Berlin«, Kulturelles Wort RIAS Berlin am 15. Dezember 1968.

»Einleitung der Herausgeber«, in: Nathan Weinstock, »Das Ende Isreals? Nahostkonflikt und Geschichte des Zionismus«, (zusammen mit Mario Offenberg), Wagenbach, Berlin 1975.

»Die gegenwärtige Vergangenheit – Zur Aktualität von Isaac Deutschers Schriften zur jüdischen Frage«, (zusammen mit Mario Offenberg), Nachwort zu: Isaac Deutscher »Die ungelöste Judenfrage. Zur Dialektik von Antisemitismus und Zionismus«, Rotbuch, Berlin 1977.

»Thesen zur PLO«, Seminar: Imperialismus im Nahen Osten vom 12. Juni 1978.

»Aus dem glücklichen Leben«, 8-seitiges Manuskript aus dem Nachlass. Eine Erzählung. Ca. 1978.

»Tel Aviv – Hügel des Frühlings«, 19-seitiges Manuskript aus dem Nachlass von 1978. Ein interner Diskussionbeitrag über das politische Klima in Israel.

»Kommentierte Auszüge aus der Berichterstattung der *Lüneburger Post* (Nachrichtenblatt der Alliierten Militärregierung) über den Bergen-Belsen-Prozeß«, Manuskript aus dem Nachlass vom Juni 1978.

»Gespräch mit Hanna Lévy-Hass«, in: Hanna Lévy-Hass, »Vielleicht war das alles erst der Anfang. Tagebuch aus dem KZ Bergen-Belsen 1944-1945«, Rotbuch, Berlin 1979. Das Gespräch wurde geführt in Tel Aviv und Genf 1978.

»Das KZ Bergen-Belsen«, Nachbemerkung in: Hanna Lévy-Hass, »Vielleicht war das alles erst der Anfang. Tagebuch aus dem KZ Bergen-Belsen 1944-1945«, Berlin 1979.

»Dummheit und Gewalt«, Flugblatt an der Uni Lüneburg vom 30. April 1979. Aus dem Nachlass.

»Wiegenlied für eine Leiche«, Glosse im NDR Journal 3 am 23. Januar 1980

»Gewöhnliche Entdeckung«, 4-seitiger Text aus dem Nachlass.

»Nobody is perfect«, Flugblatt an der Uni Lüneburg vom 22. Januar 1980. Aus dem Nachlass.

»Einordnung und frühes Leid«, 20-seitiges Manuskript für den Rundfunk aus dem Nachlass über »Literatur im Exil: Palästina«, ca. 1980.

»Fremd im eigenen Land«, in »Jahrbuch für deutsche Geschichte«, Universität Tel-Aviv, 1981 und in *Spuren. Zeitschrift für Kunst und Gesellschaft* 2/80; gesendet von WDR und NDR.

»Um wieviel die Welt ärmer geworden ist«, 19-seitiges Manuskript eines Gesprächs mit Jakob Moneta und Jakob Taut über Hersch Mendel und seine »Erinnerungen eines jüdischen Revolutionärs«, Rotbuch, Berlin 1980. Eventuell für eine Sendeanstalt hergestellt.

»Um wieviel die Welt ärmer geworden ist«, Rezension von Hersch Mendels »Erinnerungen eines jüdischen Revolutionärs«, in *Frankfurter Hefte* 12/1980.

»Einordnung und frühes Leid. Literatur im Exil: Palästina«, einstündiges Rundfunk-Feature, wahrscheinlich für den Rias Berlin geschrieben.

»Vergessen, vergeben, verdummen«, Brief an den Redakteur Peter Dahl, in *konkret* 1/1981.

»Leben als Überleben«, in *konkret* 4/1981.

»... und der Herbst beginnt«, unter dem Titel: »Buckeln und Treten« in *konkret* 10/1981.

»Kennzeichen ›D‹«, in *Transatlantik* 4/1982.

»Narziß am Abgrund. Über Alain Finkielkraut ›Der eingebildete Jude‹«, in: *Der Spiegel* 17/1982

»Paramount in Palästina. Über die Fernseh-Biographie ›Golda Meir‹«, in: *Der Spiegel* 39/1982.

»Von den Klassikern lernen. Sprachübungen deutscher Politiker«, in: *Transatlantik*, 1982. Dieser Beitrag wurde in einer anderen Fassung auch im Rundfunk gesendet.

»Wiedergutmachung«, gesendet vom SFB3, August 1982.

»Es führen viele Wege nach Rom – aber nur einer nach Palästina«, unveröffentlichter Kommentar aus dem Nachlass, ca. 1982.

»Selbstportrait eines jüdischen Nazis. Ein Interview. Von Amos Oz«, 11-seitiges Manuskript aus dem Nachlass. Erschien in der israelischen Zeitung *Davar* vom 17. Dezember 1982.

»Die Protokolle der Reichen von Zion«, 1982, unveröffentlicht.

»Document Humaine. Zum Reprint des ›Jüdischen Lexikons‹«, wurde am 29. April 1983 vom *NDR* gesendet.

»Erinnern und Urteilen«, in *Die Zeit* vom 20. Mai 1983.

»Familienzusammenführung«, in *taz* vom 7. Juli 1983.

»Zwischen den Jahrestagen«, in *Konkret* 1983.

»Der Krampf als inneres Erlebnis«, in *Zitty* 1/84.

»Abgesehen von Ausnahmen menschlicher Schwäche«, 1979. Unveröffentlicht. Erschien später in »Lastenausgleich, Umschuldung«, Tiamat, Berlin 1984.

»Die Reise nach Jerusalem als Pilgerfahrt nach Deutschland«, in *konkret* 3/84.

»Die Gleichschaltung der Erinnerung« unter dem Titel »Zwischen den Jahrestagen«, in *konkret* 4/1984. Außerdem in: *Zitty* 4/1984.

»Amüsement und Vernichtung. ›Ghetto‹ von Joshua Sobol. Anmerkungen zur deutschen Erstaufführung an der Freien Volksbühne in Berlin am 12. Juli 1984«, gesendet vom NDR 3 am 13. Juli 1984.

»Überlebende zweiter Klasse. Interview mit dem ›Ghetto‹-Autor Joshua Sobol«, in *tageszeitung* vom 16. Juli 1984.

»Mach's noch einmal, Sam«, in: *konkret* 8/1984.

»Gemischtes Gelichter – Bekannte Gefühle«, in: »Welt Aktuell '85. Das andere Jahrbuch«, Reinbek 1984.

»Der heilige Verräter: Die Geschichte des ersten politischen Mordes in Palästina«, 17-seitiges Manuskript aus dem Nachlass. Eventuell für den Rundfunk geschrieben. Ca. 1984.

»Die Fortzeugung der Zwangsgemeinschaft. Anmerkungen zur Aktualität des Ghettos«, in: »Ghetto«, herausgegeben von Harro Schweitzer, Berlin 1984, ein Buch über die Kontroverse, die Joshua Sobols Theaterstück »Ghetto« ausgelöst hatte.

»Schatten der Zukunft«, in: *tageszeitung* vom 11. Juli 1985.

»Jubiläumspräsent«, in: *tageszeitung* vom 21. Oktober 1985.

»Der ewige Goy, oder: Wie alternativ ist die antisemitische Liste«, unveröffentlicht. Ca. 1985.

»Jenseits der Vorurteils. Juden, Türken und der naturgegebene Deutsche«, in: *tageszeitung* vom 30. Oktober 1985. Außerdem in: »Eingriffe. Jahrbuch für gesellschaftskritische Umtriebe«, Hrg. Klaus Bittermann, Edition Tiamat, Berlin 1988.

»Persilschein für Kohl. Zum Auftritt von Kohl vor dem Historikertreffen des Leo-Baeck-Instituts«, in: *tageszeitung* vom 30. Oktober 1985.

»Das Jüdische Museum in Berlin 1933-1938«, im *Norddeutschen Rundfunk*, Mai 1983, und in: »Jahrbuch des Instituts für Deutsche Geschichte«, XIV Universität Tel Aviv 1985.

»Kompromißlose Weltläufigkeit. Über Walter Zadek und seine Photografien aus dem Palästina der Jahre 1935 bis 1941«, in: *tageszeitung* vom 6. März 1987.

»Die Einzigartigen«, in: *tageszeitung* vom 27. April 1987.

»Reservat Oranienburger Straße 28. Die Jüdische Gemeinde in Berlin (Ost)«, in: *tageszeitung* vom 24. Juni 1987. (Ein Kapitel aus einem Buch mit dem Titel »Wegweiser durch das jüdische Berlin«. Das anläßlich zur 750-Jahr-Feier geplante jüdische Jubiläumsbuch wurde vom Verleger abgelehnt und von anderen Autoren umgeschrieben oder, wie Eike Geisel notierte, »wiedergutgemacht«. Im »Wegweiser« findet sich lediglich die kleine Notiz: »Dieses Buch basiert zu Teilen auf einem Manuskript von Eike Geisel.«)

»Das Bayerische Viertel«, undatiertes Manuskript, das vermutlich zum gleichen Zeitpunkt (1988) entstanden ist und als ein Kapitel des »Wegweisers durch das jüdische Berlin« geplant gewesen sein könnte.

»Zwangsvorstellung – November 1938. Das Theater des Jüdischen Kulturbundes in Berlin«, in: »Berlin in Geschichte und Gegenwart. Jahrbuch des Landesarchivs Berlin«, 1988.

»No Business like Shoabusiness«, in *konkret* 10/1988.

»Bad Weissensee«, wurde vom SFB in »Journal in III« am 9. November 1988 ausgestrahlt.

»Die Banalität der Guten«, in: *tageszeitung* vom 4. April 1989.

»Museum macht frei«, in: *Bauwelt* 32/1989.

»›Ein Leben ohne Dinge, ohne Echo, ohne ‘Leben’‹. Fritz Schames im Jüdischen Kulturbund 1934-1939«, in: »Samson Schames 1898-1967«, Katalog zur Ausstellung des Jüdischen Museums Frankfurt, Frankfurt 1989.

»Faule Versöhnung mit der Geschichte«, in: *Die Zeit* vom 5. Januar 1990.

»Die Freude des Moderators beim Elfmeter«, erschien unter dem Titel »Bei der Instinktdrüse gepackt« in: *tageszeitung* vom 14. November 1990

»Moralische Nachrüstung«, in: *tageszeitung* vom 25. Januar 1991.

»Deutsche Seelenwanderung«, wurde im SFB/RB gesendet, gekürzt in: *konkret* 1/1991.

»Gib einem Faschisten eine zweite Chance – er wird sie nutzen«, (zusammen mit Henryk M. Broder) in *tageszeitung* vom 18. April 1991

»Wer Opfer ist, bestimmen wir«, (zusammen mit Henryk M. Broder) in *Süddeutsche Zeitung* vom 20./21. April 1991.

»Moralischer Antisemitismus. Zwei gute Deutsche und der Golf«, in: »Die Banalität der Guten. Deutsche Seelenwanderungen«, Berlin 1992.

»Die linke Auschwitzlüge«, in: *konkret* 7/1991.

»Exclus et délinquants«, in: Lionel Richard (ed.), »Berlin 1919-1933«, Paris 1991.

»Da capo in Holland«, in: »Geschlossene Vorstellung. Der Jüdische Kulturbund in Deutschland 1933-1941«, Berlin 1992.

»Zweikampf der Liebe. Der alte Mann und das Mittelmeer«, in: *konkret* 1/1992

»Biotop mit toten Juden, in: *konkret* 3/1992.

»Triumph des guten Willens«, in: *tageszeitung* vom 17. Dezember 1992.

»Leuchtender Konformismus«, unveröffentlicht. War als Antwort auf Giovanni di Lorenzos Artikel im *Spiegel* gedacht, in dem dieser sich u.a. gegen Geisels Artikel »Triumph des guten Willens« gewandt hatte.

»Zur Vorgeschichte der Bücherverbrennung«, unveröffentlichtes Manuskript aus dem Nachlass vom Januar 1993.

»Nachruf zu Lebzeiten«, Nachwort zu: Martin Beradt, »Beide Seiten einer Straße«, Mackensen, Berlin 1993, Eichborn, Frankfurt 2001.

»Der hilflose Antisemitismus«, in: *konkret* 1/1993

»Die ganz normale Sonderbehandlung«, in: *konkret* 2/1993.

»... streitet für Deutschland«, in: *konkret* 4/1993.

»Die Bauchredner der späten Geburt«, in: *konkret* 6/1993.

»Cohn und Biedermann«, in: »Die Hackeschen Höfe«, Berlin 1993.
»Bericht aus einem Zwischenlager«, Vorwort zu: Philip Mechanicus, »Im Depot. Tagebuch aus Westerbork«, Edition Tiamat, Berlin 1993.
»Störenfriede der Erinnerung«, in: »Juden im Widerstand. Drei Gruppen zwischen Überlebenskampf und politischer Aktion. Berlin 1939-1945«, Ausstellungskatalog, herausgegeben von Wilfried Löhken und Werner Vathke, Berlin 1993.
»Die Heimorgel der Betroffenheit«, in: *Focus* 41/1993.
»Familienbande«, in: *tageszeitung* vom 11. November 1993.
»Auferstanden aus Ruinen«, über den Kriminalroman »Das Ghetto von Berlin« aus den zwanziger Jahren, eine »antisemitische Schmonzette von Adolf Sommerfeld«, die vom Verlag Neues Leben neu aufgelegt wurde. Um einige wesentliche Textpassagen gekürzte Version erschien in: *tageszeitung* vom 11. Dezember 1993, und in: *Frankfurter Jüdische Nachrichten*, Dezember 1993.
»E.T. bei den Deutschen«, in: »Schindlerdeutsche. Ein Kinotraum vom Dritten Reich«, herausgegeben von der Initiative Sozialistisches Forum, ça ira-Verlag, Freiburg 1994. In gekürzter Version in: *Haaretz* (Supplement) vom 8. April 1994.
»Lebenshilfe von toten Juden«, in: *junge Welt* vom 14. Mai 1994.
»Bauch- und Büttenredner«, in: *junge Welt* vom 9. Juni 1994.
»Runder Tisch mit Eichmann«, in: *Haaretz* (Supplement) vom 1. Juli 1994, und in: *konkret* 7/1994.
»Die Verstaatlichung der Juden«, in: *junge Welt* vom 5. September 1994.
»Objekte einer Begierde«, in: *junge Welt* vom 16. September 1994.
»Opfersehnsucht und Judenneid« ist erschienen unter dem Titel »Wiedervereinigung der selbsternannten Opfer« in: *Frankfurter Jüdische Allgemeine*, Winter-Ausgabe 1994.
»Alle Jahre wieder«, ein Text vom 19. Dezember 1994 über Broder, Hrdlicka, Tolmein und einen Artikel mit antisemitischen Tönen in der *jungen Welt*. Unveröffentlicht, da vom damaligen Chefredakteur der *jungen Welt*, Oliver Tolmein, abgelehnt.
»Family Funeral with Bright Lights«, in: *culturefront: The Politics of Memory*, Winter/Spring 1994.

»Antisemitische Rohkost«, in: *Frankfurter Rundschau* vom 26. Januar 1995.

»Zündlers Liste«, in: *junge Welt* vom 27. Januar 1995.

»Die neuen ›Opfer der Opfer‹«, in: *konkret* 2/1995. Außerdem in: *Haaretz* (Supplement) vom 10. Februar 1995.

»Der Meinungsfreiheit eine Gosse!«, in *junge Welt* vom 20. Februar 1995. Aus Anlass des Todes von Eike Geisel nachgedruckt in: *Jungle World* Nr. 33 vom 14. August 1997.

»Der eingebildete Emigrant«, in *junge Welt* vom 21. Februar 1995.

»Die Berliner Schule«, in: *Frankfurter Jüdische Nachrichten*, Pessach-Ausgabe 1995.

»Der Schatten Hitlers« erschien unter dem Titel »Ersatzreligion Holocaust?« gekürzt in: *Frankfurter Rundschau* vom 11. März 1995.

»Im Schatten Hitlers«, eine Rezension des Buches »Die siebte Million« von Tom Segev erschien gekürzt in: *Die Zeit* Nr. 15 vom 7. April 1995.

»Ende der Schonzeit«, in: *konkret* 5/1995 und in: *junge Welt* vom 26. April 1995.

»Die Fähigkeit zu mauern«, in: *konkret* 5/1995. Nachgedruckt in: »Der Wettbewerb für das ›Denkmal für die ermordeten Juden Europas‹. Eine Streitschrift«, herausgegeben von der Neuen Gesellschaft für Bildende Kunst e.V., Verlag der Kunst, Berlin 1995.

»Die Befreiung von den Befreiten«, in: *Kölner StadtRevue* 5/1995.

»Mehr Friseure als Juden«, eine Hauptstadtposse über das Jüdische Museum, in: *Wochenpost* Nr. 29 vom 13. Juli 1995.

Film über Eike Geisel:

»Triumph des guten Willens«, Dokumentarfilm über Eike Geisel von Mikko Linnemann, Berlin 2016, 95 Minuten, Gegenfeuer Produktionen. Interviews mit Alex Feuerherdt, Hermann L. Gremliza, Klaus Bittermann und Henryk M. Broder.

Und gleich weiterlesen:

Aus der Reihe Critica Diabolis